그레고리 헨더슨 평전

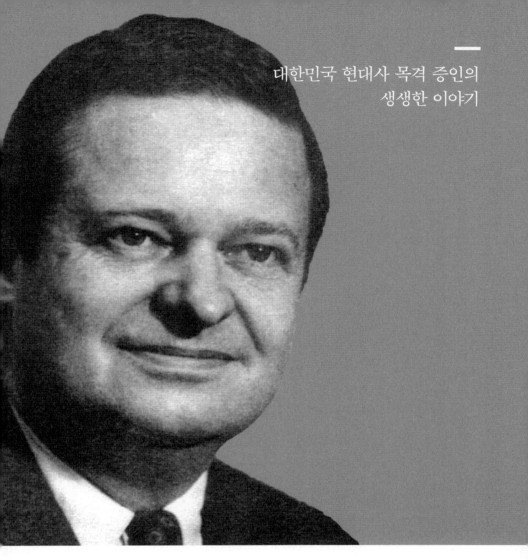

대한민국 현대사 목격 증인의
생생한 이야기

GREGORY HENDERSON
그레고리 헨더슨 평전

김정기 지음

감사의 말씀

이 책이 세상에 나오기까지 많은 분들의 성원, 격려, 협조를 받았다. 이 분들의 분에 넘치는 배려와 응원이 없었더라면 이 책은 세상의 빛을 보지 못했을 것이다. 이 분들 맨 앞줄에 선 분은 그레고리 헨더슨 부처라는 것은 더 말할 나위가 없다. 헨더슨 부처가 제게 베푼 은혜는 헨더슨 평전에 필수적인 자료 제공에 그치는 것이 아니다. 내게 영혼의 '길동무'로서 길을 터주었다고 말하고 싶다. 그러기에 지은이는 헨더슨 부처와 영혼의 동반자라는 마음으로 이 평전을 쓰고자 했다.

다음으로 '반민특위·국회프락치사건 기억연대'(이하 '기억연대') 관계자 여러분을 놓칠 수 없다. 이 단체는 1948년 설치된 반민특위의 위원장 등을 비롯해 특경요원들의 후손들과 '남로당 프락치'라는 주홍 글씨로 낙인찍힌 제헌의원들의 후손들로 2021년 4월 19일 창립되었다. 이들은 '빨갱이' 후손들이라는 낙인이 찍혀 한국전쟁 이래 국가폭력의 만행에 입은 고행을 지은이는 '영혼 학대'라고 표현했다[『국회프락치사건의 증언』(한울엠플러스, 2021)].

기억연대는 지은이가 2021년 펴낸 『국회프락치사건의 증언』(한울엠플러스)이 엮은 이야기의 주인공인데다가 이 책에도 자양분이 되는 귀한 자료를 제공했다. 금년 2023년 헨더슨 영면 35주년을 맞아 헨더슨 추모 기념 학술대회를 연다고 하니 헨더슨은 저세상에서 흐뭇해할 것이라고 상상해 본다.

그 밖에도 이 책에 도움을 주신 분들은 적지 않다. ≪전남대학≫의 신문방송 편집위원 신원경 선생도 그중 한 분이다. 그는 이을호 교수와 헨더슨이 교유한 기록인 ≪전남대학≫ 1957년 10월호와 12월호에 실린 기사를 창고에서 찾아내 그 사진을 지은이에게 보내주었다. 이는 정다산을 연구하고 흠모하는 두 사람 사이의 정감 어린 교유를 체감할 수 있게 해주었다. 또 다른 분은 정호영 전 EBS미디어 사장이다. 그는 정다산의 5대 직계손인 할아버지 정향진 씨가 남긴 한문일기에 언급한 헨더슨 관계 대목을 풀이해 주었다. 여기서 처음으로 나는 헨더슨이 정다산의 묘소가 있는 경기도 광주 능내리를 찾은 것을 알 수 있었다.

여기에는 한울엠플러스의 박행웅 고문이 다리 몫을 해준 배경이 있다. 즉, 그는 정향진 씨가 남긴 한문일기를 지은이에게 알려준 것이다. 더 깊은 배경에는 한울의 김종수 사장이 출판계의 원로인 정해렴 씨에게 '예우 있는' 거래를 한 데 있다고 생각된다. 즉, 정해렴 씨가 운영하는 출판사가 경영의 어려움에 처하자 넉넉한 마음으로 지분권을 인정하면서 인수한 것이다. 정다산의 일족인 정해렴 씨에게 김 사장이 보인 '예우'를 다산의 직계손 정호영 씨는 호의적으로 바라보고 있었다. 그런 사정에서 박행웅 고문과 정호영 씨가 가까워지고 그 결과 정호형의 할아버지 정향진 씨의 한문일기가 지은이에 전해진 것이다(제9장 제1절 「정다산론」 중 '한문일기가 전한 메시지' 참조). 덕분에 지은이는 헨더슨이 얼마나 정다산을 마음으로부터 흠모했는지 실감할 수 있었다.

지은이도 참여하는 서울법대 17회 동호인 모임 이화회의 이동춘 회장은 지은이가 이 책을 엮는 데 커다란 격려를 주었다. 때마다 건네는 "헨더슨 책 잘 되가나?"라는 말은 지은이에 글쓰기 재촉 이상 격려로 다가온 것이다. 한국외국어대학교 미디어커뮤니케이션학부 학생인 김민주 양도 이 책에 적지 않은 도움을 주었다. 지은이가 한국외대 도서관을 찾아 헨더슨이 쓴 논문을 찾았을 때 거기서 근로학생으로 일하는 김 양을 만났다. 내가 찾고자 하는 논문을 알아챈 김 양은 전국의 주요 도서관을 뒤져 마침내 모든 원어 논문을 보내주었을 뿐만 아니라 「정다산론」이 실린 ≪사상계≫ 1958년 4월호를 찾아주었다. 덕분에 헨더슨의 글들을 실감 있게 읽을 수 있었다.

마지막으로 그레고리 헨더슨 평전의 내용에 큰 보탬을 준 분으로 이현휘 박사를 들지 않을 수 없다. 그는 이 책의 내용을 꼼꼼히 살펴 어문법적 오류를 잡아준 데다가 헨더슨의 『회오리의 한국정치』를 '탈근대의 역저'라고 평가한다. 한국에서 화이트헤드(Alfred Whitehead) 철학에 정통한 이 박사는 몇 가지 저술, 즉 알렉시스 드 토크빌(Alexis de Tocqueville), 에드먼드 버크(Edmund Burke), 그리고 막스 베버(Max Weber)의 저술이 관습을 주제로 삼았다면서 헨더슨이 『회오리의 한국정치』 제3부 '한국 정치 문화의 연속성(The Continuity of Korean Political Culture)'에서 관습을 핵심 주제로 삼은 것과 견준다. 이는 평전의 내용을 더욱 풍요롭게 해주었다고 생각한다.

물론 위에서 든 모든 분들 밖에도 수많은 분들이 뒷받침해 준 덕분에 이 책이 세상에 나올 수 있었다. 이번에 나오는 『그레고리 헨더슨 평전』은 한울엠플러스가 출간한 지은이의 여덟 번째 책이다. 어려운 여건에서도 지은이가 쓰겠다는 책을 꾸준히 내준 한울의 김종수 사장님을 비롯해 윤순현 부장님께 고맙다는 말씀을 드린다. 다시 한 번 헨더슨 부처 영전에 이 책을 헌정 드리며 감사의 말씀을 올린다.

프롤로그

미 국무부 소속 20대의 젊은 외교관 그레고리 헨더슨(Gregory Henderson, 1922~1988)은 1948년 신생 대한민국 탄생의 목격이라는 남다른 경험을 했다. 그는 1948년 8월 15일 서울 중앙청에서 당시 약관 26세의 한국 주재 미국대표부의 부영사로서 이승만 대통령 바로 뒷자리에 서서 '대한민국 정부 수립 선포식'을 목격했던 것이다. 이승만은 선포식을 마친 뒤 그 자리에 참석한 맥아더 장군에게 헨더슨을 소개한 일도 있었다.

이렇게 한국과 인연을 맺은 이래 1988년 영면할 때까지 그는 한국에 대해 애정 어린, 그러나 냉철한 관찰을 멈춘 일이 없었다. 그 관찰에서 그는 무엇보다도 잘 알려진, 이미 한국 정치 연구의 고전이 된 『회오리의 한국정치(Korea: The Politics of the Vortex)』(Harvard University Press, 1968)를 저술해 일약 미국 정치학계에 우뚝 섰다.

지은이는 그동안 출간한 몇몇 저서에서 그레고리 헨더슨에 대해 그의 인물, 활동, 학문, 사상, 철학에 관한 서사를 여기 저기 적어왔다. 하지만 그것이 비록 틀린 서사가 아니라고 하더라도 여기 저기 흐트러진 산일성(散逸性)과 아울러 파편적인 단락성(段落性)은 지워지지 않았다. 다시 말하면 독자의 처지에서는 흐트러지고 단락적인 그런 서사로써는 그의 전체 인물상을 파악하기란 쉽지 않을 것이다.

예컨대 지은이는 2021년 출간한 『국회프락치사건의 증언』(한울엠플러스)에서 헨더슨을 '위대한 기록자' 또는 '사관'이라고 소묘했다. 그가 국회프락치사건 재판기록을 모두 남긴 일을 『조선왕조실록』을 기록한 사관에 비유한 것이다. 하지만 그 책의 주인공은 '남로당 프락치'라고 낙인이 찍힌 제헌 국회의원들과 이어 국가폭력이 휘두른 온갖 만행과 고행을 당한 그 후손들 이었다.

산재한 인물 소묘

잠시 부연해 지은이가 출간한 저서들에서 그의 인물 소묘를 적어보자. 뒤에 살피겠지만 이들 인물 소묘들을 조각조각 맞추면 그의 전체 인물상을 간취할 수 있지만 독자의 처지에선 그 일이 쉽지는 않을 것이다. 지은이는 독자의 처지에서 이 인물 소묘 조각을 집대성하여 그의 전체상에 좀 더 가까이 가고, 더 나아가 새로운 자료를 발굴해 그 전체상의 완성도를 높여야 한다고 생각했다.

지은이가 출간한 『국회프락치사건의 재발견』 I~II(한울엠플러스, 2008)에서는 이 프락치사건 연구를 통해 신생 대한민국의 민주주의가 몰락한 배경과 원인을 추적했다. 미국의 대한 정책의 실패와 더불어 이승만의 반공을 빙자한 원시 독재, 그리고 모래성과 같은 한국 사회의 단자적 원자성이 합쳐진 결과라고 그는 진단했다. 여기에서 우리는 그의 학자적 깊이와 철학적 통찰을 엿볼 수 있다.

한편 나는 2011년 출간한 『미의 나라 조선』(한울엠플러스)에서 헨더슨의 도자기 미학을 추적해 그가 지닌 미의식과 조선의 옛 도자기에 대한 남다른 취향을 찾아냈다. 한편 그는 도자기 수집과 취향 때문에 엉뚱하게도 외교관 지위를 이용한 '문화재 밀반출'이라는 오명을 들어야 했다. 그러나 그것은 뒤에서 보겠지만 박정희 군사정권이 저지른 반인륜적인 인권유린을 은폐하기 위해 꾸민 헨더슨의 '인격 살인' 기획에서 나온 부산물에 지나지 않는다. 박정희 유신 정권이 반인륜적 인권을 유린하는 만행을 자행하자 미국하원이 프레이저 한국인권청문회를 열어 헨더슨을 증인으로 불렀다. 궁지에 몰린 박정희 유신 정권의 책사들은 그의 증언을 폄훼코자 급조해 낸 한편의 촌극을 벌인 것이다.

헨더슨 면모, 빈자리 여전히 커

지은이는 이렇게 이 지닌 여러 가지 면모를 여기저기 적었지만 일반 독자에게는 그레고리 헨더슨은 여전히 낯선 '이방인'으로 남아 있다. 물론 몇몇 헨더슨 연구가들도 있지만 그에 대한 연구 시선은 주저 『회오리의 한국정치』에 머문 감이 있다. 게다가 그에게는 '문화재 밀반출'이라는 잘못된 이미지도 실루엣으로 남아 있다.

이런 것들이 지은이에게 헨더슨의 전체 인물상을 살핀 평전을 쓰려는 동기를 주었다. 자료 수집 중에 나는 그에 관한 서사에 여전히 빈자리가 크다는 것을 깨달았다. 예컨대 나는 헨더슨이 다산 정약용에 주목해 그가 「정다산: 한국 지성사 연구(Chong Ta-san: A Study in Korea's Intellectual History)」를 영문으로 집필한 것을 알았지만 그 한국어 번역본 「정다산론」은 알지 못했다. 그것이 ≪사상계(思想界)≫ 1958년 4월호에 실린 글이다. 더 나아가 「정다산론」을 계기로 다산 연구가인 이을호 교수와 각별한 교유를 트게 된 것도, 그의 조선유교론이 동양사상가이자 재야 민주화 운동가인 기세춘에 지적 충격을 준 것도 처음 알았다.

여행 동반자

내가 헨더슨 평전을 쓰려는 데에는 한 인물의 전기를 객관적으로, 또는 연대기적으로 기술하기보다 더 높은 동기가 자리하고 있다. 그 인물이 추구한 이상, 사상, 철학을 객관적으로 서술하는 것으로는 충족시킬 수 없는 어떤 여백의 공간이 존재하기 때문이다. 그 공간 안에 내가 그의 영혼과 함께 실존한다고 표현하고 싶다.

헨더슨은 살아생전 40여 년간 필생의 한국 탐방 여정을 수행한다. 즉 한국의 역사, 문화, 사상이 서린 곳곳을 기행한 것이다. 예컨대 그는 미국 의회도서관의 전문사서 양기백 씨와 함께 「한국유교약사(An Outline of History of Korean Confucianism)」(1958)를 영문으로 집필하고, 이에 앞서 「정다산: 한국 지성사 연구」(1957)를 영문으로 집필해 낸 것도 그 성과물이다.

무엇보다도 그는 1948년 이승만 정권 탄생 뒤 곧 일어난 국회프락치사건을 면밀하게 관찰하고 재판 과정 전체의 기록을 미 국무부로 보내 역사적 기록으로 남겼다. 그는 왜 그토록 이 사건을 중시했는가? 이 사건이 신생 대한민국 민주주의의 향방을 가르는 분수령이었다는 그의 안목이 담겨 있다.

나는 이제 40년간 그의 한국 여정을 함께하는 동반자의 마음으로 그의 평전을 쓰고자 한다. 영어의 펠로 트래블러(fellow traveler)는 단순한 길동무를 넘어 그가 품은 이상, 사상, 철학을 함께 나누는 동조자이다. 나는 이런 마음의 여행 동반자로서 그의 영혼과 함께 한국여행을 떠나고자 한다.

내용 구성

이 책은 3부 12장으로 구성된다. 제1부는 모두 넉 장으로 제1장은 의 삶의 궤적과 인물됨을 추적하고 1948년 한국 땅을 처음 밟은 뒤 미 국무부 소속 부영사 시절 이야기를 엮었다. 이 시기 그는 '이영희 사건'이라는 악연도 만났다. 이 사건을 둘러싸고 버거 대사와의 불화 끝에 추방당하는 신세가 된 것이다. 그러나 한국과의 인연은 그가 살아생전 미처 생각지도 못한 곳에서 결실을 맺었다. 그것이 '반민특위·국회프락치사건 기억연대'의 결성이다. 이 단체는 반민특위 및 국회프락치사건 후손들의 명예회복과 진실규명을 위해 지속적으로 활동하고 있다. 이어 헨더슨이 작성한 박정희 공산주의 전력 보고서가 지닌 가치와 의미를 분석해 보았다. 여기서 보고서에 언급된 황태성과 황용주가 남북한 관계에서 의미하는 바를 되돌아보고자 했다.

제2장은 헨더슨이 어떻게 한국과 인연을 맺었는지 이야기체로 엮어보고

그 이후 40년간 이어진 한국역사 기행을 시기별로 다루고자 한다. 여기에는 그가 어린 시절 한국 도자기를 만난 경위를 포함해 특히 국무부로 들어가 외교관의 길을 시작할 즈음 당시 한국 문화·역사 전문가 조지 매큔 박사를 만나 한국역사와 함께 한국어를 배운 이야기를 다룬다. 여기에는 그가 만난 한국전쟁, 이어 전쟁의 뒷이야기를 엮고자 했다.

이어 제3장은 지은이가 맺은 과의 인연을 되돌아보았다. 이 인연으로 지은이는 헨더슨 부인에게 국회프락치사건 자료 등을 넘겨받아 이 평전을 쓸 기회를 얻게 된 것이다. 마지막으로 제4장은 그가 한국 도자기의 애호가를 넘어 도자기 미학의 경지를 개척한 이야기를 다룬다.

제2부는 헨더슨이 한국 사회의 병리를 진단하고 처방한 이야기를 엮고자 했다. 모두 석 장으로 구성되는데, 제5장은 그가 만난 한국전쟁이 파생한 서사를 살핀다.

제6장은 전쟁이 남긴, 치유하기 힘든 상처로 정치의 중간 지대 상실을 다룬다. 헨더슨은 한국 정치의 온건파 또는 중도파가 대거 납북되거나 전쟁의 분진 속으로 사라진 것을 개탄하면서 그것을 '서울의 비극'이라 불렀다.

다음 제7장은 그가 부영사 시절 1948년 만난 국회프락치사건을 다루면서 이 사건이 신생 대한민국의 민주주의 향방에 끼친 영향을 되돌아본다. 이어 제8장은 헨더슨이 한국 사회의 병리에 대한 처방으로 내놓은 '중간 지대의 정치 합작'을 살핀다. 그 실행으로서 이승만 체제의 대안으로서 김규식-안재홍의 리더십을 제안한 것이 그의 안목이다.

마지막으로 제3부는 모두 넉 장으로 구성했다. 3부의 제목 '헨더슨의 학문, 사상, 이론, 그리고 실천'은 문자 그대로 그가 천착한 학문, 통찰한 사상과 이론을 살피고, 이어 창백한 서생이 아니라 그가 품은 이상을 실천으로 옮기는 데 주저하지 않는, 행동하는 지성인으로서 그가 펼친 행적을 되돌아본다.

제9장은 그가 학문적으로 천착과 애정을 기울인 정다산론을 살펴본다.

이와 함께 고려청자와 관련해 그가 구성한 고려불교 서사를 주목하고자 한다. 그는 특히 정다산이 조선 지성사에 자리한 위치에 대해 영문으로 「정다산: 한국 지성사 연구」를 썼으며, 그 번역본 「정다산론」은 ≪사상계≫ 1958년 4월호에 실렸다. 나는 자료 수집 과정에서 ≪사상계≫에 실린 글을 처음 발견했는데 그것은 이 쓴 영어 논문이 한국 사회의 지적 호기심을 불러일으킨 것을 짐작할 수 있었다. 실제 그 논문을 매개로 다산 연구가인 이을호 교수와 헨더슨은 각별한 교유를 맺게 되었다.

이어 제10장에서는 헨더슨이 고려청자와 고려불교와의 관계에 주목하여 「검은 계곡 이야기(A Tale of the Black Valley)」라는 에세이를 쓰는가 하면 이를 가설로 삼아 연구논문을 제시해 검증한다. 마지막으로 헨더슨이 박정희에 이어 전두환 군사정권에 맞선 레지스탕스 운동을 다룬다.

제11장에서는 그의 실천 행동 중에서 무엇보다도 그가 고발하고 폭로한 '고발자 헨더슨'의 면모를 살피고자 한다. 마지막으로 제12장은 창백한 서생으로 남는 것을 거부하고 행동하는 지성인으로서 한국의 민주화 운동에 동참한 행동을 되돌아보고자 한다.

결론적으로 필자는 그레고리 헨더슨이 미국의 한국 전문가로서 그의 학문, 사상, 철학, 인물과 인품, 그가 이룬 업적으로서 한국 정치에 대한 통찰, 특히 미국 국무부의 젊은 외교관으로서 국회프락치사건의 재판기록 전체를 남긴 그의 업적, 이어 행동하는 지성인으로서 용기 있는 그의 실천 등에 주목하여 책을 펴내 그의 영전에 헌정하고자 한다.

그레고리 헨더슨 영전에 옷깃을 여미며
김정기 2023년 정월

제1부

그레고리 헨더슨, 그는 누구인가?

제1부는 모두 네 장으로 구성된다. 제1장은 헨더슨의 인물됨을 짚어 보고 이어 제2장은 그가 어떤 경위로 한국과 인연을 맺게 되었는지 살펴보고자 한다. 그는 하버드대학에서 고전과 역사를 공부한 엘리트 청년이었지만 1941년 말 일본이 진주만을 습격하자 파시스트 일본을 응징하겠다는 생각으로 일본어를 배움으로써 동아시아에 다가온다. 그는 그 뒤 해병대에 지원해 1944년 해병대 소위로 임관돼 일본군 포로수용소에 배속된다. 그때 생전에 보고 듣지도 못한 말을 하는 한국인 포로를 만나게 된다. 이것이 그가 첫 번째로 맺게 된 한국과의 인연이다.

그 뒤 1947년 국무부에 들어가 외교관의 길을 걷게 되는데 그가 선택한 지역은 일본이 아닌 한국이었다. 이때 그가 당시로서는 드문 한국문제 전문가 조지 매큔 교수를 만나 조선어와 조선역사를 배운 것이 계기가 되어 본격적으로 한국과 인연을 맺게 된다. 그리고 그는 40년간의 역사 기행을 하게 된다.

헨더슨이 맺은 한국과의 인연은 헨더슨이 살아생전 전혀 생각지 못했던 결실을 맺었는데, 그것은 반민특위와 '남로당프락치'로 낙인찍힌 제헌의원의 후손들이 결성한 '반민특위·국회프락치사건 기억연대'라는 단체이다. 이 단체는 후손들의 명예훼손의 회복과 진실 규명을 위한 학술발표 등 사업을 지속적으로 펼치고 있다.

이어 제3장은 1950년 헨더슨이 만난 한국전쟁에 관한 서사를 다룬다. 그에게 한국전쟁이란 무엇인지, 왜 일어났는지 대한 그의 견문을 살펴본다. 또한 1950년 6월 27일 서울을 석권한 북한군 정보위가 그가 남긴 정치비망록과 사진을 포획해 이를 선전전에 어떻게 이용했는지 전쟁의 뒷얘기의 형식으로 엮는다. 마지막으로 제4장은 헨더슨이 단순한 도자기 애호가를 넘어 그가 지닌 도자기 미학의 경지를 개척한 이야기를 다룬다.

제1장
삶의 궤적

　그레고리 (Gregory Henderson, 1922~1988)은 누구인가? 그는 널리 알려진 대로 한국 정치학의 고전적 텍스트로 유명한 『회오리의 한국정치』(Korea: The Politics of the Vortex, 1968)의 저자이다. 이 책은 이미 한국 정치학에 대한 세계적인 고전이 되었지만, 이 책으로 널리 알려진 그의 이름 못지않게 헨더슨은 한국의 문화, 역사, 정치와 깊고 폭넓은 인연을 쌓은 사람이다. 그는 자신의 이름을 한국어로 한대선(韓大善)이라 부르면서 차가운 지성으로 한국의 정치와 문화를 분석하고 뜨거운 가슴으로 한국을 천착(穿鑿)한 사람이다.

　그는 제2차 세계대전 중 미 해병대 일본어 통역장교로 참전한 뒤 외교관, 교수, 정치학자, 칼럼니스트, 도자기 수집가 겸 미술사학자, 무엇보다도 한반도 전문가로서 이름을 남겼다. 헨더슨은 다양한 전문 경력으로 인생을 맹렬하게 그리고 다채롭게 살다가 1988년 10월 꽤 이른 나이 68세에 세상을 떠났다.

'르네상스 맨'

그는 일찍이 패신(Herbert Passin, 1963)이 말한 '르네상스 맨'에 속한다. 그는 무엇보다도 언어 능력이 탁월한 사람이다. 한국어는 물론 일본어를 통달했으며, 영어는 물론, 독일어, 프랑스어를 입말로 구사할 수 있었다. 그뿐만 아니다. 라틴어와 그리스어 고전을 읽을 수 있는 보기 드문 언어 능력자다. 이런 탁월한 언어 능력에서 그는 무엇보다도 황무지 한국 정치에 풍요한 정치 언어를 심으려 했다. 그는 1963년 국무부를 떠난 뒤 한국 정치 연구에 몰두했다. 그는 한국전쟁 이래 한국의 정치 지형에서 중간 지대가 사라진 황무지를 보았고 그 자리에 중간 지대의 정치 언어를 심으려 한 것이다. 그러나 척박한 정치 토양에서 그 정치 언어가 뿌리내리기란 힘들었다.

제1절 인물됨

헨더슨은 미국의 '양반 동네'라고 부를 수 있는 동부지역 보스턴에서 태어나고 자라, 그곳 명문 하버드대학에서 교육받은 전형적인 미국 엘리트였다. 그러나 그는 서민의 소탈한 성격을 가진 사람이었다. 1948년 7월 중순 주한미국대표부 부영사로 부임한 뒤 항상 열린 마음에서 한국인 각계각층과 사귄 서민적인 '마당발'이기도 했다. 그는 엘리트 미국인 청년이면서도 대사관의 다른 미국인과는 사뭇 다르게 한국인과 마음을 트고 사귀기를 좋아했다. 당시 주한 미 대사관의 김우식(金禹植)이란 한국인 직원이 옆에서 그를 보고 평가한 말이다. 그는 1948~1950년 헨더슨과 함께 주한 미 대사관 정치과 소속으로 국회를 담당했던 인물이다. 헨더슨과 친구처럼 지낸 그는 헨더슨의 의뢰로 국회프락치사건 재판을 참관하고 재판심리를 기록한 2명의 한국인 직원 중 한 사람이다. 그는 미발표 영문 자서전[1]에서 그가

지은이가 도쿄 뉴오타니호텔 식당에서 만난 김우식(왼쪽, 2006년 11월 14일).

본 헨더슨에 관해서 다음과 같이 말한다.

　정치과에서 나는 그레고리 헨더슨이라는 이름의 외교관과 좋은 친구가 되었다. 그와 나눈 우정은 내 생각에 커다란 영향을 주었다. …그는 키가 훌쩍 크고 체격이 균형 잡힌 몸집으로 나와는 동갑내기다. 우리는 체격이 너무 닮아 그가 내게 준 한 벌의 옷이 T처럼 잘 맞았다. 그는 정력적인 에너지의 사나이며, 외향

---

1)　김우식은 그가 영문으로 쓴 미발표 자서전 *The Autobiography of Kim Woo-sik*에서 국회프락치 사건을 중요하게 다루고 있다. 여기에 있는 「The Case of Communist Fraction in the National Assembly」는 헨더슨과의 우정을 기록해 놓고 있을 뿐만 아니라 1949년 10월부터 국회프락치사건을 담당하게 되었다면서, 이 사건의 재판을 참관한 그의 체험을 말하고 있다. 또한 이 회고록은 1942년 12월 8일 태평양전쟁이 터지기 2일 전 그가 독립운동 관련 사상범으로 일경에 체포되어 1945년 8월 15일 해방과 함께 풀려날 때까지의 투옥생활도 다루고 있다. 그는 투옥생활 중 알게 된 공산주의자인 한 사람과 친하게 된 인연으로 해방 뒤 우연히 만나 그와 접촉하게 되었는데, 그 때문에 그는 6·25전쟁 직전 경찰에 체포되고 만다. 그 이야기는 『국회프락치사건의 재발견』(한울엠플러스, 2008) II권 제9장 3절 「김우식이 겪은 '작은 프락치사건'」에서 자세히 다루고 있다.

적인 활동가며, 사교적인 사람이었다. 그는 항상 다른 사람들이 정치적으로 무엇을 생각하는지 알려고 하는 자세를 지녔는데, 그의 관료적 상사들이 싫어한다는 부담을 무릅쓰면서 각계각층 사람들과 섞이기를 좋아했다. 이들은 정부각료로부터, 대학교수, 논농사 짓는 농부에 이르는 광범한 계층의 사람들이었다. 그는 대사관의 다른 미국 사람들이 끼리끼리만 모이는 격리된 작은 폐쇄 집단의 벽에 갇힌 생활을 몹시 싫어했다. 그는 칵테일파티보다는 막걸리와 김치와 함께 찌든 농부들과 어울리기를 좋아했다. ……

언어 선택에 대단히 신경을 쓰면서도 자신에 찬 타입이었으며, 뒤에 번복하는 사람이 아니었다. 나는 항상 그가 느릿하면서도 정제된 말을 할 때 듣기를 즐겼으며, 바리톤 같은 굵은 목소리는 듣는 이의 상상력을 북돋았고, 그의 눈길로부터 오는 강렬한 성실성은 그가 한 말의 정곡을 찔렀다. 나는 그의 세련되고 정제된 논리에 깊게 감명을 받게 된 나머지, 나를 아는 누구라도 내가 말하는 영어에서 쉽게 그의 발음과 문체의 영향을 알아챌 정도였다.

헨더슨은 앞에서 언급하듯이 하버드대학에서 일본어를 배움으로써 동아시아에 다가온다. 일본의 진주만 기습공격으로 태평양 전쟁이 터졌을 때 그는 일본어 통역장교로서 참전하지만, 1947년 국무부에 들어간 뒤 일본보다는 한국을 그의 전문 분야로 택했다. 그런데 그는 여느 외교관과는 달리 한국학에 관해 전문적인 관심을 갖게 되었다. 여기에는 그가 국무부의 주선으로 1947~1948년 캘리포니아주립대학교 버클리의 조지 매큔(George M. McCune) 교수로부터 한국어와 한국역사를 배운 것이 계기가 되었다. 헨더슨은 1963년 말 국무부를 나온 뒤 한국학을 두루 섭렵하여 그 자신이 일가를 이룬 한반도 문제 전문가가 되었다.

헨더슨이 맺은 한국과의 본격적인 인연은 그가 1948년 7월 중순 26세의 젊은 나이로 미 대사관 부영사로 서울에 오면서부터 시작되었다. 부연하면 그는 1948~1950년간, 그리고 1958~1963년간 미 대사관 소속 외교관으로 7

헨더슨의 어린 시절, 가족과 함께(앞줄 맨 오른쪽 소년이 헨더슨).

북한산 승가사(僧伽寺)에서 동료와 함께 운동을 하고 있는 헨더슨(아래). 그는 1948년 7월 중순 서울에 온 뒤 불교 사찰을 많이 찾았다(1948~1950년경 사진).

서울시 중구 정동에 있던 헨더슨의 관저.

년 동안 격동의 한국 정치를 현장에서 목격한 드문 증인이었다. 이 기간 동안 헨더슨은 부영사, 국회연락관, 문정관, 대사 특별정치보좌관과 같은 다양한 자리를 거치면서 한국 정치 또는 한반도에 중대한 전환을 가져온 사건을 만났던 것이다.

미 대표부 부영사 시절

헨더슨이 1948년 신생 대한민국 정부 수립과 함께 미국대표부 소속 부영사로서 국회프락치사건을 만난 것도 이 기간 중이었다. 그는 1949년 5월 이 사건이 터지자 비상한 관심을 보였다. 미 대사관 정치과 소속 국회연락관으로서 그가 이 사건에 관심을 갖는 것은 당연하지만, 그의 관심은 뒤에서 살펴보듯 남다른 것이었다. 이어 그는 김구 암살이라는 충격적인 뉴스를 접하고 장례식에도 참석한다. 또한 그가 서울에 온 지 불과 몇 달도 지나지 않아 여순사건 등을 겪지만, 첫 번째 부임 기간 겪은 최대의 사건은 그가 부산의 부영사로 있을 때 만난 한국전쟁이다.

헨더슨이 1958년 봄 미 대사관으로 다시 온 뒤 또 한 번 한국 정치의 중대한 전환기를 지켜보게 된다. 부연하면 그는 1960년 4·19 학생혁명으로 이승만 정권이 붕괴하는 것을 보고 한국 민주주의의 밝은 희망을 점치지만 장면 정권이 박정희 그룹이 감행한 군사쿠데타로 단명으로 쓰러지는 민주주의의 붕괴 현장을 보게 된 것이다. 이러한 격동기 신생 대한민국에서 일어난 중대한 사건들은 그가 뒤에 학계에서 탐구하고 구축한 한국 '회오리' 정치이론의 벽돌이 되었다고 보인다.

그가 1963년 3월 이른바 '이영희 사건'을 빌미로 서울에서 추방당하는 수모를 겪은 뒤 헨더슨은 국부무가 그의 한국 전문 경력을 무시하는 관료적 타성에 실망한 나머지 국무부를 뛰쳐나왔다. 그 뒤 그는 1964년 초부터 하버드대학교 국제문제연구소 연구원으로 있으면서 한반도 문제 전문가의

1958년 헨더슨이 신임 미 대사관 문정관으로 취임했을 당시 제1세대 출판인들과 함께 찍은 사진. 앞줄 오른쪽에서 두 번째가 헨더슨, 다섯 번째가 퇴임 문정관 슈마허 씨(곽소진 씨 소장).

길을 성공적으로 개척했다. 그는 유명한 『회오리의 한국정치』를 써내고는 일약 한국문제 일급전문가의 반열에 오르는 데 성공한 것이다.

　마지막으로 헨더슨은 1988년 10월 느닷없이 찾아온 사신을 맞아 꽤 이른 나이인 68세에 세상을 떠나지만, 죽기 직전까지 한국에 관한 왕성한 집필을 멈추지 않고 있었다. 가장 안타까운 일은 그가 1979년부터 하버드대학 출판부와의 계약 아래 『한미관계론(The United States and Korea)』을 집필하고 있었다는 사실이다. 만일 이 책이 완성되었더라면 우리는 그가 구상한 한국 정치담론의 한 축을 보다 심오하고 선명한 의미로 읽을 수 있었을 것이다. 또한 그는 『한국의 문명: 그 과거와 현재(Korean Civilization, Past and Present)』도 집필하고 있었지만 이것도 그의 영면과 함께 책의 제목만 남고 말았다.

제2절 군사정권이 찍은 '기피 인물'

헨더슨은 느닷없이 1963년 3월 필화사건에 휘말려 한국에서 추방당한다. 즉, 박정희 군사정권이 그를 '기피 인물(persona non grata)'로 찍고 당시 새뮤얼 버거 주한 미국 대사가 이를 묵인하여 한국에서 추방당한 것이다. 이 사건은 헨더슨이 한국 땅을 떠나게 했다는 면에서도 경시할 수 없지만 이를 통해 그의 박정희 군사정권 견문을 읽을 수 있다는 점에서도, 미국의 핵심적 대한 정책을 미루어 짐작해 볼 수 있다는 점에서도 중요하다.

당시 젊은 언론인이었던 리영희 선생과 미 대사관 문정관이었던 헨더슨 사이의 만남과 대화가 이 사건의 발단이었다. 이 사건은 당사자인 리영희[2] 자신이 쓴 글이나, 제3자들이 논평한 글에 따르면 언론인의 사명에 충실한 부지런한 한 기자가 취재 끝에 건져 올린 '특종'이라고 평가된다. 예컨대 다작의 언론학자 강준만(2004)은 『한국현대사 산책』(제2권)에서 이 기사를 '100년 만에 한 번 나올 특종'이라는 말로 인용하고 있다(강준만2004: 200).

리영희(2003) 자신도 "특종도 보통 특종이 아닌 이런 국가적인 최고 기밀 같은 것을 기사화하지 않을 수 없다는 젊은 기자로서의 야심과 욕심이 나를 지배하고 있었다"라고 밝히고 있다. 그러나 헨더슨은 그가 남긴 기록에서 "그렇지 않다"고 반론을 제기한다. 과연 헨더슨은 당시 합동통신 기자인 이영희에게 '특종'이 될 만한 민감한 이야기를 해주었는가? 당사자인 이영희가 밝힌 취재 경위와 그 내용[3]은 헨더슨이 그 사건에 관해 남긴 기록과는

---

2) 리영희 선생은 한양대학교 교수 시절 당시 자신의 이름을 이영희(李泳禧)라고 표기하고 있었다. 한 때 그는 모든 글에 '리영희'라고 쓴 적이 있는데 "북괴 발음을 쓰면 오해받지 않느냐"는 충고를 듣고 '이영희'가 되었다 한다(「이영희 선생 연보」, 『이영희선생화갑문집』, 1989, 두레). 여기서는 '이영희 사건'에 관한 한 당시 표기하던 대로 '이영희'로 적는다.

3) 리영희 선생은 헨더슨이 죽은 뒤 쓴 부고기사(≪한겨레신문≫, 1989.1.1, 「25년 전의 마음의 부채 갚고 싶었소」)에서 "지금 나도 이 나이가 되고 보니, 25년 전 그때 그 기사를 취소했으면 좋았을 걸 하는 괴로움을 금할 수 없습니다. … 25년 전 불행했던 일에 대한 나의 심정을 당신의 부음을 듣고서야 당신에게 털어놓게 된 나의 옹졸함을 용서하십시오"라고 적고 있다. 그러나 그는 취재와 기

상당한 차이를 보인다. 헨더슨은 이영희 기자가 쓴 문제의 기사가 나간 지약 한 달 뒤 4월 18일 도쿄에서 이른바 '이영희 사건'에 휘말린 경위와 회견 내용을 자세히 적은 「경력의 종말(End of a Career)」이란 기록을 남겼다. 현시점에서 누구 말이 옳은지 따지는 것은 무의미하며, 그것을 의도하지도 않는다. 게다가 헨더슨은 리영희가 1964년 이래 박정희 정권에 이어 전두환 신군부 정권에 의해 다섯 차례나 반공법이나 국가보완법 위반 혐의로 구속당하면서도 지조를 굽히지 않는 그의 행동하는 지식인의 면모를 지켜보았을 것이다. 이는 말할 나위도 없는, 상식적이다. 자신의 '경력의 종말'을 안겨준, 잊으려야 잊을 수 없는 한 인물의 행적을 그가 어떻게 외면할 수 있단 말인가!

물론 헨더슨은 리영희를 지목해 글을 쓴 일은 없다. 이는 뒤에 살피듯이 그가 황용주가 남북한 관계에 대해 편 논지를 공유하면서도 그를 지목해 글을 쓰지 않은 것과 견주어진다. 그러나 헨더슨이 남북한 관계에 대한 글, 예컨대 「터무니없는 분단」을 써 황용주와 공유했다는 것은 뒤에서 자세히 살필 것이다(제1장 3절 '박정희 공산주의 전력 보고서' 중 '황용주는 누구인가? 51~54쪽 참조). 리영희는 1964년 남북한 동시가입을 추진해야 한다는 글을 써 반공법 위반 혐의로 구속당했다. 이는 황용주가 같은 취지의 글을 써 구속당한 것과 판박이다.

사가 게재된 경위에 관해 다음과 같이 밝히고 있다. "통신이 나간 뒤 당신은 즉시 전화로 기사의 취소를 요구했습니다. 내가 응하지 않자, 당신은 그것이 '오프더레코드'였고, '대사관 주변'이 아니라고 써주기를 요구했습니다. 나는 당신 사무실에서 당신이 보는 앞에서 취재 노트에 기입하였으니 '오프더레코드'가 될 수가 없고 당신을 지칭하지 않았으니 수정할 수 없다고 주장했던 것입니다"라고 쓰고 있다. 그는 다른 곳에서 쓴 글(≪월간중앙≫, 2003.4월, 「인간적인 죄책감을 안겨준 그레고리 헨더슨」, 504~505쪽에서 다음과 같이 적고 있다. "그런데 기사가 나간 지 몇 십 분이 되지 않아 헨더슨으로부터 전화가 왔다. 그는 기사 취소를 요구했다. 나중엔 제발 자신의 이름을 빼고 대사관 주변의 '어떤 소식통'으로 바꾸어 달라고 간청했다. 거의 애원하다시피 사정했지만 매정하게 거절했다. 특종도 보통 특종이 아닌 이런 국가적인 최고 외교 기밀 같은 것을 기사화하지 않을 수 없다는 젊은 기자로서의 야심과 욕심이 나를 지배하고 있었다. 그러나 한편으로는 헨더슨과 통화하면서 나의 기사로 말미암아 그에게 큰 불행이 닥칠 수 있을 것 같다는 괴로운 마음이 들기도 했다."

그렇다면 리영희, 황용주, 헨더슨은 남북한 적대관계의 해소를 위해 같은 배를 타고 험한 풍랑을 헤쳐 나가다가 어쩔 수 없이 좌초당한 것이 아닐까. 그러나 그들이 탄 배는 좌초당했을지언정 난파당한 것은 아니었다. 황용주에 이어 리영희가 주장한 유엔 남북한 동시가입론은 실현되었는가 하면, 1989년 6월 30일 한국외대 학생 임수경이 평양에서 열린 세계청년학생축전에 참가하고, 작가 황석영이 같은 해 방북해 『사람이 살고 있었네』를 써내는 등 남북한 적대관계 해소를 위한 용기 있는 행동이 이어졌기 때문이다. 이 사건은 헨더슨이 일생 동안 계속한 한국 여행의 한 전환점이 될 만큼 커다란 영향을 끼쳤고 이 사건으로 헨더슨 자신이 상당한 곤경을 겪은, 여행 중 만난 일종의 대형 '사고'였기에 그의 반론을 적어 보고자 한다. 아마도 이 사건에 휘말리지 않았더라면 지은이의 생각으로는 그가 주한 대사나 국무부 동북아 정책의 최고 결정자 반열에 올랐을 것이다.

버거 대사 만찬장에 벌어진 일

먼저 이 사건의 배경을 이해하기 위해 당시 박정희 그룹이 민정 이양과 군정 연장을 둘러싸고 미국과 미묘한 신경전을 벌이던 상황을 살펴볼 필요가 있다. 1963년 3월 15일 저녁 정동 대사관저에서는 버거 대사가 베푼 만찬회가 열렸다. 이날 파티에 미극 측에서는 버거 대사를 비롯해 킬렌 유솜 처장, 멜로이 유엔군사령관이 참석했고 한국 측에서는 박정희 최고회의 의장, 김재춘 중앙정보부장 등 군부 핵심 인물이 참석했다. 그 만찬 자리는 박정희가 2·27 선언을 통해 그해 8·15 민정 이양을 약속한 뒤 그 이행을 바랄 겸 박정희 그룹을 위로하기 위해 버거 대사가 마련한 파티였다.

그런데 파티가 끝날 무렵 박정희는 버거 대사와 개인적인 만남을 요청했고, 이 자리에서 박정희는 다음 날 '국민투표를 통한 군정 4년 연장'[이른바 3·16 성명] 선언이 있을 것이라고 놀라운 뉴스를 통고한 것이다. 버거 대사로서는 황당한 일이 아닐 수 없었다. 2·27 선언을 통해 민정 이양을 선언한 박정희와의 관계를 원활하게 유지하기 위해 열린 파티가 곧 이를 번복하는 군정 연장 3·16 성명의 전야제가 된 셈이었다.

그해 2월 27일 최고회의 의장 박정희가 미국의 요구와 압력에 굴복해 눈물을 흘리면서 발표한 '민정 불참'과 '8월 15일 민정 이양' 선언을 믿고, 군사 정부가 요구한 2500만 달러의 추가 원조를 시행해 달라고 워싱턴에 종용하고 있는 처지에서 이 무슨 황당한 말인가. 게다가 미 대사가 개최한 그 전날 만찬장은 오히려 박정희의 군정 연장을 묵인한 것 같은 모양새로 바뀌는 정황이 되고 말았다. 사실 버거 대사가 만찬장에서 장시간 박정희와 '협의'한 결과 군정 4년 연장을 양해했다는 그럴듯한 소문이 급속히 번지고 있는 상황이었다. 따라서 대사관은 공식적인 침묵을 지키면서도 난감한 처지에 빠져 있었다. 곧 대사관이 침묵할수록 소문은 부풀려져서 언론 매체의 호기심은 더욱 커져가는 형국이었다.

이영희 기자의 헨더슨 회견

박정희가 그 다음날 군정 연장을 선언한 것이 서울 주재 주요 외신과 일간 신문들에 의해 대서특필된 뒤 세상의 이목은 온통 주한 미 대사관과 워싱턴의 반응에 쏠리고 있었다. 이러한 배경 속에서 3월 18일 오후, 합동통신사의 이영희 기자가 헨더슨을 찾아온 것이다. 헨더슨이 곧 휘말리게 될 필화사건의 시작이었다. 이영희는 그 회견 자리에서 몇 가지 질문을 던지고 헨더슨이 답변하는데, 그것이 빌미가 되어 '이영희 사건'에 휘말리게 되었다. 헨더슨은 이영희 기자를 만난 배경을 다음과 같이 설명한다.

3월 18일 오후 늦게 나는 내가 국무부 자금으로 몇 년 전 미국에 보낸 한 젊은이로부터 전화를 받았다. 그는 미국에 있는 동안 아주 갑자기 아버지와 아들을 잃는 불운을 당했다. 이는 내 편으로부터 좀 더 도움과 동정을 필요로 했던 사건이었는데, 나는 그를 친구로 생각했기 때문이었다. 그 당시 그는 신문기자였으나 군사쿠데타가 일어났을 당시 아니면 직후 신문사 일을 그만두고 눈에 띄지 않게 되었으며, 나 역시 그와의 접촉이 끊겨 있었다. 나는 그가 무엇을 하고 있는지 궁금하기도 하여 오라고 했다.

그는 실은 신문사 일을 그만 두고 중앙정보부에 들어가 현 집권당인 '민주공화당의 사전조직'에 참가했다고 말했다. 그런데 그는 이 활동의 '비민주적(undemocratic)' 성격에 실망한 나머지 그 집단과 갈라섰다고 했다. 나는 이 대화의 후반에 가서야 그가 합동통신사에 돌아갔다는 사실을 알았다(헨더슨 문집, 상자 제7호, '대사관과의 편지' 중 「경력의 종말(End of a Career)」, 도쿄, 1963.4.18).

이런 경위로 헨더슨은 합동통신사 기자 이영희를 만나 대담을 하게 된다. 헨더슨이 그해 4월 18일 도쿄에서 쓴 이 기록의 문맥에서 보면 헨더슨은 기자로서 만난 것보다는 그가 주선한 장학금 혜택으로 미국 유학을 누린 한국인 친구와 정담을 나누었다는 인상을 갖게 한다. 다시 말하면 헨더슨은 이영희가 거리낌 없이 개인 신상에 민감한 정보(민주공화당 사전조직에 관여)를 거리낌 없이 전하는 등으로 보아 그와 나눈 대담을 공식적인 기자와의 언론 회견으로 보기보다는 친구 또는 친지와의 개인적인 대화인 듯 생각한 것처럼 들린다. 이러한 감정의 교감에서 그는 이영희 기자의 질문에 친근한, 그러나 절제된 배경 설명을 해준 것으로 보인다.

위의 기록 한 대목에서 헨더슨은 대화 중 이영희가 합동통신사 기자로 돌아왔다는 사실을 깨닫고 그가 한 말은 이 기자의 '사적인 배경 설명(for his private background only)'임을 강조했다는 데서 알 수 있다. 따라서 이러한 기록의 문맥을 종합할 때 군이 이 만남의 성격을 가늠하면 헨더슨이 이영희 기자와 나눈 대담은 소스가 친근한 기자와 나눈 '배경 설명'이라고 그 성격을 특징지을 수 있을 것이다. 이렇게 문제의 대담을 특징지을 때 과연 이영희 기자가 헨더슨을 '표적 인용'하는 것이 기자의 직업윤리상 적절한 것인가 의문이 제기된다. 게다가 헨더슨은 이영희에 미국 유학 장학금을 주선한 개인적인 후원자가 아닌가!

그날 저녁 헨더슨이 대사관 공보관으로부터 이영희 기자가 쓴 기사에 관해 전해 듣고 이 기자에게 기사를 취소하거나 대사관 주변 소식통을 인용하지 말 것을 요구했다고 한다. 하지만 이영희는 이를 묵살하고 오히려 헨더슨을 '표적 인용(pointed attribution)'했다고 한다. 이영희가 헨더슨을 지칭해 "미 대사관 고위당국자와의 단독 회견"이라고 쓴 것을 이르는 말이다.

어쨌든 이 애매한 대담이 기사화되어 기사의 소스가 여지없이 드러나고 헨더슨은 그의 경력에 치명적인 손상을 입었다. 그런데 이 기사의 소스가 드러났다는 것도 문제지만 헨더슨은 자기가 말하지 않은 부분이 다른 소스의 말과 함께 짜깁기하여 기사화되었다고 불평했다. 그것이 아마 뒤에서 보는 바와 같이 버거 대사의 조용한 막후 외교를 폄훼하는 발언을 말하는 것 같다.

이 기사는 다음 날 도하 각 신문방송에 실려 나갔다. 특히 ≪조선일보≫와 ≪한국일보≫가 제법 크게 싣고 영자지 ≪코리언 리퍼블릭≫은 사설을 실어 '제퍼슨식 민주주의'로 한국을 압박하기 위해 원조계획을 이용하려는 '미국 관료의 협량(narrow-minded American bureaucrats)'을 지탄하였다.

헨더슨이 이 기자와 나눈 대담 기사는 어떤 내용을 담았는가? 헨더슨의 답변은 요컨대 박정희가 선언한 군정 연장 제안에 대해 미국 정부가 며칠 안에 종합적인 공식 의사를 밝힐 것이란 것이 골자였다. 헨더슨은 버거 대사와 박정희와의 사전흥정설을 의식해 3월 15일 만찬장에서 박정희의 군정 연장 제안에 대해 어떠한 절충이나 흥정도 없었다면서 그것은 '완전한 추측(complete speculation)'이라고 강조했다. 또한 한 최고위원이 미국의 외교정책은 어떤 사태가 기성사실화되면 그것을 인정해 왔다는 발언에 대해서도

"미국의 외교정책은 정세에 따라 적응하는 것으로서 일률적인 원칙은 있을 수 없다"고 하여 원칙론적인 수준을 넘지 않은 것 같이 들린다.

이영희 기자가 특종 거리로 입수했다는 미국의 추가 원조계획에 대한 헨더슨의 발언은 무엇인가? 헨더슨은 추가 원조계획에 관해 박정희와의 만찬장 회담에서 논의된 바 없다고 하면서도 그 계획의 조속한 실현 가능성에 대해서는 "의심스럽다"라고 답변했다는 것이다. 이 부분 이영희가 쓴 대목은 아래와 같다.

> 한국정부가 기대하는 2500만 불의 추원과 미공법 480호에 의한 잉여농산물 원조에 관해서 논의된 결과를 질문 받은 그(헨더슨)는 15일 회담에서 그것에 관해 논의되지 않았다고 말했다. 그것의 조속한 실현가능성에 대하여 그는 "의심스럽다"고 답변하였다.
> "그렇다면 미국은 추가 원조제공에 어떤 조건을 요구하는가"라는 질문에 대해서는 "말할 입장에 있지 않다"고 말했으나 … (≪조선일보≫, 1963.3.19, 「군정 연장 제의에 사전 흥정 없다」).

헨더슨은 이 부분을 밝히면서 "원조에 관한 질문에 대한 대답에서 나는 논평할 입장에 있지 않다"고 말했지만, "한국이 요청하는 모든 원조를 다 받지는 못할 것이라고 항상 생각하는 것이 '아마도 안전할 것'(probably safe, 따옴표 – 지은이)이라고 말했다"는 것이다. 이렇게 볼 때 널리 알려진 것처럼 이 기사가 미국이 추가 원조를 군정 연장과 연계하여 보류하고 있다는 것을 특종거리로 삼았다는 것은 헨더슨이 주장한 대목과 다르다. 그는 "한국이 요청하는 모든 원조를 다 받지 못할 것이라고 항상 생각하는 것이 아마도 안전할 것"이라고 일반적인 원칙을 말했다고 기록했다.

그러나 이 대목은 이영희 기자가 말하듯 '젊은 기자'라면, 기사화하고 싶은 '야심과 욕심'이 날 만한 발설이라는 것도 사실일 것이다. 하지만 헨더슨이 이영희 기자와 나눈 전체적인 대화의 맥락에서 볼 때 취재원이 친근한 이에게 전해준 배경설명이라고 하면, 헨더슨으로서는 이영희가 소스를 '표적 인용'하리라고는 전혀 예상치 못했을 것이다. 그날 밤 헨더슨은 그의 상사 하비브와 한국인 친지와 함께 저녁만찬을 하다가 문제의 대담이 기사가 된 것을 처음 듣고 당황한 데서 그것을 알 수 있다.

그런데 이상한 것은 이 회견 기사를 가장 크게 다룬 1963년 3월 19일 자 ≪조선일보≫도 "추원은 의문"이라는 소제목을 달았을 뿐 큰 헤드라인은 「군정 연장 제의에 사전 홍정 없다」였다. 문제 기사가 3월 19일 나온 뒤 사흘 뒤 미국 정부는 군정 연장에 반대한다는 입장을 분명히 했다. 다시 말하면 헨더슨이 군정 연장과 연계하여 추원 보류를 발언했다 하더라도 군정 연장 반대가 미국 정부의 공식 입장으로 밝혀진 이상 헨더슨의 발언은 크게 문제될 수가 없는 것이다.

그런데도 헨더슨이 이 기사가 나간 뒤 '가장 비인간적인' 방식으로 추방을 당한 이유는 무엇일까? 바꾸어 말하면 버거 대사가 이 기사에 대해 그토록 격노하여 자신의 특별보좌관인 헨더슨에 대해 추방이라는 극단적인 결정을 내린 이유는 무엇일까? 이것은 수수께끼로 남아 있다. 하지만 지은이는 문제의 기사에 실린 다음과 같은 대목에 주목한다.

미국 정부가 현 한국 정세에 처하여 할 수 있는 방법으로서 현지 대사와 한국 군사정부 지도자와의 막후교섭이 가장 유력하다는 워싱턴 발 AP 기사에 관해서 논평을 요청받은 그(헨더슨)는 동맹국 정부와의 관계 조정에 있어서 현지 대사의 활동을 중요시하기는 하지만 미국 정부의 공식적 태도 천명도 아울러 겸행할 것이라는 점을 특히 강조하였다. 그는 "두 가지 외교 방법이 다른 한 가지 방법을 결코 배제하지 않는다"고 말하였다. 이것은 군사정부와 버거 대사와의 조용한 막후교섭에만 의존하지 않고 필요하다면 정부 대 정부의 공식 의사표시로써 문제 해결을 추구하려는 것으로 믿어진다(≪조선일보≫, 1963.3.19, 「군정 연장

제의에 사전 흥정 없다」).

헨더슨은 「경력의 종말」에서 문제의 기사에 대해 "다른 취재원으로부터 얻은 정보를 같은 용기에 처넣었다(information obtained from other sources had been dumped into the same receptacle)"고 표현했다. 그것이 위 대목인지는 확인할 수는 없지만 그럴 개연성은 충분하다. 헨더슨은 이 대목에 관한 질문과 답변을 밝히면서 "미국 정부가 외교적 접근방법으로 어떻게 대응할 수 있는가에 대한 '일반적인 질문(a general question)'에 대한 대답으로 나는 국무부나 대사관이나 모두 '선도책(initiatives)'을 쓸 수 있다고 대답했다. 그러나 나는 한국의 경우 둘 다 해당될 것이라는 암시를 주지 않았다"는 것이다.

이렇게 볼 때 헨더슨이 쓴 기록에 의하면 문제의 대목은 헨더슨이 말하지 않거나 의도하지 않은 부분을 AP 기사와 짜깁기했다는 추정은 가능하다. 왜냐하면 자신이 보좌하는 대사의 활동을 폄훼하는 듯한 발언을 비공식적으로라도 헨더슨이 기자에게 말했다는 것은 상식에 어긋나기 때문이다. 게다가 위 대목의 마지막 문장은 "버거 대사의 막후교섭에 의존하지 않고 필요하다면 정부 대 정부의 공식 의사표시로써 … "라고 하여 버거 대사의 조용한 외교를 폄훼하는 듯한 '친절한' 해설까지 달고 있다.

사실 위의 기사 대목은 버거 대사의 격노를 살 만하게 들린다. 대사의 정치보좌관이라는 자가 대사 자신이 중시하는 조용한 막후 외교[4]를 폄훼하다니. 어떻든 버거 대사는 격노하게 되고 헨더슨은 한국으로부터 황황히 쫓겨나는 신세가 되었을 뿐만 아니라, 그 뒤 결국 소중히 쌓아온 외교관의 경력을 포기하게 되었다. 그러나 이 기사를 쓴 뒤 얼마 후 이영희 기자는 통신사에서 ≪조선일보≫로 자리를 옮기는 기회를 누렸다.

---

[4]   새뮤얼 버거 대사는 '조용한 샘(Silent Sam)'이라는 별명을 들을 정도로 '신중하고 효율적인 막후 외교관'으로 여겨진다고 당시 시사주간지 ≪타임≫은 전한다(*Time* 1963년 4월 19일 자, 「조용한 샘, 압력의 사나이(Silent Sam, the Pressure Man)」 참조.

서울로부터 야반 추방

　한편 3월 19일 「대사관 고위당국자와 단독 회견」 기사가 나간 뒤 대사관 내부 사정은 어떠했나? 대사관 정치과 내부에 무거운 침묵이 흐르는 가운데 헨더슨은 조용히 기다리며 대사에게 사과할 적절한 때를 기다렸다. 그러는 가운데 헨더슨은 대사가 진노했다고 들었다. 게다가 정치과의 그의 상사인 하비브 참사관에 의하면 헨더슨의 본국 소환이 거론되고 있다는 것이었다. 믿을 수 없는 일인 듯 하비브도 고개를 저었다. 헨더슨은 하비브의 권고에 따라 3월 22일 버거 대사를 15분 만난다. 그 자리에서 그는 놀라운 소식을 듣는데 그것은 즉시 서울을 떠나라는 것이었다. 그러나 헨더슨은 자위하였다. 어차피 '지역휴가'(local leave)를 받아 놓은 마당이니 아내와 함께 홍콩으로 떠나 얼마 쉬다 오면 사태가 가라 앉겠지.

　그러나 헨더슨은 다음 순간 더욱 청천벽력 같은 소식을 듣는데 그것은 홍콩 휴가로부터 돌아온 뒤 '2, 3일 안에' 서울을 떠나라는 명령이었다. "아니 대사님, 5년 동안이나 근무한 제가 어떻게 2, 3일 안에 떠날 수 있단 말입니까? 이렇게 결정한 이유는 무엇입니까?" 헨더슨은 그러나 "내가 결정 했소"라는 대사의 말만을 들었을 뿐이었다.

　헨더슨의 시련은 여기서 끝나지 않는다. 그는 이틀 뒤 일요일(3월 24일) 육군 'R&R'(rest and recreation) 군용 휴가기를 예약했으나 사무 착오로 못 타고 다음 비행기 탑승을 화요일(3월 26일)로 예약했다. 그러나 대사가 헨더슨이 아직 서울에 남아 있다고 격노하고 있다는 것이다. 헨더슨은 대사관 행정참사관이 하루를 못 참고 특별 주선한 군용기를 월요일(3월 25일) 밤 12시에 탈 수밖에 없었다. 그는 여의도 비행장에서 마치 '범죄인처럼' 처우를 당해 서울을 떠났다고 울분을 토로했다.

　이틀 뒤 서울로부터 부인이 더욱 놀라운 소식을 전하는데, 헨더슨은 서울로 귀환하지 못한다는 것. 헨더슨은 이 사건으로 자신이 서울로 귀환하지 못한다는 것은 그가 말하듯 꿈도 꾸지 못한 일이었다. 그는 화가 머리끝까지 솟구친다. '대사가 나를 이토록 속이다니'. 그는 사직하기로 마음먹고 「경력의 종말」이라는 비망록을 써두는가 하면 4월 19일 장문의 항의서한을 대사에게 보낸다.

위의 정황으로 볼 때 헨더슨은 군사정권으로부터 '페르소나 논 그라타' (기피 인물)로 찍혔고, 버거 대사가 이를 조용히 받아들이는 것으로 타협했다고 추정할 수 있다. 그렇지 않고서야 버거 대사가 헨더슨이 불가피하게 하루 늦게 출발한다고 그렇게 화를 낼 이유를 찾기 어렵다. 게다가 헨더슨이 대사관 행정참사관이 특별주선한 군용기를 월요일 밤 12시에 타고 '범죄인처럼' 서울을 떠나야 할 이유는 더욱 납득하기 어렵다. 짐작하건데 버거 대사는 군사정권과의 흥정으로 박정희 그룹의 눈엣가시가 된 헨더슨이라는 회생양이 필요했을 것이다.

헨더슨이 겪은 곤경

버거 대사가 헨더슨을 추방하는 '극단적인' 결정으로 헨더슨이 당한 곤경은 그로서는 참기 힘든 것이었다. 그가 말하듯 '마치 범죄인처럼 버림받아' 야반에 떠나야 하는 심정은 참담했을 것이다. 그는 부인과 서로 어깨를 부둥켜안고 흐느꼈다고 적고 있다. 그가 가장 참담하게 느끼고 분개한 것은 버거 대사가 그를 서울로 귀환하지 말고 바로 본부로 가라는 명령을 내린 것이었다. 그것은 헨더슨으로서는 꿈에도 생각지 못했던 '공포의 이야기 (horror story)'라고 표현했다.

대사는 헨더슨이 서울 귀환 뒤 "2, 3일 안에" 떠나야 말을 들었지만 서울 귀환을 못한다는 것은 전혀 귀띔도 하지 않은 날벼락 같은 소식이었다. 대사관 정치과 하비브 참사관도 2, 3일 간의 연장을 위해 최선을 다 하겠다고 하지 않았었나. 대사가 이렇게 나를 속일 수 있나.

버거 대사가 이 부분에 대해 헨더슨 부인에게 설명한 이유는 이렇다. 곧 헨더슨의 서울 귀환은 필연코 부작용이 생기기 때문에 어쩔 수 없는 선택이었다는 것이다. 부연하면 버거 대사가 보기에는 언론의 초점이 된 헨더슨이 서울에 귀환하면 불필요한 세인의 주목을 받게 되고 이는 민감한 시기에 한미관계를 어렵게 만든다는 것이었다. 그러나 헨더슨 부부에게 이 말은 납득하기 어려운 궁색한 변명처럼 들렸다. 헨더슨 부인은 대사의 처사에 분개하여 소송을 준비했으나 주위 사람들이 말렸다고 한다(당시 대사관 공보관 감환수 씨의 말).

헨더슨이 버거 대사의 처사에 분개한 것은 무엇보다도 그의 '비인간적인' 행태인 것처럼 보인다. 헨더슨이 안쓰럽고 참담해한 것은 부인이 혼자 서울에 남아 짐을 꾸려야 하는 어려움을 겪은 것이었다. 5년 이상 서울에 살았던 그는 적지 않은 가재도구는 물론 상당량의 한국 전통 예술품 컬렉션과 한국학 도서 등 꽤 많은 장서 꾸러미를 지니고 있었다. 마이어 헨더슨 부인이 꼬박 3주간 황황히 그러나 조심스럽게 짐을 꾸리느라고 그녀의 신경과 마음은 무너지기 직전까지 갔다는 것이다. 그 결과 적지 않은 가재도구를 황급히 처분하지 않을 수 없어 상당한 재산상 손실을 입었다고 토로한다.

헨더슨은 버거 대사의 극단적인 결정이 수많은 황당한 소문을 불러 일으켰다고 적고 있다. 사실 당시 서울의 신문들은 헨더슨의 '갑작스러운' 전임을 전하면서 "이유는 밝혀지지 않았다"고 쓰고 있다. 가장 황당한 소문은 그가 군정 연장에 반대하여 민간 정치인들에게 자금을 공급하는 것이 밝혀져 군사정부가 헨더슨의 소환을 요청했다는 것이다. 이러한 소문들은 한미 간의 관계에 결코 이로운 것이 아니며 대사가 자초한 것이라고 그는 지적한다. 그러나 위에서 살펴보듯 박정희 그룹의 눈엣가시가 된 헨더슨은 대사와 군사정권과의 흥정으로 그가 '기피 인물'로 찍힌 것은 사실이라고 추정할 수 있다.

그 밖에 헨더슨은 당시 고려대학과 건국대학이 문정관 시절 공로를 인정하여 명예박사 학위를 헨더슨에 수여하기로 되어 있었지만 대사의 결정이 그 기회를 박탈했다고 적고 있다. 그것은 자신이 새로운 생활에서 새로운 출발을 더욱 어렵게 만들 것이라고 그는 말한다.

헨더슨은 버거 대사가 그에게 간곡히 요청하여 정치과 3인자로 서울에 남게 되었다고 하면서 대사가 당시 그에게 약속한 여러 가지 처우를 하나도 지키지 않았다고 말한다. 결국 헨더슨 자신은 그가 믿었던 대사에게 기만당했다고 토로한다. 마지막으로 그는 이「경력의 종말」에서 한국인 친구가 보내온 편지의 문구를 소개하면서 대사가 내린 극한적인 결정은 "내가 들어 본 적이 없는 가장 비인간적인 처사"라고 쓴 대목을 인용한다.

그런데 이 일연의 사건 흐름을 볼 때 석연치 않은 점을 느낄 수 있다. 헨더슨이 대사를 격노케 할 수 있는 표현이 신문기사에 나왔다 하더라도 그 발언의 취지가 원칙적으로 민정 회복을 바라는 미국 정부의 입장을 옹호하는 것이라면 헨더슨이 왜 그토록 가혹한 처우를 당해야 했는가. 헨더슨의 인터뷰 기사가 3월 19일 나온 뒤 사흘 뒤 미국 정부는 결국 헨더슨이 발언한 취지와 같은 성명을 발표한 것이다. 부연하면 침묵을 지키던 워싱턴은 3월 23일 국무부 대변인 화이트의 공식 논평을 통해 4년간 군정을 더 지속시킨다면 한국 정치에 커다란 위험이 닥칠 것이라는 성명을 발표하였다. 3월 29일 국무부는 또 한 차례의 성명을 발표하였다. 이는 헨더슨 인터뷰 기사보다 더 분명한 뜻으로 박정희 군정 연장 제안을 반대한 것이다. 그런데도 어찌하여 헨더슨은 그토록 황황히 서울을 쫓겨나는 수모를 당해야 했는가?

잠시 뒤 다루겠지만 헨더슨은 쿠데타 주동 인물인 박정희와 김종필의 공산당 전력을 캐내기 위해 쿠데타 초 이래 그가 아는 한국군 내부 인맥을 통해 정보수집 활동을 은밀히 벌였는데 이것이 박-김 그룹의 정보망에 포착된 것으로 보인다. 그렇잖아도 헨더슨의 활동을 의심스러운 눈초리로 보던 쿠데타 세력은 헨더슨을 감시하기 시작하면서 촉수가 헨더슨과 주변을 압박했다. 이를 눈치 챈 헨더슨은 서울을 떠나려고 마음먹었다. 워싱턴 당국이 쿠데타를 기정사실로 인정하고 게다가 쿠데타를 진압하려던 맥그루더 장군과 그린 대리 대사도 서울을 떠난 마당에 그들과 생각을 같이 했던 헨더슨이 서울에 계속 남아 있는 것이 그로서도 불편했을 것이다.

그는 1961년 7월 초 새뮤얼 버거 대사가 서울에 부임하자 그는 서울을 떠나겠다고 희망했다. 박정희 군사 집단에게 눈엣가시 같은 존재가 되면서 헨더슨이 서울에서 활동할 수 있는 입지가 제한되고 있음은 말할 필요도 없었다. 다음은 그가 한 말이다.

> 나는 당시 대사에게 전보를 희망했습니다. 그 이유는 한국 근무 연한이 차기도 했지만 한국의 군사정권이 달갑지 않은 인물로 지목하여 내 자신이 불편했기 때문이었습니다. 우리 집은 감시당하고 전화 도청까지 당하고 있다는 것을 느낄 수 있었습니다. 저들은 내가 대사관 안의 한국통으로 영향력이 있다고 생각해 군정반대 세력의 구심점으로 의심한 모양입니다. 사실 그 당시 내 친구들, 예컨대 김웅수 장군과 강영훈 장군 같은 이들이 감시당하고 있는 형편이었습니다 (김정기, 1987: 233).

사실 헨더슨은 당시 대사관 안의 반 박정희 운동의 중심인물로 널리 인식되고 있었다. 부연하면 미 대사관은 군정 연장을 종식시키기 위해 박정희 대항 세력으로 당시 허정(許政)을 중심으로 한 야당통합운동을 배후에서 지원하고 있었는데, 그 중심인물이 바로 미 대사관의 문정관 헨더슨이라는 것이다. 헨더슨은 이를 위해 "필요한 자금 지원을 대사에게 요청하는 단계에 이르렀으나 작업이 성숙되기 전에 군정 당국에 체크되어……."(이상우, 1984) 등의 소문이 나돌 정도였다. 이는 대범하고 조야한 추측이지만 그 당시 헨더슨이 군정 세력으로부터 감시받고 압박당하는 인물로 인식되고 있음을 반증하는 소문이기도 했다.[5]

그러나 그때 헨더슨은 서울을 떠나지 못하고 신임 버거 대사의 특별정치

보좌관이 되어 서울에 남았다. 국무부의 매카너기 전 대사와 대사관 정치과 하비브 참사관이 종용하기도 했지만 버거 대사의 강력한 요청을 뿌리칠 수 없었기 때문이었다. 버거 대사는 서울에 와 많은 대사관 직원으로부터 브리핑을 받지만 헨더슨의 브리핑이 가장 인상 깊고 설득력 있다고 판단하고 있었다는 것이다. 그러나 헨더슨은 '그때 서울을 떠났어야 했는데'라고 1년 반 뒤 후회하게 된다. 이른바 '이영희 사건' 설화에 휘말려 그가 버거 대사의 '극단적인' 추방 결정으로 야반에 서둘러 서울을 떠나야 하는 수모를 당했기 때문이었다.

대학의 관습 절벽

헨더슨이 겪은 곤경은 한국으로부터 추방에 그치지 않는다. 그는 학계에 익숙한 관행적 관습의 절벽에 걸려 추락당하지 않았는지 의구심이 든다. 그 경위를 되돌아보기 전 헨더슨이 학문적 업적을 일군 환경적 상황을 살펴볼 필요가 있다. 잘 알려진 대로 헨더슨은 1968년 『회오리의 한국정치(Korea: The Politics of the Vortex)』라는 노작을 낸 뒤 미국 정치학계에 우뚝 서게 되었다. 문제는 헨더슨이 일군 학문적 업적은 학계의 관행에서 한참 떨어진 것이라는 데 있다. 한국에서도 마찬가지지만 미국 학계의 정석이라면 유명 교수, 예컨대 정치학계의 석학 스칼라피노 교수(Robert A. Scalapino, 1919~2011, 캘리포니아대학교 버클리) 지도 아래 몇 년간 교습을 받고 박사학위

---

5) 쫓겨나다시피 야반에 서울을 떠난 뒤 헨더슨이 1963년 4월 19일 버거 대사에게 보낸 항의 서한에 의하면 이런 소문은 대사가 그에게 극단적인 결정을 내렸기 때문에 나온 것이라고 쓰여 있다(헨더슨 문집 상자, '대사관 서한 등' 가운데, 헨더슨 서한 「대사님께(Dear Mr. Ambassador)」. 1963년 4월 19일 자 참조). 따라서 이런 소문은 그가 서울로부터 추방된 원인이 아니라 대사가 극단적인 결정으로 헨더슨을 추방하자 떠오른 사후 소문이다. 헨더슨은 지은이와 1987년 3월 만난 자리에서 당시 구 정치인들을 만났지만 야당통합운동을 지원했다는 것은 낭설이며, 게다가 그들을 위해 필요한 자금을 요구했다는 설은 어처구니없는 난센스라고 했다(김정기, 1987: 230 참조).

를 취득하는 순으로 학계에 진입하는 것이다.

하지만 헨더슨은 그런 학계의 관행과는 달리 현장에서 직접 체험을 통해 지식과 통찰을 체득해 그것을 토대로 이론을 구축해 학문적 업적을 일군 것이다. 『회오리의 한국정치』만 해도 그는 오랫동안 주한 미국 대사관 요원으로 지내면서 한국 정치 현장을 직접 목격한 체험을 통해 '회오리의 정치'라는 명제를 구성한 것이다. 하지만 헨더슨이 학계의 관행을 따르지 않았다고 해서 미국 학계가 그를 외면하지는 않았다. 오히려 그를 '학문의 별'처럼 처우하는 데 부족함이 없었다. 미국 정치학계를 대표하는 미국정치학회(American Political Science Association)나 아시아를 연구하는 전문학회인 아시아연구학회(Association for Asian Studies)나, 이들 학회가 개최한 연차총회에 헨더슨을 기조연설자로 초청한 것에서 이를 알 수 있다.[6]

그러나 헨더슨이 이룩한 뛰어난 학문적 업적이라 해도 대학사회에서 굳어진 관행의 절벽을 뛰어 넘지 못한 것이다. 그 경위를 추적해 보자. 헨더슨은 1969년 9월 미국 동부의 명문 터프트대학교(Tuft University) 플레처 법·외교대학원(Fletcher School of Law and Diplomacy) 외교학 부교수(Associate Professor of Diplomacy)로 처음 대학에 진입했다. 그 8년 뒤 느닷없이 1978년 터프트대학을 떠나는데, 떠난 이유에 대해 그는 이례적으로 침묵했다.

터프트대학에서 나온 뒤 미국의 다른 대학으로 옮기려 하지 않고 그의 뛰어난 독일어 구사 능력과 한국학 전문성을 인정한 독일학계로 옮겼다. 그는 독일계 대학의 '객원 교수(visiting professor)'로 '한국학'을 강의했는데, 1980년 루르대학교(Ruhr University), 및 보훔대학교(Bochum University),

---

6) 미국정치학회는 1973년 연차총회[루이지애나주 뉴올리언스 정호텔, 9월 4~8일]는 헨더슨을 기조연설자로 초청해 「미국의 대외정책에서 한국: 효과와 전망(Korea in United States Policy: The Effects and Prospects of Present Policies)」을 청취한 데 이어 아시아연구학회가 개최한 1978년 연차총회[일리노이주 시카고 파머하우스, 4월 1일]도 역시 헨더슨을 기조연설자로 초정, 「한반도에서의 무력, 정보 및 안보 불안의 증폭(Arms, Information and the Rise of Insecurity in the Korean Peninsula)」을 청취한다.

1981~1982년 베를린 자유대학교(Berlin Free University), 다시 1983~1984년 베를린 자유대학에서 '한국학 객원교수'로 재임한 것이 그것이다.

헨더슨이 터프트대학교를 떠난, 그 이유는 뭘까? 지은이가 짐작컨대 그는 교수직 승진 벽에 부딪힌 듯하다. 왜냐하면 8년간 터프트대학에 재직하고도 그는 여전이 '부교수(Associate Professor)'의 딱지를 떼지 못했기 때문이다. 지은이가 이렇게 짐작한 것에는 몇 가지 단서가 있다. 먼저 헨더슨은 하버드 인문대학 학부에서 고전을 익히고 우등생으로 졸업한 뒤 다소 의외로 하버드 경영대학(Business School) MBA를 취득한 것이 학위의 전부다. 그가 왜 뒤에 그의 전문영역이 된 정치학과 상관없는 MBA를 취득했는지 알 길은 없다. 그러나 그것은 그가 파시스트 일본을 응징하겠다는 생각에서 일본어를 배우거나 미 국무부 외교관에의 길에서 조지 매큔 박사와 만나기 오래 전 일이라는 데 주목할 필요가 있다. 헨더슨이 아직 젊은 청년 때 일이기에 그도 여느 미국 젊은이와 같이 미국 대기업에서 MBA의 지위에서 안락한 생활을 그렸을지도 모른다.

여하튼 그에게는 그 흔한 박사학위가 없는 것이다. 1968년 『회오리의 한국정치』쓴 뒤 일약 미국정치학계의 일급 전문가의 반열에 올랐다는 것은 앞에서 말한 바와 같다. 하지만 그것은 '실속 없는 명성'일 뿐 헨더슨이 터프트대학에서 교편을 잡은 뒤 경력에 크게 보탬이 되지 못한 것으로 보인다. 앞서 보듯이 그는 터프트대학에서 부교수에서 승진하지 못한 채로 터프트를 떠났기 때문이다. 나는 헨더슨이 게을러 학위과정을 밟지 않은 것이 아니라 이미 그의 높아진 학문적 위상에 박사학위의 옷이 맞지 않은 것이 아닐까 생각해 본다.

헨더슨은 왜 터프트대학을 떠났을까? 그 배경이 궁금해 나는 헨더슨 부인에게 물은 일이 있다. 그때가 1992년 국회프락치사건 자료를 입수하기 하기 위해 보스턴 교외 헨더슨 자택을 찾았을 즈음이다. 헨더슨 부인은 여느 때와 달리 "나는 그 일에 대해 얘기하기 싫소"라고 노한 목소리로 답하는 것이었다. 나는 당황해 즉시 화두를 돌리고 후회한 일이 있다. 헨더슨이 영면한 뒤에도 헨더슨 부인에 아직 불쾌한 기억이 잔영으로 남아 있었던 것이 아닐까.

한국에서 박사학위를 제도적 요건으로 명시하는 대학이 드물지는 않지만 승진에 공식적으로 학위가 필수 요건인 것은 아니다. 하지만 관습의 벽이 여전히 '철벽'으로 남아 있는 것은 변함이 없다. 헨더슨은 뛰어난 학문적 업적으로 터프트대학에 들어 갈 수는 있었으나 승진에서는 관습의 철벽을 넘지 못한 듯하다. 그렇다면 『회오리의 한국정치』 제3부의 머리글에서 플라톤이 말한 페라스(peras)와 아페이론(apeiron)을 나눠 한국 정치 문화에 가로세워진 관습의 벽을 지적했는데, 그 자신이 터프트대학에서 이 관습의 벽에 막히는, 아이러니를 맞은 것이다. 나는 뒤에 살펴보겠지만 헨더슨의 유명한 '회오리 정치' 명제에 그 현상학에 페라스를, 그 고고학에 아페이론을 적용해 설명한 적이 있다(제2부 7장 제2절 '회오리 정치의 고고학' 중 '탈근대의 역저' 참조).

제3절 박정희 공산주의 전력 보고서

그러나 되돌아보면 헨더슨이 박정희 군정 세력의 눈엣가시가 된 배경에는 그가 작성한 박정희의 공산주의 전력 보고서가 작용했을 것이다. 이를 위해 헨더슨이 5·16 군사쿠데타에 대해 어떤 자세를 견지하고 있나, 그리고 쿠데타 핵심 주동 인물인 박정희와 김종필을 어떻게 보고 있나라는 문제에 주목할 필요가 있다.

먼저 5·16 군사쿠데타의 경우 헨더슨은 어떤 태도를 보였나? 헨더슨은 군사쿠데타에 반대했을 뿐만 아니라, 뒤에서 보겠지만 박정희가 군복을 바꿔 입고 세운 군사정권도 맹렬히 규탄했다. 이는 그가 5·16 군사쿠데타 초기 진압을 꾀한 맥그루더 장군의 입장을 설명한 데서 그의 생각을 읽을 수 있다. 그는 1987년 봄 지은이와 만났을 때 5·16 쿠데타에 대해 다음과 같이 말했다.

우리가 쿠데타를 반대한 것은 단순히 말하면 장면 정권이 계속되기를 바랐기 때문입니다. 맥그루더 장군은 훌륭한 군인으로 정직하고 지성적이었습니다. 나는 그를 가장 훌륭한 주한미군 사령관 중 한 사람으로 꼽고 싶습니다. 쿠데타 자체가 불법적일뿐더러 그가 보기에는 군이 정치에 개입한다는 것은 국방에 대한 관심을 돌려놓기 때문에 한국의 안보를 약화시킵니다. 게다가 한번 쿠데타가 일어나면 또 다른 쿠데타가 발생한다고 그는 굳게 믿고 있었습니다. 따라서 그는 아주 강경했으며 워싱턴에 반란군 진압을 상신하는가 하면 이를 위한 초기 준비를 강행했습니다(김정기, 1987: 227).

헨더슨은 특히 한번 쿠데타가 일어나면 또 다른 쿠데타를 부른다는 맥그루더의 생각에 전폭적으로 동조한다. 그가 거의 4반세기 뒤 주한미군 사령관 리브시 장군에게 같은 취지의 서한을 쓰면서, 5·16 이래 쿠데타의 사례로서 유신 쿠데타, 전두환의 1979년 12·12 신군부 쿠데타, 광주 만행 특전사 쿠데타[1980년 5월 17~27일]를 거론하고 있다(헨더슨 프락치사건 자료, 「리브시 장군께…」, 1985년 8월 28일 자 서한).

헨더슨이 보인 5·16 군사쿠데타에 대한 부정적 시각은 기본적으로 한국의 문민정체의 정통성에 연유한다고 보인다. 헨더슨은 기본적으로 '군사화된 한국'은 한국 원래의 얼굴이 아니며, 한국의 전통에도 맞지 않는 외래적인 것이라고 생각한다. 이 외래적인 괴물이 한국의 본래적인 문민 정체적 모습을 압도해 버렸다는 것이다. 헨더슨은 그 책임이 5·16 군사정권과 야합한 미국의 대한 정책에 있다고 보고 있다. 다시 그의 말.

원래 조선조는 17, 18, 19세기 유럽보다도 더 문민화된 정체였습니다. 이 문
민정체는 일본 군부정체에 의해 중단되었습니다. 그런데 해방 후 왜 한국이 미
나미(南次郎)나 아베(阿部信行)형의 군사체제로 되돌아가느냐는 겁니다. 일본
은 군사체제를 극복하고 문민체제로 들어섰는데 말입니다(김정기, 1987: 221).

다음으로 헨더슨은 5·16을 주도한 핵심 인물인 박정희와 김종필을 어떻
게 보고 있었나? 우리는 지금 다행히 이 질문에 대한 헨더슨의 분명한 대답
을 문서로 갖게 되었다. 그것이 그가 스스로 작성한 박정희와 김종필의 공
산주의 전력에 관한 보고서이다. 헨더슨이 1962년 말부터 1963년 초 사이
에 작성해 제출한 것으로 보이는 장문의 보고서는 「군사정부 내에서의 공
산주의자 영향력에 관한 테제」라는 제목으로 마셜 그린에 보낸 것이다. 그
린은 문건을 워싱턴 국무부의 힐즈만에게 보내면서 "군사정부 내 공산주의
자의 영향력에 관한 그렉 핸더슨의 연구 초안"이라고 소개하고 있다.[7]
　헨더슨은 이 보고서를 작성하기 위해 한국군 내 그가 아는 인맥과 접촉해
박정희와 김종필의 공산주의 전력을 면밀히 추적한다. 그들의 가족사를 포
함해 광범한 인맥까지 추적하여 그 내막을 소상히 적고는 대체로 부정적으
로 평가를 내리고 있다. 특히 김종필에 대해서는 위험한 공산주의 모험가
로 묘사하고 있다.
　먼저 이 보고서의 내용을 살펴보기 전 그 내용의 구체성을 얼마나 신뢰할
수 있는지 확인해 볼 필요가 있다. 여기서 말하는 내용의 구체성이란 박정
희와 김종필의 드러난 좌익 전력에 관한 것이 아니라 그들의 인맥과 5·16

---

7)　인터넷 언론매체인 《프레시안》이 메릴랜드주 국립문서보관소에서 발굴했다는 현대사 사료를
　　2001년 11월 15일, 16일, 19일 3회에 걸쳐 공개한 「발굴-현대사의 뒷모습, 1. 박정희-의 좌익 전력,
　　2. 김종필의 좌익 활동, 3. 이 문서는 어떻게 작성됐나」. http://blog.naver.com/les130/80007073138
　　참조. 그런데 헨더슨이 썼다는 이 문건이 언제 어떠한 경로를 통해 마셜 그린과 힐즈만에게 전달되
　　었는지 확실치 않다. 짐작하건데 헨더슨이 국무부 마셜 그린의 지시로 1962년 후반에 준비하여
　　1962년 말에서 1963년 초 완성한 것으로 추정된다.

쿠데타 전후의 지하활동에 관한 것이다. 그런데 그에 관해서 우리는 지금 이를 평가할 수 있는 중요한 전거를 갖게 되었다. 그것이 2003년 종교인 강원용 목사가 회고한 『역사의 언덕에서』에서 나온 증언이다. 이 책의 2권 전쟁의 땅 혁명의 땅 중 '박정희의 두 얼굴'(385~398쪽)편이 전하는 증언은 놀랍게도 헨더슨이 작성한 보고서의 내용과 그 방향과 인맥을 구성하는 구체적 인물에서 거의 일치한다.

예컨대 헨더슨 보고서에는 김종필의 좌익 활동을 추적한 부분에서 "1945년에서 1951년까지 좌익분자나 공산주의자로 활발한 활동을 하다가 현재 한국 중앙정보부와 박-김 조직에 소속되어 있는 사람으로는 중앙정보부의 장태화, 조칠기[조치기], **반미적이고 중립적인 부산일보의 발행인인 황용주**, 서울대학교 교수이자 전(前) 고문인 김성희, 재무 고문이자 운영요원인 김성곤 등"이라고 쓰여 있다.

한편 강원용은 장태화를 '장모', 황용주를 '황모'라고 표현하지만 조치기(趙致基)에 관해서는 아주 구체적으로 적는다. "특히 간과할 수 없는 것은 5·16이 터지던 무렵의 친북 좌익 인사들의 동태다. 그들은 5·16이 터지기 며칠 전부터 서울의 대동여관이라는 곳에 투숙하고 주야로 모임을 가졌다. … 그곳에 들락거리는 사람은 대구 폭동[1946년 10월]의 주모자 세 사람 중 하나인 조치기(趙致基)를 비롯해 열 명가량 되었다." 이어 조치기의 행적에 대하여 다음과 같이 묘사한다.

일례로 박경일[강원용의 친지인 부산대학 교수]이 추적하는 지하조직의 총책은 대구 폭동의 주모자 중 하나였던 조치기인데, 이 사람은 조운 다방을 본거지로 삼아 오후쯤 다방에 출근해서는 할 일 없는 사람처럼 느긋한 자세로 앉아 담배를 피우고 커피를 마시면서 신문이나 뒤적이고 있다는 것이었다는 것이었다. 그러다 석간신문이 나올 때쯤 어떤 사람이 신문을 들고 와서 한담을 나누는 것처럼 하다가 신문을 슬쩍 바꿔들고 나간다는 얘기였다. 그는 아이들을 시켜 한

번은 신문을 들고 나가는 사람을 뒤따라가 그 신문을 빼앗아오도록 한 일이 있
었는데, 아니나 다를까 그 신문에는 뭔가 알아볼 수 없는 지령문이 적혀 있더라
는 것이었다(강원용, 2003: 394).

헨더슨의 보고서에 돌아와 보자. 먼저 박정희의 공산주의 전력을 캐면서
헨더슨은 남로당 최고위 간부 중 한 사람인 이중업이 1947~1948년간 가장
성공적으로 접촉한 장교가 박정희라면서, 한국 국방경비대가 급속도로 성
장하고 있던 1945년에서 1948년 9월 사이 이 조직에 침투해 암약했다는 것
이다. 이 보고서에 의하면 이들 남로당 침투 세력이 1948년 10월 19일에서
27일에 '여수-순천 반란'(이하 '여순사건')을 주동했으며, 이들 중 일부는 1948
년 4월에 제주도 제9연대에서 처음 발생한 소규모의 전복 기도를 비롯해,
1948년 11월 2일에 발생한 대구 제6연대사건, 1948년 10월 20일에 발생한
제4연대사건, 1948년 11월에 발생한 대전 제2연대 사건에도 개입했다는 것
이다. 이 사건들의 결과, 많은 장교들이 체포되고, 고문당하고, 처형당했으
며, 많은 장교들이 여순사건에서 목숨을 잃고, 또 일부는 순천과 대구에서
달아나 게릴라가 되어 1949년 4월부터 한국전쟁이 날 때까지 한국 곳곳에
서 일어난 게릴라전을 지도했다.

이 보고서는 박정희가 이 심각한 반란 사건들과 전체적으로 관련되어 있
다는 점은 매우 확실하다고 단정하면서 그의 정체가 드러나 1948년 11월에
체포된 것은 이들 사건들, 특히 여순사건 때문이었다고 했다. 박정희는
1949년 2월에 열린 군법회의에서 죄의 중대성에 근거해 사형 선고를 받았
지만, 이미 잘 알려진 대로 그는 자신이 맡고 있던 남로당 조직망을 알려준
대가로 사면을 받는다.

헨더슨이 이 부분에 대해 내린 평가는 박정희라는 인물에 대해 지극히 부
정적인 것이었다. 박정희는 군 내부 남로당 침투 세력을 뿌리 뽑는 데 혁혁
한 공을 세웠지만, "그러나 과거 엄청난 공산당 음모를 꾸미고, 자신이 살아

남기 위해서 자신의 부하에게 고문과 죽음을 안겨준 그의 성격 역시 드러났다. 음모에 깊이 관여한 사람들 중에서 살아남은 사람은 박정희 한 사람뿐이었지만, 박정희는 그 음모를 주도한 실질적인 지도자 중 한 사람이었다."

강원용 목사의 막후 활동

그런데 5·16 군사쿠데타 뒤 공교롭게도 헨더슨과 같은 생각으로 박정희의 좌익 사상과 전력을 극도로 의심하여 그의 실각을 위해 은밀히 활동한 사람이 종교인 강원용 목사였다. 강원용은 친지이자 각별한 사이인 부산대학교 박경일 교수로부터 박정희의 좌익 전력을 자세히 듣고, 게다가 이른바 혁명 주체가 반공을 국시로 한다고 내세우긴 했으나 사실은 '위장된 좌익 세력'이라는 놀라운 소식을 듣고 충격에 몸을 떨었다. 그는 나라를 위해 무엇인가 해야겠다는 결심으로 당시 미국 정보기관의 로버트 키니(Robert Kinney)와 미 대사관 참사관 필립 하비브(Philip Habib)를 만나 이 사실을 소상히 알렸다는 것이다. 그러나 강원용은 당시 하비브가 그의 말을 듣고 박정희 제거를 장담했으나 기대와는 달리 미국은 오히려 박정희를 현실적으로 이용하는 것으로 끝내고 말아 배신감을 느꼈다고 토로하고 있다.8)

다음으로 헨더슨이 내린 '김종필의 좌익 활동'에 대한 평가는 박정희 보다 훨씬 부정적이다. 아니 최악이라고 할 만하다. "최악의 경우 김종필은 적당한 때에 한국 정부를 북한에 이양하는 데 헌신적일 수 있는 공산주의자입니다. 아니면 김종필은 잘해 봐야 민족주의와 반미 감정을 이용해 권력을 유지하려는 원칙 없는 모험가이며 한국에서 국민들의 신뢰를 받지 못하고 원성을 살 것이 거의 확실합니다"라는 초벌 보고서의 결론 부분이 보이는

---

8) 이에 관해서는 강원용, 2003. 『역사의 언덕에서』 2권 '전쟁의 땅 혁명의 땅' 중 385~398쪽을 참조. 하비브가 말한 미국이 박정희를 지원하게 된 내막에 대해서는 『역사의 언덕에서』 3권 'Between and Beyond' 195~201쪽 참조. 이에 관해서는 이어지는 쪽을 참조.

데 이는 헨더슨이 김종필을 얼마나 깊게 불신하고 있는가 여실히 보여준다.

헨더슨은 김종필의 좌익 활동을 그의 사범대학 수학시절까지 역추적하면서 그의 가족과 친지들의 활동을 캐내고 있다. 그의 장인이며 박정희의 친형인 박상희가 관련된 남로당 지하활동, 특히 1946년 10월 대구 폭동의 주동 인물이라는 점과 그가 중앙정보부를 중심으로 측근 네트워크를 구성하고 있는 김용태, 장태화, 조칠기[조치기], 황용주, 김성희, 김성곤의 공산주의 활동 전력을 거론한다.[9] 또한 이 인적 네트워크에는 김규환, 김명구, 서인석, 이귀섭, 강인모, 김혁, 이종국, 윤응상을 포함한다고 말하고 있다.[10]

헨더슨은 박-김 체제가 포용하고 있는 "좌익 핵심 세력들이 현재 공산주의 '슬리퍼[활동하지 않고 숨어 있는 스파이]'인지, 아니면 우리가 바라듯이, 단지 회개한 과거 좌익분자들의 친목 집단인지는 입증되지 않은 상태"라고 결론 짓는다. 바로 이 대목은 강원용이 박정희 그룹이 5·16 전후 좌익 인사와 빈번히 접촉한 '위장된 좌익 세력'으로 본 것과 맥이 상통한다.

미국 대사관 쪽이 박-김 그룹의 공산주의 전력과 인맥을 안 것은 언제쯤이며, 어떤 반응을 보였는가? 쿠데타 초기 미국은 박정희의 공산주의 전력은 알게 되었지만 그 자세한 내막과 인맥의 구조와 활동에 관해서는 1963년 초 헨더슨의 보고서를 통해 알게 되었다는 것이 공식기록이다. 그러나 강원용은 1962년 6월 경 미국의 정보원 로버트 키니와 대사관의 하비브에

---

9) 강원용 목사의 회고에 의하면 당시 중앙정보부의 인적네트워크를 구성한 인물 중 조치기는 1946년 10월 대구 폭동을 배후 조정한 3인방 박상희[박정희의 친형], 황태성[북한 무역부 부상으로 5·16 쿠데타 뒤 8월 경 남파], 조치기 중 한 사람이며, 장태화[서울신문 전 사장]와 황용주[박정희의 대구사범 동창]도 좌익계 인물들로 5·16 전후하여 박정희와 접촉이 잦았다는 것이다. 이 얘기는 그의 친지 박경일 교수가 해준 것으로 그가 개인적으로 조사한 바와 거의 일치했다는 것이다(강원용, 2003 2권: 389).

10) 헨더슨의 보고서는 특히 김규환을 거론하면서 그가 "1950년대 도쿄에서 공부할 때 당원증을 지닌 정식 공산당원이었으며 현재는 미 대사관 연락책으로 열심히 활동하고 있다"는 대목은 충격적인 내용이다. 그것은 김규환 박사가 초창기 한국 커뮤니케이션학 이론을 개척한 선구적 연구자로서만 주로 알려져 있기 때문이다. 이 대목은 심층 검증이 필요할 것이다.

게 알렸다는 것이다.

그렇다면 박정희 그룹이 품은 좌익 사상을 안 미국은 어떤 반응을 보였는가? 이 부문에 대하여 하비브 참사관이 강원용에 전했다는 미국의 대응은 다음과 같다. 결국 미국은 박정희가 공산주의 사상에 물들어 있는 것은 사실이지만, 그를 이데올로기에 집착하기보다는 권력욕에 사로잡힌 정치인으로 평가내리고 당시 현안이었던 베트남 파병의 대가로 그를 지지하는 것으로 결론이 났다는 것이다. 미국이 박정희를 지지하게 된 또 다른 이유는 일본을 주축으로 하는 미국의 동북아 전략상 한일관계의 정상화가 필요한데, 박정희 정권이 이를 위해 적극적으로 나섰다는 것이다(강원용, 2003 3권: 195~200). 이것이 당시 하비브 참사관이 강원용에게 전한 미국의 대한 정책이 보여주는 얼굴이다. 하비브의 말이 사실이라고 믿는다면 이는 미국의 대한 정책의 속성을 잘 드러낸 셈이다.

다시 헨더슨의 보고서에 되돌아오자. 헨더슨이 특히 김종필에 대해 최악의 평가를 내린 데에는 김이 주도하고 있는 중앙정보부가 무소불위의 '전체주의 통제기관'으로 그 통치 구조와 행태를 지극히 위험시하고 있는 그의 생각이 자리 잡고 있다. 그는 중앙정보부가 '국가 안의 국가'라면서 "정책, 안보 체제, 대부분의 중요한 외교, 경제 문제, 사법, 언론, 라디오, 심지어 문화행사의 중요 부문까지 통제한다"고 쓰고 있다. 그는 이와 같은 전체주의적 통치구조는 공식 국가와 비공식 국가라는 이원 국가조직에 근거한 독일 나치 전체주의 국가 조직을 닮았다고 보고 있다. 그는 그 뿌리를 이승만 정권 때 1948~1949년 창궐한 청년단 테러집단의 잔인하고 무법한 테러행위의 횡행에서 찾고 있다. 그는 『회오리의 한국정치』에서 중앙정보부의 무소불위적 국가 기능을 다음과 같이 묘사한다.

중앙정보부의 권력은 거대하고 모호했으며 이 조직을 통해 권력에 접근하려는 수천 명의 사람들 사이로 확산돼 갔다. 김종필과 그의 동료들은 오랜 정보활동 경험이 있었기 때문에 중앙정보부는 옛날의 모호성을 현대적인 비밀성으로 대체하고 수사, 체포, 테러, 검열, 대량의 서류철과 그리고 국내외에 배치한 수천 명의 스파이와 제보자들로 권력을 강화했다. 이것은 한국역사상 평의회 기능을 경이적으로 확장한 것인데, 정보부는 정부에 여러 가지 권고를 검열하며, 많은 계획을 수립하고, 입법 원안을 만들어내며, 대부분 정부기관에 상주하며 조사하고 정부기관 인사 채용을 알선하고 일본과의 관계를 촉진하고 회사 설립을 후원하고, 억만장자들부터 돈을 기부 받고, 학생들을 감시하고 조직하며, 이면의 브로커를 통해 증권시장을 조작해 4000만 달러 이상을 거둬들이고, 극장과 무용단, 오케스트라 및 대규모 관광센터를 지원했다(헨더슨, 2000: 395~396).

위의 보고서는 헨더슨이 친근한 관계에 있는 군 내부 인사들을 인터뷰해 작성한 것으로 그가 입수한 정보에 의존하고 있지만 헨더슨 자신이 박-김 그룹을 부정적으로 보는 시각이 담겨져 있다. 그는 국무부를 떠나 한국문제 전문가가 된 이래에도 이런 생각 아래 줄곧 국무부의 대한 정책과 함께 박정희 정권을 비판해 왔다. 바로 이런 생각은 박정희 군사정권을 긍정적으로 보는 버거 대사의 생각과는 근본적으로 충돌할 수밖에 없었다. 그것이 헨더슨의 서울 추방의 배경적 원인이 된 것이다.

박정희-김종필과 황태성, 황용주…

헨더슨 보고서 중 박정희 친형 박상희와 친한 황태성 이름과 이어 황용주 이름이 나온다. 박상희는 1946년 대구 폭동의 주동 인물인데, 그와 친근한 황태성과의 관계에 대해 다음과 같이 서술하고 있다.

박상희는 북한의 전 외교통상부 부위원장을 지낸 황태성과 절친한 관계였음이 분명하며, 황태성은 1946년 시위 후 대구를 떠났다가 1961년 9월 1일에 간첩

임무를 띠고 박 의장과 접촉하기 위해서 서울로 돌아왔다.

그렇다면 황태성은 '간첩 임무를 띠고 서울로 온 것'으로 단정하기보다는 북한 당국이 5·16 쿠데타 주역 박정희-김종필과의 관계를 감안하여 파견한 '밀사'의 특성이 짙다. 그가 어떠한 협상을 도모하러 온 것인지는 확실치는 않지만 남북관계의 적대 현상을 어떻게든 해소하기 위한 것일 가능성이 크다. 그러나 알려진 대로 황태성은 박정희와 접촉은커녕 수상쩍은 재판 끝에 처형당하고 말았다.

다음으로 황용주에 대한 서술도 박정희-김종필 그룹의 공산주의 전력의 연장선상에서 단순히 언급되어 있다. 황용주에 대해서 김종필의 좌익운동과 관련해서다. 앞서 언급했듯이 "1945년에서 1951년까지 좌익분자나 공산주의자로 활발하게 활동을 하다가 현대 한국 중앙정보부와 박-김 조직에 소속되어 있는 사람으로는 중앙정보부의 장태화, 조칠기, **반미적이고 중립적인 부산일보의 발행인 황용주**, 서울대학교 교수이자 전 고문인 김성희, 재무 고문이자 운영요원인 김성곤 등이 있다"(≪프레시안≫, 2001.11.16 강조 ─ 지은이). 뒤에서 살피듯이 황용주는 박정희와 대구사범 동기생으로 부산일보에 이어 문화방송을 역임한 인물이다. 따라서 헨더슨이 황용주를 '박-김 조직에 소속되어 있는 사람'이며 '반미적이고 중립적인 부산일보의 발행인'이라고 표현한 것은 박-김의 공산주의 인맥의 일환으로 보고 있는 것이다.

황용주는 누구인가?

서울대학교 안경환 교수가 쓴 '황용주 평전'이라 할 만한, 『황용주: 그와 박정희의 시대』(까치, 2013)를 통해 황용주의 인물과 그의 견문을 알아보기로 하자. 우선 이 책의 한 대목에서 당시 야당인 신민당이 서술한 황용주의 모습이 나온다. 신민당의 김대중 의원이 자신과 각별한 사이인 박권상에게 "황이야말로 박[박정희]의 주변에서 가장 위험한 인물로 반드시 제거해야 한다. 미국 측도 그렇게 알고 있다라고 말했고 박권상은 이 사실을 이대훈[동아일보 논설실의 박권상 인맥]에게 귀띔해 준다"(안경환, 2013: 449)라고 되어 있다. 이어 이 이야기는 후일 피터 현[한국계 미국언론인]이 황에게 알려준 사실과 일치한다. 1976년 1월 2일자 용주의 일기장에 현을 만난 사실이 적혀 있다. 또한 사건 당시의 미 대사관 문정관 그레고리 헨더슨의 보고서에도 같은 내용이 적혀 있다고 한다(안경환, 2013: 449).

그렇다면 과연 헨더슨도 보고서에서 황용주를 가장 위험한 인물로 꼽고 있을까? 그러나 이는 사실에 반한다. 위에서 보듯이 헨더슨 문서에는 황용주를 '박-김 조직에 소속되어 있는 사람'이며 '반미적이고 중립적인 부산일보의 발행인'이라고만 씌어 있다. 오히려 뒤에서 살펴보듯이 나는 헨더슨이 쓴 수많은 남북관계 글에서 황용주의 정치사상을 공유하고 있는 사실을 발견했다. 그렇다면 왜 이런 오해가 생겨났을까? 그 까닭을 추적하기 위해서 황용주가 주장한 '민족의 주체적 통일론'과 그것이 일으킨 정치적 소용돌이에서 그가 반공법 위반으로 기소되고 유죄판결을 받은 필화사건을 살펴볼 필요가 있다.

민족의 주체적 통일론

안경환 교수는 "황의 글은 단순히 시사, 교양을 넘어선 정치사상의 강론에 가깝다"면서 그의 강론을 소개한다(안경환, 2013: 449). 나는 그가 주장한 민족의 주체적 통일론에 좁혀 조명해 본다. 황용주의 주장은 월간지 ≪세대≫ 1964년 7월~11월호에 연속으로 기고한 글에서 드러난다. 즉「형극에서 공동의 방향으로: 한국 민족주의와 그 방향」,「한국 지식인의 비판정신, 지성의 세계성과 정치권력의 국가성」,「매카시즘의 한국적 구조: 통일에의 비전을 살피면서」,「UN의 이상과 한국의 위치」에 이어 마지막으로「강력한 통일에의 의지」가 그것이다. 마지막 글에서 그는 남북한 동시 유엔가입, 공업화를 통한 경제적 기반 확립, 그리고 종국적으로 통일을 주장했다. 황용주는 마지막 글이 문제가 되어 반공법 위반으로 유죄 판결을 받았으며 정치적으로 제거되었다.

도대체 무슨 내용을 담았기에 반공법 위반의 빌미를 주었는가? 이 글은 "민족적 민주주의는 바로 한국적 민주주의의 과도기적 표현인 것이다"라는 소제 아래 다음과 같이 시작한다.

> 오늘날 왜 우리는 한반도 안에 통일되고 강대국으로부터 완전히 독립한 정부가 수립되지 않을까 하는 문제부터 새삼스럽지만 해명되어야 한다. 그리고 이것은 앞으로도 많은 사람에 의해서 여러 각도로 분석, 검토되어야 하고, 또 이로써만이 우리들의 통일된 독립정부를 실현하는 데 필요한 이론과 정책이 내세워질 수 있는 것이다. …오늘날 우리들 한반도 안에 통일된 독립국가가 성립되어 있지 않다는 사실은 20세기 전반까지 세계사를 장식한 군사력 만능 시대의 탓으로 일단은 규정함이 타당할지 모른다(안경환, 2013: 420).

이어서 그는 군사력을 배경으로 하는 미소 간의 냉전체제가 구축된 국제질서를 분석한 뒤 남북 분단 관계를 타개하기 위해 다음과 같이 제안한다.

> 국토 양단의 현실을 타개하기 위해서는 관계 강대국의 협상이 개시되지 않을 수 없게끔 우리들 남북한의 적대상황의 해방작업부터 착수되어야 하는 것이다. 물론 우리는 6·25 동란의 휴전상태에 있다. 그러나 이 같은 반주체적 상황에 구애받을 수는 없는 것이다. … 우리는 남북한의 적대 관계를 조성하고 있는 군사적 대치를 해소하는 방안을 강구해야 할 것이다. … 남북한의 불가침이란 민족정기의 이름 아래 지켜져야 할 명백한 약속과 이에 따른 군비축소화는 당연한 정도이며, 이상을 말하면 군사적 경계선에만 치안을 위한 유엔 경찰군의 극소 주둔으로 만족해야 한다. 유엔 동시 가입과 제3국을 통한 대화의 방안도 수립되어야 한다. 과거 20년간 부질없게 계속된 비난의 소리가 오늘날 이 민족의 플러

스가 되었을까 하는 기본적인 반성 같은, 전체 국민이 홀로 있을 때 본능적으로 솟아나고 있는 인간성의 자연 앞에 성실하자는 것이다(안경환, 2013: 421~422).

여기까지만 읽었더라도 남북한의 적대 관계를 성찰적으로 바라보는 독자라면 황용주의 글에 "과연" 하며 찬탄을 아끼지 않을 것이다. 나는 감탄을 넘어 황용주의 글을 시대를 앞서가는 탁견이라고 생각한다. 그 뒤 역사는 황용주 글이 제안한 대로 발전해 나간 것이다. 즉 남북한은 유엔 동시 가입, 남북한 적대 정책 완화, 협력, 화해로 나아간 것이다. 결정적으로 1991년 12월 13일 서울에서 열린 남북고위급회담에서 '남북 사이에 화해와 불가침 및 교류 협력에 관한 합의서'(이하 '남북기본합의서')가 채택되었다. 그런데도 그가 당시 반공법으로 기소된 것이다. 그는 결국 1964년 11월 19일 서울지검 공안부에 의해 반공법 위반 혐의로 구속되고 이듬해 1965년 4월 30일 징역 1년 집행유예 3년, 자격정지 1년을 선고받는다. 이어 1966년 10월 23일 항소심은 원심 확인, 대법원도 상고 기각으로 원심은 확정된다.

황용주가 기소된 데에는 당시 정치인들의 대북관, 매카시적인 반공관이 작용한 결과이기도 하지만 또한 김형욱 회고록이 말하듯이 정치공학적 수단이 동원되었던 것으로 풀이할 수 있다. 악명 높은 중앙정보부장 김형욱이 벌인 정치공작으로 정치적으로 제거되었던 것이다.

황용주 제거의 음모

박정희 쿠데타 그룹이 공산주의 혐의자로 미국의 의심을 사자 당시 반공을 국시로 한다는 슬로건을 내걸어 이를 해소하려 했다. 뒤에서 미국은 헨더슨 보고서에서 본 대로 공산주의 전력을 가진 자라 보았지만 그보다 권력욕에 사로잡힌 현실주의자로 이용 가치를 인정, 군사정권을 인정했다. 헨더슨 보고서에는 황용주에 대해서 박정희-김종필 공산주의자 인맥으로 '반미적이며 중립적인 부산일보의 발행인'으로 언급되어 있다. 이는 그가

1964년 후반기 민족의 주체적 통일론을 주장한 논객으로 등장하기 전이었다. 뒤에 살피듯 남북한 '중립화 통일론' '남북한 동시 유엔 가입' 등을 주장하여 정치권의 소용돌이를 일으켰다. 결국 그는 그 글이 빌미가 되어 반공법 위반으로 기소되어 유죄 판결로 정치적으로 거세되고 말지만 거기에는 김형욱이 회고록에서 적었듯이 정치공학적 수법이 동원되었던 것이다.

"안 되겠군. 이재황용주를 잡아넣어야겠어. 그런데 별 재간이 없단 말이야." 나는 비밀리에 야당의 김준연 의원과 회동했다. 황을 잡아넣기 위해 박정희를 설복해야 하니 이를 국회에서 문제 삼아달라고 부탁했다. 곧 김준연은 이를 문제 삼았고 나는 국회 내무위원회로부터 출석을 요구받았다. 그때만 해도 아직 사상 논쟁의 여파가 가라앉지 않아서 국회 내무위원회 석상에서는 박정희가 빨갱이, 황용주가 빨갱이다 식의 용기 있는 발언이 야당 의원들에 의해 거론되고 있었다. 내무위원회의 야당 의원들은 벌떼처럼 일어나 나에게 황에 대한 질문을 퍼부었다. "김 부장 어떻게 된거요?" "지금 검토 중입니다. 그렇지 않아도 입건 단계에 여러 선량님들께서 조금만 시간을 시간적 여유를 주시면 내가 손을 댈 겁니다. 그래서 여러분들의 의혹을 풀어드리겠습니다."(안경환, 2013: 446~447 재인용).

나는 여세를 몰아 청와대로 밀어 닥쳤다. 다짜고짜 박정희에게 대들었다. "각하, 황용주 건에 대해서 미국에서도 야단이고 국회에서도 전부 각하에 결부시키고 있는데 이거 입건하는 게 좋겠습니다." 당시 좌익 시비에 몰리고 있던 박정희가 황용주를 희생양을 삼지 않을 수 없었던 전말이라는 것이다. 물론 김형욱 회고록은 과장과 견강부회, 왜곡이 담긴 것으로 신빙성이 약하다는 평판을 받고는 있지만 김형욱이 황용주의 제거를 위해 공작에 나섰던 것은 분명한 사실로 보인다(안경환, 2013: 448).

김준연은 지은이의 책 『국회프락치사건의 증언』에서도 악명을 떨치는 극우 정치인으로 등장하지만 여기 황용주 필화사건에도 등장한다. 과연 한국형 공작 정치의 큰 손에 틀림없는 인물이다. 잠시 공작 정치 현장으로 가보자.

1964년 11월 10일 오후 국회 국방위원회 정책질의 현장이다. 먼저 삼민회 소속 한건수 의원이 김성은 국방장관에 황용주의 논문이 '국시에 위반되는지'를 따져 물었다. 김성은 장관은 국가기밀을 내세워 답변을 거부했지만 인신공격으로 번졌다. 그는 마지막 질의 항목인 방첩 관계 사항에서 황용주의 '중립화 통한론'에 시비를 건다. 남북한이 동시에 유엔에 가입하고 휴전선 인근에 남북한 군대를 철수하고 극소수의 유엔 경찰군을 주둔시켜야 한다는 주장이 반공이라는 국시에 위반하지 않느냐라는 것이다. 이는 남북한의 적대 관계의 해소를 위한 역사적 정당성을 가졌지만 당시 반공 또는 멸공의 극우 가치관이 판치는 세상에서 정치권 전체에 큰 소용돌이를 불러일으켰다. 여기에 다시 삼민회의 김준연이 가세한다. 그는 느닷없이 황용주의 논문이 1954년 4월 27일 제네바 정치회담에서 북괴의 남일(南日) 외상이 연설한 주장을 교묘한 필법으로 복사한 것이라고 주장했다. 여기에 야당지도자 윤보선, 박순천, 김도연이 11월 19일 공동성명을 발표한다.

> 용공적 논의의 온존처는 공화당의 당시(黨是)라고 할 수 있는 민족적 민주주의라고 할 수 있다. 정부 여당의 요소와 주변에 공산당 전력을 가졌거나 의심받을 만한 좌익 계열이 지나치게 많이 참여하고 있다는 사실이 우연시되지 않는다 (안경환, 2013: 436).

이런 정치 공세에 수세에 몰린 공화당은 한발 물러나지 않을 수 없었다. 당시 정구영 당의장 서리는 당 간부들에 "현재 합법적인 통일론은 북진통일밖에 없다"고 법적 견해를 밝히고 통일론의 구체적인 한계를 설정하기 위해 당 정책위원회가 심각하고도 구체적인 연구를 하도록 지시했다는 것이다. 이런 반공 국시의 분위기 아래 황용주는 중립화 통일론은 포박당하지 않을 수 없었다.

김형욱의 회고록은 과장, 왜곡, 오류가 많아 앞에서 인용한 이 말이 사실인지는 확인할 길이 없다. 그러나 사실이라면 자신이 개입한 황태성 처형에 대해 전형적인 유체이탈 어법이 아닐 수 없다. 박정희는 자신이 '민족적 민주주의' 이념을 나눈 황용주의 '정치적 제거'에도 결국 김형욱과 동조하고 말았다. 황용주는 박정희와 대구사범 동기로 부산일보 사장 문화방송 사장을 재직한 당대의 실력자이다. 김형욱은 회고록에서 정치공학적 수법으로 박정희에 압박을 가해 황용주를 검찰에 입건하는 데 동의케 했다고 적고 있다. 황용주는 당시 종합월간지 ≪세대≫에 일련의 글을 실어 중립화 통일론을 주장하고 있었다. 황용주가 주장하는 논조는 광범하지만 남북관계로 좁혀 관점을 조명해 보자. 이것도 안경환 교수가 쓴 책에서 황용주가 연루된 "세대지 필화사건"에 의존해 지은이가 구성해 본 것이다.

헨더슨 문서와 황용주

헨더슨 보고서는 뒤에서 살피겠지만 신빙성의 논의를 유발했다. 황태성·황용주에 대한 서술은 어떤가? 특히 황용주에 대해서는 박정희-김종필의 공산주의 전력의 연장선상에서만 언급하고 있다. 우선 신빙성 문제를 보자. 위에서 언급한 2001년 11월 19일 ≪프레시안≫에 실린 「발굴-현대사의 뒷모습」 중 〈3〉「이 문서는 어떻게 작성됐나」에서 서울대 박태균 교수는 헨더슨 문서가 '의심의 여지'가 있다면서 다음과 같이 설명하고 있다.

그러나 이 문서가 얼마나 신빙성이 있는 것인가에 대해서는 의문의 여지가 있다. 헨더슨 개인이 취재한 내용을 중심으로 한 문서일 뿐만 아니라 미 국무부 내에서도 이 문서의 신빙성에 대한 정확한 논평을 달지 않았다. 물론 헨더슨이 아무런 근거도 없이 문서를 작성하지는 않았겠지만, 군사정부에 대하여 부정적인 입장을 가지고 있었던 그로서는 부정적인 내용의 자료들을 주로 이용하여 문서를 작성했을 가능성이 크다. 결정적으로 누가 이러한 정보를 제공하고 있는가에 전혀 언급하지 않고 있다는 점에 주목할 필요가 있다. 취재원을 보호하기 위한 것이었다고도 볼 수 있지만, 국무부 내부에서 회람되는 문건이었고, 공개되지 않은 문건이었다면 굳이 취재원을 밝히지 않을 이유가 없었다(≪프레시안≫, 2001.11.19: 54~55).

박태균 교수가 제시한 설명은 타당한 것인가? 나는 위 설명이 단락적인데다가 상식적인 것은 될 수 있어도 전문적이라고 보기 어렵다고 생각한다. 이 헨더슨 문건이 국무부로 전달된 경로를 보면 '발신'이 마셜 그린으로 되어 있고 '수신'은 힐즈만으로 되어 있다. 이로 보아 헨더슨과 그린 사이에 문건에 대한 어떤 소통이 이루어진 뒤 그의 지시로 헨더슨은 문건을 작성한 뒤 마셜 그린에게 보내고 그린이 힐즈만에 보낸 것으로 보인다. 즉 그린 → 헨더슨 → 그린 → 힐즈만의 경로인데, 이례적으로 현지 대사 버거의 이름이 보이지 않는다. 이는 군사정권과 타협하려는 버거를 패싱한 뒤 이 문건이 국무부로 보내진 것으로 보인다. 이는 회람이 국무부의 소수 대한 정책 결정자들에 극히 제한적으로 이루어졌다는 사실을 시사해 준다. 그린은 박태균 교수가 짚은 대로 5·16 쿠데타 뒤 장면 정권을 지지한다고 천명한 인물이다.

국무부 내부에서 회람이 제한된 것은 "결정적으로 누가 이러한 정보를 제공하고 있는가"에 보안 조치를 취한 것이 아닐까. 5·16 쿠데타 주역인 박정희-김종필 그룹에 민감한 기밀 정보를 '기밀'로 취급치 않으면 안 되었을 것이다. 나는 헨더슨 보고서의 문제점은 다른 곳에 있다고 본다. 특히 황태성에 대한 언급은 그가 북한 '밀사'로서 가지는 의미를 경시했다고 보인다. 황용주에 대해 박정희의 공산주의 전력의 연장선상에서만 언급되어 있지만 그것은 황용주가 주장한 '민족의 주체적 통일론'이 1964년 후반기에 나왔기에 당연하다. 헨더슨 보고서에 황태성의 이름이 등장하는 것으로 보아 (황은 1962년 말 서울에 온다) 보고서는 1963년 초 작성된 것으로 볼 수 있을 것이다.

헨더슨은 황용주의 민족의 주체적 통일론에 이어 반공법 위반 필화사건에 무심했던 걸까? 그럴 리는 없을 것이다. 이 사건으로 황용주가 구속된 뒤 국내외 언론이 이를 크게 부각시켰고, 특히 일본 언론이 크게 다뤘다. ≪아사히신문≫은 1964년 11월 13일 자 국제면 톱기사로 보도하는가 하면 ≪요미우리신문≫은 「한국 남북통일 관심 높아져」 제목으로 민방 사장의 체포 소식을 상세히 전한다. 미국의 시사주간지 ≪뉴스위크≫도 사건을 비중 있게 보도했다.

헨더슨은 1968년 『회오리의 한국정치』라는 노작을 내놓은 뒤 남다른 관심을 보인 문제가 남북한 분단이다. 황용주가 반공법 위반 혐의로 구속된 필화사건을 헨더슨은 남북한 관계의 면밀한 관찰자로서 주목하면서 황용주가 주장한 '민족의 주체적 통일론'이나 '중립화 통일론'을 음미했을 것이다.

헨더슨이 1968년 11월 처음 쓴 학술적인 논문이 「한국의 분단: 전망과 위험(Korea's Division: Prospects and Dangers)」이다. 그 뒤 1969년 학계에 들어온 뒤 발표한 일련의 논문은 남북 분단 문제를 주제로 다루고 있는데, 여기서 지은이는 헨더슨이 황용주가 주장한 정치사상을 공유하고 있는 것을 발견했다. 즉 헨더슨이 황용주의 '민족의 주체적 통일론'이나 '중립화 통일론'과 거의 같은 주장을 편다는 것이다.

대표적인 논문으로 1973년 발표한 「터무니없는 한국분단(Korea: The Preposterous Division)」을 들 수 있다. ≪국제문제저널(Journal of International Affairs)≫(Vol. 27, No. 2, 1973)에 실린 이 논문에서 헨더슨은 한반도가 '지구상

가장 군사화한 85,000제곱마일의 나라'라며 극단적 냉전적 군사화에서 단계적으로 철수해야 한다고 주장한다. 이는 미소 강대국이 한반도에서 냉전적 대치를 거두고 대신 유엔이 어느 한 쪽의 대변자가 아니라 대한민국(ROK)과 조선민주주의인민공화국(DPRK) 사이에서 중립적인 조정자 역할을 할 것을 주문했다. 그는 1972년 남북한 7·4 공동성명을 채택해 통일의 원칙으로 "통일은 외세에 의존하거나 외세의 간섭 없이 자주적으로 해결하여야 한다"에 주목하여 이는 한국인이나 외국인 모두가 환영할 만한 일이라고 새긴다. 그 이전 1971년 ≪전략 요람(Strategic Digest)≫ 2월호에 「한국: 냉전지대를 녹일 수 있을까?(Korea: Can Cold War Ground Thaw?)」를 기고했는데 이는 「터무니없는 분단」의 예비 리허설 격의 글이었다. 이는 물론 황용주가 주장한 '민족의 주체적 통일론에서 그리 멀지 않은 헨더슨의 견문이다. 위에서 헨더슨이 유엔에 어느 한쪽의 대변자가 아니라 남북한 사이의 중립적 조정자 역할을 주문한 것도 황용주가 주장한 남북한 유엔 동시 가입 아래 극소수의 유엔 경찰군이 DMZ를 관할하자는 제안과 맥을 같이 한다. 그밖에도 황용주의 정치사상과 궤적을 같이 그리는 헨더슨 글은 한 두 편이 아니다.[11]

　　그렇다면 두 사람의 글은 서로 영향을 주고받은 것인가? 그런 흔적은 없다. 제 각각의 처지에서 남북한 관계를 보는 관점을 기르고 개척한 글이라고 보는 것이 타당할 것이다. 황용주는 1964년 ≪세대≫를 통해 혜성처럼 나타났다가 사라진 불세출의 논객으로 비유한다면 헨더슨은 북극성처럼

---

[11]　그 예로서 헨더슨이 1971년 Stephen Spiegel·Kenneth Waltz(eds.), *Conflict in World Politics*, (Winthrop Publishers)에 기고한 논문 「남북한 갈등 상황(The North-South Korea Conflict Situation)」을 비롯해, 1973년 개최된 미국정치학회(American Political Science Association) 연차 총회(9월 4~8일)에서 발표한 기조연설 「미국 대외 정책에서 한국 현 정책의 효과와 전망(Korea in United States Foreign Policy: The Effects and Prospects of Present Policies)」논문, 1974년 Richard N. Lebow and John G. Stoessinger(eds.), 『분단 세계의 분단국가(Divided Nations in a Divided World)』에 기고한 분단국가로서 「한국(Korea)」, 1988년 영면하기 1년 전 1987년 John Sullivan·Roberta Foss(eds.), *The Politics of Korea*에 기고한 논문 「Two Koreas: One Future?」.

자리를 지켜 한국의 인권, 남북한 관계, 한국의 고전, 정다산론 등 전문 분야를 개척한 사상가이자 철학자이다.

결론적으로 나는 헨더슨 보고서가 언급한 황태성에 대한 서사는 북한이 밀사로서 파견한 의미를 경시했다고 보지만 황용주에 대한 언급은 보고서의 작성 시점으로 보아 단지 박정희-김종필 공산주의 인맥 중 한 사람으로 본 것은 당연하다고 생각한다. 그러나 헨더슨은 위에서 살피듯 남북한 관계의 면밀한 관찰자로서 그 뒤 남북관계에 대해 쓴 수많은 글에서 황용주가 제기한 '민족의 주체적 통일론'이나 '중립화 통일론'과 정치사상을 공유한다고 생각한다.

소결

헨더슨의 삶은 한국을 떠나서는 성립하지 않는다. 대한민국이 1948년 8월 15일 성립된 뒤 그는 한국의 '회오리 정치'를 구성하는 거의 모든 사건의 목격자이자 증인이다. 정부 수립 1년도 지나지 않아 1949년 여름에 터진 국회프락치사건에서부터 전두환 신군부 정권이 자행한 광주만행에 이르기까지 모두 그가 목격한 것이다. 1960년 터진 5·16 쿠데타 뒤 그는 박정희 정권에 '기피 인물'로 찍혀 추방당한다. 이른바 이영희 사건에 휘말린 것이 외형적으로는 헨더슨이 추방당한 직접적인 원인인 것처럼 보인다. 그러나 위에서 살펴보았듯이 그것은 빌미를 제공했을 뿐이고 그 배경에는 미국의 대한 정책에 대한 헨더슨의 불신과 반대가 있다고 여겨진다.

좀 더 구체적으로 헨더슨이 '문민정권'의 조속한 회복을 강렬하게 선호하는 태도가 직업외교관 버거 대사에게는 받아들일 수 없는 짐이 된 것이다. 다시 말하면 당시 박정희 그룹이 도모한 군정을 둘러싸고 직업 외교관 버거 대사가 보인 관료적 태도와 한반도 전문가 헨더슨의 입장 간에는 뛰어 넘기 어려운 깊은 골이 있었던 것이다.

　기본적으로 버거 대사가 박정희 그룹의 군정 연장 문제에 접근하는 방법은 워싱턴의 대한 정책의 틀에서 현상유지를 위한 것이었다. 그러나 그의 특별정치보좌관 헨더슨이 보기에 미국의 대한 정책은 대증요법적인 '우유부단(indecision)'이었다. 이 정책에 따라서 한국의 반민주적 사태가 발전함에도 불구하고 미 대사관의 대응은 '무대응(inaction)'이었다.

　헨더슨은 5·16 쿠데타의 주역 박정희-김종필의 남로당 전력을 밝히는 보고서를 작성해 국무부에 올렸다. 이로 인해 그는 군사정권에 '기피 인물'로 찍히고 서울에서 추방당하고 말았다. 이는 버거 대사와 박정희 군사정권의 타협적인 야합이라고 해야 할 것이다. 헨더슨 보고서를 두고 신빙성 문제가 제기되었으나 이는 단락적인 데다가 전문적이 아니라고 보인다. 어쨌든 헨더슨이 한국에서 추방된 결과 그는 한국 땅에서 떠나야 했을 뿐만 아니라 그의 외교관 경력의 길은 막히고 만 것이다.

　결론적으로 반복하지만 헨더슨의 지적인 삶은 한국을 빼놓고는 성립하지 않는다. 그의 5·16 쿠데타의 주역 박정희-김종필 공산주의 전력 보고는 이들의 공산주의 전력을 파헤쳐 낸 역사적 문서로서 가치를 지니지만 황태성에 대한 언급은 북한이 파견한 '밀사'로서의 의미를 경시했다고 보인다. 황용주에 대해 보고서에는 '민족의 주체적 통일론'이 없는 것은 보고서가 작성된 시점으로 보아 당연하다고 할 수 있다. 그가 남북한관계의 면밀한 관찰자로서 이후 남긴 수많은 글에서는 황용주와 정치사상을 공유한다고 생각된다.

제2장
헨더슨이 맺은 한국 인연

그레고리 헨더슨은 1948년 미국대표부의 부영사로 한국 땅을 밟은 뒤 40여 년간 필생의 한국 여정의 길을 걷는다. 여기서 우리는 그가 어린 시절부터 동아시아에 대한 호기심을 갖게 된 배경, 그리고 태평양전쟁에 참전한 뒤 한국 주재 외교관이 되어 한국과 인연을 맺게 된 개인사를 살펴본다.

헨더슨이 신생 대한민국에 오게 된 것은 그의 선택이었다. 즉 그는 일본어 학습으로 동아시아에 다가오지만 일본보다는 한국을 선택한 것이다. 1948년 7월 중순 서울 미 대사관 3등서기관으로 부임한 뒤 국회연락관으로서 신생 대한민국의 탄생을 지켜본다. 그가 1949~1950년 동안 주목한 것은 무엇보다도 국회프락치사건이다. 이 사건은 뒤에 살펴보겠지만 그가 신생 대한민국의 민주주의의 생사를 가르는 분수령이라고 부른 것이었다.

그는 격동의 한국 정치를 현장에서 보았다. 그는 창백한 서생이 아니라 그가 현장에서 구축한 이론의 실천가로서 참여 관찰한 것이다. 그가 목격한 한국 현대사의 중대 국면은 1948년 대한민국 탄생과 제헌국회 정국, 여순사건, 김구 암살, 한국전쟁, 4·19 학생혁명과 5·16 군사쿠데타와 같은 중대 사건을 모두 포함한다.

이러한 중대 사건이 점철된 격동의 한국 정치를 현장에서 목격하는 체험은 뒤에 그가 지은 『회오리의 한국정치』라는 저술의 벽돌이 되었을 터이다. 그러나 그에게 한국은 냉정한 연구자의 객관적 주제라기보다는 가슴으로 연민한 대상이 되었다. 이런 자세는 미국의 외교관이라는 지위와 어울리지 않았을지도 모른다. 그 결과 그는 1963년 '기피 인물'로 찍혀 야반에 서울을 쫓겨나는 수모를 겪었다.

여기서는 그가 어떤 경위로 한국과 인연을 맺어 긴 '한국 투어'를 하게 되었는지를 뒤돌아본 뒤, 1948년부터 1950년까지, 곧 대한민국 탄생서부터 한국전쟁 발발까지 그가 대사관 국회연락관으로서 회오리의 한국 정치를 관찰한 이야기를 엮어보고자 한다. 이 기간 헨더슨은 무엇보다도 면밀히 관찰한 국회프락치사건과 만난다.

다음으로 헨더슨이 1958년 7월 다시 서울에 온 뒤 대사관 문정관 또는 대사 특별 정치보좌관이 되어 그가 관찰하고 개입한 회오리 정치의 이야기를 쓰고자 한다. 이 이야기는 그가 이승만 정권의 말기 증상을 보고, 이어 4·19 학생혁명과 장면 정권의 탄생을 지켜본 뒤 한국 민주주의에 밝은 희망을 가졌지만 그 희망은 5·16 군사쿠데타로 물거품이 되어버린다. 즉 그는 민주주의의 역전극을 현장에서 관찰한 것이다. 따라서 그의 이야기에서는 한국 민주주의의 역전을 반전시키는 꿈을 꾸는 그의 행동을 간취할 수 있었다.

마지막으로 1963년 말 그가 소중하게 가꾸어온 외교관 경력을 그만둔 뒤 한반도 전문가의 길을 걷는 이야기를 담았다. 여기에는 그가 국회프락치사건 연구에 정열을 쏟은 이야기도 포함된다.

이제 잠시 그가 한국 현장에서 겪은 일을 일별해 보자. 헨더슨은 해방공간을 거쳐 1948년 8월 15일 옛 중앙청 광장에서 거행된 대한민국 정부 수립 기념식에 참석하여 공교롭게도 이승만 대통령 바로 뒷좌석에 앉아 대한민국 탄생을 목격했다. 그는 그때 단상에서 이승만의 기념연설에 이어 맥아더 사령관의 축하연설도 듣는다.

이 때 그는 예상치 못한 촌극을 겪는데, 이승만이 옆 자리에 있는 헨더슨의 손을 잡고 맥아더에게 소개하는 장면을 연출한다. 그때 사진기자들이 이 장면을 놓치지 않고 찍는다. 이 사진의 경우 뒤에 살피겠지만 한국전쟁의 뒷얘깃거리가 되었다.

헨더슨은 이 기간 주한 미 대사관 정치과 소속 국회연락관으로서 제헌국회를 중심으로 전개된 초기 한국의 '회오리' 정치를 현장에서 목격했다. 부연하면 그는 1949년 6월 6일 반민특위에 대한 경찰의 습격 사건을 목격했을 뿐만 아니라 국회프락치사건을 현장에서 지켜보았으며 김구 암살의 충격적인 뉴스를 접하고 장례식에도 참석한다. 그뿐 아니라 그는 1950년 발발한 한국전쟁을 부산에서 겪었고, 4·19 학생혁명에 이은 이승만 정권의 몰락, 단명으로 끝난 장면 정권과 5·16 군사쿠데타를 몸소 체험했다. 그가 체험한 이 중대 정치 사건은 헨더슨이 구성한 거시정치담론의 벽돌이 되었다.

제1절 40년간의 한국 역사 기행

이제 헨더슨의 프로필에 좀 더 가까이 다가서 보자. 헨더슨이 한국을 두루 살피고 섭렵한 기간은 길고 긴 40년간의 한국 여정으로 기술할 수 있다. 이 여행은 역사 기행, 여론 탐지 잠행, 문화 여행, 연구 여행을 두루 포함한다. 예컨대 그는 1958년 여름 주한 미 대사관 문정관으로 다시 서울에 온 뒤 그해 11월 전남 강진을 방문해 정다산(丁茶山)이 오랜 귀양살이 동안 『목민심서(牧民心書)』를 비롯한 『여유당전서』를 써낸 다산초당을 답사한다. 그는 또한 1950년 11월 말 뒤에서 살펴보게 될 정치비망록을 작성하기 위해 그해 여름 전국을 돌며 마을 정자 같은 곳에서 잠을 자고, 심지어는 거지들과도 대화를 나누면서 한국인들의 여론을 조사했다고 한다. 그의 문화 여정은 서울 대사관 문정관 시절(1958~1962) 수많은 한국인 교수, 문인, 예술가, 학생들의 미국 연수와 유학을 주선하는 형태로 행해지는데, 그는 이 과정에서 한국의 문화와 깊고 진하게 만난다. 마지막으로 그의 연구 여행은 주로 그가 1963년 말 국무부를 떠난 뒤 한국 정치, 분단 문제, 미국의 대한 정책을 다루는 것으로 마감한다.

여기서는 여행준비 기간을 포함해 넷으로 나누어 기술하고자 한다. 그것은 헨더슨이 ① 1947년 한국여행에 발을 들여놓기 전 여행준비기간, ② 1947년 국무부의 직원으로서 한국어를 비롯한 한국학 연수 기간과 서울에 외교관으로 처음 발을 들여 놓은 뒤 한국에서 실제로 일한 기간[1947~1950], ③ 국무부 본부에서 극동문제 연구 책임자로서 한국어와 한국역사를 두루 살핀 기간[1955~1957]에 이어 그 뒤 다시 한국에 와 중대한 격동기에 외교관으로 활동한 기간[1958~1963], ④ 국무부를 사직하고 한국학 연구와 인권 운동을 비롯한 저술 등 연구와 행동을 전개한 기간[(1964~1988]이다.

먼저 제1기 준비기간은 헨더슨이 한국에 발을 들여놓기 전, 헨더슨이 어린 시절부터 일본의 진주만 기습공격으로 미 해병대에 참여하고, 그 와중에 한국에 호기심을 갖고 관심을 숙성 시킨 경위에 관한 이야기이다.

제2기는 그가 1947년 국무부 직원이 되어 한국어 연수를 받고 처음 미 대사관 3등 서기관으로 부임한 1948년 7월부터 1951년 말 독일로 전보될 때까지 기간을 포함한다. 이 기간 그는 26세의 젊고 호기심어린 예리한 눈으로 이승만 정권을 중심으로 전개된 '회오리'의 한국 정치를 관찰한다. 이 기간은 미군정 3년간 해방 정국을 거쳐 1948년 8월 15일 정부수립으로부터 한국전쟁이 일어난 1950년 6월까지 약 2년 남짓한 기간으로 제헌국회 정국을 목격했을 뿐만 아니라 여순사건, 김구 암살, 무엇보다도 신생 대한민국 민주주의의 분수령이 된 국회프락치사건을 목도했다. 또한 그는 이 기간 한국전쟁을 부산에서 겪으면서 이데올로기 전쟁의 무모함과 잔인함을 체험했다.

제3기는 그가 3년간[1955~1958] 워싱턴 국무부 본부에서 한국 관계 임무를 끝내고 1958년 7월 다시 서울 미 대사관으로 부임하여 서울에서 일한 기간이다. 그는 문정관과 대사 특별정치보좌관으로서 이승만 정권의 말기 정치병리의 증상을 목격하는가 하면 무엇보다도 4·19 학생혁명, 단명으로 끝난 장면 정권, 5·16 군사쿠데타를 만난다. 이 기간은 헨더슨이 이른바 '이영희 사건'으로 1963년 3월 한국에서 실질적으로 추방되는 수모를 겪었다.

마지막으로 제4기는 그가 1963년 말 국무부를 떠난 뒤 학문의 세계에 발을 들여놓은 뒤부터 1988년 타계할 때까지 기간이다. 그는 이 기간 행동하는 지식인, 대학교수, 한국 정치 및 한반도 문제 전문가로서 생애 중 학구적인 연구 활동과 함께 가장 치열하게 전투적인 삶을 산 기간이다. 그는 이 기간(1964, 1965) 하버드 국제문제연구소가 개최한 하버드-MIT 공동 정치발전 심포지엄에 정기적으로 참석하여 정치발전 이론을 익히고 1968년 그의 유명한 『회오리의 한국정치』를 저술해 내었으며, 무엇보다도 그는 이 기간 다시 말하지만 국회프락치사건을 정력적으로 연구했다.

헨더슨이 섭렵한 길고 긴 한국 여행은 진지하고 다채롭고, 경우에 따라서는 치열하고 전투적인 '연구와 활동 여행'이라고 표현할 수 있다. 이제 헨더슨의 긴 한국 여행을 분기별로 자세히 살펴보자.

제2절 소년 헨더슨, 조선 도자기를 동경하다

먼저 그가 한국여행을 마음먹게 된 동기와 동기를 유발시킨 일들을 살펴보자. 헨더슨의 한국여행은 동아시아 예술에 대한 호기심에서 그 싹을 트기 시작한다. 헨더슨은 1922년 철도회사 부사장인 아버지와 어머니 사이 상당히 유복한 가정에서 태어난 뒤 어린 시절부터 동양적인 것에 대한 호기심과 동경심을 가꾸어 나갔다.

그렇게 된 데는 가정적인 배경이 자리 잡고 있다. 그의 외고조부이기도 한 보스턴 출신 무역상 조지프 헬리어 데이어(Joseph Hellyer Thayer)는 1830

년대 중국무역에서 재산을 모은 사람인데 그가 중국에서 가져온 화려한 장미문양의 벽 접시가 헨더슨의 집 거실 벽난로 위쪽에 항상 걸려 있었다. 그러니까 헨더슨은 어린 시절부터 동양 도자기의 미학이 번져 있는 분위기에서 살았다. 또한 그의 어린 시절 그가 사귄 한 동무의 집에서 처음 조선 도자기를 만나게 되는데 그 동무의 아버지가 조선 도자기의 미를 발견한 하버드대학교의 랭던 워너(Langdon Warner) 교수였다. 워너는 조선 도자기의 아름다움에 심취한 야나기 무네요시(柳宗悅)와 교우를 맺고 조선 도자기와 민예를 숭상한 사람이었다.

어린 헨더슨이 자주 놀러 가곤 했던 워너 집에도 벽 접시가 걸려 있었는데 그 접시에는 게와 목련이 희한한 콤비를 이룬 조선 도자기의 문양이 그려져 있다. 그것은 그에게 어떤 신비스러운 친근감을 느끼게 했다고 그는 회상한다(Henderson, 1986a: 8).

어린 헨더슨은 멀고 먼 아시아를 여행하고 동양 예술미를 먼저 본 이 선각자들의 낭만적인 모험 생활과 심미안에 대해 한없는 동경심을 갖게 되었다. 1936년 일본은 하버드대학교 창립 300주년 기념식을 맞아 미술전을 열었다. 당시 나이 14세의 어린 소년 헨더슨은 이 신비한 미가 가득한 미술전을 보고 가슴이 설레었다고 한다. 막연하게나마 소년 헨더슨은 이 시점부터 현란한 아시아 세계에 호기심 어린 눈을 돌리게 된다.

그러나 헨더슨이 아시아에 주목한 결정적인 계기는 일본이 1941년 말 저지른 진주만 기습공격이다. 그것은 '쾅'하는 폭발음을 내면서 미국의 수많은 젊은 눈을 일본으로 쏠리게 했는데, 이 때 당시 하버드대학 2년생인 헨더슨은 파시스트 일본에 대한 증오로 눈을 빛내게 된다. 당시 하버드대학에서 역사와 고전을 공부하고 있었던 헨더슨은 이 사건을 계기로 일본어를 공부하기 시작했다. 그는 당시 파시스트 일본을 응징하겠다는 생각으로 일본어를 배우게 되어 가슴이 설레었다고 회상한다(Henderson, 1986a: 8). 그때 헨더슨에게 일본어를 가르친 선생은 뒤에 그가 학문의 세계에서 다시 만나게 되는 하버드대학의 유명한 에드윈 라이샤워(Edwin Reischauer) 교수다.

조선인 '포로'를 위한 탄원

그 뒤 1944년 봄 헨더슨은 미 해병대 소위로 임관되어 일본어 통역관으로 사이판 전투에 참여하게 된다. 여기서 그는 '아주 낯선' 사람들과 만나게 되고 '꿈도 꾸지 못했던' 이상한 언어를 듣게 되었는데, 이것이 그가 한국과 인연을 맺는 최초의 계기였다. 그들은 포로수용소의 일본군 포로와 섞여 있던 조선사람들로서 사이판의 가라판 일본해군기지에 징용된 한국인 노동자들이었다. 그들은 말끝에다 "마리아, 말이야"(maria, mal iya)라는 소리를 내고 있어 헨더슨은 처음 그들이 가톨릭교의 어떤 의식을 하는 줄로 생각했다(Henderson, 1986a: 8)는 것이다.

헨더슨은 일본군 포로와는 왠지 거리가 멀게 느끼고 말하고 싶지 않은 상대들이었지만 이들 한국인들은 달랐다고 한다. 이들 조선인 '포로'들 중 그가 가깝게 사귄 한 사람이 평안도 안주 출신의 '한초 상'이라고 불렀던 젊은 사과 과수원 농부였다고 헨더슨은 회상한다. 헨더슨은 특히 그의 매력적인 웃음에 반하게 되고 자연 그와 동료들과 사귀면서 그들에게 감춰둔 일본군 군용식을 찾게 하는 '특권'을 주었다는 것이다. 헨더슨은 그들이 찾아낸 오렌지 캔과 기타 '사치품'들을 주는 '관용'을 보였다고 감탄하고 있다. 이 때 헨더슨에게는 또 한 사람의 조선인이 인상적이었는데, 그는 초등학교 교사 출신이었다고 한다. 그는 일본군의 야간 공격을 감시하던 일을 하다가 어느 날 해병장교에 끌려 헨더슨 담당 포로수용소에 들어왔다는 것이다. 조선인 포로는 전선에 동원되는 것이 엄격히 금지되었는데 이를 어겼다는 것이다. 당시 조선인 '포로'들은 사이판 지리에 밝고 일본군의 심리를 잘 알고 있어 일본군의 야간공격을 감시하는 일이 적격이어서 은밀히 이 목적에 동원되었지만 군율이 그것을 금지하고 있다는 게 문제였다는 것이다.

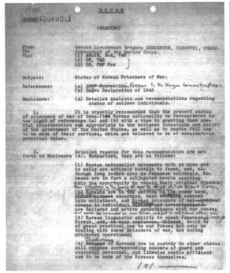

해병 소위 헨더슨(오른쪽 위)과 그가 조선인 노동자를 일본군 포로와 구별하여 처우해야 한다고 진정한 문서. 왼쪽 위가 1944년 10월 5일 헨더슨의 진정서. 아래는 이 진정서에 동의한다는 동료 장교의 추천서다 (1944년 10월 5일 해병 소위 헨더슨이 제출한 조선인 포로를 위한 진정서, 헨더슨 문집, 상자 1호, 「조선인 포로에 관한 해병대 문서」).

헨더슨은 이 때 미군이 이들 조선인 노동자들에 대하는 처우는 부당하다고 생각했다. 그는 신참 소위라는 낮은 계급의 지위를 아랑곳 하지 않고 공식적으로 탄원서를 냈다. 곧 이들 조선인은 군인들이 아니고 노동자들이며, 게다가 카이로 선언은 조선인들이 노예 상태로부터 해방되고 독립되어야 한다고 되어 있지 않은가? 우리들은 일본군 포로와 한국인 노동자를 구별해 처우해야 한다는 것. 헨더슨은 이런 취지의 메모를 써 군 본부에 공식적인 탄원을 한 것이다. 물론 이 탄원은 공식적인 통로를 통해야 했다. 그 다음날 헨더슨 소위는 한 선임 소위로부터 부사령관인 해병 준장이 그 탄원을 취소하라는 말을 했다고 전해 들었다. 그 이유 인즉 그 부사령관과 다른 고위 장교들이 1930년대 북중국 전투에서 한국인들이 일본군을 위해 '더러운(dirty)' 짓을 한 것을 목격했다는 것이다.

그러나 헨더슨은 탄원을 취소하지 않았다. 그렇다고 탄원이 군 사회에서 먹혀들 것이라고 기대하지도 않았다. 헨더슨은 그 탄원서의 사본을 자기 사촌형, 당시 하버드대 총장인 제임스 코난트(James B. Conant)에게 보내 국무부 극동문제담당관실의 새 실장이 된 조지프 그루(Joseph Grew) 대사에게 전해달라고 부탁했다고 한다(Henderson, 1944: 9). 그러나 그 탄원은 어떠한 반응도 이끌어내지 못했다. 그것은 그 뒤 그가 한국문제 전문가가 되어 제시한 수많은 권고와 의견이 메아리 없는 외침으로 끝났던 수없는 사례를 생각하게 한다. 그러나 헨더슨이 이들 조선인 징용노동자들을 위한 탄원은 그가 한국 또는 한국인에 관해 관심을 쏟은 첫 번째 공식적인 기록으로 남게 되었다.[1]

---

[1]   헨더슨이 해병 소위 시절 이들 조선인 징용노동자를 카이로 선언의 정신에 따라 일본군 포로와 구별해야 한다고 진정을 냈지만 해병대 사령관이 거부한 것에 관해 그는 점령 초기 미군 사령관들은 한국인들을 일본군의 협력자들로 보고 적대시하는 감정을 지녔었다면서 그의 저서 『회오리의 한국정치』(1968)에서 하지 사령관이 인천 상륙 첫날 한국인들이란 "일본인들과 같은 족속의 고양이들"이라고 했다는 소문은 뜬소문만은 아닐 것이라고 짐작한다. 그는 이어 "더욱 놀라운 것은 그때나 그 이후에나 그 문제에 관한 한 어떤 미국인 비평가나 지식인도 점령 지역과 해방 지역의 문제가 어떻게 다른지 구별하지 못한 것 같다"고 쓰고 있다(Henderson, 1968a: 416).

제3절 조지 매큔 박사와 만나다

헨더슨이 처음 진주만 기습을 자행한 파시스트 일본을 응징하기 위해 일본어를 배웠고 일본어 통역관으로 사이판 전투에 참여했다면, 그는 종전 뒤 들어간 국무부의 일본 담당 외교관이 되었어야 했을 것이다. 그러나 그가 1947년 국무부에 들어간 뒤 정작 일본을 포기하고 한국으로 오게 되었다. 여기에는 다음과 같은 사정이 있다.

그는 사이판 포로수용소에서 조선인 노동자들을 만난 뒤 더 이상 조선인들을 만나지 못했다. 1945년 초 티니안에서도, 이오지마에서도 일본군 포로는 만났을 뿐 조선인은 만나지 못했다. 일본점령 초기 사세보에서 몇 사람 조선인 노동자들을 만났지만 그것은 지나친 정도로 끝났다. 그를 한국으로 끌어들인 것은 조선인 노동자들이 아니라 맥아더 연합군 최고 사령관이었다. 그는 맥아더 사령관의 리무진이 도쿄 거리를 지날 때 모든 사람들이 엎드려 절을 하는 것을 보고, 저것은 '푸른 눈의 대단한 쇼군(the great blue-eyed Shogun)'이 아닌가. 젊은 통역장교 헨더슨은 화가 치밀어 올랐다. 헨더슨은 당시 쇼군이 된 맥아더의 모습을 보고 '공화정적 감정(republican sentiments)'이 끓어올랐다고 회상한다(헨더슨 문헌, 1986c, 9쪽 「Gregory Henderson and Korean Studies」, *Korean and American Studies Bulletin*. vol. 2, no. 3. fall/winter 1986. East Rock Institute, Inc.). 이런 이유로 1947년 국무부에 들어갔을 때 그는 일본말이 통하는 '다음 임지'로 보내 달라고 했다. 그곳이 바로 한국이었다.

헨더슨이 1948년 7월 중순 서울 대사관 3등서기관 부영사로 부임하게 되지만, 그는 여느 외교관과 달리 한국학에 눈을 뜨고 한반도 전문가가 되었다. 여기에는 두 가지 요인이 작용했다고 보인다. 하나는 그가 서울로 떠나기 전 1947~1948년간 그가 한국어 스승으로 만난 조지 매큔(George McAfee McCune) 박사이며 다른 하나는 1955~1957년간 국무부 외교연구소 국동연구 책임자로서 한국학과 한국 문화를 전문적으로 살핀 경험이다.

조지 매큔 박사는 헨더슨에게 큰 스승이었다. 그는 헨더슨에게 한국학의 눈을 뜨게 하고, 한반도 지형을 둘러싼 국제정치권력의 역학과 한국의 역사를 가르쳐주었다. 그는 조지 매큔이 그에게 '크나 큰 영감을 불러준 분(a great inspiration)'이 되었다고 회상한다. 그가 1963년 말 국무부를 떠난 뒤 쓴 『회오리의 한국정치』에는 초창기 미국 점령정책의 잘못을 지적하는 매큔의 견해가 그대로 반영되어 있다. 매큔은 미국이 한반도 남반부를 점령했을 당시 국무부 한국과를 맡은 자문관이었다. 실제 헨더슨은 책의 곳곳에서 매큔 박사가 쓴 글이나 그의 저서 『오늘의 한국(Korea Today)』(1951)을 인용하고 있다. 특히 헨더슨이 자기 저서에서 다룬 일제 식민통치에 관한 부분과 해방공간에서 미군정의 실정도 매큔의 영향을 받은 것으로 보인다.

한반도의 분단과 한국전쟁은 헨더슨에게는 줄곧 진지한 성찰의 대상이 되는 주제이다. 특히 한반도 분단에 대한 미국의 책임에 관한 한 헨더슨의 생각은 매큔의 관찰을 이어받은 것이며 다시 브루스 커밍스(Bruce Cumings)로 이어지고 있다.[2] 이렇게 볼 때 헨더슨은 매큔이 일찍이 개척한 한국학의 맥을 계승하고 있다고 말할 수 있다.

여기서 잠시 헨더슨의 스승인 조지 매큔 교수의 프로필을 살펴보자. 그

---

2) 브루스 커밍스는 한국 분단과 한국전쟁에 대한 미국의 책임을 유난히 강조한다는 점에서 헨더슨과 생각을 공유한다. 그는 헨더슨으로부터 직접 강단의 가르침을 받은 적은 없다. 그런데 커밍스가 컬럼비아대학 역사학과에서 박사논문을 준비할 때 그의 간곡한 부탁에 응해 헨더슨은 학문적 지도를 해주었다. 부연하면 커밍스는 1970년 10월 11일 자 편지에서 1945~1946년 초기 해방 기간 한국 정치에 초점을 두어 박사논문을 쓰고 싶다는 제안에 대해 헨더슨이 여러 가지 조언을 해주고 격려를 해준 데 감사하고 있다(헨더슨 문집 상자 6호 '1970~1972 편지' 중 브루스 커밍스의 편지, 1970년 10월 11일 자, 헨더슨 답장, 같은 해 10월 15일 자, 커밍스 회답, 같은 해 11월 16일 자 참조). 그 이래 헨더슨과 커밍스는 학문적인 교류를 계속한다. 커밍스는 그의 저서 『한국전쟁의 기원』 I 권(1981)과 II권(1990)(The Origins of the Korean War) 곳곳에서 헨더슨을 인용하고 있는가 하면, 최근 그가 쓴 한국의 현대사 『태양계의 한국 위치』(Korea's Place in the Sun, 1997, 2005)라는 저서에서 헨더슨의 의견을 곳곳에 담고 있다. 곧 커밍스는 헨더슨의 지적 유산을 이어받은 드문 학자 중 한 사람인 셈이다.

는 미국 북장로교 교육선교사인 아버지 조지 셰넌 매큔(George Shannon McCune)의 아들로 1908년 평안북도 선천에서 태어났는데, 일찍이 한국학에 심취하여 열정적으로 연구한 한국학의 선구자가 되었다. 그의 동생 셰넌 매큔도 역시 1913년 평북 선천에서 태어나 평양외국인 고등학교를 다녔다. 그는 뒤에 미국에서 지리학을 연구한 학자가 되어『한국의 유산(Korea's Heritage: A Regional and Social Geography)』(1956)과『깨어진 정적의 나라 한국(Korea: Land of Broken Calm)』(1966)이라는 전문서를 써냈다.

조지 매큔은 유년시절을 평양에서 보낸 뒤 미국에 건너가 1930년 옥시덴털대학에서 석사학위를 받은 뒤 다시 한국에 돌아와 평양숭실대학에서 교편을 잡는다. 그 뒤 그는 한국에 관한 연구 활동을 집중해 1941년「조선의 중국 및 일본관계(Korean Relations with China and Japan)」란 주제로 캘리포니아대학으로부터 박사학위를 취득했다. 매큔은 후에 박사논문이 다룬 대일관계를 다시 보충해 도쿠가와 막부시절 조선왕조가 일본과 교류한 조선통신사의 역할을 중심으로「도쿠가와 시절 한국과 일본의 외교사절 교환(The Exchange of Envoys between Korea and Japan)」이라는 논문을 써 ≪파 이스턴 쿼털리(The Far Eastern Quarterly)≫(vol.5, issue 3, 1946년 5월)에 발표한 바 있다. 그는 이 논문이 참조한 주요 자료로서『통문관지(通文館志)』,『증보문헌비고(增補文獻備考)』,『증정교린지(增正交隣志)』,『조선왕조실록(王朝實錄)』,『조선사(朝鮮史)』라고 밝히고 있어 한국학 분야의 선구자임을 잘 보여주고 있다. 무엇보다도 그는 사후 해방 뒤 미군정을 다룬『오늘의 한국』(1950)이라는 귀중한 저서를 남겼다(McCune and Grey, 1950).

조지 매큔은 어렸을 때부터 병약하여 건강 문제로 시달려왔다. 그러나 그의 의지와 열정은 강력했다고 한다. 그는 부모의 격려와 보살핌으로 좌절을 이겨내고 마음의 열정으로 몰두하고 심취한 분야가 한국과 한국학이다. 이런 연고로 그는 전쟁 중 1942년 2월 이래 연속적으로 근무한 전략군무실(Office of Strategic Services), 경제전쟁청(Board of Economic Warfare), 국무부에서 '한국문제 일급전문가(the leading American expert on Korean affairs)'로 인정을 받았다(Wilbur, 1951: 186). 특히 그는 1944년 5월부터 1945년 10월 물러날 때까지 국무부 극동문제실 한국과를 책임진 한국문제 전문가였다. 미군정이 막 시작될 무렵 매큔이 병약한 건강 문제로 국무부를 떠나지 않을 수 없었던 것은 한국에는 크나 큰 불행이었다. 하지 사령관이 한국 땅을 막 밟고 난 뒤 군정을 시행한 초기 한국문제 일급전문가의 자리가 빈 것이다.

헨더슨, 국무부를 떠나다

그렇다고 이것으로는 헨더슨이 1963년 말 국무부를 떠나게 되는 이유를 상식적으로 납득하기 어렵다. 곧 버거 대사와의 개인적인 불화가 있더라도 그것이 그가 소중히 가꿔온 한국전문 외교관 경력을 버리고 국무부마저 떠나게 한 충분하고 필요한 조건은 될 수 없기 때문이다.

여기에는 무엇이 숨어 있을까? 이것도 헨더슨의 서울 추방과 관련이 있지만, 여기에는 근본적으로 미 국무부가 한국과 같은 '중소규모(medium size)' 국가를 보는 시각과 관료적 타성이 관련되어 있다고 보인다. 곧 한국을 독립된 정체로 보기보다는 주변 대국의 연장선상에서 보는 전통적 대한관이 관료적 타성과 결합하여 두터운 조직의 관성을 만들고, 이것이 한반도 문제를 전공한 야심 찬 한 젊은 외교관을 몰아내는 힘으로 작용하지 않았을까?

이러한 중소국가 지역 전공을 폄훼하는 국무부의 관료적 타성은 헨더슨의 친구이자 역사학자인 아서 슐레진저(Arthur M. Schlesinger, Jr.)가 케네디 대통령 보좌관을 지내면서 겪은 미국 대외정책의 문제점을 지적한 책에서 비판의 표적이 되었다. 그는 헨더슨의 사직서를 인용하면서 다음과 같이 적고 있다.

한국말을 할 줄 알고 쓸 줄 알며, 한국에서 7년간 복무한 바 있으며, 또한 미국 및 한국의 학술지에 논문을 발표한 바 있는 한 관리는 작은 규모의 나라를 전공하는 것은 경력에서 막다른 골목이라는 결론에 도달했다. 그는 사직서에서 "우리는 한국 전선에 3만 명의 병사를 남겨두려는 용의를 표명하고 있습니다. 그러나 우리는 미국의 대한관계에 몰두하는 단 한명의 경력직을 일관성 있게 최종적인 희망을 주면서 지원하는 데는 인색합니다. 중소규모의 나라들이 미국의 피와 재산을 빨아 먹을 수 있으나 지성적 마음이나 야심만만한 경력직을 추구하는 사람들의 지속적인 관심을 가질 만한 곳은 못 된다는 묵시적인 가정, 이러한 묵시적인 사고방식은 이들 지역에서 우리들의 이익과 명성에 도움이 되지 않습니다"(Schlesinger, 1965: 413).

국무부에 사직서를 던진 헨더슨의 심정은 시쳇말로 "일본이나 중국을 전공하는 친구들은 잘나가는데, 젠장 나는 뭔가"라는 것으로 추정할 수 있다. 헨더슨이 이와 같은 고민에 빠져든 것은 그가 1958년 한국에 다시 오면서 USIS 문정관에 차출되어 2년간 복무한 뒤 다시 국무부 소속 서울 대사관 정치과로 옮기려 했지만 뜻대로 되지 않으면서 시작된다. 그는 서울 대사관 정치과 2인자가 되길 열렬히 바랬다. 헨더슨은 한국 문제를 전공한 자신이야말로 한국의 중대한 시국에 맞는 적임자라고 굳게 믿고 있었다. 그러나 '경력과 전공(career and specialization)'이라는 기준에서 국무부의 선택은 후보자보다는 전자를 택하는 입장에서 헨더슨이 밀려난다. 곧 정치과 2인자 자리는 '좋은 사람이지만 한국과 한국말과는 전혀 상관없는 사람(a fine man but with the slightest qualifications for Korea and Korean language)'에게 돌아가고 만다.3)

---

3) 5.16 쿠데타 직전 헨더슨은 USIA 임무를 끝내고 대사관 정치과에 부임하기를 희망했으나 이것이 여의치 않고 다른 임지로의 전임이 거론되자 1960년 8월 22일 본부 매카너기 대사에게 편지를 내어 "국무부가 한국에 관한 전문훈련을 시켰는데도 왜 그가 한국에서 '전문경력직(specialist career)'을 쌓을 수 없는지 충분하고 정당한 이유를 납득하기 어렵다"고 진정한다. 헨더슨 문집 상자 대사관 서한 중, '월터 P. 매카너기 대사 각하'(The Honorable Walter P. McConaughy,

그런데 이 과정에서 서울 대사관 정치과 소속 직원들이 헨더슨을 질시한 측면도 작용했다고 보인다. 헨더슨이 당시 매카너기 대사와 마셜 그린에게 호소한 편지에 의하면 "정치과 직원들과 관계는 '훌륭(excellent)'했으나 당신들의 훈령에 따라 쓴 보고서들을 낸 뒤 관계가 소원해 졌다"고 쓰고 있다 (위 매카너기 서한). 부연하면 5·16 쿠데타가 일어나자 매카너기와 그린은 정치과 직원들을 제쳐두고 헨더슨의 전문 정보보고서를 요청한 것이 원인이 되어 정치과 직원들과 사이가 소원해졌다는 것이다. 헨더슨은 이들에게 당시 대사관이 가용자원을 총동원한 차원에서 헨더슨이 정치과 일을 했다고 대사관이 양심적으로 밝혀 달라고 말하는 데서 그의 고민을 읽을 수 있다.

어떻든 헨더슨은 정치과 2인자 자리를 놓치고 한국 이외 다른 작은 나라 (예컨대 아프가니스탄 또는 태국이나 버마)의 정치과 2인자라도 마다하지 않겠다고 매카너기 국무부차관보(동아시아 및 태평양 담당)에 호소한다. 그러나 앞서 본 바와 같이 버거 대사의 요청에 의해 서울 대사관 정치과 3인자 자리에 주저앉게 된다. 이것이 헨더슨이 1963년 3월 서울로부터 추방되기 전 사정이었다. 그러나 작은 나라, 곧 한국을 전공한 외교관 경력의 길이 국무부의 관료적 타성과 대한정책의 속성이라는 벽 앞에 좌절되자 그는 국무부를 뛰쳐나와 전문 학계에서 새 길을 찾는다.

다시 매큔 교수 이야기로 돌아와 보자. 매큔은 1948년 40세로 병사하고 말았지만, 헨더슨은 그의 스승 매큔의 미군정에 대한 평가를 이어받을 수 있었다. 부연하면 매큔은 병으로 어쩔 수 없이 국무부를 떠났지만 다소 건강을 회복한 뒤 한국문제에 관해 일련의 중요한 논문을 써냈는데, 주로 미군정의 정책 실패를 다루면서 정책 방향을 제시한 글이다. 예컨대 매큔은 1946년 2월 13일 자 ≪파 이스턴 서베이(The Far Eastern Survey)≫에 「한국의 점령정치(Occupation Politics in Korea)」라는 글을 발표했는데, 여기서 그는

Amercian Ambassador), 1960년 8월 22일 치 참조.

하지 군정이 초창기 일본인 통치자들을 자리에 그대로 두어 행정을 폈던 중대한 실책을 범했다고 지적했다. 이 글에서 그는 미국 정책이 여운형의 인민공화국이나 충칭임시정부를 인정하기를 거부했지만 온건 좌파 정권이 한국문제에 대한 해법임을 시사하고 있다. 헨더슨은 이와 같은 매큔의 견해를 1968년 발표한 『회오리의 한국정치』 제5장 「회오리 정치와 단극자장」에 그대로 담고 있다.

매큔은 모교인 옥시덴탈대학의 교수가 되기도 했고, 뒤에 1946년 7월 캘리포니아대학 역사학과 교수가 되어 한국어 프로그램을 개발하는 등 정력적인 한국학 연구 활동을 벌였다. 그러나 안타깝게도 1948년 11월 나이 40세에 병사하고 말았다. 컬럼비아대학의 윌버(Wilbur, 1951) 교수는 때 이른 그의 죽음을 애석해 하면서 만일 그가 좀 더 오래 살았다면 미국에서 한국학 연구가 중국학이나 일본학 수준에 이르렀을 것이라고 평가한다.

매큔이 죽은 것은 헨더슨이 주한미국대표부 부영사로 부임한 뒤 세달 뒤 일이다. 그런데 헨더슨은 다른 면에서 매큔 교수의 때 이른 죽음을 안타까워했다. 지은이가 1987년 3월 보스턴 교외 웨스트메드퍼드에 있는 그의 집 거실에서 만났을 때 그는 매큔 교수에 관해 다음과 같이 회고 했다.

> 그는 지식뿐만 아니라 지혜와 통찰력을 가진 분이었습니다. 그의 지식은 인격과 통합된 것이었는데 그 깊이를 우리는 헤아릴 수 없을 정도였습니다. 한국을 위한 그의 마음은 강력했지만 그의 건강이 따라가지 못한 것이 안타까웠습니다. 그는 자주 쉬면서 강의를 했는데 그의 목소리는 너무 작아 듣는데 힘이 들 정도였습니다. 우리는 가끔 그의 병석까지 긴 여행을 해야 했습니다. 그는 '중도적인 한국'(a middle-of-the road Korea)을 원했는데, 그 길은 한국의 통일을 보존했을 지도 모릅니다. 아마 그가 살았다면 여운형과 함께 일했을 것이며 이승만과는 친구가 될 수 없었을 것입니다.

만약 하지 장군이 상륙한 뒤 매큔이 강력한 체력의 은혜를 입어 자기 생각을 밀어갈 수 있었다면 한국의 운명이 어떻게 되었을까 하고 나는 혼자 생각할 때가 있습니다. 나는 아직도 그를 못 잊습니다. 그는 정말 잊지 못할 분입니다(김정기, 2000: 19).

헨더슨이 매큔 교수로부터 물려받은 '중도적인 한국'이라는 주제는 그가 바라본 한국 지형에서, 또는 한국 정치의 내적인 역학에서 미국의 대한 정책이나 한국 정치가 도달해야 할 이상적인 목표가 되었다. 그의 학문세계는 그것을 실천적인 학문의 연구 과제로 삼는다. 사실 지은이가 헨더슨의 한국 정치담론으로 재구성한 「중간 지대의 정치 합작」(제2부 제8장 참조)은 매큔이 본 한국 정치의 이상향이기도 하다.

헨더슨이 여느 외교관과는 달리 한국학 전문가가 된 것은 1955년 국무부 본부 외교연구소 극동문제 연구책임자로 배속된 것이 계기가 되었다. 당시 그는 1955년 일본 교토문화원 원장으로 임무를 마쳤기 때문에 비교학적 관점에서 한국 문화를 관찰할 수 있었다. 그가 한국학과 한국 문화를 두루 살피고 이어 한국 데스크에 앉아 한국문제를 분석한 기간은 1955~1958년간 3년이다. 이 기간 그는 한국과의 인연을 밀착시킨다.

그가 극동문제 연구 책임자가 되어 놀란 것은 일본과 중국에 비교하여 한국에 관한 영어자료가 너무 빈약하다는 것이었다. 그는 매큔에게서 배운 한국역사와 문화에 관해 풍부한 자료가 필요하다는 것을 알고 있었지만 그것을 시급히 마련할 길이 막막하여 고민하고 있었다. 이를 어떻게 해결할 것인가. 그는 고심 끝에 자기 스스로 시도해 보기로 했다. 이런 시도로 탄생된 첫 번째 성과물이 논문 「정다산: 한국 지성사 연구(Chong Ta-san: A Study of Korea's Intellectual History)」로 ≪아시아 연구저널(Journal of Asian Studies)≫ 1957년 5월호(제16권 3호)에 실린다.

그는 이어 미국 국회도서관 동양전문사서 양기백 씨와 함께 「한국유교약사(An Outline History of Korean Confucianism)」 두 편을 써 같은 저널(1958년 11

월 제18권 1호 및 1959년 2월 제18권 2호)에 싣는다.

헨더슨은 이 기간 매큔의 학문을 이어받아 한국학에 관한 선구적인 영어 논문을 학술지에 발표한 것에 희열을 느꼈다고 회상한다. "그것은 내 안에 한국에 관해 쓰고자 하는 욕망을 만들었다. 출발하는 것은 쉬운 일이 아니지만 한 번 얼음을 깨뜨리니 헤엄치고 싶은 마음이 솟구친다"(Henderson, 1986c: 10).

헨더슨은 1958년 봄 서울에 부임하게 되자 그해 11월 전남 강진으로 내려가 정다산이 11년간 귀양살이를 하면서 『여유당전서』를 써낸 다산초당을 답사한다. 그는 또한 다산초당을 굽어보는 만덕산 기슭 검은 계곡에 들어가 조밭 자락에 널려 있는 고려청자 파편들을 발견하고 감격한다. 그는 「검은 계곡 이야기(A Tale of the Black Valley)」라는 수필을 써 그 감격을 삭인다.

제4절 반민특위·국회프락치사건 기억연대

헨더슨이 쌓아올린 한국과의 인연은 「정다산론」, 「한국유교약사」 등으로 전개되지만 그가 살아생전 전혀 생각지 못한 의외의 곳에서도 결실을 맺는다. 그것이 '반민특위·국회프락치사건 기억연대'(이하 '기억연대')라는 단체의 결성이다. 2021년 4월 19일 결성된 이 단체는 반민특위와 '국회프락치 의원' 후손들의 명예 회복과 진실 규명을 목적으로 하고 있다.

이 단체는 반민특위와 국회프락치사건 후손들을 구성원으로 두고 있다. 부연하면 회장 김정육은 김상덕 반민특위 위원장의 아들이며, 감사 김진원은 제헌의원이자 '남로당프락치'로 낙인찍힌 김옥주 의원의 아들이다. 그밖에 이사 김영자는 제헌의원 김병회의 딸, 이사 이영국, 김봉현, 정구충, 김선동은 반민특위 조사관이나 특경대의 후손이다.

이 단체는 2022년 4월 25일 광복회관에서 '반민특위 국회프락치사건' 학술발표회의를 개최해 반민특위 특경대나 '국회프락치 의원' 후손들의 이야

학술회의 개최 인사말을 하는 기억연대 김정욱 회장(2022년 4월 25일 광복회관)

기를 들었다. 특경대 소속 김만철의 손녀 김홍철이 이승만 정권이 1949년 6월 6일 반민특위를 해체시킨 뒤 '빨갱이'라는 프레임을 덧씌운 곤경을 발표해 회의장을 숙연케 했다.

숨죽이고 산 반문명의 시대

'남로당프락치'로 낙인찍힌 제헌의원 김병회 의원의 따님 김영자는 아버지의 북행을 뒤 겪은, "피해자이면서도 숨죽이고 살아야 하는 반문명의 시대를 살아내고 있었다"고 이야기했다. 김옥주 의원의 아들 김진원도 '국회프락치사건 후손으로서의 소회'를 적었다. 이어 김진혁 교수(한국종합예술학교 영상학과)가 반민특위 해체를 주제로 삼아 찍은 다큐멘터리 〈여파〉가 잔잔히 방영되었다. 학술발표회의에서 김정욱 회장은 모임을 여는 인사말로 다음과 같이 말했다.

우리가 이만큼 진실 규명과 명예 회복을 이룬 데에는 두 분의 은인이 있습니

기억연대 김정육 회장과 회원들(2022년 4월 25일 광복회관)

다. 한분은 그레고리 헨더슨이라는 미국외교관, 다른 한분은 한국외대 김정기 교수입니다. 헨더슨은 프락치사건 공판기록을 남긴 분이며, 김 교수는 이 기록을 세상에 알린 분입니다.

김 회장이 지은이의 이름을 든 것은 과찬이지만 헨더슨이 국회프락치사건 공판기록을 남긴 것은 역사적 사실이다. 이 기록이 없었던들 신생 대한민국 민주주의의 분수령이 된 이 사건도, 제헌의원들이나 후손들이 겪은 곤경은 물론 그 진실도 역사의 뒤안길로 사라졌을 것이다. 덧붙여 기억연대는 내년 2023년에 헨더슨 별세 35주년을 맞아 헨더슨 추모 학술대회를 연다고 한다. 기억연대 홍순일 사무국장에 의하면 이 헨더슨 추모 모임은 의미가 큰 행사가 될 것이라고 말한다.

김옥자(지은이 왼쪽, 김웅진 의원 딸)와
김영자(바른쪽, 김병회 의원 딸)

왼쪽부터 노시행, 지은이, 김진원 노시선, 김옥자

"이 헨더슨 추모 학술대회는 뒤늦었지만 마침 김정기 교수님이 쓰신 『그레고리 헨더슨 평전』도 나오게 되어 있어 북 콘서트를 겸할 것이니 의미가 큰 행사가 될 것입니다."

만일 헨더슨의 영혼이 이 소식을 들었다면 자신은 외롭지 않다고 흐뭇해할 것이라고 상상해 본다.

박갑동-노일환 이야기

노일환은 전북 순창의 만석군 집안 출신으로 1948년 5·10 총선에서 당선된 제헌 국회의원이다. 당시 나이 34세로 동아일보 정경부장이었다. 그가 국회의원에 출마하게 된 데에는 인촌 김성수 선생이 적극적으로 주선한 배경이 있다고 한다(노시선, 2010). 이는 당시 좌우 대립이 치열한 상황에서 노일환이 좌익으로 조금이라도 생각했다면 인촌이 적극적으로 그를 한민당 후보로 밀었겠는가 노시선은 의구심을 나타내고 있다.

국회의원에 당선된 뒤 그는 의정 단상에서 이승만 독제 체제에 대한 비판을 서슴지 않았다. 이승만 대통령은 당시 노덕술 등 친일 경찰을 비호하면서 1949년 2월 2일 그들이 '반공 투쟁에 공이 있는 경찰 기술자'라며 노덕술을 체포한 "반민특위 조사관들을 체포하고, 감시하라고 지시했다"는 것이다. 이에 대해 당시 연합통신 좌담회에서 화제가 경찰 기술자에 이르자 노일환은 다음과 같이 말한다.

경찰에 대해서는 그럴(기술을 인정할) 필요성이 없다고 봅니다. 일제 관헌 기술이라는 것은 수사나 최조하는 데 있어서 민주주의적인 기술을 배운 것이 아니라 고문치사까지 해 가면서 강제적으로 범죄를 구성시키는 것이 그 골자올시다. 이러한 부류들이 경찰의 상층부를 구성해 가지고 나왔기 때문에 무고한 인

평양시 룡성구역의 재북인사들의 묘.
프락치 사건의 연루 의원 이문원[리문원] 의원, 배중혁 의원의 이름이 보인다.

민을 못 살게 구는 경향이 많았습니다(노시선, 2010: 92).

뒤에 노일환은 국회프락치사건에 연루되어 구속된 13명의 소장파 의원 중 박윤원 및 이문원과 함께 '지도급'으로 지명된 인물이다. 그 때문에 가혹한 고문수사에 이어 재판 심리에서 집중 조명되고 선고에서도 이문원과 함께 10년의 중형을 선고받았다. 그러나 노일환은 재판 심리에서 사광욱 재판장이 사상을 묻자 자신은 '민족주의자'이며 '자유주의자'라고 천명했다.

헨더슨은 1981년 9월 8~22일간 부인 마이어 여사와 함께 북한을 방문해 긴 여행기를 남겼다. 여행기에서 북행한 몇몇 '프락치 의원'의 소식을 전하는데, 이문원, 노일환, 강욱중은 1970년대 중반까지, 배중혁, 김병회, 박윤원은 당시(1981년 9월)까지 생존해 있었다. 이들은 모두 재혼해 평양에서 잘 살고 있었다고 한다. 김약수의 경우 1965년 노환으로 별세했다.

북한 방문 중 극적으로 만난 '프락치 의원'이 강원도 정선 출신의 최태규다. 그때 헨더슨은 평양에서 최태규가 '위대한 수령의 확고한 숭배자'가 되어 있는 것을 발견했다.

당시 헨더슨은 노일환을 만나지 못했지만 그를 만난 사람은 젊은 시절 박갑동 당시 ≪해방일보≫(남로당 기관지) 기자였다. 박갑동은 6·25 전쟁 발발 그리고 9·28 서울 수복 뒤 북행했지만 김일성 우상화에 질려 일본으로 망명한 인물이다. 그는 노일환에 대해 다음과 같이 회고하다.

> 그는 대쪽같이 꼿꼿하고 청렴한 사람이었다. 그는 한민당의 핵심이고 김성수의 후계자로 지목되고 있는데다 그때 남로당은 이미 비합법단체로 가혹한 탄압을 받아 반신불수가 되어 있는데 미친 사람이 아니고 어찌 남로당 프락치가 되겠는가? 노일환 사건으로 김성수는 결정적으로 이승만의 적이 되고 말았다.
> 6·25후 나는 평양 거리에서 우연히 노일환을 만났다. 그는 프락치사건으로 서대문형무소에 갇혀 있다가 6·25 때 인민군에 의해 풀려나 납북되었던 것이다.
> … 한 때는 이승만의 미움을 사고 이제는 김일성의 포로가 되어 있는 그의 불운한 운명 앞에 나는 망연한 표정을 짓지 않을 수 없었다(≪중앙일보≫, 1989. 12.20: 48회).

노시행 전언

사실 박갑동·노일환 이야기는 노일환 의원이 북행한 뒤 노 의원의 3남이자 유복자로 태어난 노시행 씨가 전한 이야기이다. 앞에서 국회프락치사건에 연루돼 재판을 받던 중 재판장 앞에서 '자유주의자'라고 천명한 그가 6·25 전쟁으로 북한군이 서울을 석권한 뒤 다시 국군이 9월 28일 서울을 수복하자 북행을 한 것이다. 노시행은초등학교 5학년 때 노모가 한 말을 생생하게 기억하고 있다. 노모 김묘숙은 경찰서에 물고문을 당하면서도 과묵했지만 오제도·김창룡에 대해서는 '죽일 놈'이라고 했다는 것이다. 헨더슨은 『회오리의 한국정치』(하버드대학출판부, 1968)에서 방첩대의 김창룡에 대해

'파충류' 장군 김창룡('General Snake' Kim Chang-yong of CIC)(Henderson, 1968: 233)이라고 그 음흉성을 묘사했다. 국회프락치사건의 엉터리 재판을 주도한 검사 오제도와 판사 사광욱을 '검은 얼굴'로 묘사했다(『국회프락치사건의 증언』 한울엠플러스, 2021: 164).

소결

헨더슨이 맺은 한국과의 인연은 그가 일본의 진주만 침공으로 하버드대학에서 일본어를 배우게 되어 동아시아에 다가온 데서 시작된다. 파시스트 일본을 응징하겠다고 일본어를 배워 해병대에 지원해 임관된 뒤 그는 일본인 포로수용소 배속되어 평생 들도 보도 못 한 조선어와 조선인 포로들을 만나 처음으로 한국과의 인연을 맺게 된다.

그는 해병대를 전역하고 국무부로 들어가 외교관의 길을 걷기로 하는데, 일본이 아닌 한국을 임지로 택하게 된다. 일본을 점령한 맥아더 장군이 '푸른 눈을 가진 쇼군'으로 비친 인상이 그의 '공화정 정서'에 거슬렸기 때문이라고 한다.

헨더슨은 외교관 훈련 과정에서 조지 매큔 박사에게 한국 역사와 문화를 배운 것이 한국과의 인연을 심화시켰다고 회고한다. 매큔 박사는 한국 역사에 정통한, 미국학계에 자리 잡은 드문 석학이지만 병약해 안타깝게도 1948년 나이 40세에 별세하고 만다. 매큔은 한국의 미래 이상향으로 '중도적인 한국'을 그리고 있었는데, 그의 이상은 헨더슨에 이어지고 있다. 헨더슨은 제2부에서 살피겠지만 한국전쟁의 결과 '정치 중간 지대의 상실'을 개탄했으며 '회오리 정치'의 처방전으로 '중간 지대의 정치 합작'을 제시한 바탕에는 매큔에게 이어받은 정치사상이 있다.

헨더슨은 미국외교관 훈련원 극동연구책임자가 되자 스스로 「정다산론」,「한국유교약사」, 이어 고려청자에 관한 그의 생각을 논문으로 씀으로써 더욱 한국과의 인연을 밀착시킨다.

마지막으로 헨더슨이 맺은 한국과의 인연은 그가 살아생전 전혀 생각지 못했던 곳에 결실을 맺는다. 그것이 2021년 반민특위·국회프락치사건 기억연대의 결성이다. 이 단체는 헨더슨의 정신을 이어받아 후손들의 명예 회복과 진실 규명을 지속적으로 하고 있다. 내년 2023년 헨더슨 별세 35주년 맞아 헨더슨 기념 학술대회를 연다고 하니 그의 영혼은 조용히 미소 지을 것이라고 상상해 본다.

제3장
지은이가 맺은 헨더슨과의 교유

　지은이가 다소 모험을 무릅쓰고 그레고리 헨더슨의 평전을 쓰게 된 것은 그의 말년 특별한 인연을 맺게 된 것이 계기였다. 나는 헨더슨이 홀연 1988년 영면한 뒤 헨더슨 부인에게 고인이 생전 정열을 다해 연구하던 국회프락치사건 자료를 넘겨받은 것이 벌써 30년 전인 1992년 5월이다. 그로부터 한참 뒤 이 자료를 기반으로 2008년『국회프락치사건의 재발견』I·II 및『국회프락치사건 재판기록』을 출간했는데, 세월이 지나 20년 전이다. 작년 2021년에 낸『국회프락치사건의 증언』도 이 자료를 토대로 '남로당프락치'로 낙인찍힌 제헌의원들과 그 후손들이 겪은 이야기를 엮은 것이다.

　지은이가 헨더슨을 처음 만나 사귄 기간은 그의 생애 말년에 속한다. 1986년 말부터 1988년 여름까지이니 2년 정도 비교적 짧은 기간이다. 그 짧은 기간의 만남이 이렇듯 긴 인연으로 이어질 줄 나 자신도 몰랐다. 그가 홀연 1988년 10월 16일 별세했을 때 나이가 68세였으니 지적으로 난숙한 경지에서 왕성한 저술활동을 하고 있을 때였다. 나는 아직 48세의 젊은 대학교수 시절이었다. 나는 지금 어느덧 80세 초반에 이르러 그의 사상과 철학, 그가 남긴 생전의 족적을 되돌아보고 있다.

헨더슨 사저 거실에서 지은이와 함께 담소하는 헨더슨(1987.7.12).

하버드-옌칭도서관 조사를 마치고 돌아오기 전날 보스턴 부두 바닷가재 식당에서
지은이와 저녁 식사를 함께하는 헨더슨 부인(2006.10.19).

지은이가 헨더슨의 말년 사귄 기간은 짧지만 그의 이름을 처음 눈여겨 본 것은 그보다 훨씬 전의 일이다. 그것은 1973년 내가 컬럼비아대학 국제문제대학원과 신문대학원 수학시절로 거슬러 올라간다. 나는 1973년 초 유신체제의 군화 발소리를 등 뒤로 들으면서, 컬럼비아대 수학 차 뉴욕에 도착했다. 그 몇 달 뒤 그해 5월 20일 자 ≪뉴욕타임스 매거진≫에서 그의 이름과 만났다.

　나는 그때 수백 쪽의 ≪일요판 뉴욕타임스≫에 딸려온 그 잡지에서 「한국은 아직 위험하다(There's Danger in Korea Still)」라는 제목으로 실린 이 장문의 기사를 읽은 감동을 아직도 생생하게 기억하고 있다. 그것은 미국의 진보적 자유주의의 지성이 묻어나는 긴 잡지기사였다. 에드윈 라이샤워(Edwin Reishauer) 하버드대학 교수와 당시 터프트대학 플레쳐 법·외교대학원 교수로 재직하고 있었던 그레고리 헨더슨이 공동의 이름으로 쓴 이 기사는 미국의 진보적 자유주의의 관점에서 박정희 군사정권이 저지른 이른바 '10월 유신'을 맹렬히 규탄하고 있었다.

　나는 유신체제의 모순과 그 독재성이 파급시킬 역기능을 지적한 그들의 자유주의적 지성에 큰 감동을 받았다. 게다가 이 기사는 한국과 한국인들에 대한 깊은 애정을 담고 있었다. 그들은 한 대목에서 이렇게 쓰고 있다.

　　최근 박정희 쿠데타[1972년 선포한 이른바 10월 유신]의 충격은 통일의 희망과 함께 남한을 상대적으로 평온케 하고 있는 듯 보이나 압력이 치솟을 것이라는 것은 피할 수 없으리라. 끓는 주전자에 뚜껑을 닫으려는 시도는 어떤 후진의 농촌사회에서는 성공할 수도 있겠지만 90%가 문맹을 깨쳤으며 50%가 도시화된 한국에서는 어림없는 이야기다. 압력이 가중됨에 따라 압제도 가중될 것이다. 경찰의 체포는 더욱 자의적이며 은밀해질 것이다. 고문은 새 헌법[유신헌법] 상황 아래서 너무 쉬워져 더욱 흔해 질 것이며, 사실 고문이 더욱 많이 자행된다는 소문이 난무하고 있는 형편이다. 그 결과 반대 세력은 결집되고 국내적 불안은 더욱 커 질것이다(Reishauer & Henderson, 1973.5.20).

지은이는 당시 30대 초를 갓 넘긴 젊은 저널리즘 수련자로서 특히 이 기
사의 저자인 그레고리 헨더슨의 이름을 자유주의적 지성의 상징처럼 느꼈
다. 그가 유명한 『회오리의 한국정치』의 지은이라고 이 기사는 모두에서
소개하고 있었다. 이 기사는 다른 대목에서 "한국은 태국이나 파라과이와
는 다르다. 한국인들은 고도로 정치화한 유교적 환경에서 수백 년 동안 자
치를 누려온 경험을 갖추고 있는 민족이다" 말하고 있어 한국인들의 긍지
를 부추기기도 한다. 또 다른 대목에서는 한국 언론에 관해 논급하면서 "그
들은 고도로 발달한 신문과 기타 대중매체를 갖추고 있는데, 언론의 자유를
알고 있어 검열에 대해 맹렬히 저항하고 있다"고 쓰고 있다. 그 이후 헨더슨
의 이름은 내 뇌리에서 지워질 수가 없었다.

제1절 지은이의 논문 발표장을 찾은 헨더슨

지은이가 헨더슨을 처음 만난 것은 그 뒤 13년이 흘러간 뒤였다. 1986년 12
월 4일 컬럼비아대학 신문대학원 부설 '갠닛미디어연구센터(Gannet Center
for Media Studies)' 세미나실에서 열린 '컬럼비아대학 세미나(Columbia Univer-
sity Seminar)'장에서다. 나는 컬럼비아대학이 연중 1회 개최하는 대학세미나
에 주제 발표자로 초청받아 「자유 언론의 멸종 위험에 처한 한국 언론
(Korean Journalism: An Endangered Species of the Free Press)」[1]이라는 주제로

---

1) 지은이가 '컬럼비아대학 세미나'에서 발표한 논문은 1980년 11월 계엄 상황 아래서 자행된 언론통
    폐합을 서술하고 신군부 정권에 저항하는 800여 명의 언론인 추방에 이어 1986년 4월 18일 ≪한국
    일보≫ 기자들이 결의한 '언론자유 선언'을 시발로 촉발된 전국 기자들이 벌인 '선언운동'을 다루
    고는 결론적으로 신군부 정권이 강압한 언론 통제는 결국 실패할 것이라고 내다봤다.

한국 언론이 처한 당시 위기 상황을 이야기했다.

놀랍게도 그 자리에 헨더슨이 온 것이다. 나는 당시 그의 유명한 책은 알고 있었으며, 게다가 13년 전 그의 ≪뉴욕타임스 매거진≫ 기사를 기억하고 있었기에 약간 흥분하면서 그의 얼굴은 처음 대했다. 세미나 이후 열린 리셉션에서 헨더슨과 나는 자연 전두환 신군부 정권이 자행한 언론 통폐합에 관해 이야기를 나누면서 '우리들'이라는 일종의 공감대를 형성했다고 회상이 된다. 우리는 리셉션이 끝난 뒤 다시 뉴욕 시 맨해튼 34번가에 있는 한국 식당을 찾아 소주잔도 기울였다. 헨더슨이 늦은 밤 뉴저지에 있는 친지 집으로 떠날 때 우리는 다시 만나자고 손을 잡았다. 그러나 그 이후 귀국한 뒤 지은이는 언론학 교수직과 보직 등으로 바쁜 나날을 보내기에 여념이 없어 그와 접촉은 한동안 끊겨 있었다.

지은이가 그와 다시 교류를 시작하게 된 것은 만학도로서 컬럼비아대학 정치학과 대학원에 수학하기 위해 다시 뉴욕시에 체재한 것이 계기가 되었다. 그것이 1987년 초부터다. 그때 마침 평소 알고 지내던 ≪신동아≫의 김종심(金種心) 부장의 의뢰로 보스턴에 살고 있는 헨더슨을 만나게 된 것이다. 헨더슨은 뒤에 살펴보듯 5·16 당시 미 대사관 문정관으로 근무시절 박정희 집단이 획책한 쿠데타를 겪는다. ≪신동아≫의 의도는 내게 헨더슨을 만나 그가 체험한 5·16 비화를 캐달라는 것이다. 이 기사가 내가 헨더슨을 만나 인터뷰를 통해 작성한 것으로 ≪신동아≫ 1973년 5월호에 기고한 글이다(김정기, 1973).

지은이가 헨더슨을 만나기 위해 1987년 3월 보스턴에 갔을 때 그는 공항까지 나와 나를 맞았다. 그는 자기 승용차로 보스턴 근교 웨스트메드퍼드에 있는 꽤 큰 자기 저택으로 나를 데려갔다. 나는 그때 독일 베를린 태생의 그의 부인 마이어 헨더슨 여사를 처음 만났는데, 그는 베를린 샬롯텐부르크 예술학교를 나온 재능 있는 조각가이다. 헨더슨 부인은 서울 체재 때 고고학자 김원용(金元龍) 상을 조각하기도 했고 예수의 14계단 십자가고난상을

서울 혜화동 성 베네딕트 성당을 위해 예수 14계단 '고난의 길' 조각 작품을 완성하고
축하 파티에서 기뻐하는 헨더슨 부부(1961.2.14).

조각한 적이 있는데, 특히 예수고난상은 지금도 서울 혜화동 가톨릭 성당 문을 엄숙하게 장식하고 있다. 나는 그날 밤 헨더슨 부부가 준비한 음식을 즐기며 맥주를 마시면서 격의 없는 대화를 나눴다.

지은이는 이틀 동안 그의 집에 묵으면서 그의 서재에 빼꼭하게 쌓인 한국 관계 장서와 거실 곳곳에 놓여 있는 조선 서화, 벽에 걸린 큰 불화, 김구 선생이 헨더슨에게 써준 서예 족자, 조선 도자기 등을 보면서 그를 꽤 알게 되었다고 생각했다. 게다가 그는 다음 날 하루를 내어 자기 승용차로 나를 태워 미국독립혁명의 요람인 보스턴 명소를 구경시켜 주는가 하면 그가 어린 시절 자랐던 보스턴 시내 케임브리지 구역 생가까지 데려가서 당시 90세나 된 어머니에게 소개해 주기도 했다. 그의 자상한 인간성이 돋보이는 대목이다.

지은이는 컬럼비아대학 정치학과 대학원 박사과정에 등록한 뒤 뒤늦은 공부에 여념이 없는 중에도 1987년 여름 방학 중 한국으로부터 온 아내와 함께 다시 헨더슨 댁을 찾아 이틀간 묵은 일이 있다. 넉넉지 못한 생활비 등을 아낄 겸 헨더슨 집에 묵으면서 미국독립혁명의 요람지 보스턴 지역을 아내에게 구경시켜 주기 위해서였다. 헨더슨은 그때도 자기 승용차로 보스턴에 있는 미술관 등을 구경시켜 주는 등 친절을 베풀었다.

그때 나는 서울의 한 출판사가 그의 유명한 『회오리의 한국정치』를 출판하기 위해 번역을 진행하고 있다는 사실을 알았다. 1980년 들어선 전두환 군사독재 체제가 노태우 정권(1988~1992)으로 바뀌면서 헨더슨의 책에 대한 적대감이 누그러진 사정이 있을 터이다. 헨더슨이 프락치사건 연구를 위해 1987년 7월 말 서울을 방문한 적이 있는데 그때 ≪동아일보≫ 전 논설위원 손세일(孫世一) 씨가 경영하던 '청계출판사'와 출판 교섭이 이루어져 성사한 듯했다. 그러나 뒤에 보듯 그때 그의 책의 한국어판 출판은 이루어지지 않았다.

지은이에 준 몇 통의 편지

지은이가 1988년 3월 컬럼비아대학 박사과정을 겨우 마치고 귀국한 뒤, 그와 몇 차례 편지를 주고받은 일이 있다. 나는 그가 돌연 그해 10월 16일 별세하기까지 그와 교류한 편지를 아직 네 통 간직하고 있다. 그것은 다 그의 책의 한국어 출판에 관한 것이었는데, 그것은 당시 제대로 진척되지 않고 있던 번역과 출판에 관한 그의 조바심을 담고 있다. 그가 그의 책의 한국어판 출판을 얼마나 간절히 원했는가가 그 편지 글에 묻어난다.

헨더슨은 그때 책이 출간된 지 20년 만에 처음으로 한 장을 추가하는가 하면 전면적으로 개정했다. 이 개정판 원고가 출판되었더라면 그것은 『회오리의 한국정치』 제2판이 되었을 것이다. 지은이는 그가 1988년 전면 개정한 추고 원고를 귀중하게 소장하고 있는데, 이 책에서 부분적으로 인용한다. 한울에서 2013년 낸 완역판에 반영되었다.

그는 내게 준 편지에 이렇게 쓰고 있다. "왜 그것[출판사 사장의 교통사고]이 번역을 지연시킵니까? 상식으로 납득이 안 됩니다." [나는 그의 부탁을 받고 출판사에 번역이 지연되는 이유를 알아 본 결과 손세일 씨가 교통사고를 당해 입원하는 등 사정 때문에 지연되었다는 말을 듣고 그대로 전한 편지에 대한 답장]. 그것이 그가 죽기 110일 전이었다. 그가 죽기 53일 전 쓴 편지에서 그는 책 출판의 지연에 더욱 조바심을 보인다. "도대체 회오리의 한국어판은 어디쯤 가고 있는 겁니까? 언제인가요? 나는 늙어가고 불안합니다."

지은이는 그때 출판이 왜 그렇게 진척이 안 되었는지 지금도 의문이지만 내가 할 수 있는 일은 별로 없었다. 그에게 참아보라고 권하면서 당신의 책이 어려운 문어체여서 번역하는 데 시간이 들지 않겠느냐고 위로하는 것이 고작이었다. 그가 저 세상 사람이 되기 불과 몇 일전 나는 1988년 9월 23일 쓴 마지막 편지를 받았다. 일자를 헤아려 보니 그가 죽기 23일 전 쓴 편지였다. 특히 그는 이 편지에서 당신이나 곽소진[헨더슨이 미 대사관 문정관실에 재

'한국인의 영원한 친구' 헨더슨씨

金政起
<한국외국어대부총장·신문방송학>

지난 여름 엄청난 수재를 당한 후 가을로 접어들어 秋夕(추석)을 앞두니 한국의 영원한 친구였던 한 외국인이 생각난다. 그가 88년 10월 홀연히 타계한 미국인 그레고리 헨더슨이다. 올해는 헨더슨이 세상을 떠난지 10주기가 될 뿐만 아니라 그가 생전에 그토록 바랐던 한국의 민주적 정치발전이 50년만의 여야간 정권교체로 새로운 전기를 맞았다.

이와 관련, 그에 대한 내 所懷(소회)는 네 가지다. 헨더슨은 26세의 젊은 외교관으로 한국 땅에 첫발을 디딘 후 ▲외교관으로서 거울이 올라섰다. 당시 국무부 소속 외교요원으로 한국학을 체계적으로 섭렵한 학자인가 하면 ▲한국 고미술을 전문적으로 평가할 줄 아는 전문가이자 절절히 애호한 수집가이며 ▲한국의 민주적 정치발전을 위해 운동으로 뛴 참여자였다. ▲그밖에 나는 그의 말년에 개인적 우정을 누렸던 관계에서 남다른 追慕(추모)의 정을 느낀다.

한국학 체계적 연구 개척자

헨더슨이 한국학과 인연을 맺은 것은 55년으로 거슬러 올라간다. 당시 국무부 부속 외교훈련원의 동아시아지역을 담당했던 그는 한국에 관해서는 교재가 없어 스스로 마련하지 않으면 안되었는데, 그래서 나온 것이 미국 의회도서관의 양기백씨와 함께 펴낸 '한국유교의 약사'이다. 그것은 영어로 쓴 최초의 한국학 논문으로 자리매김되었다. 곧이어 그 '丁茶山(정다산)연구'를 발표, 서방세계에 한국학을 소개한 개척자로서 자리를 굳혔다.

그러나 뭐니뭐니 해도 헨더슨이 한국학 연구자로서 이름을 떨치게 된 것은 그가 미국 국무부를 퇴하린 후 하버드대학 국제문제연구원으로 있으면서 '한국-소용돌이의 정치'라는 勞作(노작)을 써내고부터다. 그가 참여·관찰을 통해·개척한 틀로 한국 정치를 분석한 이 책은 이미 정치학계에서는 세계적 고전이 되었다. 헨더슨이 타계하기 얼마전 상당한 부분을 수정·보완하려 한국어판을 내려던 참에 그가 세상을 떠나 안타까운 마음을 금할 길 없다.

둘째로 헨더슨은 한국의 전통예술을 가슴으로 사랑한 전문수집가다. 그가 한국에 근무하던 기간, 특히 도자기 수집에 열을 올렸다. 그는 유신독재와 싸우다가 이른바 '도자기사건'에 휘말렸지만 내가 알기로는 그는 결코 불법적이거나 장사를 목적으로 수집한 적이 없었다.

87년 10월 내가 보스턴 교외 메트포드에 있는 그의 집을 방문했을 때 80년 일본 '아사카와 콜렉션'에서 약 1천점에 이르는 옛 자기 파편류를 사모았다고 자랑하던 모습이 떠오른다. 이는 1930년대 남북한 陶窯地(도요지)가 아직 남아 있을 당시 아사카와씨가 수집한 자기 파편류라는 것이다. 이 자기 파편류는 상업적 가치는 없지만 出土 도요지별로 분류되어 있어 고려 및 조선 도자기 연구에 귀중한 자료라고 그는 설명했다.

군사정권 인권침해 규탄도

다음으로 헨더슨은 한국의 민주적 정치발전을 위해 전문적 식견을 아끼지 않았으며, 말년에는 朴正熙(박정희) 유신독재에 대해 몸으로 싸운 '레지스탕스' 운동가였다. 그런 참에서 길고 긴 민주 투쟁의 역경 끝에 도달한 金大中(김대중)정부는 그에게도 한 점의 빛을 졌다고 말하지 않을 수 없다.

헨더슨은 김대중납치사건이 있은 얼마 후부터 박정희정권이 자행한 고문 등 반인륜적 인권 침해를 규탄하는 캠페인을 펼쳤다. '73년 12월10일, 그는 한 편지에서 서울대 법대 최종길 교수의 '자살'에 대해 반인륜적 고문살인이라고 규탄하면서 언론의 침묵에 대해 히틀러 말년의 언론통제와 유사하다고 쓰고 있다.

나는 그가 타계하기 직전에 보낸 3통의 편지를 받은 일이 있다. 그것은 모두 그의 노작 '소용돌이의 정치' 제2판의 한국어 출간에 관한 것이었다. 그가 숨지기 불과 23일 전에 쓴 편지에서 책表지의 디자인을 원판과 같이 陰陽(음양)이 어우러진 태극문양으로 해달라고 하여 결과적으로 유언이 되고 말았다. 그는 끝내 한국어판을 보지 못하고 자기집 지붕에 드리워진 나뭇가지를 剪枝(전지)하다가 떨어져 그만 숨을 거뒀다. 그때가 66세였으니 한창 활동할 나이였다.

나는 그가 숨진 뒤 마이아 헨더슨 여사로부터 사과상자 세 분의 자료를 건네받은 적이 있는데 그것은 그가 숨지기 직전까지 정력적으로 연구하던 1948년의 '푸락치사건'이다. 그는 간접적으로 자료 수집에 도와준 일이 있지만 그가 그렇게 많은 자료를 수집할 줄은 몰랐다.

언젠가 책으로 정리해야겠다고 마음을 먹었을 뿐, 아직 그대로 책더미로 보관되어 있으니 고인에 대해 죄송한 마음을 뿌리칠 수 없다. 10월16일, 그의 10週忌(주기)에 그를 기억하는 몇 사람이 모여 소박한 추모모임이라도 가졌으면 한다.

포럼 FORUM

1998년 헨더슨의 타계 10주기를 맞아 지은이가 일간지에 기고한 글.

직한 한국인 직원J씨가 번역 결과를 점검해 달라고 했다. 그리고 그는 특히 내게 "당신은 [수정판 원고에서] 몇 가지 근소한 오류를 발견할 수도 있다"면서 "나는 최선을 다 했지만 최근 사태에 관해 이곳으로 걸러져 오는 정보가 모두 완벽하게 정확하지 않을 것"이니 그런 오류를 고쳐달라고 당부했다. 그는 또한 책의 표지는 원어판의 그것대로 태극문양의 음양이 어우러진 소용돌이 모습을 담았으면 한다는 소망을 표시했다.

　그러나 헨더슨은 그해 10월 16일 자기 집 지붕에 올라 드리워진 나무의 가지치기를 하다가 떨어져 입은 충격으로 돌연한 죽음을 맞는다. 그런데 출판사 측은 다시 출간을 미뤘고 헨더슨의 한국어판2)은 다시 모든 사람의

2)　헨더슨 저서가 『소용돌이의 한국정치』(박행웅·이종삼 역, 2000)라는 제목의 한국어판이 다시 나

망각 속으로 사라졌다.

제2절 국회프락치사건 자료 등을 넘겨받다

지은이는 헨더슨이 1949~1950년간 일어난 국회프락치사건을 연구하고 있다는 사실은 알고 있었지만 그것이 정확히 어느 시점인지 기억나지 않는다. 아마도 ≪신동아≫ 인터뷰 건으로 그의 집에 이틀 동안 묵었을 때였을 것으로 짐작한다. 나는 그때 그 사건에 그다지 주목하지 않았는데 그것은 내가 연구하는 주제가 일본 정치였기에 그럴 여유가 없었다. 또한 프락치사건이 제헌국회에서 일어난 중대 사건이라는 것은 알았지만 그 사건의 정치적 의미와 내막은 막연하여 내게 큰 관심의 대상은 되지 못했다.

『반민자죄상기』

지은이가 처음으로 프락치사건에 주목하게 된 것은 1987년 10월 어느 날 헨더슨이 낡은 한국어 책 한 권을 건넨 것이 계기였다. 그는 그 책에 등장하는 '반민자' 곧 친일부역자의 명단을 매큔-라이샤워 표기법에 따라 영문으로 바꾸고 내용을 요약해 달라는 부탁을 했다. 그 책이 고원섭(高元燮) 편 『반민자죄상기(反民者罪狀記)』(1949)이다. 헨더슨에 의하면 그 책은 미국 의회

오기까지 다시 13년을 기다려야 했다. 1968년 하버드대학출판부에서 간행된 원저 *Korea: the Politics of the Vortex*는 1973년 일본어판이 『朝鮮の政治社会: 渦巻型構造分析』(鈴木沙雄·大塚喬重 訳)라는 제목으로 발행되었다. 한국어판의 경우 헨더슨이 1988년 별세하기 전 한국어판을 위해 손수 한 장을 추가한 신판이 2000년 한울엠플러스에 의해 처음으로 출간되었다. 이는 원저가 출간된 지 32년 만에 일이다. 이렇게 출판이 지연된 데는 길고 긴 군사정권 시절 헨더슨이 금기인물로 여겨진 데다 한국의 어려운 출판 여건에 연유한다(김정기, 위 책 '한국어판 추천사', 18쪽)고 생각한다.

도서관에 한 권밖에 없다는 것이다(그러나 그 책은 우리나라 국립중앙도서관에도 있다). 나는 그때 뉴욕시 퀸즈에 살고 있었는데 그가 보스턴으로 가는 길에 케네디 공항까지 나가 그 책을 건네받았다.

나는 컬럼비아대학에서 뒤늦은 공부로 바쁜 중에도 그 책에 한문으로 적힌 수많은 친일분자의 이름을 영문으로 바꾸고, 그 책이 분류하는 네 가지 범주의 친일분자들의 행적을 요약해 주었다.[3] 헨더슨이 『반민자죄상기』에 주목한 이유는 뒤에 살펴보겠지만 국회프락치사건에 연루된 많은 '소장파' 의원들이 1948년 9월 반민족행위처벌법(반민법)을 제정하는 등 친일파 청산에 앞장서 활약한 데 대한 보복으로 이 사건이 꾸며졌다고 생각했기 때문이었다.

그러나 그 뒤 곧 그 일은 지은이의 관심 밖으로 사라졌다. 컬럼비아대학 박사과정이 요구하는 의무수강을 지키고 논문 등 과제물을 준비하고, 게다가 종합시험을 치러야 하는 등 번거로운 절차를 마쳐야 하는 바람에 그 일은 나의 관심에서 떠나 있었다. 1988년 3월 뉴욕으로부터 귀국 뒤에도 그동안 밀려 쌓인 잡다한 신상에 관한 일 처리, 강의와 논문 등 과제의 이행, 게다가 전후 일본정치에 관한 학위논문 준비 등 나는 바쁜 시간을 메우고 있었다.

지은이가 다시 국회프락치사건에 눈을 돌린 것은 헨더슨이 1988년 10월 16일 졸지에 별세한 뒤였다. 나는 그때 미 대사관의 김환수 공보관으로부터 헨더슨의 죽음을 연락받고 안타까운 마음으로 영자지 ≪코리아헤럴드≫(1988.10.26)에 부고기사를 '초청 칼럼'으로 쓴 일이 있다. 그 뒤 곧 프락치사

---

3) 지은이가 2006년 10월 하버드-옌칭도서관이 소장하고 있는 헨더슨 문집을 열람했을 때 상자1호에 내가 당시 써준 『반민자 죄상기』에 관해 영문기록이 포함되어 있음을 발견했다. '친일 문제'(collaboration issue)로 분류된 이 기록에는 '저자 미상'(author unknown)이라고 씌어 있었다. 모두 4쪽으로 된 이 영문기록은 친일분자들을 네 범주로 나누고 특히 "반민특위활동과 프락치사건 간의 관계"에서 상관성이 있을 수 있는 사례로서 이종영(대동신문 발행인), 노덕술('수도청의 지보적 존재'), 시인 모윤숙을 들고 있다. 헨더슨 문집, 상자1호 '친일 문제'에 관한 영문기록.

Guest Column

Death of a Koreanologist

By Kim Jong-ki

The death of Gregory Henderson, one of the foremost American scholars of Korean affairs, has broken our hearts.

What has made us even more heart-broken was that he succumbed at this very time that democracy in south Korea that is obviously his lifetime dream, emerges, although at a slow pace on the horizons after a long tunnel of dark years.

Many Koreans know him by name. But I guess few Koreans know exactly what he has been. I doubt any contemporary foreigners of his have been so deeply involved in Korea both by heart and intellect as Henderson. He was a rare foreigner who had personally run the whole gamut of those turbulent, dark years in south Korea since he first came to Korea at age 26 in July 1948.

Ever since he witnessed, sitting behind Syngman Rhee in the compound of the then Capitol, the historic Aug. 15, 1948, ceremony establishing Korean independence, Henderson could not afford to miss every major event that has been taking place around Korea. In the process, he was emotionally and intellectually involved in the post-liberation history of Korea. He has reached the pinnacle of scholarship about Korean affairs not through detachment and aloof observation but through active participation and energetic personal involvement.

Henderson developed his own perspective that has been incorporated into himself, reflecting everything of his — his theories, criticisms, reviews, comments, expert presentation at U.S. congressional hearings, innumerable letters to the editor, and even a few passing words about Korea. I doubt anyone can match his. A simple fact that appears to be trivial or irrelevant and often ignored suddenly leaps into importance when we take a close look at it through his perspective.

I have a special reason to feel tearful about his death. He wanted his world-renowned book, "Korea: The Politics of the Vortex," to be translated into Korean and a local publishing company's project for the book's enlarged Korean edition has been well underway. For Henderson, the project was so important that he took toil in revising and enlarging the first edition at length for the first time some 20 years after the book was first published in 1968.

He was so dying to see the book's Korean edition getting off the press in time. Henderson as a man who knew Korea and its culture by heart had every reason to see the Korean-language edition. Perhaps he could not afford to be comfortable with the Japanese-language edition of his book that has long been published in Tokyo.

Seeing the work of translation going at a snail's pace, he impatiently said in a letter to me: "Why on earth should it (a traffic

Gregory Henderson shows a classical Korean book in the study of his Rock Hill house in West Meford on the outskirts of Boston in the summer of 1987.

accident involving the publisher) delay the translation? Doesn't make sense." That was about 110 days before his death. He died Oct. 16 as a result of injuries he suffered from a fall. In a letter written 53 days before his death, the 66-year-old man, still in good health, sounded like somewhat prophetic of his death. "Where are we going in Vortex's 2nd Korean edition? When? I am getting old and anxious."

Acting as a middleman between him and the Korean publishing company, I urged him to exercise some more patience. After all, isn't it more important, the good-quality translation of a highly-sophisticated styled book like yours? He agreed. In his last letter to me written only 23 days before his death, he poised himself and said:

"I am relieved to hear that 90 percent of the book has been translated. On the one hand that is wonderful. On the other hand, coming so soon after hearing that so little had been translated, one cannot but think it somewhat too much of a wonder. Is the translation not going first too slow, too fast? Who has done this and at what cost in quality?"

I can easily imagine how excited and joyful he would have been to hold the Korean edition book with his hands. But all of a sudden he passed away, bringing with him the unknown future of Korea at its crossroads.

The writer is a professor of mass communication at Hankuk University of Foreign Studies. — Ed.

1988년 헨더슨의 부음을 듣고 지은이가 ≪코리아 헤럴드≫에 기고한 기사
(1988년 10월 30일).

건에 생각이 이르렀다. 도대체 헨더슨이 생전에 그렇게 몰두하던 프락치사 건 연구는 어떻게 되었는가? 그가 연구결과를 공적인 학술지에 발표했다는 소식을 들은 일이 없고 무덤에 갖고 가지 않았다면 그 연구의 행방은 어찌 되었는가? [그러나 나는 그 뒤 알았지만 헨더슨은 죽기 직전 이 사건을 인권의 측면에 서 소상히 다룬 논문(Henderson, 1991)을 『한국의 인권: 그 역사적 및 정책적 의미』 (Shaw, 1991)라는 책에 기고했다]. 만일 헨더슨 연구가 그대로 방치되어 먼지 속으로 사라진다면 안타까운 일이 아닌가?

나는 궁금증을 풀기 위해 헨더슨 여사에게 물었다. 여사의 대답은 내가 예상한 그대로였다. 곧 헨더슨이 생전에 연구하던 모든 자료가 아직 그의 서재에 그대로 남아 있다는 것이었다. 그런데 여사는 내게 의외의 제안을 하는 것이었다. 당신이 원한다면, 또 계속해 연구를 이어간다면 연구 자료 를 가져가 달라는 것이었다. 그리고 여사는 덧붙였다. 다만 헨더슨이 육필 로 쓴 원고만은 카피를 해야 한다는 것. 나는 1992년 5월 보스턴 헨더슨 자 택에 가 육필자료를 카피 했고, 이어 헨더슨 부인이 나머지 자료를 4개의 두터운 봉투에 넣어 6월 초 항공우편으로 내게 보냈다.

헨더슨 문집·국회프락치사건 자료

지은이가 헨더슨이 모은 프락치사건 자료의 '짐'을 풀어 본 것은 2006년 한국 외대 교수직 정년을 맞은 다음이었다. 물론 그전에도 잠시 풀어보기 도 했지만 그 짐의 내용물이 복잡하고 방대한 것에 놀라 다시 묶어놓곤 했 다. 그러나 짐을 풀고 내용물을 자세히 검토한 결과 나는 이 사건의 배후에 는 헨더슨이 구상한 한국 정치담론이 잠재해 있음을 알게 되었다. 그리고 나는 헨더슨 자료의 짐은 그의 정치사상과 이론을 엮는 방대한 또 다른 자 료와 연결되어 있음도 알게 되었다. 그것이 1992년 헨더슨 부인이 하버드- 옌칭도서관에 기증한 아홉 상자분의 '헨더슨 문집(Henderson Papers)'이다.

〈표〉 프락치사건 재판 피고인 구형과 선고

피고인	나이	국회의원 출신구	구형	선고	기타
노일환	37	순창	12년	10년	5·10 총선 때 남로당 관련 부분 무죄
이문원	48	익산	12년	10년	
김약수	57	동래	8년	8년	
박윤원	42	남해	8년	8년	
김옥주	36	광양	6년	6년	
강욱중	42	함안	6년	6년	
김병회	34	진도	6년	6년	
황윤호	37	진양	6년	6년	
최태규	31	정선	2년	3년	벌금 10만 원 병과
이구수	38	고성	2년 6개월	3년	
서용길	39	아산	5년	3년	
배중혁	30	봉화	4년	3년	
신성균	44	전주	4년	3년	
오관	36		5년	4년	변호사
최기표	35		2년 6개월	집유 3년	5·10 선거 이문원 후보 선거사무장

이 문집을 조사하지 않고는 헨더슨이 구상한 정치담론의 참 모습을 붙잡기란 쉽지 않을 것으로 생각했다. 그 뒤 나는 헨더슨이 치른 40년간의 한국여행을 동반하게 되었다. 그것은 감춰진 한국현대사의 여행이었다.

헨더슨 문집에 관한 이야기는 잠시 뒤로 미루고 먼저 헨더슨이 추적해 수집한 프락치사건 자료에 관해 일별해 보자. 한 마디로 이 자료집은 국회프락치사건에 관련된 거의 모든 중요한 자료가 망라된 것이라고 말할 수 있다. 여기에는 국내 판례사 초유의 문서로 국회프락치사건의 모든 공판기록(이하 '헨더슨 공판기록'으로 인용)을 남기고 이와 더불어 당시 미 대사관/경제협조처(ECA) 법률고문인 에른스트 프랑켈(Ernst Fraenkel) 박사가 이 재판을 평가한 법률분석 보고서(이하 '프랑켈 법률보고서'로 인용)가 담겨 있다. 또한 헨더슨 자신이 1972년 세미나 발표를 위해 쓴 프락치사건에 관한 '임시적'

논문과 프락치사건연구 계획안이 담겨 있다.

완벽한 공판기록

헨더슨 공판기록은 1949년 11월 17일 국회프락치사건 재판의 첫 공판으로부터 1950년 2월 4일까지 판사가 주재하고 검사와 변호사가 참여한 사실심리의 모든 기록을 포함한다. 이 기록 중 1950년 2월 10일, 11일, 13일 열린 결심공판에서 검사의 논고, 변호사의 변론, 피고인의 최후진술이 담겨 있다. 그러나 같은 해 3월 14일 열린 선고공판에서 판사가 낭독한 판결문은 담겨 있지 않다. 그런데 '헨더슨 프락치사건 자료'에는 1970년대 《다리》지가 발굴하여 연재한 판결문이 담겨 있다.

현재까지 국회프락치사건 재판에 관한 자료는 오제도 검사가 자신이 쓴 글에서 말했듯이 6·25 전쟁 중 프락치사건 공식기록이 없어진 상태다(오제도, 1982: 397). 그러나 헌병대 수사기록, 검사의 기소와 논고, 판사의 판결문이 간접적인 형태로 남아 있다. 이 헨더슨 공판기록은 따라서 프락치사건 재판 자료의 빈자리를 메워주는 가장 중요한 자료가 아닐 수 없다.

이 헨더슨 공판기록에 관해 몇 마디 첨언해 두자. 헨더슨은 이 재판의 공판이 열릴 당시 미 대사관 정치과 소속 국회연락관으로 있으면서 공판이 열릴 때마다 한국인 직원 두 명을 공판정에 보내 공판정에서 판사와 피고인, 검사와 피고인, 변호인과 피고인 간에 신문과 답변을 일어일구 모두 적게 한 것이다. 이 공판기록은 헨더슨이 1970년대 초 프락치사건을 연구했을 당시까지 형사사건 재판기록의 완전한 형태로 남아 있는 유일한 것이다. 현재까지 프락치사건에 관한 국내 연구가 주로 헌병대나 검사의 수사기록, 또는 논고나 판결을 근거로 삼아 신뢰성 여부를 중심으로 이루어졌다는 것을 감안할 때 이 자료는 이 사건을 새로운 시각에서 접근할 수 있는 길을 터주는 것이라고 생각한다.

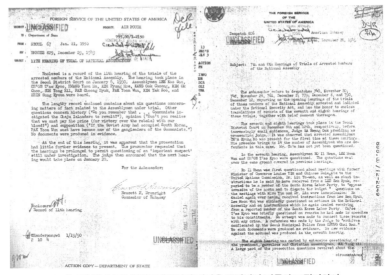

그레고리 헨더슨은 국회프락치사건 재판을 공판마다 기록하고 정리하여
미 국무부로 발송했다.

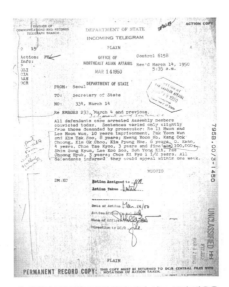

미 대사관이 국회프락치사건 재판 선고 공판 내용을
미 국무부에 보낸 발송문(1950.3.14).

또한 프랑켈 법률보고서는 당시 ECA/대사관 법률고문으로 있던 에른스트 프랑켈 박사가 법률전문가의 안목에서 프락치사건 재판의 문제점을 조목조목 법률적으로 짚은 논문이라는 점에서 중요하다. 또는 뒤에서 살피겠지만 그는 이 재판의 문제점을 법률적으로 면밀히 분석하는 가운데서도 그 정치적 의미를 민주 정치 발전이라는 관점에서 해석한다. 헨더슨이 1972년 4월 컬럼비아대학 '한국 세미나(Korea Seminar)'에서 발표한 「1949년 프락치사건(The 'Fraktsiya' Incident of 1949)」도 큰 주제가 「법제 발전과 의회민주주의(Legal Development and Parliamentary Democracy)」라는 점에서 헨더슨도 이 사건을 한국 정치발전이라는 틀에서 보고 있다.

마지막으로 이 자료에는 헨더슨이 1972년 여름 서울을 찾아 국회프락치사건 재판 관련자들과 인터뷰한 육필 원고가 다량 포함되어 있다. 당시까지 생존해 있던 프락치사건 피고인 서용길을 비롯해 프락치사건을 주도한 검사 오제도, 주심판사 사광욱 등이 포함된다.

다음으로 하버드-옌칭도서관에 보관된 헨더슨 문집은 헨더슨이 일평생 쌓아 올린 개인적 지성사를 들여다볼 수 있는 창문이다. 지은이는 2007년 10월 이 문집을 살피고자 하버드-옌칭도서관을 찾았다. 나는 도서관 측의 배려로 도서관 창고에 보관된 아홉 상자분의 헨더슨 문집을 열람실에서 두루 살필 수 있었지만, 내가 머문 일주일간에 모든 자료를 꼼꼼히 모두 챙긴다는 것은 애당초 불가능한 일이었다.

그러나 지은이는 헨더슨이 구상한 프락치사건의 정치담론을 들여다볼 수 있는 몇 가지 중요 문건을 발견할 수 있었다. 특히 헨더슨이 1950년 11월 30일 그가 한국 임무를 마치고 독일 새 임지로 가기 직전 쓴 장문의 비망록은 그중의 하나이다. 「한국에서의 미국의 정치적 목적에 관한 비망록(A Memorandum Concerning United States Political Objectives in Korea)」(이하 '정치비망록')이라는 제목을 단 이 문서는 총 60쪽에 달하는데, 당시 28세의 젊은 미국외교관이 거의 2년간 미국 대사관 정치과에 근무하면서 관찰한 한국 정

Question O Che-do

1. Identity of Yi Sam-hyŏk, Ha Sa-bok, Kim Sa-bok.
   When did he go? What happened.

2. Identity of Chŏng Che-han?
   Did he question?

3. What was connection of Yi Ho-ik with the incident?

4. Does he know what happened to records?

5. Re the man Who is O Che-ho?
   The other man arrested I just after end of case?

6. When is lawyer O Kyŏn-in?

7. Who is Pak Chŏng-hui from whom Chŏng Che-han received the message.

8. Who was U Paik-tŏk to whose house Chŏng was taking the message?

O Che-do said on Aug. 15 that Lee Chae-nam was released before June 25th because "he changed his mind" and might still be in SOK. But does not know where he is and thinks he is not in touch with Lee Yŏn-tae.

Aug. 16. Conv. with Chang Che-kap, then Deg Pro. Gen. of Seoul who wrote the indictment paper in O Che-do's name at O Che-do's house.

Said he convinced enough evidence correspond of troop withdrawal with urgent demand of Naminos-dang. Much evidence gathered - (O Che-do said many documents came from Chŏng Che-han's house) Yi Mun-wŏn spent lots of money for this cause. Secret code- decided by Des Committee. Original case was under Ch'oe Tae-kyu, Prosec.-Gen.

Thinks Chŏng Che-han might have been won over and thus to released can intimidate. Knows that he never indicted her. Perhaps turned over to Ex. Committee Guidance people so not included in case. (The King Kyŏng-hak arrested but not indicted.) Photby Committee. Only with much evidence could arrest & prosecute laymen.

Apologize for impoliteness of questions.

Question to Justice Sa.

1. Defendants repeatedly stated they were questioned by or in front of the military police. How could this happen? Lee Mun-wŏn specifically said prosec. questioned him at M.P. office. Doesn't recall but could be true because Korean Constabulary then said illit police could invest. civilians suspected to have been involved in the case only with MP. Got dang Kyŏng-hi Kyŏnhi Yŏng.

2. The defendants constantly denied in court that they had formed a cell or that they knew their contacts were SKLP or that they had joined the SKLP. No Il-hwan, Yi Mun-wŏn said they did so under torture.
   Did you accept what they said in court or what the prosecutor wrote down?
   Usually at court defendant deny things unfavorable. Judge was all evid. Prosecutor + documents as base, at judgment Despite denial, other evidence - implied members SKLP - proved the contention of prosec. Felt they had knowledge. Time frame indicated it common cause Korea would collapse if US forces withdrawn if us permitting of SK25 down asking withdrawal then Nat'g actions asking same, also plea to UN Mission. So identical!

---

3. On many occasions, you said to the defendants that a 3rd person, like Kim Chŏng-nyŏn, had said something about them and asked whether it was true? When they denied, did you accept prosecutor's or defendant's version? Is this done only in political cases.
   Would you now, under new procedures, have to call third person? Did you accept prosecutor's statement when denied by defendants? What in general was priority of attention?
   In this rule case above not introduced because no reason to suspect that 3rd person's statement was not voluntary or that there was any bias in presentation of case. Investig. papers were well prepared and convinced him.

4. Who was Chang Pyŏng-min who said to pros. that "foreign armies meant the US army?" Who is Wŏn Yong-han who told police that for troop withdrawal was objected to by Pres. Rhee. Kim Hak-ki, lawyer, at meeting Paekhak Chadong-maeng Kim Yong, Yi Sŭng-gap (at material from gov't and Deg hun? see).

헨더슨이 국회프락치사건 연구를 위해 사건 관계자들을 만나 기록한 인터뷰 육필 자료.
오제도 검사(위)분과 사광욱 판사(아래)분에 대한 기록을 볼 수 있다.

치에 관한 심층보고서이다. 그는 여기에서 국회연락관으로서 "지근거리에서" 관찰한 남한 정치의 현실, 정치 문제, 그 정치 문제의 해결방안을 미국의 대한 정책의 입장에서 진지하게 분석하며 모색하고 있다.

정치비망록

헨더슨은 이 비망록에서 미국이 달성하려는 정책 목표는 기본적으로 한국이 공산주의로 넘어가는 것을 막고 친미적 민주주의 정부를 세우는 것이라고 미국 외교관으로서 자신의 견해를 밝히면서 그러나 민주주의 정부를 세운다는 목표에서 미국의 대한 정책은 실패했다고 적고 있다. 특히 그는 국회프락치사건을 예로 제시하면서 그것은 의회주의에 대한 '쿠데타'라고 부르면서 한국 민주주의 장래는 암울하다고 짚는다. 헨더슨이 이 정치비망록에서 강조한 것은 미국이 '간섭'을 강화해 이승만 독재를 견제하지 않는한 한국의 민주주의의 장래는 암울하다고 지적한다.

지은이는 또한 헨더슨 문집에서 그가 한국의 정치, 문화, 역사에 관해 수많은 발표 및 미발표 논문을 남겼음을 발견했다. 이들 논문들은 한국의 정치현실과 정치문화, 한국의 인권 문제, 남북한 관계, 북한 방문기, 미국의 대한 정책 등 주요 주제에 관해 그가 어떻게 생각하고 있는지 들여다볼 수 있는 창문이다. 이 문집에는 헨더슨이 1981년 8월 8~22일간 북한을 방문한 경험을 쓴 장문의 방문기가 들어 있다.[4]

여기에는 국회프락치사건 일심 재판 뒤 북으로 간 국회의원들 중 한 사람

---

4)   이 북한 방문기는 헨더슨 부부가 쓴 것으로 되어 있는데 A4 용지 한 칸으로 쓴 44쪽에 이르는 장문의 미발표 원고이다. 제목은 「북한을 생각하다: 어떤 조우에 관한 수상, 조선민주주의 인민공화국 방문, 1981년 9월 8~22일(The North Considered: Ruminations on an Encounter. Visit to the Democratic People's Republic of Korea, September 8~232, 1981)」. 이 보고서는 22쪽의 '소보고서 (Sub-Report)' 「조선민주주의 인민공화국의 예술, 고고학 및 고전 건축(Art, Archeology and Classical Architecture in the Democratic Republic of Korea)」을 담고 있다.

하버드-옌칭도서관에서 헨더슨 문집을 조사하는 지은이(2006.10.17).

과 극적으로 상봉한 이야기를 담고 있다. 그가 강원도 정선 출신 최태규(崔泰奎) 제헌의원이다. 헨더슨은 최태규를 통해 프락치사건에 연루된 제헌 국회의원들이 북한으로 오게 된 경위와 북한에서 그들의 생활상 등을 듣게 된다. 이에 관해서는 뒤에 다시 다룰 것이다.

그밖에 지은이는 헨더슨이 주고받은 수많은 서한을 통해 그의 내밀한 생각을 들여다볼 수 있었다. 예컨대 그는 1963년 3월 말 이른바 '이영희 사건'을 빌미로 서울로부터 추방당하는 수모를 겪고 결국 그해 말 국무부로부터 뛰쳐나오는 데 여기에는 현재까지 알려지지 않았던 배경 원인이 자리 잡고 있었다. 부연하면 헨더슨은 당시 군사정권 연장을 둘러싸고 기본적으로 버거 대사와 생각을 달리하고 있어 대사가 자신의 정치보좌관을 몰아냈다는 것, 국무부가 한국과 같은 작은 나라를 전공으로 하는 전문 외교관을 인정하지 않는 관료적 타성이 그를 서울로부터, 그리고 국무부로부터 몰아냈다는 사실이다. 그리고 가장 중요한 것은 그를 몰아낸 국무부의 관료적 타성은 대한 정책의 속성과 밀접하게 관련되어 있다는 것에 헨더슨이 분을 삭이지 못하고 있었다는 사실이다.

소결

지은이는 우리의 주인공 헨더슨과 남다른 교유를 튼 인연을 간직하고 있다. 1986년 12월 4일 지은이가 컬럼비아대학교 개닛미디어연구센터에서 한국의 언론자유 위기에 관한 논문을 발표하던 날 발표장을 찾은 헨더슨을 만난 일, 그 이래 헨더슨의 국회프락치사건 연구에 참여한 일, 그가 2년 뒤 느닷없이 영면하고 그 뒤 헨더슨 부인에게 그가 살아생전 그토록 치열하게 연구하던 국회프락치사건 자료 등 일체를 넘겨받은 일 등. 사실 이런 자료가 없었던들 지은이가 그의 평전을 쓴다는 것은 상상도 하지 못한다.

이 자료에는 무엇보다도 국회프락치사건 재판 기록이 완벽한 형태로 보존되어 있다. 이 재판기록은 한국 공안사건 공판사에 유례없는 기록일 뿐만 아니라 국회프락치사건의 진실 규명에 필수적인 증거로서 가치를 지니고 있다. 또한 당시 미국 대사관/ECA 법률고문으로 일했던 프랭켈 박사가 국회프락치사건 재판에 대해 꼼꼼히 짚은 법률보고서가 첨부되어 있다.

하버드-엔칭도서관에 기증된 9상자분의 헨더슨 문집에는 그가 1950년 한국 임무를 마치고 새 임지인 서독으로 떠나기 전 보스턴 고향에 작성한 정치비망록이 있다. 이 비망록은 신생 대한민국의 민주주의가 이승만의 원시독재로 빈사상태로 몰렸는데도 그대로 방치한 미국의 대한 정책의 잘못을 비판하는 한편, 한국의 미래에 대한 그의 비전을 제시하고 있다. 또한 그가 부인과 함께 1981년 8월 약 2주간 북한을 방문한 장문의 여행기가 첨부되어 있는데, 국회프락치사건에 연루된 최태규 의원과의 극적으로 상봉한 이야기가 눈길을 끈다.

결론적으로 헨더슨은 무엇보다도 국회프락치사건의 재판기록을 남겨 한국 민주주의의 분수령이 된 이 사건의 진실 규명에 결정적으로 이바지했을 뿐만 아니라 개인사에 관한 기록을 남겨 지은이에 이 평전을 쓰는 기회를 제공했다.

헨더슨은 1948년 7월 처음 한국 땅을 밟은 이래 한국 도자기에 관심을 가지고 수집해 왔다. 그가 서울주재 미 대사관 부영사로서 서울에 머무른 것은 1950년 6월 한국전쟁이 터진 뒤 서독으로 전근되기까지 2년 남짓한 기간이었다. 이 기간 그가 '근소한' 도자기 컬렉션을 지니고 있었던 것은 그가 쓴 기록에서 알 수 있다. 그러나 그가 본격적으로 한국 도자기에 심취해서 모으기 시작한 것은 1958년 봄 다시 서울에 문정관으로 부임하면서부터이다. 그는 1958~1963년 사이 수집한 도자기가 컬렉션의 90%에 이른다고 밝혔다.

그가 1948년 7월 서울에 부영사로 부임한 이래 도자기에 관심을 갖고 수집을 시작하지만, 일본 교토문화 원장 시절(1953~1955) 아사카와 노리타카와 교유하면서 조선 도예에 대한 미의식을 갖추게 되었다고 보인다. 게다가 그는 서울 미 대사관 문화원장 시절(1958~1963) 김원용 박사 등 고미술 전문가와 교유한 데서 전문 소양을 심화시키는 과정을 밟는다. 이런 과정을 통해 그는 야나기와 도예에 관한 미의식을 공유하게 되고 야나기 동호인의 마지막 사람이 되었던 것이다.

헨더슨 컬렉션은 한국 도자기의 역사를 들여다볼 수 있는 창문의 몫을 한다. 컬렉션을 구성하는 143점이 한눈에 이를 보여주고 있다. 여기서 우리는 수장가의 높은 안목을 엿볼 수 있다. 그것은 헨더슨이 기른 미의식이 작용한 결과였다. 그는 값비싼 진귀품이나 귀중품을 모자이크식으로 모은 것이 아니라 깨지고 수선한 흠이 있지만 시대를 대변할 수 있는 기품 있는 품목을 모아 면밀하게 체계화한 것이다. 따라서 헨더슨 컬렉션은 3세기 붉은 점토로 빚은 낙랑 시대 토기로부터 시작해 5~6세기 가야 토기를 거쳐, 신라, 백제, 고구려 삼국시대 토기, 통일신라 토기, 비색으로 꽃을 피운 고려청자, 그리고 조선 시대 분청사기와 조선백자로 이어지는 한국의 도자기사의 흐름을 통시대적으로 엿볼 수 있다.

이 장에서는 먼저 ① 헨더슨이 아사카와 형제, 특히 형 노리타카와의 교유를 통해 조선 도예에 관한 미의식을 익히고, 그의 연구 행적을 전범으로 삼은 이야기를 되돌아보고자 한다. 이어 ② 헨더슨이 지닌 미의식은 무엇이며, 그 특징은 무엇인지 살펴보고자 한다. ③ 다음으로 헨더슨 컬렉션을 이루는 소장품을 개관하면서 그 특색을 탐색하며 아울러 현재 로스앤젤레스 카운티 미술관이 소장하고 있는 '아사카와-헨더슨 컬렉션'[도편 컬렉션]을 일별하고자 한다. 마지막으로 ④ 헨더슨 컬렉션이 수집되고 반출된 경위를 다루고자 한다. 이는 터무니없는 비방을 받는 컬렉션의 반출 문제를 살펴 진상을 밝히는 의미가 있다.

제1절 아사카와 형제의 길을 따라

헨더슨은 1964년 4월 ≪도설(陶說)≫에 「아사카와 노리타카(淺川伯敎)의 죽음을 애도한다」라는 글을 기고했다. 이 글은 그가 고향 보스턴에서 부음 전보를 받기 전부터 쓰고 있었던 것으로 이렇게 시작한다. "치바(千葉)의 아사카와 노리타카가 80세로 드디어 서거했다고 알리는 부음이 이제야 겨우 이곳에 막 도달했다. 한국의 문화 연구가이면서 애호가이며, 또한 이조도자기의 선구적인 재발견자인 아사카와 노리타카였지만 …" 헨더슨이 노리타카를 평하여 조선 도자기의 '선구적인 재발견자'라고 한 것은 고인에 대한 의례적인 예찬이 아니다. 그는 아사카와 형제가 조선 도자기에서 발견한 그 역사적, 민족적, 미학적 함의를 정확히 읽고 있었던 것이다.

여기서는 헨더슨이 본 아사카와 노리타카의 행적을 주로 그가 쓴 글을 통해서 조명해 보고자 한다. 헨더슨의 글은 아사카와 행적을 묘사하고 있지만 그것은 또한 도자기 수집과 연구에서 피안의 세계에 있는 자신을 그리고 있다고 보인다. 노리타카의 동생 다쿠미[淺川巧]의 경우, 그가 1931년 40세라는 젊은 나이에 별세하는 바람에 헨더슨과 교유관계를 맺을 수 없었다.

헨더슨은 앞에서 언급하듯 아사카와 노리타카와 그의 동생 다쿠미를 조선 도자기의 선구적인 재발견자라고 평했다. 더 나아가 그는 이들 형제가 도자기를 수집하거나 연구한 행적을 그 자신의 전범으로 삼았다. 헨더슨은 왜 그토록 감동했을까? 헨더슨이 들려준 아사카와 형제의 이야기는 그들만의 이야기는 아니다. 그는 조선 도자기를 무구히 사랑한 이들 일본인 형제로부터 자아를 현신(現身)하고자 했던 것이다.

헨더슨은 아사카와 형제를 한국 도자기 수집과 연구의 전범으로 삼았다. 그는 이들 형제가 전국의 가마터를 현지답사하여 도자기를 연구한 방법을 흠모한 나머지 그 자신의 도자기 연구의 전범으로 삼은 것이다. 헨더슨은 아사카와 형제가 한반도 전역을 누비며 도자기 가마를 현장 조사한 자세에 감명을 받았으며, 이들 가마터에서 수집한 도편들이 한국 도자기 연구에 얼마나 중요한지 공감을 표시했다. 헨더슨은 이 점을 강조하여 아사카와 형제를 지칭하여 "밖에 나가 실제의 것을 보고 연구하는 태도를 주장한 최초의 위대한 제창자"라고 기술했다.

그의 연구가 전적으로 유명해진 데에는 글을 쓰는 것이 아니라 밖에 나가 실제의 학문을 한다는 것이었다. 진짜의 학문적 권위는 밖에 나가 연구한다는 것이 가치가 떨어진다는 사고방식이 지배하고 있었지만 그의 연구는 그러한 환경 아래서 행하여진 것이다. 아사카와 형제는 한국 도자기 연구에 임하여 밖에 나가 실제의 것을 보고 연구하는 태도를 주장한 최초의 위대한 제창자가 되었던 것이다(강조 - 지은이). 제1차 세계대전 기간 노리타카와 그의 동생은 당시 알려지지 않았던 이조 및 고려 시대 가마를 조사하기 시작했다. 이 연구를 위해 노리타카는 1931년 동생 다쿠미가 죽은 이후에는 전 기간 반쯤 단지 혼자 거의 30년을 보냈다(グレゴリーヘンダーソン, 1964: 65).

아사카와 형제가 가마터 현지답사를 실행하여 연구한 사례는 헨더슨이 따르는 모델이 되었다. 헨더슨이 감동한 것은 구체적으로 무엇일까? 야마나시 현립미술관(山梨県立美術館)의 학예관 다카노 요시아키(鷹野吉章)가 노리타카를 평가한 말이 그 실마리를 준다. 다카노는 "그를 단순한 수집가로서 파악해서는 그의 본질을 잘못 보게 된다"면서 그 이유로서 "그가 옛날 소장한 완기의 대부분이 발굴한 도편과 같이 그가 관계한 발굴에서 나온 출토품이라는 것, 그리고 그는 물건 자체의 소유욕이 거의 없다는 점"을 들고 있다(高崎宗司, 2002: 54).

헨더슨은 문화인류학자가 이른바 '민속학적 방법'에 의존해 연구하듯, 아사카와 형제가 현장에 나가 연구한 방법을 그대로 따랐다. 그는 1958년 주한 미 대사관 문정관으로 부임한 뒤, 그해 11월 멀고 먼 강진 땅 산자락을 밟고 옛 가마터 근처에 별무리처럼 뿌려진 고려청자 파편을 발견하고 감격했다. 옛 절터 만덕사(萬德寺) 근처 추수한 조밭에 질펀하게 뿌려진 고려청자 파편들은 그에게는 가을밤 하늘에 보석처럼 반짝이는 별무리의 아름다움이었다. 그 감격을 「검은 계곡 이야기」라는 수상으로 삭였다. 그는 이 수상록의 한 부분에서 이렇게 쓰고 있다.

나는 크게 마음이 들떠서 아래를 내려다보고 조밭의 그루터기들 사이에서 돌 많은 흙을 손으로 만져본다. 그리고 갑자기 내가 찾으려고 감히 바랐던 것이 거기에 널려 있는 것이 아닌가. 내 손이 '그 돌(the stones)'에 닿았을 때, 그것은 부드럽고 매끈한 느낌이 왔다. 그것은 마을 다방 찻잔의 금속성 부드러움이 아니라 '인간의 손으로 만든 고고한 그릇의 피부 결 같은 부드러움(the textured smoothness of a proud, hand-made ware)'이었다. 다음 조밭의 그루터기 그리고 그 다음 수수보다 더 촘촘히 심은 조밭에 보료를 깔아 놓은 듯 수천 아니 수만 개의 자기 파편들이 널려 있다. 이것들은 고려 도자기 파편들이다. 한 조밭의 한 그루터기 아래에는 한 때 위대한 매병(梅瓶)의 서늘하고, 푸르고, 진한 내벽이 놓여 있다. 거기에는 유약을 바르지 않은, 갈색의 점토가 국문(菊紋) 문양이 상감(象嵌)되지 않은 채 놓여 있다. 한 발 뒤에는 흰 성토로 각인한 그릇이 유약 칠을 기다리고 있다. 그 위 저편에는 푸른색으로 갇혀 있는, 같은 문양의 그릇이 보인다. 도공의 점화 실패인가 다른 잘못인가, 또는 점토나 가마의 잘못인가. 이 모든 도편들이 계곡에 뿌려진 씨앗처럼 널려 있다. 이 각각 자기 조각에는 거미집처럼 또 다른 시대의 거미줄 같은 알려지지 않은 이야기가 걸려 있다. 아마도 어떤 부주의한 젊은이가 800년 전 마을 막걸리에 취해 지게로 이 도자기를 나르다가 몇 개를 떨어뜨린 게 아닐까. 그렇지 않으면 도요의 사기장이 그에게 손찌검을 하고 욕설을 퍼부은 나머지 그릇이 깨져 나가고, 묻히고, 씻겨 나가고, 다시 묻히고, 다시 씻겨 나가고 한 것은 아닐까. 그러나 지금 모든 것이 지나갔다. 사기장도, 젊은 짐꾼도, 가마도, 그가 말한 언어도, 왕국 자체도 지나갔다. 그러나 여기 내 손 밑에 자기 파편은 남아서 다른 인간의 조직 안으로 파고들어 간다. 별무리처럼 수많은 조각들이 하늘 아래 널리 놓여 있는 조밭에 널려 있구나. 그리고 그것들의 이야기는 기록되지 않고 사라져 버렸구나(Henderson, 1958.11. 「A Tale of the Black Valley」).

도자 가마터 현지답사

이는 헨더슨이 정다산이 11년간 기거한 다산초당을 굽어보는 만덕산, 그 근처 계곡에서 고려자기 파편 조각들을 발견하고 감격한 나머지 떠오른 수상을 기록한 것이다. 헨더슨이 위에서 본 것처럼 아사카와 노리타카가 섭렵한 '민속적 연구방법'에 크게 감명하여 수상록을 남겼지만, 그는 이 단계를 넘어 실제 이 방법으로 도자기를 체계적으로 연구한 실적을 남기고 있다. 부연하면 그가 쓴 「고려 도자기: 제 문제와 정보의 전거(Koryo Ceramics: Problems and Sources of Information)」라는 글은 도자기 전문 학술지인 ≪극동 도자기회보(Far Eastern Ceramic Bulletin)≫에 실린 전문적인 연구논문이다. 그는 이 논문에서 불교 승려가 고려자기 생산에 중요한 몫을 맡았을 가능성을 제기하면서, 구체적으로 옛 절(만덕사)이 강진 만덕산 계곡 끝자락에 서 있는데, 그곳에는 가장 이른 때의 것으로 추정되는 도자기 가마들이 가장 많이 발견되었다고 적고 있다.

또한 그는 1958년 11월과 1959년 4월 전남 강진군 대구면 소재 고려조의 요지를 탐방해 수많은 도편을 수집했는데, 그 가운데 '임신(任申)'이라는 간지명이 새겨진 도편 한 점을 주었다. 그는 이 현지답사를 근거로 「간지명(干支銘)을 가진 고려 후기 청자: 새로운 발견과 새로운 이론(Dated Late Koryo Celadons: New Finds and New Theory)」라는 논문을 써낸 것이다. 그는 이 논문에서 간지명(干支名)을 가진 고려자기가 1269년에서 1287년까지의 것이든가 아니면 1329년에서 1347년까지의 것인데, 후자 편일 가능성이 높다는 추론을 펴고 있다. 이는 노리타카가 전국에 가마터를 답사한 결과를 바탕으로 쓴 「조선 도자기의 가치와 변천에 대하여」(≪시라카바(白樺)≫ 1922년 9월호)라는 논문을 상기케 한다. 뒤이어 헨더슨은 「조선 초기의 도자기 생산(Pottery Production in the Earliest Years of the Yi Period)」(1962.12)이라는 제목의 연구논문을 발표했다.

결론적으로 헨더슨은 아사카와 형제와 야나기를 조선 도자기의 예술적 위대함을 재발견한 사람으로 평가한다. 그는 다음과 같이 말한다.

아사카와는 야나기와 함께 조선의 위대한 도자기를 발견한데다, 그 명성을 일본 속으로, 따라서 어느 정도 세계적으로 넓힌 사람들의 동아리 중 중심적 위치를 차지한다. 야나기는 뒤에 이 동아리의 위대한 대변인이 되었고, 그 자신 끊임없이 가마의 변천을 논하고 도편을 비교 연구하는가 하면 옛 한국의 사서에 나오는 한국 도자기의 중요성이나 상태를 추측하기도, 신 재료를 제공하기도 했다. 그럼에도 그는 최초의 화두를 던진 사람은 아사카와 형제이며 그들에 진 [지적] 부채가 크다는 점을 강조하고 있다. 지금에는 연구의 등불이 켜져 있어 한국 도예는 일본 밖에서도, 예컨대 버나드 리치(Bernard Leach, 2011: 제8장 소절 "야나기 동호인들" 중 "버나드 리치의 경우" 참조) 같은 사람들에 의해 인정되고 보급되고 있다. 그러나 아사카와 노리타카와 그 동생 다쿠미, 그들의 높은 안목과 정열이야말로 조선 도자기 연구의 불을 최초로 지핀 사람들이라고 말해야 할 것이다(グレゴリヘンダーソン, 1964; 高崎宗司·深沢惠子·李商尚珍, 2005: 68 재록).

조선 도공의 화신 노리타카

아마도 헨더슨이 아사카와 노리타카에 관해 쓴 기술로서 가장 흥미 깊은 것은 노리타카라는 인물에서 얼굴 없고 이름 없는 조선 도공의 모습을 그린 것이리라. 그는 노리타카를 조선 도공의 모습으로 재현했을 뿐만 아니라 그의 이름을 조선 도공의 것으로 생환시켰던 것이다. 그는 다음과 같이 노리타카를 묘사하고 있다.

그런데 세종(世宗) 시대 어느 한 관원이 있었다. 그는 궁정용 그릇을 만드는 일에 개인적인 흥미를 갖고 있었기에 제품의 질을 향상시켰다. 미시마(三島: 분청사기)라는 우수 제품도 그 시대에 제작되었고, 어떤 그릇에 새긴 명[간지명(干支名)]도 그 시대의 것이다. 그가 이야기를 하면서 그의 늙은 손이 종이와 연필을 움켜쥐고 끊임없이 사발과 항아리에 그림을 그리고 있다. 그는 끊임없이 격렬하게 흥분하여 몸을 부들부들 떠는가 하면, 파도치는 긴 백발을 휘날리면서 그의 두 눈은 사자와 같이 날카롭게 상대를 노려보는 것이었다. 이 경우 그를 보는 사람은 그의 불과 같은 개성의 강렬함뿐만 아니라 그에 특유한 한 치도 모자람 없는 박력을 느끼는 것이었다. 내 마음속에 강한 인상으로 남아 있는 것은 그의 턱이 견고하다는 것과 철과 같은 의지, 그리고 메이지 시대 태어난 사람들에게 현저하지만 젊은 사람들의 얼굴에는 사라져버린 단호한 결의이다. 그가 끝없이 지껄이는 말은 그의 아내가 제지할 때까지 계속되는데, 그는 자주 도자기의 변천을 말하거나 약도를 그리거나, 또는 사발을 요리조리 보면서 과거를 추측하기도 했다. 그리고 드디어 마지막에 10여 개의 한국 시대 연구에 관해 말해 두는 것으로 오후 해가 저무는 때가 자주 있었다.

옛날 여러 가지 질문에 부딪쳐 이야기를 나눈 뒤 우리들이 작별을 고한 적이 있었는데, 알고 보니 회령도기에 관한 이야기만으로 오후 해가 저물었던 것이다. 그가 별세하고 만 오늘 그와 같이 오후 내내 한 가지 일에만 보낸 사람이 그 사람 빼고는 이 지구상에 과연 또 있을까? 나는 의문이 든다(グレゴリ ヘンダーソン, 1964; 高崎宗司・深沢恵子・李尚珍, 2005: 70~71 재록).

위 글을 보면 헨더슨은 노리타카를 세종 시대 분청사기를 만들어낸 조선 도공으로 형상화하여 '파도치는 긴 백발을 휘날리면서' '사자와 같이 날카롭게 … 노려보는' 조선 가마의 사기장(沙器匠) 모습으로 그리고 있다. 그에게는 아사카와 노리타카야말로 조선 도공의 화신이었던 것이다. 헨더슨은 이 화신에서 조선 도자기에 대한 그의 무구한 애정을 삭이는 자화상을 보지 않았을까?

제2절 헨더슨의 미의식

그레고리 헨더슨은 어릴 적부터 동양 요예(窯藝)의 분위기 속에서 자랐다. 그렇게 된 데에는 그의 가정적인 배경과 뒤에 그의 스승이 된 랭든 워너(Langdon Warner) 교수의 영향이 자리 잡고 있다. 우리가 제1장 소절 「인물됨」에서 보았듯, 그의 외고조부인 데이어(Joseph Hellyer Thayer)는 1830년대 중국 무역으로 재산을 모은 사람인데, 헨더슨의 집 거실 벽난로 위에는 그가 중국에서 가져온 화려한 장미문양 접시가 항상 걸려 있었다. 게다가 헨더슨은 소년 시절 동무의 아버지이자, 하버드에서 동양예술을 가르친 랭든 워너 교수에게서 동양 예술 세계에 눈을 뜨게 되었다. 그러니까 그는 그 뒤 하버드에서 워너를 만나기 전 어릴 적부터 워너의 '낭만적인' 아시아 '개척'을 동경하고 있었다. 그는 1986년 남긴 글에서 다음과 같이 말한다.

> 워너가의 조부도 [그의 증조부와] 비슷한 중국 무역상이었다. 나는 그 접시에 그려진 그림, 곧 게와 목련이 희한한 짝을 이룬 그림을 보고는 친밀감을 느끼게 되었고, 이 감수성이 예민하고 먼 여행을 감내한 선생님이자 심미가[랭든 워너]가 거둔 삶과 업적에 대해 동경과 찬탄하는 마음을 지니게 되었다. 그가 개척한 길은 초창기의 낭만적인 아시아였다(Henderson, 1986c: 8).

아시아에 대한 호기심과 동경을 지닌 그가 하버드에 들어가 워너 교수에게 1940~1943년간 동양예술을 배운 것은 당연했을 것이다. 그가 조선 도자기를 만나기 전 동양 예술에 먼저 눈을 돌렸던 것이다. 이런 예술적 취향을 익힌 그가 1948년 한국 땅을 밟은 뒤 그 자신이 도자기 수집가가 되고, 또한 조선 도자기를 섭렵한 아사카와 형제에 마음을 쏟고, 특히 '조선 도자기의 신령'이라고 불린 아사카와 노리타카와 친교를 맺고 그를 흠모하게 된 것은 자연스러운 과정이었을 것이다.

아사카와 노리타카가 조선 도예의 아름다움에 야나기의 눈을 뜨게 했듯이, 그는 헨더슨을 조선 도자기의 세계로 안내한 사람이다. 이 과정에서 헨더슨은 자연스럽게 아사카와로부터 조선 도자기를 보는 미의식이 싹트게 되었고, 심미안을 길렀음이 분명하다. 이는 앞에서 소개한 헨더슨의 아사카와 노리타카 추모 글에서 확인할 수 있다.

여기서 우리는 헨더슨, 야나기, 아사카와 형제를 연결하는 중요한 고리를 발견할 수 있다. 그것은 야나기 또한 아사카와의 안내를 받아 조선 도자기의 세계로 들어왔고 아사카와 형제와 조선 도예를 보는 미의식을 나누었기 때문이다. 또한 여기서 우리는 아사카와가 형제가 통찰한 미의식을 매개로 해 헨더슨 도자 컬렉션과 야나기 민예 컬렉션이 성립된 배경을 읽을 수 있다.

이러한 배경을 염두에 두고 헨더슨이 한국 도자기에 담은 미의식에 눈을 돌려 보자. 헨더슨은 야나기처럼 조선 도자기의 미학을 정교하게 이론화한 사람은 아니다. 그러나 헨더슨의 경우 야나기와는 달리 한국의 역사에 정통한 전문가로서 조선 도예에 접근했다는 점에서 사회정치사의 총체적인 시각에서 도예의 미를 읽어냈다고 짐작할 수 있다. 이점이야말로 야나기가 1920년대 조선 예술의 특질을 '비애의 미'로 규정했을 때, 그가 한국의 역사를 통관하는 의식이 없다고 비판받은 것과는 다르다. 야나기는 조선 사람의 생활에 베인 백색을 색의 결핍 또는 '상(喪)'을 표현한다고 보았지만, 헨더슨은 그것을 조선조의 국가통치 이념으로서 주자학의 검소주의 틀로 해석한 데서 이를 알 수 있다.

특이한 예술

헨더슨이 1969년 「한국의 도예: 특이한 예술(Korean Ceramics: An Art's Variety)」을 써냈는데, 이는 그의 미의식이 응축된 글이다. 이 시점에서는 그는 이미 한국사에 정통한 전문가의 반열에 오르고 있었다. 그가 이미 그 전해 한국의 사회정치사를 포괄하는 『회오리의 한국정치』(1968)라는 전문서를 출간했다. 「특이한 예술」은 1969년 오하이오 주립대학교에서 헨더슨 컬렉션의 전시회를 열었을 때, 헨더슨이 그 전시회를 위해 직접 쓴 도록(圖錄)이다. 그는 60쪽에 달하는 장문의 글과 카탈로그에서 한국 도예의 특성을 개관하면서 그의 컬렉션을 구성하는 143점의 도자기를 하나하나 해설하고 있다. 여기서 눈에 띄는 점은 헨더슨이 한국의 미술사학자 김원용(金元龍) 박사의 자문을 받아 도록의 글을 썼다고 밝히고 있다는 점이다. 그 밖에도 그는 한국 도예관을 엿볼 수 있는 몇 편의 학술 논문을 비롯해 적지 않은 기록을 남겼다.

우선 헨더슨은 한국 도예가 세계도예사에서 우뚝 솟아 있다고 예찬한다. 그는 한국은 약소국으로 그 나라의 도자기를 "중국 도예의 성취와 유약기술의 모든 것"과 견주어 말한다는 것은 무리라고 주장한다. 그러나 그는 "한국이 적어도 19세기까지 세계도예사에서 쌓은 공헌은 신생국가인 미국과 브라질은 말할 것도 없고 거대한 러시아와 견줄 만하다"고 지적한다 (Henderson, 1969: 7). "나는 어떤 민족의 태생적 재능에 더 감동적인 경염(敬念)을 보낼 수 있을까"라는 표현으로 한민족의 예술혼을 찬탄하면서, "한국이 도예 분야에서 거둔 공헌은 다른 어떤 분야보다도 더 크다"고 단언한다.

그럼에도 "한국인들은 거의 이런 판단을 내리지 않는다"면서 "그들은 자신들의 성취를 인용하면서 한글, 구텐베르크 이전 활자의 사용, 거북선을 자랑한다." 그러나 "이러한 성취가 위대하지만, 잘 알려지지 않았을 뿐만 아니라 세계에 끼친 영향도 거의 없거나 뚜렷치 않다"고 헨더슨은 지적한다(Henderson, 1969: 17). 그러나 한국 도예는 이와 대조적인 면모를 지닌다고 지적한다.

한국 도예 특히 가야와 조선의 도예는 대조적으로 일본 도예에 결정적으로 영향을 끼쳤으며 직접적으로 또는 일본을 통해서 지난 반세기 동안의 현대 세계 도예에 지속적인 영향을 끼쳤다(Henderson, 1969: 17 note 1).

헨더슨은 한국 도예를 '특이한 예술'로 보는 까닭을 대내외적인 역학 관계에 찾는다. 한편으로 중국 대륙과의 대외적인 관계에서, 다른 한편으로 대내적인 한국 사회 구조역학 관계에서 해명하고자 한 것이다. 그는 중국의 압도적이며 세련된 문화는 한국 도예가 피할 수 없는 일종의 '중심 모티프(leitmotif)'였다면서도 그 영향은 시대에 따라 다르지만 일반적으로 크지 않다고 주장한다. 그러나 중요한 것은 중국의 도예를 모방한 것이 아니라 창조적으로 수용한 것이 한국 도예라는 것이다.

그는 좋은 예로 고려청자를 들고 있다. 고려 도공들은 애초 송나라 시대 월주요(越州窯)의 도공들로부터 청자 기법을 배웠을 것이나 이를 독창적으로 수용해 상감(象嵌)기법을 창조했다는 것이다. 게다가 고려 도공들은 12세기에 벌서 붉은 색을 내기 위해 산화동(酸化銅)을 사용할 줄 알았으나 중국의 도공들은 13세기에 들어와서야 이 기법을 사용하기 시작했다고 지적한다(Henderson, 1969: 13). 뭐니 뭐니 해도 '고려 도공의 가장 위대한 승리(Koryo potters' greatest triumph)'는 고려청자의 비색(翡色, kingfisher colors or halcyon glaze: 물총새 빛)을 내는 기법인데, 이는 송나라 사신 쉬징(徐兢)이 송자(宋磁)의 청색보다 정교하다고 예찬했다. 헨더슨은 고려 도공들이 이 기법으로 청자를 구어냈을 당시 유럽은 기술적으로 또는 예능적으로 고려의 경쟁상대가 되지 못했다고 일깨운다.

기운찬 무형식

헨더슨은 한국 도자기의 특질로서 '무게감(weight)'이나 '투박함(roughness)'을 들면서, 이는 '까다로움(fussiness)', '불안정성(brittleness)', 또는 '허약성(fragility)' 등을 탐하지 않는 시각적 효과를 주고 있다고 설명한다. 그 밖에 그는 '꾸밈없는(rough)', '무계획(haphazard)', '무형식(lack of formality)', '불완전(imperfect)', '자연스러운(spontaneous)', '개혁적(innovational)' 등으로 묘사하면서, 그것은 '도식화된 기법이나 공식이 전반적으로 결여(a general lack of formulae and formality)된' 결과라고 한다. 이런 특질은 어디서 연원하는가? 그는 한국 사회의 내재적 구조 역학에서 그 연원을 찾고 있다. 그가본 한국 사회는 '촌락과 제왕(village and throne)' 사이에 여하한 '중간 매개기구(intermediaries)'가 없는 것이 특징이며, 이것이 서구 봉건사회 또는 일본 사회와 다른 점이라고 지적한다. 이런 사회에서 모든 정치 개체들이 중앙집권화된 정상의 권력으로 치닫는 것이 한국의 회오리 정치라는 것이다. 이것이 그가 구성한 유명한 '회오리 정치'(vortex politics)라는 가설이 근거하는 한국 사회의 구조적 특성이다. 이제 헨더슨은 이러한 한국 사회의 구조적 특성을 한국 도자기의 특질과 연계하여 다음과 같은 논거를 제시한다.

그렇지만 이런 [한국 도예의] 기운찬 무형식성이 다른 특성으로 유도되지만, 우리는 그 배경에 한국 사회의 공통적 특성을 추정할 수 있다. 한국 사회는 고도로 중앙집권화된 사회로 봉건기구가 발달되지 못했다. 이 사회에는 성채도시나 부르주아 또는 상인단체가 결여되어 있고, 마을에서 왕권에 이르는 '어떠한 단계적인 충성의 서열제(any stepped hierarchy of allegiances)'도 없었다. 그럼으로 궁궐의 의식과 정형화된 규칙은 어느 정도 엄격한 반면 그 규칙은 사회 전반에 침투되지 못했다. … 같은 맥락에서 중앙의 정상 단계에서는 기술과 공정이 정부의 특별한 선도에 따르는 경향을 보이지만, 이러한 기술적 완전성을 하향적으로 배포해 줄 중간 기구가 없었다.

초기 가야와 신라 사회는 훨씬 소규모이고 친근한 유대로 맺어 졌기에 이런 경향에서 약간 탈피할 수 있었다. 그러나 고려와 이조의 보다 큰 사회에 들어오면, 강진과 부안 관요의 경우처럼 특별한 정부의 선도로 11세기와 12세기 기술과 문양 기법의 큰 진보를 이룩했으며, 이조 초기 15세기에 이르면 정부의 선도 아래 백자와 청화백자가 크게 발전했다. 그러나 이러한 중앙 통제가 실제 약화되었을 때, 그 자리를 대신할 기구가 없었던 것이다. 상하 계층 간의 통제와 대화가 단절되었으며, 이는 사회적으로 천시된 도공을 자유롭게 만들었다. 한국의 도공은 유럽이나 중국과 일본의 경우보다 더 자유로웠던 것이다. 그 결과 한국의 도공은 자신 스스로 해결책을 찾으려 했으며, 창조의 순간 취향과 문양에서 '자유의지(spontaneity)'를 성취했던 것이다(Henderson, 1969: 6~7).

헨더슨은 이러한 도공의 자유의지를 14세기 고려말기 지방요에서 찾는다. 부연하면 14세기 몽골의 통제가 약화되고, 1354년 완전히 무너지자 몽골화된 고려왕권도 효과적인 통치력을 발휘할 수 없게 되어 중앙통제가 방향을 잃게 되었다는 것이다. 이런 상황이 도공에게는 자유의지의 축복을 주었던 것이라고. 이러한 자유의지의 토양에서 조선조 초기 위대한 분청사기(粉靑沙器)가 탄생되었다는 것이 그의 설명이다. 그는 고려 도공이 중앙통제로부터 해방된 것을 다음과 같이 설명한다.

한편 도공은 어떠한 형식으로부터 또는 봉건영주와 함께 사는 사람에게 터득된 어떠한 억제로부터 해방되었던 것이다. 도공은 매일 매일 고난의 현실 생활에서 단단한 기물을 필요로 했으며, 문양의 도식을 떠난 사람이 되었다. 그가 서열적으로 부과된 어떠한 기준으로부터 떨어져 나온 것이 그를 도식화한 기법, 공정, 또는 '까다로운 세부 사항(fussy details)'으로부터 자유롭게 만들었으며, 더 이상 속박에 인내할 필요가 없었다. 활기, '아무것에도 괘념치 않는 무심(a certain devil-may-care insouciance)', 그리고 독창성이 도공이 만난 새로운 환경의 특성이 되었다. 이러한 특성이 그가 빚는 기물을 특징지었는데, 그것은 기교와 귀족적인 취향과는 거리가 먼 것이었다. 한편으로 그들이 주인이 되는 한, 실질적인 또는 지속적인 상부의 감정 기준을 걱정할 필요도 없으며, 다른 한편 기물에는 자신감이 베어들었다. 이는 직접성과 친근성으로 표현할 수 있는 것이다. 각 기물이 개인별 별칭으로 부를 만한 개성을 나타내는 느낌을 준다. 이는 중국 황실의 관요나 또는 일본의 이마리 가마(伊万里燒)나 나베시마 가마(鍋島燒)가 빚은 기물에서는 느낄 수 없는 것이다. 한국 도공의 창조의 잠재력은, 그가 비록 무학이며 가난뱅이긴 했지만, 각 기물에서 한국 도예의 시대를 우리에게 말해준다. 이는 마치 도공의 말이 흙과 유약에 붙어 있는 것 같다. 우리가 그의 작품을 보면 반쯤 포기한 희망을 주는데, 그것은 그와 자손들을 둘러싼 산업사회에서 무엇인가 발견되어 그가 그렇게 오랫동안 그리고 설득적으로 보여주었던 '태생적 예능(inborn talents)'을 발휘했으면 하는 것이다(Henderson, 1969: 7).

헨더슨이 한민족의 태생적 예능에 감탄한 대목이다. 「특이한 예술」을 인용한 위 글에서 우리는 헨더슨이 한국의 도예를 보는 심미안의 윤곽을 짐작할 수 있지만 이를 좀 더 구체적으로 살펴보자. 헨더슨이 본 한국 도예의 미학은 조선 도예의 특성을 간파하는 그의 역사적 통찰에서 구체적으로 포착될 수 있다. 그는 14세기 말 왕조가 고려조에서 조선조로 넘어올 때 '미의식(taste)'의 혁명이 일어났다고 지적한다. 그것은 지은이가 단순화한다는 위험을 무릅쓰고 말한다면 보다 귀족적이며 화려한 청자색으로부터 보다 검소하고 단순한 흰색으로 바뀐 것이라고 풀이할 수 있다. 그 배경에는 신왕조 세력이 검소, 절제, 금욕을 강조하는 주자학 이념을 세우고, 고려를 지탱하고 있었던 연화(蓮華)의 불교를 퇴출시켰다는 국가이념의 전복적 의미가 자리를 차지하고 있다는 것이다. 실제 신왕조 세력은 고려의 물질적 방종을 퇴치하고 보다 금욕적인 통치를 약속함으로써 고려조의 전복을 정당화했던 것이다. 이런 청교도적인 체제가 조선왕조의 미의식을 결정했으며, 그것이 도예에서 백자 또는 청화백자로 나타난 것이라고 헨더슨은 설명한다.

그러나 문제는 신왕조 세력의 의식적인 국가이념의 전복이 사회 저변으로 신속하게 확산되지 못했다는 점이다. 여기서 자연히 왕조 권력의 상층부와 밑바탕의 서민 하층부와 격차가 벌어지게 되고, 미의식의 이분화가 이루어졌다는 것이다. 그는 미의식의 이분화야말로 조선 도예를 이해하는 열쇠라고 풀이한다. 부연하면 권력의 상층부를 구성하는 지배층은 소량생산되는 백자와 청화백자를 선호하는 반면, 하층부를 구성하는 서민층은 다량생산되고 보다 다양한 종류의 분청사기와 같은 서민의 그릇을 애용하게 되었다는 것이다. 특히 헨더슨은 분청사기의 한 부문인 '하케메'(刷毛目, 귀얄문)을 보고 '깜짝 놀랄 만한 현대 표현주의' 기법이라고 감탄하고 있다(김정기, 2011: 제8장 4절 「조선미의 정수」참조).

헨더슨이 지닌 도예 미의식의 면모는 특히 조선백자와 청화백자에서 가장 선명하게 나타난다. 백자의 경우 광주 분원 관요가 궁중용으로 생산을 책임지고 있었다는 점에서 중앙의 '선도적 지침(initiative)'이 백자의 미를 특징짓게 되었다. 헨더슨은 이러한 백자의 미가 '위대한 청순함과 아름다움(great chasteness and beauty)'에 있다면서, 그것은 왕조의 취향, 백의민족, 소박함과 '자기 수행의 의식적인 숭배(its conscious cult of asceticism)'를 상징한다고 보았다. 백자의 색깔이 처음에는 낭랑하고 윤택이 있는 색이었다가, 뒤에 우윳빛으로, 1780년 이후에는 차가운 청색이 도는 아름다운 청백색으로 변모하고 있는데, 이는 조선왕조의 자기 수행의 순수한 이상을 상징한다는 것이다.

여기서 헨더슨의 미의식이 백색을 색의 결여라든가 '죽음'으로 보았던 야나기의 견해와는 분명한 선을 긋고 있음을 알 수 있다. 위에서 본 바와 같이 야나기는 1920년대 초반 조선예술의 특질로 비애의 미를 들면서 백색이 한민족이 겪은 비운의 역사를 반영한 '쓸쓸함'이라고 보았던 것이다.

헨더슨이 말하는 청화백자의 이야기는 명(明)의 청화백자로부터 독자적인 조선 문화를 반영한다는 것이 주제이다. 대량생산된 명나라의 청화백자가 멀리 극동과 근동에 수출되어 태국과 이집트에 이르기까지 현지의 도자

하버드대학 새클러미술관에 기증된 헨더슨 수집 조선 도자기.

기 생산을 중단시켰지만 조선의 가마는 청화백자 생산을 멈추지 않았다. 게다가 조선의 청화백자는 형태, 문양, 친근한 느낌에서 명의 청화백자로부터 독자성을 보여준다는 것이다.

또 하나의 헨더슨 컬렉션

현재 한국에서 회자되고 있는 헨더슨 컬렉션은 하버드대학 아서 새클러미술관이 소장하고 있는 도자기 컬렉션이다. 그런데 또 하나의 헨더슨 컬렉션은 잘 알려져 있지 않다. 그것은 로스앤젤레스 카운티 박물관이 소장하고 있는 '아사카와-헨더슨 컬렉션'이다. 그것은 조선 도자기 가마터에서 모은 도편 컬렉션이다. 헨더슨이 이 도편 컬렉션을 입수하고 박물관에 기증한 이야기는 헨더슨이 조선 도자기에 대해 가진 자세와 생각을 미루어 짐작할 수 있는 것이기에 먼저 다뤄보자.

헨더슨 컬렉션에 관한 이야기는 우선 그가 한국 도자기에 대한 열정과 심미안이 남 다르다는 점으로부터 시작해야 한다. 그가 어떻게 한국 도자기에 열정과 심미안을 갖게 되었는지 자세한 경위는 잘 알려지지 않았다. 그렇지만 하버드대학의 선구적인 동양예술 전문가이며 어린 시절 친구의 아버지이기도 한 랭든 워너 교수로부터 가르침을 받은 것이 계기가 되었을 것은 쉽게 짐작할 수 있다. 게다가 그는 1943년 해병 소속 일본어 통역관으로 태평양 전쟁에 참가한 뒤 일본에 상륙했지만 전후 일본보다는 한국을 선택해 서울에 온 외교관이다. 어린 시절 동양 세계에 무한한 동경을 지녔던 그가 조선 도자기에 눈을 돌린 것은 당연했을 것이다.

이는 그가 남긴 글에서 확인할 수 있는데, 그는 1948~1950년간 미 대사관 3등서기관으로 서울에 머문 중 '근소한 도자기 컬렉션'을 지니고 있었다. 곧 헨더슨이 1948년 7월 중순 부임한 뒤 한국전쟁을 부산에서 맞기까지 몇 점의 도자기를 수집했던 것이다. 그는 유엔군이 서울을 재탈환한 뒤 1950년 10월 중순 이틀 반의 짧은 서울 방문 중 정동 미 대사관 관저에 그의 컬렉션이 '기적적으로' 살아남은 것에 기쁨을 토로 하고 있다(Henderson, 1950.10.26. 「Dear Friends」). 그는 1986년 쓴 다른 글에서 당시 『조선사』나 『조선자료서간』 등 귀중한 책들을 한 권당 '1달러 또는 그 이하로', 도자기의 경우 '오늘날(1986년 현재) 가격의 1~2%'로 샀다고 회고했다.

이는 헨더슨이 뒤에 만난 아사카와 노리타카가 식민지 시절 서울의 한 고물상에서 5엔을 주고 산 백자항아리에 기쁨을 토로한 장면을 연상케 한다. 아사카와는 헨더슨을 조선 도자기의 세계로 이끈 사람으로 '조선 도자기의 신령'이라고 불린다. 헨더슨은 1958년 서울 대사관의 문화원장으로 온 이래, 또는 그 이전 그가 교토 문화원장 시절(1953~1955) 이래 아사카와 노리타카와 깊은 교류를 맺고서 조선 도자기에 대한 심미안을 길렀다고 짐작할 수 있다.

아사카와-헨더슨 컬렉션

1979년 7월 13일 자 ≪아사히신문≫ 석간은 "골동품상 덕분에 '잡동사니' 도기 조각들, 300만 엔에 미국박물관에 들어가다"라는 기사가 실렸다. 이 기사는 한 골동품상이 손에 넣은 도편 컬렉션이 연구 자료로 하버드대학 부설 '포그(Fogg)'박물관에 들어가게 되었는데, 도편 수집가가 바로 아사카와 노리타카(淺川伯教)라고 밝히고 있다. 그런데 이 기사가 밝힌 도편 수집가가 아사카와라고 한 것은 맞지만, 이 도편 컬렉션이 하버드대학 포그박물관에 들어간다는 보도는 오보이다. 그레고리 헨더슨이 이 도편을 사들였기 때문이다.

이 도편 컬렉션이 어떻게 골동품상에 넘겨졌는지 또는 헨더슨이 어떻게 이를 입수하게 되었는지 자세한 경위는 알 수 없다. 그러나 글쓴이가 하버드-엔칭도서관이 소장하고 있는 '헨더슨 문집'[5]을 열람한 바에 의하면 그 실마리가 풀린다. 이 문집은 문제의 도편 컬렉션에 관한 몇 가지 서한과 자료들을 포함하고 있는데, 여기에서 도편 컬렉션의 입수 경위가 일부 드러나 있다.

먼저 도쿄에 있는 한 친지가 1979년 3월 14일 자 헨더슨에게 보낸 편지를 보자. 이 편지를 쓴 이는 에드워드 자이덴스티커(Edward Seidensticker)[6]로 헨더슨의 오랜 친구이다.

---

5) 이 헨더슨 문집(Henderson Papers)은 현재 하버드-엔칭도서관이 소장하고 있는데, 1988년 10월 헨더슨이 불의 사고로 별세한 뒤 헨더슨 부인이 도서관에 기증한 것이다. 여기에는 그가 한 평생 활동한 내력을 들여다볼 수 있는 수많은 서한, 미발표 논문과 자료, 강연록 등이 들어 있다. 글쓴이는 2007년 10월 중순 하버드-엔칭도서관을 방문해서 이 문집을 일주일 동안 열람한 바 있다.

6) 에드워드 자이덴스티커는 일본의 고전 『겐지모노가타리(源氏物語)』를 영어로 번역한 것으로 유명하다. 그는 또한 가와바타 야스나리의 소설 『유키쿠니(雪国)』 등을 번역해 이 소설가가 노벨문학상을 받는 데 한 몫을 했다는 평가를 받는다. 컬럼비아대학 일본문학 교수로 재직했지만 은퇴한 뒤 도쿄에서 살다가 2007년 8월 31일 86세로 영면.

친애하는 그레고리,

요전 저녁 당신과 이야기를 나누어 즐거웠소. 나는 그날 정신이 좀 나간 듯해 미안했소. …그날 교토에서 녹초가 되어 돌아와 반쯤 깨 있지 않았나 하오. 안 됐지만 그날 사정이었소. 그래서 우리가 얘기한 대부분을 기억했으면 좋겠소. 나는 다음 날 그 골동품상을 만나려고 했지만 만나지 못했고 그 다음날도 못 만났소. 그러나 드디어 어제 만났소. 나는 그에게 대충 물품품목을 물었는데, 오늘 아침 특배로 온 것을 동봉하오. 모두 20상자로 도기조각들은 고려와 조선 시대 것들이오. 나는 지역적 분포에 관해서도 물었는데, 한반도 전역을 꽤 잘 망라한다고 합니다. 내가 아마 말했으리라고 보는데, 도편 하나하나에 출토지역의 꼬리표가 붙어 있소.

이 골동품상 세키네 씨에 의하면 당신이 구매를 결정하면 대금 300만 엔에 포장비와 수송비까지 모든 비용이 포함된다는 것이오.

이 도편 컬렉션이 아사카와 소장품이었다는 주장을 검증하는 문제 관해, 골동품상에 의하면 상자에 쓰여 있는 글씨체가 아사카와의 필적으로 밝혀졌다는 것이오. 물론 다른 것들이 상자 안에 들어 있을 수는 있지만, 어느 사람인들 그런 짓을 일부러 하겠소. 그렇게 많은 도편을 모으고 이름을 붙이는 일이 그렇게 쉬운 일이 아니잖소.

우리가 공동으로 구입하는 문제가 남아 있는데, 나는 그 문제를 죽 생각해 왔소. 나는 그 문제에 대해 열정적은 아니오. 그 까닭은 솔직히 말해 내게 무엇이 이득이 되나 알지 못하기 때문이오. 이 거래의 모든 요점, 또는 요점 중 하나는 컬렉션을 함께 공동 소유하자는 것으로 귀결되는 이상, 우리들은 그것을 나누어 갖지는 못할 것이오. 어떻든 나눈다는 것은 어려운 일이오. 내가 상상하기로는 당신이 물리적으로 소유하기를 바라는 것 같소. 그렇다면 이 거래에서 내가 맡을 몫은 대금의 반을 빌려주는 일일 것이오.

이 일이라면 내가 해볼 작정이오. 그런데 금액이 적지 않은 이상 내 생각으로 우리가 어떤 각서를 써야 할 것 같소. 또 나는 이자도 필요하다고 생각하는데,

인플레이션으로 돈의 가치가 대여기간 중 죽 떨어지기 때문이오. 내가 이렇게 문제를 생각한다고 해서 당신이 불쾌해 하지 않기 바라오. 또 당신이 내 사정을 이해하기 바라오. 당신이 한때 내게 얘기한 적이 있는데, 내가 당신에게 이조백자를 몇 점 살 수 있을까 그 가능성을 묻자 당신은 친구지간에 돈 거래를 피해야 한다고 했소. 나는 그렇게 생각지 않소. 그러나 모호한 것은 어떻게든 피해야 한다고 생각하오. … 나는 당신의 지시를 기다리겠소.

마이어에게 안부를, 교토에서 당신 두 사람을 생각하며

당신의 에드

위 편지를 자세히 보면 헨더슨이 아사카와 도편 컬렉션을 입수한 경위에 관해 몇 가지 사실을 보여준다. 문제의 도편 컬렉션에 관한 소식은 먼저 도쿄에 있는 자이덴스티커에게 전해져 두 사람 간에 얘기를 나누었던 것으로 보인다. 편지 글 중 자이덴스티커가 "내가 말했으리라고 보는데, 모든 도편 하나하나 출토지역의 꼬리표가 붙어 있소"라고 말하는 데서 이를 알 수 있다. 곧, 자이덴스티커가 이 도편 컬렉션의 현물을 먼저 보고 나서 "상자에 쓰여 있는 글씨체가 아사카와의 필적으로 밝혀졌다"고 진품임을 헨더슨에 확인해 준 것이다. 이는 일본 도자계에서 진품임을 표시하는 이른바 '하코카키'(箱書き: 도자기를 넣어둔 상사의 뚜껑 이면에 소장자가 명칭을 쓰고 서명하는 방식)를 자이덴스티커가 확인했다는 말이다. 이와 더불어 자이덴스티커는 '세키네'라는 골동품상과 선이 닿아 있었기에 그를 만나 '고려부터 이조까지의 도편 리스트'라는 도편 개요서를 건네받아 헨더슨에 보냈던 것이다.

두 사람은 또한 그것이 진품이라면 같이 사자고 얘기를 나누었음이 분명하다. 곧 두 사람은 아사카와 도편 컬렉션에 높은 가치를 인정하고 의기투합해 공동구입하기로 한 것으로 보인다. 그런데 자이덴스티커가 다시 생각하니 공동구입의 경우 헨더슨이 물리적으로 소유하기를 원하고, 게다가 도편 전체를 둘로 나누는 것도 무모한 것인 이상, 자기에게는 무익하다고 결론을 내리고 공동구입을 포기한 것으로 보인다. 그 대신 그는 대금의 반을 빌려주겠다고 제안하고 있다. 결국 헨더슨이 단독으로 구입하게 되는데 300만 엔이라는 대금을 어떻게 마련했는지 알 수 없다. ≪아사히신문≫에 뉴스가 될 정도로 거금인데, 편지에서 자이덴스티커가 제안한 대로 헨더슨이 그로부터 대금의 반을 빌려 사들였을 가능성이 있다.

그런데 헨더슨은 도대체 왜 그토록 아사카와 도편 컬렉션에 열광했던 것일까? 그가 한국 도자기에 심취하여 정열적인 수집가가 된 이상 가마별 도편 컬렉션에 관심을 가진 것은 당연한 일이리라. 그렇다고 하더라도 완기(完器)의 도자기도 아니며, 깨진 흠의 도자기도 아닌, 단순한 도자기 파편 무더기에 불과한 '잡동사니'(ガラクタ: 아사히신문 기사의 표현)에 그렇게 높은 관심을 보인 까닭은 무엇일까? 그것은 아사카와 형제가 전국의 가마터를 현장 답사하여 채집한 도편이야말로 한국도자사 연구에 귀중한 자료라는 것을 그가 알고 있었기 때문이다.

그는 구체적으로 아사카와 형제가 완기(完器)의 도자기보다는 도편(陶片) 수집에 열중한 태도를 다음과 같이 기술한다.

> 아사카와 형제는 수집가는 아니었다. 그들은 연구상 필연적으로 몇 점을 손에 넣은 것은 있지만 수집이라는 점에서 두 형제는 그렇게 할 만한 자력도 없었고, 수집 본능을 함께 갖추지도 않았다. 사실 아사카와 노리타카의 정열은 다른 곳에 있었다. 만년에 자신의 연구를 계속하기 위해 옛날 그가 발견했던 도편 몇 점을 한국에서 보내주었으면 한다고 희망했을 때, 도편 대신 완기 몇 점을 받고서는 말도 나오지 않을 정도로 실망한 적이 있었다. 노리타카는 가난했다. 그가 지닌 완기는 경제적 가치라는 점에서는 인연이 멀었는데, 그 완기 몇 점조차도 그의 연구에는 도움이 될 수 없었다(ヘンダーソン, 1964: 64).

헨더슨이 위 글을 발표한 것은 1964년 4월이다. 위 글에서 우리는 헨더슨이 아사카와 형제가 한반도 가마터 전역을 돌면서 수집한 도편 컬렉션을 얼마나 귀중하게 여겼는지 알 수 있다. 이 글월은 헨더슨 또한 완기보다는 가마에서 출토된 도편 조각에 높은 관심을 가졌음을 보여준다. 사실 뒤에서 보듯 그가 수집한 도자기 컬렉션에 명품 중에 든 도자기는 대부분 깨진 부분을 수선한 것이었다. 이것은 헨더슨도 아사카와 형제와 같이 명품을 구입할 자력이 없었음을 시사해 준다.

헨더슨이 지닌 아사카와 노리타카에 대한 경염(敬念)을 듣게 되면 그가 13년 뒤 아사카와 형제가 모은 도편 컬렉션을 높은 가격으로 구입한 동기를 짐작할 수 있다. 다시 말하면 1979년 이른 봄 도쿄의 친구 자이덴스티커에게서 아사카와 도편 컬렉션에 관한 이야기를 들었을 때, 한국 도자기에 심취한 그가 어떻게 그 '보물'을 내버려 둘 수 있겠는가? 위에서 보듯 헨더슨은 300만 엔이라는 거금을 마련하여 이 도편 컬렉션을 입수하고 만다. 헨더슨(Henderson, 1982)에 의하면 골동품상이 도편 컬렉션을 처음 '한국인 관계자(Korean interests)'에게 팔려고 했으나 여의치 않게 되자 그가 구입했다고 밝히고 있다. 현재 도편 컬렉션은 로스앤젤레스 카운티 박물관에 '아사카와-헨더슨 컬렉션'의 이름으로 소장되어 있는데, 박물관은 2009년 9월 초순 한국전시관의 확대 개관을 계기로 850개에 이르는 도편 컬렉션 중 몇 개의 견본을 전시했다.

현재 이 박물관의 동양예술 수석연구관인 윌슨(J. Keith Wilson)에 의하면 "헨더슨과 그의 부인 마이어가 한국도자사를 연구하려는 박물관의 소망에 감동하여 1986년 기증했다"(http://publications.kaleden.com/articles/674.html)고 말한다.

아사카와 노리타카가 1964년 향년 80세로 별세하자 헨더슨은 그해 ≪도설≫(陶說)에 기고한 「아사카와 노리타카의 죽음을 애도한다」라는 장문의 논문에서 아사카와 형제가 모은 도편 컬렉션에 관해 다음과 같이 회고한다.

아사카와 형제의 한국 도자기 연구는 경기도 광주에 있었던 이조 말년 관요(官窯)의 가마 유적을 살핀 것으로 시작되는데, 그때는 누구도 한국의 가마에 대해 실질적으로 알지 못했었다. 아사카와 연구가 종료되었을 즈음 거의 혼자 한 것이지만 아사카와는 부산이나 강진(전라남도)으로부터 북쪽으로 두만강 녘의 회령(會寧)에 이르기까지 680개소의 가마터를 발굴했던 것이다. 아사카와는 이들 가마터로부터 한국의 도자기 연구에서 현재 중앙박물관자료의 중요한 부분을 형성하고 있는 도편을 견본으로서 채집했던 것이다(グレゴリーヘンダーソン. 1964: 66).

지은이는 이 도편 컬렉션을 직접 목도한 일이 있다. 1987년 3월 어느 날 보스턴 교외에 있는 헨더슨 저택에서 그와 마주 했을 때, 헨더슨이 아사카와 도편 컬렉션을 보여주며 자랑한 모습을 기억한다. 나는 그때 헨더슨이 그 도편 컬렉션을 얼마나 소중하게 여기고 있는가는 알 수 있었지만 그의 마음을 짚을 수 있는 눈높이도 전문지식도 없었다. 그를 만나 인터뷰한 글이 ≪신동아≫(1987년 5월호)에 「케네디, 5·16 진압건의를 묵살」이란 제목으로 실렸는데, 문제의 도편 컬렉션에 관해 나는 다음과 같이 간략하게 언급하고 있다.

한국 도자기에 대한 헨더슨의 열광은 여느 수집가에 못지않을 뿐만 아니라 훨씬 능가하고 있는 것 같다. 필자가 보스턴 메드퍼드에 있는 그의 저택을 방문하던 날도, 그가 작년 10월 '로버트 무어 수장품' 경매에서 사왔다는 고려청자 접시와 박씨 부인 묘에서 출토된 자기 묘패를 거실에 전시, 감상하고 있었다. 그는 1980년 일본 '아사카와 컬렉션'으로부터 1930년대 남북한 도요지가 아직 남아 있을 당시 아사카와 씨가 수집한 자기 파편류 일체를 적지 않은 돈을 들여 구입했다. 약 1천 점에 이르는 자기 조각들은 출토도요지별로 분류되어 고려 및 이조 도자기 연구에 귀중한 자료로 여겨진다(김정기, 1987: 234~235).

제3절 헨더슨 도자 컬렉션

해외에 산재한 한국문화재의 귀환운동을 벌이고 있는 한 스님이 하버드 대학 부설 새클러미술관을 방문해 헨더슨 컬렉션을 관람한 적이 있다. 그는 혜문이라는 운동가로 헨더슨 컬렉션에 대해 "한국을 제외한 해외 도자기 컬렉션 중 최고"라고 말하면서, 새클러미술관 관장인 마우리 교수가 "우리는 한국 예술품을 자랑스럽게 여기며 우리의 아시아 컬렉션 중 최고 수준이라고 생각한다"고 말했다고 인용한다. 이어 혜문은 마우리 교수가 보여준 명품 12점을 살펴본 결과, '국보 혹은 보물급'이라고 판단했다는 것이다. 정병국 의원도 헨더슨 컬렉션이 "국보급의 고려청자, 조선백자를 중심으로 구성되어 있다"고 보도자료를 띄웠다. 그러나 지은이가 보기에는 마우리 교수가 헨더슨 컬렉션을 예찬한 것은 틀림없지만 다른 아시아 컬렉션과 견줄 만하다고 말한 것이지 결코 '아시아 컬렉션 중 최고수준'이라고 한 말은 아니다. 그가 영어로 표현했다는 말귀("We are very proud of our Korean works of art and consider it one of the great strengths of our Asian collection.")도 그렇게 해석된다.

2009년 이래 몇 번 지은이와 교환한 편지에서 마우리 교수는 "헨더슨 컬렉션은 국보급이 단 한 점도 포함되지 않았습니다(the Henderson collection includes no pieces of National Treasure quality-not one)라고 단정하면서, 도자기 전문가인 정양모 박사에게 알아보라고 권한다(2009년 2월 16일 자 편지).[7] 그는 "정직하게 말해서 헨더슨 컬렉션이 '몇 점의 걸작(a few masterpieces)'을 포함한 것은 사실이지만 그것도 극소수이며 게다가 모두 삼국시대에 속하는 것, 다시 말하면 '유약을 바르지 않은 석토기(unglazed stoneware pieces)'라

---

[7] 그 밖에 마우리 교수가 글쓴이에게 헨더슨 컬렉션에 관해 잘 알고 있다고 거명한 인사로서 김라나(Kim Lena)와 김영나[두 분은 자매 미술사학자이며 고 김재원 박사의 따님], 안휘준[미술사학자이며 전 서울대 교수], 이성미[미술사학자이며 한승주 전 외무장관의 부인]를 포함한다.

는 것." "이 극소수의 걸작 가운데 또는 헨더슨 컬렉션의 전체 품목 가운데" 마우리 교수에 의하면, "유니크한 것이라곤 단 한 점도 없습니다." 다시 말해 "한국[박물관]에 존재하지 않은 유의 도자기는 한 점도 없다는 말입니다."

마우리 관장은 생전의 헨더슨 부부를 잘 안다고 하면서, "그렉(그레고리 헨더슨의 애칭)과 마이어가 비싼 물건을 살 만큼 부유하지 못했습니다. 따라서 그들이 얻은 최고의 품목은 초기 것들인데, 그것은 1950년대와 1960년대 초 아무도 이들 토기에 관심을 갖지 않았기 때문이라는 것."

그는 이렇게 계속한다. "[헨더슨 컬렉션 소장] 대부분 청자는 깨진 것을 수선한 것이며 분청사기 그릇도 마찬가지입니다. 예컨대 많은 청자와 분청사기 사발의 경우 깨졌거나 금이 갔으며, 많은 화병이나 주병은 주둥이와 뚜껑을 대체한 것이며, 많은 항아리의 경우 뚜껑을 잃어버려 새로 만들거나 손잡이를 갈아 끼운 것입니다." 마우리 관장이 전하는 이 말은 헨더슨 컬렉션 전시를 본 한국인 관람자에 의해서도 검증이 된다. 1992년 하버드 전시회를 관람한 김준길(金俊吉, 2001)에 의하면 헨더슨 컬렉션의 명품으로 알려진 "고려청자 조선백자는 하나같이 깨진 것을 덧붙인 온전한 물건이 아니었다"면서 그런 이유로 헨더슨이 값싸게 구입할 수 있었지 않았나 추측하고 있다. 마우리 관장은 이렇게 묻는다. "한국인들이 이런 것들을 뇌물로 바치는가요?"

헨더슨 컬렉션에 관한 마우리의 평가는 냉정하다. 헨더슨 컬렉션은 포괄적이라는 장점은 있지만 한국 밖이나 미국에서도 제일급의 컬렉션은 물론 아니다. 제일급의 도자기 컬렉션은 일본 오사카에 있는데, 그것은 전의 아타카 컬렉션을 흡수한 동양도자미술관이 소장한 컬렉션이다. 미국에서 헨더슨 컬렉션보다 질적으로 우수한 컬렉션이 여러 개 있는데, 보스턴미술관이 소장하고 있는 청자와 자기류 컬렉션, 메트로폴리탄 예술박물관의 청자 컬렉션, 워싱턴 DC 소재 프리어박물관 소장 청자와 자기류, 호놀룰루 소재 예술아카데미 소장 도자기 컬렉션, 시카고 소재 예술원 소장 청자 컬렉션, 샌프란시스코 소재 아시아 박물관 소장 도자 컬렉션이 그것이다. 다만 헨더슨 컬렉션과 비슷한 수준급으로는 로스앤젤레스 카운티 박물관 소장 도자 컬렉션을 들 수 있다는 것이다.

문화 홍보대사

그렇다면 헨더슨 컬렉션은 한 애장가가 소장한 평범한 수많은 컬렉션 중 하나에 불과한 것인가? 그렇지는 않다. 헨더슨 컬렉션은 한국도자사 연구나 교육에 귀중한 자료라는 점에서 그 어떤 도자기 컬렉션에 견주어도 우수하다는 사실을 놓칠 수 없기 때문이다. 바로 이 점에서 하버드대는 헨더슨 컬렉션이 "극히 유용하다고" 자랑한다. 마우리 관장이 표현한 바에 의하면, 헨더슨 컬렉션은 깨진 것과 수선한 것이 대부분이지만, 옛날 한국 도자기들의 원 모습을 보여줌으로써 대학 강의실이나 예술 갤러리에서 "한국이 기술적 위업과 미학적 성취를 달성한 뛰어난 유산과 긴 역사를 지닌 나라라는 점을 보여줄 수 있다"는 것이다. 그런 점에서 "헨더슨 컬렉션은 한국으로부터 미국에 온 '문화적, 예술적, 친화적인 홍보대사들(cultural, artistic, and good-will ambassadors)'"이라는 것이다.

헨더슨 컬렉션이 소장한 품목은 어떤 것인가? 이제 그가 1969년 직접 쓴 도록 「한국의 도자기: 특이한 예술(Korean Ceramics: An Art's Variety)」을 통해 헨더슨 컬렉션을 일별해 보자. 이 카탈로그는 오하이오 주립대학이 1969년 2월 9일~3월 9일 간 헨더슨 컬렉션을 전시할 때 발행한 것으로 한국 도자기의 일반적 특성을 다루고 있을 뿐만 아니라, 중요한 것은 컬렉션을 구성하는 품목을 하나하나 소개하고 있어 가장 정확하고 신뢰할 수 있는 정보를 담고 있다고 보인다.

헨더슨 컬렉션을 알아볼 수 있는 또 하나의 문건이 있는데, 이는 하버드대학 새클러미술관이 발행한 「천하제일의 한국 도자기: 헨더슨 컬렉션(First Under Heaven: The Henderson Collection of Korean Ceramics)」(December 12,

1992~March 28, 1993)이라는 브로슈어다. 이는 헨더슨 부인이 1991년 컬렉션을 기증한 것을 기념하여 1992년 말 전시회를 열었을 때 발행한 간단한 소개서이다. 이 소개서는 카탈로그가 아니라 4쪽짜리 브로슈어이긴 하지만 몇 점의 대표적 명품을 그림과 함께 소개하고 있어 유용하다.

오하이오대학 카탈로그는 헨더슨 컬렉션의 성격과 특성뿐만 아니라 그 내용물을 일목요연하게 보여준다. 우리는 헨더슨 컬렉션을 구성하는 품목 중 기원전 낙랑-김해 토기[3점]와 중국 영향을 강력하게 받아 한국 토기의 특성이 흐려진 통일신라(668~907) 시대 토기[10점]를 제외하고 그 편모를 그려보면 다음과 같다.

① 가야, 고신라 및 백제 토기(350~668년)

헨더슨 컬렉션의 두드러진 특성은 역사상 '잃어버린 왕국' 또는 삼국시대의 '제4왕국'으로 알려진 가야 또는 가락국 토기와 고신라 토기를 상당수 포함하고 있다는 점이다. 가야는 삼국시대(기원전 57~668)에 한반도 남서부 부락국가연합으로 존재했던 왕국으로 서기 562년 신라가 합병했다. 그런데 헨더슨 컬렉션이 포함한 가야 토기는 그 왕국의 활기와 사람들의 풍요한 삶의 의식을 보여주고 있다.

혜문 일행이 금년 초 새클러미술관을 방문했을 내 놓은 명품 12점 중 포함된 2점이 가야 또는 고신라 토기이다. 하나는 5세기 가야 토기로 추정되는 뱀 모양의 장식이 붙은 의식용 받침대(ceremonial stand with appliqued snakes)이며, 다른 하나는 고신라 토기로 추정되는 소뿔모양의 술잔/받침대 (horn cup and stand)이다. 뱀 장식의 의식용 받침대는 헨더슨 컬렉션의 고대 도자기 중 가장 훌륭한 작품이라고 마우리 교수는 설명한다. 헨더슨에 의하면 원래 경상도 안동지방에서 출토된 것으로 고대인이 곡식이나 물이나 술을 담은 단지를 놓는 받침대로 쓰였던 것이나, 뒤에 죽은 사람의 부장품으로 묻혔다는 것이다. 이와 같은 유의 가야 토기가 한국의 국립박물관, 도쿄대학 박물관, 데일 켈러 컬렉션(Dale Keller Collection)에 소장되어 있는데, 모두 보존 상태는 헨더슨 컬렉션 것만 못하다는 것이다. 이 받침대의 미적인 가치는 인상적인 균형미와 활달함, 구조상의 미, 삼각형 구멍들의 세공적 미라고 마우리 교수는 설명하면서, 1950~1960년대 누구도 관심 없던 시절 이들 걸작품이 헨더슨의 심미안에 들어온 것이라고 한다.

그런데도 혜문 글은 "도대체 이 엄청난 물건들은 어떻게 여기에까지 오게 된 것일까?"라고 의문을 제기 하면서 "그레고리 헨더슨이 문정관으로 한국에 재직하던 시절, 그의 집 문 앞에는 선물보따리를 싸들고 서성이던 사람들이 있었다"고 간단히 단정한다.

그 밖에 고신라 토기로 '전차 모양의 술잔(chariot cup)', '굽이 높은 주발(high pedestal bowl)' 등 이 눈길을 끈다.

가야 토기: 10점; 고신라 토기 20점; 백제 토기: 3점.

② **고려 시대**(918~1302년)

헨더슨은 그 옛날 송나라 사신 쉬징(徐兢)이 고려청자의 빛깔을 보고 찬탄을 아끼지 않았듯이 고려 상감청자의 미에 반한 것처럼 보인다. 그는 오하이오 전시회 카탈로그에서 쉬징이 1123년 송나라 사절로 개성에 들러 고려청자의 비색(翡色)을 보고 월주(越州)로부터 이어받은 청색과 견주어 더욱 섬세하고 광택이 아름답다고 기록한 것을 인용하고 있다. 그러나 헨더슨은 상감청자 완기를 구입할 재력이 없어, 색을 기준으로 깨지거나 흠결이 있는 청자 그릇을 다수 모은 것 같다. 마우리 교수가 말하듯 "대부분 청자는 깨진 것을 수선한 것"이었다.

2009년 2월 혜문 일행이 새클러미술관에 들러보았다는 헨더슨 컬렉션의 명품 12점에 포함된 고려청자 주병도 그중에 하나다. 혜문은 이 주병이 "고려청자의 신비스러운 색을 가장 잘 드러낸 작품"으로서 "보전 상태가 양호"하다며, "우리나라의 국립박물관이나 삼성리움박물관에서나 만날 수 있는 고려청자 중에서도 '최고의 수준'에 있는 것"이라고 평가했다. 그러나 이 청자 주병이 "신비스러운 비색을 고스란히 간직하고 있는 것"은 사실이더라도 국립박물관이나 삼성리움박물관이 소장하는 고려청자 중에서도 '최고의 수준'이라는 것은 아마추어가 내린 어설픈 평가일 수밖에 없다. 이들 박물관이 소장하는 대부분 고려청자는 완기(完器)에 속하지만 헨더슨 컬렉션의 청자 주병은 깨져 나간 부분을 수선한 것이기 때문이다.

헨더슨의 설명에 의하면 이 주병은 11세기 말~12세기 작품으로 수원 지방에서 출토된 것으로 "목 아래쪽을 갈아 끼운 것"(lower neck replaced)이라는 것이다. 그러나 그는 이 작품의 빛깔에 관해 송나라의 태평노인이 말했다는 "고려 비색은 천하제일이라고 찬탄했던 그러한 품목"이라며 자부심을 드러내고 있다.

또 다른 청자 도자기는 배[梨] 모양의 운학국문(雲鶴菊紋) 주전자인데, 정교한 문양이 돋보인다. 경기도 강화지역에서 출토된 것이다. 이 청자 그릇 또한 손잡이, 홈통 주둥이, 입 주둥이가 모두 대체된 것이다. 또 다른 예의 청자로 독특한 상감문양의 천학운문(千鶴雲紋) 사발은, 헨더슨에 의하면 고려도자기가 상감 제작의 절정을 이룬 전형적인 작품이라고 한다.

또 하나 흥미를 끄는 청자로서 중국식 용 문양의 세 발 받침의 향로인데, 1964년 전남 강진 대구면에서 출토되었다고 한다. 이 향로는 두 손잡이를 모두 갈아 끼운 것인데, 헨더슨에 의하면 [구]덕수궁미술관이 소장하고 있는 같은 유의 청자 향로에 견주어 유약의 빛깔이나 문양의 선명함, 떠받친 세 발 모양의 섬세성이 떨어진다는 것이다. 그런데 헨더슨이 추리한 대범한 추측이 흥미 있는 상상을 불러일으킨다. 전남 대구면 관요가 고려 궁의 주문에 의해 중국식 향로를 모방해 제작했지만 작품이 수준이 떨어지자 이를 버리고 다시 제작했다는 것이다. 덕수궁미술관 소장 향로는 다시 제작한 것이고 그가 소장한 향로는 버린 것이라는 것이다.

헨더슨 컬렉션이 망라하는 이 시기 작품은 대부분 고려청자이지만 모두는 아니다. 고려 초기 토기 몇 점을 포함해 흑갈색 유약 빛을 내는 그릇들도 보인다. 모두 41점.

③ 조선 시대(1392~1910년)

청자가 고려 시대를 대변한다면 백자는 조선 시대를 상징하는 도자기라고 말할 수 있다. 백자가 조선 시대를 상징하는 도자기가 된 배경에는 헨더슨이 풀이한 바에 의하면 조선왕조가 '주자학'을 기조로 하는 '좀 더 청교도적인' 체제가 백색의 소박한 단순미를 추구하고 있기 때문이라고 한다. 우리는 위에서 이 정치체제 아래 권력의 상층부가 선호하는 백자나 청화백자는 상대적으로 소량이며, 하층부 서민들이 쓰고 만드는 분청 그릇은 좀 더 다양하고 대량이라는 특성을 지닌다고 설명했다. 이러한 이원적 접근이야말로 조선 도자기 전체를 이해하는 열쇠라고도 언급했다.

헨더슨 컬렉션이 소장한 조선 도자기는 몇 가지 장르를 포함한다. 그 첫 번째가 분청사기인데 일본인은 '미시마'라고 부른다. 이 분청사기는 지방요가 생산을 담당했으며 문양에 따라 상감문, 인화문, 귀얄문, 분장문으로 나뉜다. 중앙정부가 관리하던 광주 분원의 관요는 귀족적인 청화백자 또는 정교한 백자를 생산했다. 헨더슨 컬렉션은 이런 분청사기 그릇과 청화백자를 망라한다.

몇 가지 명품을 보면 우선 1800년경 광주 분원 가마가 생산한 붓통이다. 이 붓통은 엷은 청색을 은은히 띄는 백자로 이 붓통을 사용했던 조선조 선비의 단아하고 고고한 모습을 떠오르게 한다. 목단 꽃을 그물 모양으로 세공 조각한 것이 눈길을 끈다.

또 다른 예로 19세기 전반기 광주분원이 빚은 것으로 보이는 청화백자 매병인데, 장식으로 그려 넣은 그림이 한 면은 난과 국화를, 다른 한 면은 나비와 메뚜기를 보여주고 있다. 헨더슨의 추측으로는 이 나비 그림은 조선조 말 나비 그림으로 유명한 일호(一濠) 남계우(南啓宇)의 영향을 받았거나 그가 직접 그린 것일 수도 있다는 것이다. 조선 시대 청화백자에 그린 청색은 중국으로부터 수입한 회청을 썼으나 요란한 중국의 청화백자 색깔과는 달리 조용하고 우아한 빛깔을 내는 것이 특이하다고 마우리 관장은 설명한다.

헨더슨 컬렉션이 소장하는 분청사기의 예로 철화당초문 장군이 있다. 이 술 단지 그릇은 15~16세기, 곧 1592년 임진왜란이 일어나기 전 150여 년간 계룡산 가마들이 대량 생산한 분청사기의 한 예가 된다. 그런데 이런 철화문 장군은 국립광주박물관을 포함해서 여러 곳이 소장하고 있다. 또 다른 분청사기로 15세기 생산된 인화문 사발이 있는데, 일본인들은 이를 '미시마데(三島手)'라고 부르는 꽃문양 그릇의 한 예이다.

결론적으로 중국미술 전문가인 마우리 관장은 헨더슨 컬렉션이 한국 도자기의 특색을 잘 반영하고 있다고 설명한다. 그 특색이란 형태가 창의적이며 색깔이 섬세하다는 점이라고 그는 말한다. 특히 색깔은 고려청자의 연한 청록색으로부터 이조 청화백자의 정교하고 우아한 엷은 청색에 이르기까지 아주 섬세한 것이 특징이다. 중국 화병이 지닌 강렬한 붉은 색이나 일본 사발이 풍기는 다채색의 화려함은 보다 직접적이며 긴박한 매력을 강요하고 있어 자주 보면 매력을 잃게 되지만, 한국 도자기의 색깔은 대조적으로 그 은은함이 보면 볼수록 매력을 더해간다는 것이다.

제4절 수집과 반출

헨더슨 컬렉션은 어떻게 수집되고 반출되었나? 그러나 유감스럽게도 헨더슨은 야나기와 같이 수집에 관해서 자세한 수집 이야기를 남기지 않았다. 그러나 컬렉션 수집의 성격을 가늠할 수 있는 명백한 글을 남겼다. 이 글에서 우리가 짚을 수 있는 것은 헨더슨 컬렉션이 위에서 야나기가 『수집이야기』에서 정의하는 '올바른 수집'의 정형에 가깝다는 점이다. 따라서 이는 '가난한 사람의 수집'이자, '창작의 수집'이라고 말할 수 있다. 헨더슨은 1969년 개최한 헨더슨 컬렉션 전시회 때 발간한 카탈로그에서 자신의 컬렉션의 성격을 다음과 같이 말하고 있다.

> 이 컬렉션은 대단히 제한된 재력을 가진 한 부부의 정열로 모은 것으로 한국 도예의 최고 영예품의 소장을 바랄 수는 없다. 그것은 특히 고려청자인데, 오랫동안 부자들의 영역으로 되어 있다. 따라서 수집가들[헨더슨 부부]은 우수한 질과 완벽한 조건의 품목에 한하지도 않았고, 그들이 중요하다고 생각하는 까닭으로 모은 품목을 피하지도 않았다. 곧 개성적인 아름다움보다는 그 연속성과 특성을 기준으로 했다는 점이다. 이 점에서 이 컬렉션의 성격은 한국 도공 그 자신과 거리가 멀지 않은데, 그것은 까다로운 완벽주의가 도공의 특성이 아닌 것과 같다. 이런 제한에도 불구하고 이 컬렉션이 '한국 도공을 위한 훌륭한 변호 (good cause for the Korean potter)'가 되기를 바란다. 그것은 장구한 역사일 뿐만 아니라 좋은 심미안, 힘찬 리듬, 절묘한 손재주, 특히 아무 것에도 구애받지 않은 독창성이다(Henderson, 1969: 5).

헨더슨은 도자기를 빚은 사기장 자신으로 돌아가 그의 심미안으로, 힘찬 물레질의 리듬으로, 절묘한 손재주로, 무엇보다도 '아무 것에도 구애받지 않은 독창성(untrammeled originality)'을 기준으로 하여 도자기를 수집한 것이다. 물론 헨더슨은 가난뱅이는 아니었지만 그렇다고 그가 부유한 여건에서 값비싼 명품을 수집할 수 있는 처지는 아니었다. 앞에서 언급하고 있는 듯이 외교관 봉급에서 조금씩 털어 '중요하다고 생각하는' 품목을 하나하나 사들인 것이다. 물론 그들 품목들은 헨더슨의 심미안을 통해 선정되었음은 말할 나위도 없을 것이다. 헨더슨은 수집에 관해서 1987년 3월 지은이에게 구체적으로 말한 적이 있다. 그것은 '가난한 사람의 수집'이라고 말해도 좋을 것이다.

나는 한국에 근무한 7년 동안 연봉 5000달러에서 1만 3000달러를 받았는데, 아내와 나는 그것을 쪼개서 하나하나 사 모은 것입니다. 아주 공개적으로 그리고 합법적으로 말입니다. 나는 한 점도 선물을 받은 적이 없으며 법을 어긴 적이 없습니다. 1963년 내가 한국을 떠날 때 당시 중앙박물관 김재원 관장에게 모든 품목을 보여주고 박물관이 필요한 것이 있다면 내가 산값으로 다시 가져가라고 제안했습니다. 내가 1963년 3월 중순 도쿄로 떠난 뒤 실제 박물관 직원이 우리 집에 와 아내가 포장하는 것을 도와주기까지 했습니다(김정기, 1987: 234).

헨더슨 컬렉션의 반출에 대해서 1974년 문화재보호협회장이라는 이선근이 벌인 기자회견에서 '외교관 신분을 이용한 불법 반출'이라는 말이 나온 뒤 그는 한가한 호사가들의 혐구의 표적이 되고 있다. 그러나 제1장에서 헨더슨이 반론을 제기한 것에서 알듯이 그는 1963년 3월 이른바 '이영희 사건'에 몰려 기피 인물로 추방되다시피 서울을 떠났기 때문에 외교관 신분을 이용할 처지가 아니었다. 그가 서울을 떠난 사이 헨더슨 부인이 홀로 미 대사관 행정 절차에 따라 컬렉션이 반출되었을 뿐이었다. 실정법의 규정에서 보아도 헨더슨 컬렉션이 불법 반출되었다는 근거는 전혀 없다는 점은 이미 살펴본 것과 같다.

이상에서 살펴보았듯이 헨더슨 컬렉션은 한국 도자기에 심취한 외국인 부부가 넉넉지 못한 재원으로 하나하나 모은 수집품이다. 헨더슨은 일찍이 하버드대학에서 랭든 워너로부터 동양예술에 눈을 뜨게 되고, 1948년 한국에 온 뒤 한국의 전통 도예에 눈을 돌렸다. 그 뒤 교토 문화원장 시절(1953~1955)이나 1958년 이래 서울문화원장으로 부임한 이후 일본인 아사카와 노리타카와 깊은 교유를 통해 남다른 미의식을 갖추게 되었다. 그런 점에서 아사카와 형제로부터 조선 도예에 눈을 뜬 야나기 무네요시와 미의식을 공유한다. 게다가 그는 미 문화원장으로서 한국의 원로 고고학자 김원용을 비롯한 저명한 미술사학자들과의 긴밀하고 폭넓은 친교를 통해, 그리고 개인적인 가마터 순례와 연구를 통해 도예의 미의식을 갖춘 전문가가 되었다. 헨더슨 컬렉션은 가야, 삼국시대, 통일신라, 고려, 조선의 도자기를 망라한다. 그러기에 이 컬렉션은 한국의 도예사를 통관할 수 있는 창문이라고 볼 수 있다.

헨더슨 컬렉션이 한때 '밀반출 문화재'라는 주장이 회자되었으나 이는 그야말로 어불성설의 험구에 지나지 않는다. 그 밖에도 수뢰설, 밀거래설, 외교특권을 이용한 밀반출설이 나돌고 있으나 이는 하나 같이 근거 없는 비방이며, 모두 1974년 유신 정권이 정치적 모략으로 조작한 이른바 '도자기 사건'에 진원을 두고 있는 헛소문에 지나지 않는다고 지은이는 자신 있게 결론을 내린다.

개요와 소결

제1부는 모두 네 장으로 구성되어 그레고리 헨더슨의 인물됨, 한국과 인연을 맺게 된 경위, 지은이가 개인적으로 그와 교유를 트게 된 경위, 마지막으로 헨더슨이 남다른 한국 도자기 애호를 넘어 미의식을 지닌 도자기 미학을 개척한 이야기를 엮는다. 우리는 헨더슨의 인물됨에서 여러 계층의 한국인과 폭넓은 교유를 통해 '한국인의 영원한 친구'가 된 것을 알 수 있다. 그가 1988년 느닷없이 찾아온 사신을 만나 영면했지만 살아생전 40년간 한국역사 기행을 멈추지 않았다.

이 역사 기행에서 그는 해방정국에서 벌어진 김구 암살, 여운형 암살과 같은 충격적인 회오리의 한국 정치를 만난다. 그 뒤에도 그는 이승만 독재현장, 박정희 군사독재-유신독재의 현장을 목격하는 체험을 했다. 게다가 그가 만난 한국전쟁에서 중간 지대의 상실이라는 '서울의 비극'을 목격했다. 이들 목격 체험은 그가 1968년 『회오리의 한국정치』라는 역저를 구성하는 이론적 벽돌이 되었을 것이다.

헨더슨은 남다른 도자기 애호가로서 한국전쟁 이전부터 근소한 도자기 컬렉션을 지니지만 그 이상 일제강점기 시절 한국의 도자기 아름다움을 발견한 아사카와 형제를 다리로 하여 조선 도자기의 세계로 들어온다. 그 뒤 그는 한국의 미술사학자 등과 교유해 미의식을 갖추고 도자기 미학의 경지를 개척했다. 그는 1958년 미 대사관 문정관으로 온 뒤 도자기를 모으기 시작해 '헨더슨 컬렉션'을 갖춘다. 지은이는 헨더슨은 정직한 수집가이며 반출에도 아무런 문제가 없다고 확신한다. 이선근이라는 어용학자가 주장한, 외교특권을 이용한 '밀반출설'은 박정희 유신 정권이 꾸민 촌극에 지나지 않는다. 반복하지만 박정희 유신 정권 아래 자행된 반인륜적인 인권유린을 조사하는 프레이저 청문회가 헨더슨을 증인으로 부르자 궁지에 몰린 유신 정권의 책사들이 그의 증언을 폄훼코자 했던 것이다.

제1부를 마치며

지은이는 헨더슨과 교유하게 된 인연으로 헨더슨 문집과 국회프락치사건 자료 등을 헨더슨 부인에게 넘겨받게 되었다. 사실 이들 자료가 없다면 지은이가 그의 평전을 쓴다는 것은 상상도 못할 일이다. 헨더슨 부처에게 다시 감사한 마음 금할 수 없다. 물론 이들 자료 이외에도 새로운 헨더슨 행적을 발견했다. 나는 그가 정다산의 유배지 강진을 찾은 것은 알았지만 그가 광주 능내리 다산 묘소를 찾았다는 것은 몰랐다. 그는 아마도 다산을 흠모한 나머지 그의 영혼과 대화하려 한 것이 아닐까 생각해 본다.

헨더슨은 수많은 한국 관계 글을 남겼는데, 그중 박정희-김종필 그룹의 공산주의 전력 보고서는 군사쿠데타에 대한 그의 관점을 보여줄 뿐만 아니라 역사적 문서로서 가치를 지닌다. 그런데 황태성의 북한 '밀사'로서의 의미를 경시했으며 황용주에 대한 언급은 무덤덤하게 끝나고 만다. 그러나 그 뒤 헨더슨이 남다른 관심을 보인 남북한 분단 문제에 대해 쓴, 수많은 글에서 황용주와 정치철학을 공유한다.

제2부

한국 정치의 병리를 진단하고 처방하다

제2부는 모두 세 장으로 구성해 헨더슨이 한국 사회와 정치의 병리를 진단하고 처방한 이야기를 엮는다. 부연하면 한국의 병리 현상과 특성을 점검하고, 그 병리가 한국전쟁의 결과 정치의 중간 지대 상실로 더욱 악화된 현실을 파헤치며, 이어 그 처방으로 중간 지대의 정치 합작을 제시한 이야기이다.

헨더슨은 한국전쟁의 원인이나 배경보다는 그 결과가 정치에 끼친 영향에 관심을 표한다. 이런 관점에서 전쟁이 끼친 한국 정치나 남북관계에 끼친 악영향은 정치의 '중간 지대'(middle ground) 상실이라고 말한다. 이 점은 곧바로 살피겠지만 그가 국회프락치사건에 연루된 '소장파' 국회의원들뿐만 아니라 김규식, 안재홍, 조소앙 등 중도파 명망가들이 대거 납북되었거나 전쟁의 분진 속으로 사라진 것에 대한 그의 개탄이 서려 있다. 이를 '서울의 비극'이라고 표현한 데서 신생 대한민국을 향한 깊은 그의 연민과 한탄을 느낄 수 있다.

그가 말하는 정치의 '중간 지대' 상실로 한국 정치는 절대 절명의 숙명의 기로에 놓여 있다는 것이 그의 견문이다. 즉 정치의 중간 지대 상실은 신생 대한민국의 실패이자 민주주의 실패이며, 여기에는 미국의 대한 정책 실패가 가로놓여 있다고 그는 본 것이다. 한국은 1945년 일제에서 해방된 기쁨과 함께 해방정국에서 찾아온 '회오리 정치'의 난국을 맞았다. 3년간의 하지 군정 난맥상을 거친 뒤 1948년 신생 대한민국이 선포되었지만 곧 닥친 이승만 독재 체제 아래 일어난 국회프락치사건, 반민특위 해체, 이어 여운형 암살, 김구 암살, 송진우 암살 등 암살 테러 등 '회오리 정치'가 정국을 휘둘렀다. 회오리 정치는 여기에서 머물지 않고 1950년 6월 일어난 한국전쟁으로 한국의 병리는 더욱 위중해졌다. 즉 정치의 중간 지대 상실로 더욱 극우-극좌 대결 정치로 치달아 중도정치의 지형은 사라진 것이다.

제5장은 헨더슨이 만난 한국전쟁 이야기와 이어 그가 우연히 동독 북한전시장에 조우한 경험을 토대로 한국전쟁 뒷얘기를 엮고자 한다. 제6장은 한국전쟁의 결과 한국은 정치의 중간 지대 상실이라는 회복하기 어려운 상처를 입은 이야기이다. 헨더슨은 이를 '서울의 비극'이라 표현하고는 당대 영문학의 수재 이인수의 처형으로 상징화 했다. 제7장은 한국 정치를 '회오리의 한국정치'로 특징지어 그 현상학과 고고학에서 특성을 밝히고 연원을 찾으려 했다. 마지막으로 제8장은 그 정치 병리를 치유하는 처방전으로 내놓은 정치의 중간 지대 합작이란 무엇인지 살펴본다.

헨더슨이 만난 한국전쟁

헨더슨은 1950년에 들어와 웬일인지 3·8도선의 남북전선이 불안하게 느껴졌다. 그런 까닭에 그는 1월 초순 개인비용으로 그가 모은 많은 한국 고서들을 보스턴의 집으로 보냈다. 5월에는 그가 소장한 한국고미술품을 보냈는데, 그것은 하역을 기다리던 중 전쟁이 터지면서 인천부두에서 소실되었다. 미 대사관 직원들이 소장 물건을 본국의 집으로 보내는 것이 "당시 우리들이 느꼈던 현실이었다"고 쓰고 있어(Henderson, 1989), 이미 1950년 들어와 전쟁이 곧 터질 것이라는 소문이 서울 외교가에 번져 있었음을 알 수 있다.

그런데 헨더슨은 전쟁이 정말 6월 25일 새벽 터졌을 때 서울에 있지 않았다. 그 2주전 6월 11일 대사관 영사관 부산지점 책임자로 전출되어 부산에 가 있었기 때문이었다. 따라서 그는 서울 대사관의 무초 대사를 비롯한 직원들의 경우처럼 급박한 사태에서 긴급 철수를 해야 했던 곤경에 처하지는 않았다. 그러나 그가 부산에서 겪은 한국전쟁 체험과 유엔군이 서울을 탈환한 뒤 살아남은, 그리고 죽어간 서울 사람들의 이야기를 진지하게 전하고 있다.

헨더슨은 6·25 한국전쟁을 전업으로 연구한 학자는 아니다. 따라서 그는 커밍스(Cumings, 1981, 1990)나 존 메릴(John Merrill, 1989)의 경우처럼 한국전쟁에 관한 전문적인 연구를 남기지는 않았다. 또 그는 위의 저자들과 달리 한국전쟁의 원인이나 배경을 다룬 연구보다는 한국전쟁이 한국 정치 발전에 끼친 영향이나 민족통일에 관련된 문제에 주의를 기울였다고 보인다. 그가 볼 때 한국전쟁은 장기적으로 군기구의 과성장을 초래했으며, 파벌주의를 악화시켰을 뿐 아니라 무엇보다도 정치의 '중간 지대(a middle ground)'를 없애 버렸다. 이 정치의 중간 지대가 소멸된 것을 그는 '서울의 비극'으로 묘사한다. 그러나 그는 한국전쟁이 조선조 500년간 뿌리 깊이 형성된 한국 정치의 패턴을 바꾸지는 못했다고 말한다.

> 한국전쟁은 놀랍게도 직접적인 기본적 정치 영향을 거의 가져오지 않았다. 몸집이 커진 군대의 향상된 정치적 지위도 10년 뒤 나타났다. 공산군의 침략과 점령은 좌익을 제거하고 반공 감정을 높이는 계기가 되었으며, 게다가 기업인과 중산계층의 독자성을 크게 악화시켰다. 그러나 정치적 투쟁과 그 목적은 변하지 않았으며, 그 진행 과정조차 그대로 남아 있었다. 국토의 4분의 3을 초토화시킨 엄청난 파괴력을 보인 전쟁도 한국 정치 패턴을 그다지 변화시키지 못했다는 것은 그것이 얼마나 뿌리 깊은 것인가를 보여준다(Henderson, 1968a: 292).

그런데 헨더슨은 그가 몸소 겪은 한국전쟁에 관하여 몇 가지 소중한 기록을 남겼을 뿐만 아니라 전쟁의 뒷얘기 거리의 당사자가 된다. 먼저 그가 남긴 기록 중 하나는 전쟁 발발 며칠간 부산에서 그가 겪은 정황을 적은 기록이다.[1] 또한 그가 죽기 얼마 전에 쓴 「1950년의 한국(Korea, 1950)」(1989)이

---

1) 그는 이 기록을 한국전쟁 당시 미 대사관 일등서기관으로 재직한 해럴드 노블(Harold J. Noble) 박사의 저서 『전쟁 중의 대사관』(*Embassy at War*, 1975)에 기고한 글로 남겼다. 노블은 이 저서의 원고를 1952년 탈고 했으나 그가 1953년 작고하는 바람에 출판되지 못했으나 컬럼비아대학의 프랭

라는 논문을 남겼다. 그리고 마지막으로 그는 1950년 10월 17일부터 이틀 반 동안 수복된 서울을 방문해 그가 본 서울의 파괴된 모습과 살아남은, 그리고 죽어간 사람들의 이야기를 썼다. 여기서는 헨더슨이 만난 한국전쟁을 그가 남긴 글을 중심으로 소개한 뒤, 그가 겪은 한국전쟁의 뒷이야기를 엮어보기로 한다.

먼저 그가 부산에서 전쟁을 만난 이야기이다. 그는 약 2년간의 숨 가쁜 서울 대사관 정치과 임무를 마친 뒤 전쟁 발발 보름 전 6월 11일 대사관 영사과 부산지점 책임자로 발령을 받고 부산으로 온 것이다. 그는 6월 25일 저녁 경상남도 지사가 주최한 ECA 사절 환영만찬장에 참석했다가 저녁 7시 경 북한군이 그날 새벽 남침했다는 소문을 처음 듣는다.

그의 부산 이야기는 그가 7월 1일 정오쯤 미군의 지상군으로 처음 참전한 '스미스 특임부대(Task Force Smith)'를 부산에서 목격한 감격, 미 대사관 일등 서기관 노블 박사를 동반해 이승만 대통령 부부를 만났을 때 같이 본 인상, 부산으로 끝없이 몰려온 외국 특파원들이 그의 좁은 숙소에서 같이 지낸 일 등을 담는다(Henderson, 1975). 그는 부산으로 피난 온 이승만에 관해 "이 박사는 점잖게 보였으나 불안하며 걱정스러운 모습이었다. 그는 한 인간이 항상 권력을 쫓다가 큰 위기에 처하여 정작 권력이 필요할 때 아무 권력도 가지지 못할 때 갖는 바로 그러한 좌절감에 빠진 사람처럼 보였다"(Henderson, 1975: 277)고 당시 그가 본 이승만의 인상을 적고 있다.

스미스 특임부대

헨더슨은 한국전쟁이 터진 것에 대해 미국의 대한 정책에 무거운 책임을

크 볼드윈(Frank Baldwin) 교수가 편찬하여 1975년 간행되었다. 볼드윈 교수와 가까운 헨더슨은 그가 한국전쟁이 일어난 뒤 며칠 간 부산에서 겪은 체험을 1972년 2월 26일 자 편지형식으로 기고했다.

돌리고 있지만 그는 전쟁 첫 주를 부산에서 보내면서 그 주변에 모여들고 있는 사람들과 함께 미국 참전을 고대하고 있었다. 그는 부산에서 처음 스미스부대를 만났을 때 느낀 감격을 다음과 같이 표현한다.

　　7월 1일 정오 여름 날 밝은 낮 빛이 번지고 있었다. 그날 아침 아무런 뉴스도 '본부' 건물에 들어오지 않았다. 정오쯤 되었을까. 나는 부산 거리의 '적막 (silence)'을 '들었다'. 내 인생에서 나는 그렇게 시끄럽고, 긴박한 적막을 들은 적이 없다. 나는 바깥을 내다봤다. 거기에는 내가 멀리 볼 수 있는 큰 길이 뻗어 있었는데 갑자기 한국인들이 길가에 엄숙하고 질서 있는 모습으로 도열하여 서 있었다. 나는 행인에게 무슨 일이 일어났는가를 물었다. 전화와 라디오를 갖고 있는 외국정부 관리인 내가 말이다. 조용히 그는 조금 기다리면 알게 될 것이라고 했다. 한 오 분, 십 분 지났을까. 한 트럭이 골목을 돌아오고 있다. 또 한 트럭이 뒤를 잇는다. 덮개가 열린 덤프트럭이 줄이어 온다. 그 위에는 전투복을 입은 미국 병사들이 있다. 이어 적막은 박수로 환호로 물결쳐 나간다. 그것은 최초의 소대였다. 하나님, 미군 소대의 참전을 지켜주소서. 그렇다. 정말 사세보에 있던 소대였다. 그리고 곧 중대가 왔다. 그렇다. 정말 중대였다. 그리고 마지막으로 저녁에 가서는 많은 비행기가 김해의 안개를 뚫었을 때 대대가 왔다. 역사는 그 뒤 그들을 '스미스 특임부대'라고 부르게 되었다(Henderson, 1975: 275~276).

　　헨더슨이 부산에 있었을 당시 대사관을 비롯한 모든 부산 시민이 미국의 참전을 얼마나 절절히 고대했는가가 이 글 마디마디에 절절히 스며 있다. 이것은 그가 1972년 시점에서 스미스부대를 만났던 감상을 그날의 시점으로 돌아가 회상한 것이다. 그는 '미국의 힘은 무적'이라고 당시 모든 사람이 믿었지만 그것은 환상이었다고 적고 있다. 그는 그때 만났던 스미스부대 병사들 중 살아온 사람은 한 사람도 보지 못했다고 전쟁의 참상을 회고한다.

그는 부산으로 오는 수많은 미군 병사들의 숙소 등 병참 일을 돕기 위해 경상남도 양 지사와 함께 학교 건물을 비워 달라고 해 병사들의 사용을 주선했던 일, 대사관 일등서기관 노블 박사가 이승만과 만났던 이야기, 한 미군병사가 대낮 길거리에서 부녀자를 강간하자 부산시민이 달려들어 그 병사의 '신체에 달린 고약한 물건(the offending length of his anatomy)'을 자른 일 등에 관한 이야기를 담는다. 요컨대 헨더슨은 전쟁을 만난 인간의 고통을 부산에서 경험한 것이다.

제1절 한국전쟁이란?

그렇다면 헨더슨은 한국전쟁을 어떻게 보고 있나? 헨더슨은 한국전쟁을 국제적 요인에 더 무게를 싣고 보았다. 곧 소련이 직접적으로 개입한 국제적 전쟁의 성격이 짙다는 것이다. 그는 이 점에서 브루스 커밍스(Cumings, 1981, 1990)나 존 메릴(Merrill, 1989)과는 생각이 다르다. 커밍스는 방화(放火)든 실화(失火)든 간에 전화가 일어난 것에 무게를 두고 그 구조적 요인에 초점을 두기 때문에 방화라고 하는 주장이나 누가 성냥불을 그었느냐 하는 것은 의미가 없다고 한다. 그는 일제 시대로 거슬러 올라가 만주 무장 게릴라 전투와 1946~1949년간 끊임없이 일어난 좌우 충돌에서 한국전쟁의 '기원'을 찾는다. 한편, 메릴은 또 다른 관점에서 남로당과 북로당의 경쟁적 투쟁에서 그 기원을 찾는다.

김일성-스탈린 합작

헨더슨도 한국전쟁 발발 전 1946년 10월 대구 폭동을 시발점으로 중단 없는 좌우 간 연속 충돌의 선상에서 한국전쟁이 일어난 것을 부인하지는 않지만, 김일성과 스탈린의 합작에 무게를 둔다. 그러나 메릴은 한국전쟁 전 남북 간의 연속 충돌에 관한 헨더슨의 글을 인용하면서도 한발 더 나아가 한국전쟁은 그 연속 충돌의 마지막 연결고리, 곧 연속 충돌의 절정이라고 주장한다(Merrill, 1989: 20). 곧 그는 스탈린이 개입한 김일성의 전쟁이라고 보는 헨더슨의 의견과는 달리 '한반도 기원(the peninsular origins)'설을 주장 하고 있다. 최근 북한 노획 문서를 토대로 한국전쟁을 연구한 박명림(1996) 은 한국전쟁은 김일성과 박헌영의 공동 작품이며 이들이 분단 구조를 타파 하려는 '능동적 선택'이라고 행위자 책임론을 주장한다.

한편 헨더슨은 아마 죽기 전 마지막에 쓴 논문 「1950년의 한국(Korea, 1950)」(1989)에서 한국전쟁은 소련이 개입한 전쟁이라고 지적한다. 이러한 맥락에서 헨더슨은 1949년 6월 미국이 지상군을 철수한 것은 성급한 결정 이었다고 보고 있다. 구체적으로 그는 미국이 '인계철선이며 상징적 경고' 로서 의미를 지닌 지상군 1개 전투여단마저 철수한 것은 무책임하다고 비 판한다. 그것은 김일성의 경우 잘못 읽었을지 모르지만 분명 스탈린은 그 렇지 않았을 것이라고 지적했다(Henderson, 1989: 178). 다시 말하면 헨더슨 이 보기에는 한국전쟁은 미국의 대한 정책의 잘못으로 일어난, 바꾸어 말하 면, 억지할 수도 있는 전쟁이었다고 본 것이다. 이 점에 있어 그는 한국전쟁 의 기원을 구조적으로 접근해 불가피론을 펴고 있는 커밍스와는 다른 입장 을 지키고 있다.

이 점에 관한 한 당시 소련 공산주의 봉쇄정책의 창시자인 조지 케넌 (Kennan, 1967)의 생각도 마찬가지다. 곧 그는 미국이 소련과의 협상으로 일 본의 비군사화와 중립화를 조건으로 안심시키면 한국전쟁은 피할 수 있었 다고 추정한다. 물론 케넌은 커밍스가 지적한 것처럼 한민족이 자치 능력 이 없는 열등 민족이라고 보는 인종 편견을 가진 인물이긴 하지만, 한국전 쟁에 관한 한 미국이 소련과 타협으로 피할 수 있는 전쟁이라고 보았다. 부 연하면 미국이 1949년 장제스(蔣介石) 정권이 무너진 뒤 대아시아 정책의 지주(支柱)로 일본을 결정한 처지에서 1950년 일본과의 평화조약으로 미군의 무기한 일본 주둔과 일본기지 사용을 취득한 데 대한 반격으로 스탈린이 한국전쟁을 일으켰다는 것이다(Kennan, 1967: 395~396). 물론 이는 커밍스가 맹렬히 반대하는 가설이다.2)

어떻든 한국전쟁을 둘러싼 논쟁은 보는 관점에 따라서 다를 수 있지만 헨더슨과 커밍스는 한 가지 중요한 관점에서 생각을 공유한다. 한국전쟁을 결국 피할 수 있었든 아니든 미국의 대일 편향 정책과 밀접한 관련을 맺고 있다는 점이다. 이 점은 제6장 2절 '다리 없는 괴물'의 메타포로 비유한 미국의 대한 정책론에서 자세히 살필 것이다. 게다가 애치슨 국무부장관이 1950년 1월 12일 유명한 내셔날 프레스 클럽 연설에서 '미국의 방위선(United States Defense Perimeter)'에 태평양 전쟁의 적국 일본을 포함시키고 한국을 탈락시킨다고까지 했으니 스탈린과 김일성은 시쳇말로 "이게 웬 떡이냐" 했을 것이다.

제2절 한국전쟁 뒷얘기

다음으로 헨더슨이 겪은 한국전쟁의 에피소드를 들어보자. 그것은 북한군이 1950년 6월 25일 새벽 전면 공격 3일 후 서울을 점령한 뒤, 북한 정보원들이 반도호텔에 있던 미 대사관을 뒤져 헨더슨 방에서 노획한 자료에 관한 이야기이다. 그때 북한이 노획한 헨더슨 자료는 두 가지이다. 하나는 헨더슨이 1948년 8월 15일 옛 중앙청 광장에서 열린 대한민국 정부 수립 선포

---

2) 커밍스에 의하면 1950년 6월 한국전쟁이 발발했을 때 미일 평화조약 체결은 먼 장래 일이며, 따라서 미군의 영구 주둔이나 기지 사용 여부가 분명치 않았다. 그러나 그가 이 가설이 어불성설이라고 주장하는 가장 중요한 근거는 한국전쟁의 발발의 결과 오히려 소련이 우려하는 일본의 미군기지화를 촉발시킬 것이라는 것이다(커밍스, 1990, 제2권, 648쪽 이하).

식장에 참석했다가 이승만이 맥아더 장군에게 그를 소개하는 제스처를 연출하는 장면을 찍은 사진인데, 북한 요원들이 반도호텔 3층 헨더슨 사무실에 걸린 그 사진을 수거해 간 것이다. 다른 하나는 역시 헨더슨 사무실을 뒤져, 북한 요원들이 수거해 간 1949년 8월 헨더슨이 쓴 비망록이다. 그런데 이 헨더슨 자료들이 북한 측이 내세우는 전쟁선전자료로 포장되어 사용된 것이다.

먼저 헨더슨의 사진 이야기를 해보자. 헨더슨은 1951년 초부터 1948~1950년 한국 임무를 끝내고 새로운 임지인 서독에 가 있었다. 그는 1951년 초 어느 날 라이프치히 공산국 박람회에 들어가 북한관을 관람하다가 소스라치게 놀랐다. 아니 저건 내 사진 아닌가! 그의 사진이 크게 확대되어 전시관 벽에 걸려 있었다. 1948년 8월 15일 정부수립 선포식장에서 바로 이승만이 자신을 맥아더 장군에게 소개하는 장면을 찍은 사진이었다. 북한이 한참 전쟁을 치르는 중 전시할 상품이 없어 '미제침략전쟁' 사진들을 전시한다는 사정은 짐작할 만하지만 바로 내 사진이 전시될 줄이야! 그 사진을 설명하는 독일어 캡션에 의하면, "이승만이 국민을 미제국주의자들에게 팔아먹다"라고 씌어 있었다(Henderson, 1989: 177).

헨더슨은 쓴 웃음을 지을 수밖에 없었다. 그는 1948년 8월 15일 대한민국 정부 수립 선포식에 참석해 공교롭게도 이승만과 맥아더 장군 뒷좌석 단상에 앉게 되어, 이승만이 식전에 나타나자 그의 손에 잡혀 자신을 맥아더 장군에게 소개했던 제스처를 회상했다. 3등서기관에 지나지 않은 말단 외교관인인 내 자신이 북한 전쟁선전 자료로 이용되다니!

다음으로 헨더슨이 쓴 비망록 이야기다. 헨더슨은 1949년 8월 26일 이 비망록을 쓴 시점에서 보면 한국전쟁 발발 10개월 전 이었다. 이 비망록은 단지 "배포 제한(restricted)"으로 분류될 만큼 중요한 기밀(confidential) 정보를 담고 있지 않았다고 판단되었기에 기밀급 이상만을 분쇄하거나 소각하는 기준에 따라 헨더슨 사무실에 그대로 남아 있었다. 그것을 북한 요원들이 노획한 것이다. 「김백일 대령과의 대화」라고 제목을 단 이 비망록은 다음과 같이 적고 있다.

　　본인은 8월 25일 다음 네 사람의 한국군 장교와 점심을 함께 했다. 그들 네 사람이란 한국군 병기학교장 김백일(金白一) 대령, 동 부교장으로 최근 포트베닝 육군보병학교에서 훈련을 받고 미국에서 돌아온 민기식(閔機植) 대령, 작년까지 제주도 주둔군 사령관을 지내고 현재 병기학교 학생감을 맡고 있는 송요찬(宋堯讚) 대령, 육군본부 작전국(G-3) 부국장 정종근(鄭宗根) 대령이다.

　　김 대령은 북에 대한 침공을 갈망하는 긴박한 공기가 한국군 안에 팽배해 있다는 것을 강조했다. 그리고 한국군의 사기, 특히 신병들의 사기는 전반적으로 극히 높은데, 이러한 높은 사기는 자신들이 통일을 성취하기 위한 일념으로 입대했다는 자부심에 기인한다는 것과, 그럼에도 불구하고 그들이 38선에 와서 고작 자나 깨나 참호 파는 일뿐이어서, 적의 공격을 받으면서도 이것을 격퇴하고 추격하는 게 허락되지 않는 데서 오는 좌절감 때문에 모처럼 오른 사기가 급격하게 떨어지고 있다고 말했다.

　　김 대령은 또 '실제로 준비가 완료될 때까지는 아직도 6개월의 훈련이 더 필요하다'고도 했는데, 그 '준비'라는 것이 무엇에 대한 준비인지 동석한 그들 전원에게는 자명한 일인 듯 보였다.

　　젊은 민 대령은 머리가 예민한 대단히 적극적인 인물이었는데, 그는 두 가지 재미있는 얘기를 들려주었다. 하나는, '보통 일반인들에게는 우리들 한국군이 결코 북한에 공격을 가하는 일이 없고, 항상 공격을 당하고만 있는 것처럼 알려져 있지만, 실상은 그렇지가 않다. 대개의 경우 우리 쪽이 먼저 발포를 하고 거센 공격작전으로 나간다. 그래야 사병들은 그것으로 자기들이 강하다는 것을 실감하게 된다'는 것이었다.

　　민 대령이 이 말을 하자, 다른 군인들은 쓸데없는 소리를 했다는 듯이 뭐라고 한국말로 입씨름을 시작해, 민 대령은 약간 얼굴을 붉히고 당혹한 표정을 지었다. 생각건대 민 대령이 한 말은 한국군의 공식 견해는 아니었던 것 같다.

한국군이 이따금 월북하는 사태에 대해서 민 대령은 '그런 일은 대개 장교들이 저지르는 것이고, 사병들 중에 그런 불순분자는 1퍼센트도 없다. 이들 사병들은 아무것도 모르고 시키는 대로만 한다'고도 말했다.

3등서기관 그레고리 핸더슨, 1949년 8월 26일

북한정보요원들이 주목한 것은 위 비망록 중 민 대령이 말했다고 한 "한국군이 결코 북한에게 공격을 가하는 일이 없고, 항상 공격을 당하고 있는 것처럼 알려져 있지만 실상을 그렇지 않다"면서 "대개의 경우 우리 쪽이 먼저 발포하고 거센 공격작전으로 나간다"라는 대목이었을 것이다. 이는 한국전쟁이 남한 측의 선제공격에 의해 시작됐다는 북한 측의 전쟁선전 입장과 부합하는 것처럼 들리는 내용을 담고 있기 때문이다. 핸더슨(1989)은 다음과 같이 말한다.

이 문서는 '타이거' 송요찬, 강문봉 대령(뒤에 중장 G-3), 김백일 대령과의 대화[그러나 강문봉의 이름은 핸더슨 비망록에는 보이지 않는 것으로 보아 그의 기억 착오인 것 같다 ─ 지은이]를 적은 것으로 이 문서는 '배포제한'으로 분류되어 공산군에 의해 노획되었다. 그 당시 대사관은 '기밀'로 분류된 문서만을 소각하거나 분쇄했다. 북한은 전쟁 10개월 전에 아무런 악의 없이 작성한 문서를 6·25 공격이 북으로부터 오지 않고 [남쪽의 선제공격에 대한] 보복이라는 주장의 증거로 삼는 부분이 되었다. 이 문서는 지금까지 평양 박물관의 화려한 유물로 전시되고 있다(Henderson, 1989: 177).

소결

결론적으로 한국전쟁은 국토의 4분의 3을 황폐화시켰으며, 무수한 인명을 희생시켰을 뿐만 아니라 다음 장에서 살피겠지만 더욱 중요한 것은 한국 정치의 중간 지대의 상실을 가져왔다. 헨더슨은 한국 전쟁을 전업적으로 연구한 학자는 아니지만 한국 전쟁은 스탈린과 김일성의 합작으로 보고 있다. 이 점은 전쟁의 기원을 한반도에 두는 한반도 기원설을 주장하는 학자들과 처지를 달리하고 있다. 결국 그는 한국 전쟁을 한국사회가 안고 있는 회오리 정치의 절정으로 진단한다.

헨더슨은 부산에서 한국 전쟁을 맞는데 미군의 참전을 고대하는 마음을 전하고 있다. 마침내 스미스 특임부대가 참전하자 절절한 감회를 토로한다. 그러나 스미스 특임부대는 살아남은 자가 없었다면서 신화는 아니라고 짚는다.

그가 전하는 한국 전쟁 뒷얘기는 북한 정권이 북침선전전이 얼마나 엉터리인지 일깨운다. 북한 정보요원들이 그의 반도호텔사무실이 뒤져 노획한 문서가 그가 적어 두었던 '김백일 대령과의 대화'였다. 대화 중 민 대령이 말했다고 한 남한군의 선제공격을 북한이 좋은 선전재료로 동독의 한 전시회에 내놓았던 것이다. 이 문서는 지금 평양 박물관의 화려한 유물로 전시되고 있다고 그는 말한다.

앞에서 우리는 헨더슨이 만난 한국전쟁 이야기에서 전쟁의 배경 원인과 아울러 전쟁의 뒷얘기를 했지만 여전히 빈자리가 남아 있다. 그것은 한마디로 '한국 정치의 중간 지대 상실'로 표현할 수 있다. 한국 정치의 중간 지대란 무엇이며 그것이 왜 중요한가?

헨더슨은 앞에서 언급하듯이 한국전쟁의 원인이나 배경보다는 그 결과가 정치에 끼친 영향에 관심을 표한다. 이런 관점에서 전쟁이 끼친 한국 정치나 남북관계에 끼친 악영향은 정치의 '중간 지대' 상실이라고 말한다. 이점은 곧 바로 살피겠지만 그가 국회프락치사건에 연루된 '소장파' 국회의원들뿐만 아니라 김규식, 안재홍, 조소앙 등 중도파 명망가들이 대거 납북되었거나 전쟁의 분진 속으로 사라진 것에 대해 그의 개탄이 서려 있다. 이를 '서울의 비극'이라고 표현한 데서 신생 대한민국을 향한 그의 깊은 연민과 한탄을 느낄 수 있다.

그가 말하는 정치의 '중간 지대' 상실은 한국 정치의 절대 절명의 숙명이 가로놓여 있다는 것이 그의 견문이다. 즉 정치의 중간 지대 상실은 신생 대한민국의 실패이자 민주주의 실패이며, 여기에는 미국 대한 정책의 실패가

가로놓여 있다고 그는 본 것이다.

제1절 '서울의 비극'

헨더슨은 이 중간 지대의 절멸된 '황무지'를 당대 한국의 최고 영문학자 이인수가 처형된 것에서 상징성을 모색한다. 즉, 그는 이인수가 1948년 "4월은 가장 잔인한 달"로 시작하는 T. S. 엘리엇의 유명한 시 「황무지(Waste Land)」를 한국 시단에 처음 소개했으며, 그가 쓴 시 「Cloud Cuckoo Land」 [이상향, 이는 영문 시로 추정되지만 확인되지 않음]를 대조적으로 비유한 것이다. 이 시는 아마도 봉황새가 나는 이상향으로 그가 '황무지'에 대해 피안의 세계를 꿈꾼 천국일 것이다.

한국 정치의 중간 지대 상실은 국회프락치사건 연구에서 그가 중시하는 주제이기도 하다. 이 주제는 그가 서울 임무를 끝내고 독일로 가기 직전 1950년 10월 17~19일 이틀 반 동안 서울을 방문한 뒤 쓴 비망록이나 그가 1967년 신문에 기고한, 이인수의 처형을 개탄한 글에서 잘 나타나고 있다. 먼저 수복 뒤 서울 방문 기록은 편지 형식으로 쓴 것으로 한 칸 공간으로 8쪽에 이르는데, 서울 수복 직후 파괴된 서울 모습을 생생하게 묘사하고 있다(Henderson, 1950.10.26. 「Dear Friends」). 곧 그가 10월 17일 오후 김포 비행장에 내려 다행히 그를 알아 본 한국군 대위의 지프차를 얻어 타고 서울에 들어오면서 그가 본대로 서울의 모습을 기록한 것이다. 예컨대 광화문에 이르러 그가 본 모습.

> 광화문 네거리 또한 황량한데, 서쪽 건물은 모두 부서져 있었다. 한민당 본부
> 건물은 모두 불타 버렸고, 고종황제의 기념 석비를 간직한 기념관 지붕에는 큰
> 구멍이 뚫려 있었으며, 그 뒤 체신부 건물과 중앙청 쪽의 중앙전화국 건물도 불

탔지만 무너지지는 않았다. 중앙청 근처 경찰학교 건물은 흔적도 없이 사라졌는데, 그 자리에는 쓰레기로 덮인 공터처럼 보였다. 경기도청사 건물은 부서지기는 했어도 그래도 나쁜 모습은 아니다. 길 건너편 쪽 건물 역시 모두 없어졌다.

헨더슨은 이어 그를 비롯해 미국 대사관 직원들의 숙소가 있는 정동 '파이난스하우스'(Finance House)가 멀쩡하게 남아 있다고 감탄한다. 심지어는 건물의 많은 창유리도 깨지지 않은 채.

> 파이난스하우스 문에 이르자 앨 로렌(Al Loren)의 하우스 보이인 이 씨가 나를 맞는다. 그는 개성으로 가는 길의 한 부락에 몸을 숨겼다가 돌아왔다는 것이다. 앨의 중국제 가구는 모두 멀쩡했으며, 금색 병풍과 많은 물건들도 그대로 남아 있었다. 대부분 사람들의 책들도 무사했다. 돈 맥도널드(Don MacDonald) 책장은 책이 꽉 찬 채로 남아 있었다. 가구, 표구, 그림들이 모두 벽에 걸린 채 멀쩡했다. 모든 르누아르 복제품들도 제자리에 있었다. 도자기들도 무사했는데, 프랭켈 박사 집에 맡긴 나의 소규모 컬렉션은 그대로 있었으며, 프랭켈 박사의 도자기 컬렉션도 내가 6월 14일 마지막으로 본 대로 그 자리에 있었다.

이 기록을 보면 앞서 살펴본 헨더슨이 휘말린 '도자기 사건'을 당해 그가 밝힌 성명이 검증된다. 곧 그는 이미 한국전쟁 이전부터 근소한 도자기 컬렉션과 고서를 비롯한 한국문화재를 소장하고 있었는데, 그때 이전부터 모아 소장하고 있었다는 말이다. 23년 뒤 1973년에 이르러 박정희 유신 정권이 문화재보호협회 회장 이선근의 입을 빌어 느닷없이 헨더슨이 1963년 3월 외교특권을 이용해 불법 반출했다고 주장했다. 얼마나 황당무계한 말인가! 그러니까 아무도 23년 동안 말하지 않다가 이선근이라는 어용학자를 시켜 '불법 반출'을 주장한 것이다.

또한 이 기록은 프락치사건의 법률보고서를 작성한 프랭켈 박사와 친근한 신뢰 관계에 있음을 보여준다. 전쟁이 일어나기 전 그가 부산영사관으로 전근을 가게 되자 그는 근소한 도자기 컬렉션을 프랭켈 박사 집에 맡겨놓고 부산으로 떠났다는 것이 그것을 말해준다.

중도파들이 사라지다

헨더슨은 무엇보다도 무고한 한국인들이 죽어갔고 특히 중도파들이 사라진 것을 '서울 비극의 가장 주목을 끄는 부분(the most absorbing part of the tragedy of Seoul)'이라고 말하면서 이렇게 계속한다.

> 서울의 잿더미 속에서 수천 명이 폭격과 전투에서 죽었다고 한다. 이들은 물론 숫자로 밝힐 수는 없다. 수백 명, 아마도 수천 명이 사살당했다는 증거가 있다. 학생들은 대규모로 공산군에 징집당했는데 그들 대부분의 운명을 아무도 모른다. 서대문형무소에서만 7000 내지 1만 2000명의 정치범들과 마포 형무소 수백 명 정치범들이 서울이 함락되기 이삼일 전 북으로 끌려갔다는 것이다. 많은 이들은 너무 병약해 멀리 걸을 수 없는 경우 총살당했다고 생각되는데, 미군이 의정부 근처에서 시체 50구를 발견했으며 다시 약 100구를 찾았다고 한다. 양주 근처에서 수백 명이 사살되었다는 보고가 있으며 미군 장교들은 그들의 시체를 보았다는 것이다. 많은 사람들은 행방을 알 수 없으며, 다른 이들은 이보다 훨씬 전 7월과 8월 납북되었다고 한다.

이어 그는 사라진 '명사(prominent men)'들의 숫자들에 놀라면서 몇 명의 정치인과 국회의원들의 이름을 거명하고 있다. 곧 김규식, 안재홍, 조소앙, 윤기섭, 원세훈, 조훈영, 엄상섭, 김용무, 백상규와 그의 아들. 정치 중간 지대의 절멸은 서울의 비극이요, 그것은 바로 이들 중도파 정치인들이 전쟁의 분진 속으로 사라진 것을 의미한 것이리라. 헨더슨은 서울의 비극을 구사

일생으로 살아남은 하경덕(河敬德, 1897~1951)[3] 박사의 이야기를 통해 자세히 적고 있다.

헨더슨이 이런 명사들과 서울시민들이 대거 서울로부터 빠져나오지 못한 데에는 정부가 서울 남쪽으로 옮긴 뒤에도 그 사실을 숨기고 적군이 문앞에 다가왔는데도 서울에 남아 있으라고 부추긴 데 책임이 크다고 비판한다. 적군이 서울 외곽까지 온 27일 오후까지 방송은 의정부를 재탈환했다고 발표했다. 게다가 많은 시민이 서울을 빠져 나가려고 해도 경찰은 서면 허가를 받아 오라고 했다는 것이다. 헨더슨은 한 예로 대사관의 샘 윤(Sam Yun)이란 한국인 직원의 사례를 다음과 같이 적고 있다.

> 갖가지 의견을 가진 서울시민은 그 대다수가 피난가지도 않았고 피난할 수 없으리라고 생각하지도 않았다. 그런데 종말이 너무 빨리 왔으며 대부분 사람에게는 전혀 예상 밖이었다. 특히 의정부와 직결된 성북동 돈암동 지역에 살았던 사람들은 빠져나갈 시간이 없었다. 정부는 아무에게도 정부의 서울 철수를 말하지 않았다. 서울시민에게는 물론 영국, 프랑스, 중국 대사관에조차 알리지 않았다. 신문과 방송은 적이 문 앞에 온 6월 27일 오후까지도 안심하고 서울에 머물라고 부추겼다. 방송은 국군이 의정부를 재탈환했다고 거듭 발표했다. 때문에 많은 사람들이 갇히거나 죽임을 당했다. 그들은 샘 윤처럼 적군이 서울에 들어온 것을 알지 못한 것이다.
> … 샘은 많은 사람이 그렇듯 서울이 그렇게 빨리 함락 당하리라고는 생각지

---

3) 하경덕은 전라북도 익산 출생으로, 1913년 전주신흥학교를 거쳐 1915년 평양 숭실중학을 졸업, 이듬해 미국으로 건너갔다. 1925년 하버드대학교 사회학과를 졸업, 1928년 철학박사 학위를 받고, 1929년 귀국했다. 그 뒤 그는 조선기독교청년회 사회조사위원회 총무를 거쳐 1931년 연희전문 교수가 되었다. 그 뒤 흥사단(興士團)에 가입하여 후진양성과 독립운동에 힘쓰다가 8·15광복을 맞아 ≪코리아타임스≫를 창간하여 사장에 취임하고, ≪서울신문사≫ 및 ≪합동통신사≫의 사장을 역임했으며, 잡지 ≪신천지(新天地)≫를 창간했다. 1947년 과도정부 입법의원 의원이 되었다. 그는 6·25전쟁이 나자 미처 탈출하지 못하여 인민군에 잡혀 갖은 역경을 거치지만 구사일생으로 살아남는다. 그러나 그는 그 여파로 건강이 악화된 나머지 1951년 죽고 만다.

않고 6월 27일 화요일 밤 자기 집에서 잤다. 수요일 아침 그는 지프를 타고 중앙청을 정찰했다. 그가 중앙청 모퉁이를 돌다가 그만 북한 탱크를 만났다. 그는 운전사더러 급히 뒤로 돌라고 했다. 차가 도는데 탱크가 포를 발사해 운전기사는 쓰러지고 지프는 움직이지 않게 되었다. 그는 뛰쳐나와 도망치기 시작했으나 북한군에 잡히고 말았다. 그가 총구를 겨눈 앞에서 걸어가는 찰나 한 국군 장교와 두 여인을 태운 지프가 옆 골목에서 나오는 것이 아닌가. 샘은 그곳으로 질주했다. 그의 손이 차 뒷좌석에 닿을 때 북한군이 총을 발사해 샘과 지프에 탄 사람들이 즉사하고 말았다. 샘의 부인이 그날 밤 그의 시신을 거두었다. 그녀는 이 이야기를 부상당한 운전기사에게서 듣고 대사관에 전한 것이다.

인공기 아래 서울: 하경덕 박사의 경우

다음은 헨더슨이 하경덕을 만나, 그가 공산 치하 서울에서 어떻게 아슬아슬하게 죽음의 고비를 몇 번 넘어 살아남게 되었는지 들은 대로 적은 이야기이다. 헨더슨이 하경덕의 사례를 자세히 설명한 것은 그가 많은 중도파 인사들이 겪은 곤경을 대표하고 있을 뿐만 아니라 실제 그는 이승만 대통령 초기 독재시절 "서울신문이 너무 중도 노선에 치우쳤다는 이유로 사장직에서 축출당했기 때문(⋯considered the paper too middle-of-the road)"이었다고 생각된다.

하 박사는 박흥식과 김성수가 사는 서울의 가장 부유한 주택가(가회동-계동 일대 — 지은이)의 조촐한 집에 살고 있었다. 서울이 함락당한 뒤 며칠 간 아무 일도 없었다. 공산당원이 최초로 집에 들어온 것은 예상 밖의 인물이었다. 앞 모퉁이 살고 있는 그 지역에서 가장 부유한 사람 중 한 사람이 백만장자인 이웃 사람인데, 알고 본 즉, 열렬한 공산주의자였다는 것. 그가 다른 공산당원들과 함께 하 박사 집에 와서는 하 박사에게 서울의 영어를 말할 줄 아는 모든 사람을 모아 그들을 지도해 달라는 것이었다. 그런데 그들의 요구 사항은 무사히 넘겼다. 며칠 뒤 고위직 공산당원 두 명이 왔다. 그런데 그들은 입에 발린 말을 하는 것이었다. 곧 그들은 하 박사와 그의 업적을 존경한다면서 조국을 위해 많은 일을 하셨다고 추켜세우는 것이었다. 그러면서 그가 영어 방송을 함으로써 월계관을 더 쓰시지 않겠느냐고 청하는 것이었다. 그러나 또다시 그때도 그럭저럭 넘어갔다. 그 뒤 밤낮으로 찾아와 영어 방송을 해 달라는 것이었다. 그러던 중 하 박사의 집은 서울에 남아 있는 일가친척 사람들로 붐비게 되었다. 식량이 탈취 당해 먹을 것이라고는 거의 없었기 때문. 하 박사의 발은 영양실조로 퉁퉁 부어올랐으며, 배고픈 아이들은 밤낮으로 아우성이었다. 그런데 이상한 일은 하 박사 집 하녀가 길모퉁이 내무서원과 사랑에 빠져, 그와 잠자리를 같이 하는 시간 말고는 하 박사 집에 기거하면서 감시하는 것이었다. 하 박사 가족은 그녀의 감시로부터 벗어날 수가 없었다.

드디어 하 박사는 8월 19일 처음으로 집을 나왔다(어떤 일 없이 집을 나온다는 것은 위험한 일이라는 것을 알면서도). 곧 그는 자기 동생 집에서 먹을 것을 얻기 위해서였다. 그날 밤 그의 아내 말에 의하면 그가 집을 나간 뒤 두 시간 지나서였을까 공산당원들이 들이닥쳐 그를 잡아 갈려고 했다는 것이다. 그 뒤 집에 돌아가지 않았다. 하녀는 아내로부터 그의 은신처를 알아내려고 가족의 생명을 위협하기 시작했다. 최후로 9월 15일 그날이 인천 상륙 날이었는데, 아내는 내무서로 끌려가 어두운 방에 갇혀 4시간 동안 심문을 받았다. 그러나 그녀는 그 뒤 아무 말을 하지 않았는데도 별 탈 없이 풀려났다. 그러나 하 박사는 그 소식을 듣고 분별없이 가족을 보호하기 위해 내무서로 출두할까 생각하는 도중 하녀가 내무서원 두 명을 데리고 들이닥쳤다.

중도파들이 서대문형무소에

하 박사는 곧 바로 내무서로 끌려가서 말로는 특별대우를 한다는 것이었는데, 곧바로 쓰러뜨리고 마구 패는 것이었다. 하 박사는 일제 때 감옥살이 할 때도 얻어맞은 일이 없었다고 회상했다. 내무서의 수사관들은 그가 저지른 '범죄'를 열거하면서 죄가 너무 많다는 것이었다. 부연하면 그가 미국인들과 너무 친하다는 것, 미군정의 과도입법의원을 지냈다는 것, ≪코리아타임스≫와 ≪서울신문≫을 발행했다는 사실, 한국신문협회 회장이라는 것. 더 이상 입에 발린 말도 없었다. 그는 '인민의 피를 빨아먹은 놈'으로 매도당했다. 그들과 입씨름해야 소용이 없었다. 그는 그들이 원하는 대로 하라고 했다. 그 뒤 그는 서대문형무소에 쓸어 넣어 갇혔다. 거기서 그는 이전의 갇혔던 사람의 명단을 듣게 되는데, 여기에는 안재홍, 윤기섭, 장건상 등 '이른바 중도파들'의 이름이 들어 있었다 (강조 - 지은이). 그는 또 한 형무소 간수들이 '브라운 05'(백상규)의 사례에 관해 말하는 것을 듣는데, 그가 중죄를 짓고도 귀머거리와 벙어리인 체한다는 것. 하 박사는 고문을 당하지는 않았지만 매일 고문이 자행되는 비명소리를 들었다. 그러면서 하 박사는 매일 다른 것도 들었는데, 그것은 점점 커지는 미국 비행기 소리였다.

9월 20일 간수들이 바뀌었고 그들 수가 크게 줄었다. 이삼일 뒤 드디어 그 날이 왔다. 형무소 문이 열리고 모든 수감자들은 감옥 앞으로 모이라는 것이었다. 많은 사람들이 해방의 시간이 왔다고 생각해 앞으로 뛰어갔다. 그러나 하 박사의 생각은 달랐다. 그는 감옥 뒤로 가서 뒷벽을 따라 걸으면서 후문을 찾았다. 드디어 그는 죄수복을 입은 일단의 일반 범죄자들과 만났는데, 그들은 형무소 지리를 잘 알고 있었다. 그들은 함께 모였으며, 하 박사도 그들과 합류했다. 그들은 힘을 합쳐 뒷문을 부숴 열고, 하 박사, 그의 동서, 그리고 약 30여 명이 탈출했다. 이삼초 뒤 일까, 총소리가 요란하게 들렸고, 탈출자들의 물결은 멈췄다. 하 박사는 급히 이웃 여인의 집 공습대피소에 몸을 숨겼다.

하경덕은 죽음의 문턱에 서서 순간적인 본능적 직감의 덕분으로 서대문형무소를 탈출하는 데 성공하지만 그 뒤에도 시련은 계속된다. 여기서 잠시 헨더슨의 서울 방문 행적으로 돌아가 보자. 헨더슨이 그 짧은 서울 방문

기간 중 하경덕을 만나 그가 공산 치하 서울에서 겪은 이야기를 그토록 자세히 기록한 까닭은 무엇이었을까? 그것은 위 이야기에서도 나오지만 그가 남북한 독재정권으로부터 배척당하는 중도주의자로서 겪은 곤경이 한국의 비극을 표현한다고 보았기 때문이었을 것이다. 그가 사장으로 몸담고 있던 ≪서울신문≫은 이승만 정권으로부터 정간당하는가 하면, 그 자신도 사장직으로부터 쫓겨났다. 당시 ≪서울신문≫은 이승만 정권의 반공주의보다는 중도주의를 지키고 있었다. 연전에 안당(晏堂) 하경덕 박사 탄생 110주년을 맞아 열린 기념 학술대회에서 언론사학자 정진석(鄭晉錫)은 "안당은 해방 정국에서 언론이 좌우익으로 나뉘어 첨예하게 대립했던 상황에서도 중립적인 논조를 유지했던 드문 언론인"이라고 평가했다.

민세가 서대문형무소에 갇혀

그런데 헨더슨이 기록한 하경덕의 증언 중 중요한 대목이 눈에 띈다. 그것은 하경덕뿐만 아니라 중도파를 대표하는 정치인들이 서대문형무소에 갇혔다는 사실이다. 부연하면 하경덕이 9월 15일 내무서에 끌려가 심문을 받은 뒤 서대문형무소에 투옥되어 들은 이야기 중 '안재홍, 윤기섭, 장건상 등 이른바 중도파'가 그에 앞서 서대문형무소에 갇혔다는 대목이다. 민세 (民世) 안재홍(安在鴻, 1891~1965)은 해방공간에서 활약한 중도적 지도자의 한 사람으로 1950년 5·30선거에 출마하여 국회의원으로 당선된 정치인이자, 일제강점 시절 마지막까지 전향을 거부한 올곧은 언론인이다.

그런데 민세는 국회의원으로 당선된 지 한 달도 지나지 않아 터진 6·25 전쟁으로 미처 서울을 탈출 못 하고 납북 당하는 신세가 되었다. 「민세 안재홍 연보」를 쓴 천관우(千寬宇)에 의하면 그는 9월 21일 인민군 정치보위부에 연행되어 9월 26일 북으로 끌려갔다고 되어 있다(≪창작과 비평≫, 1978 겨울호). 그러나 위에서 하경덕이 서대문형무소에 투옥된 뒤 들은 이야기에 의하면 적어도 안재홍 등 '이른바 중도파(the so-called middle-of-the roaders)' 인사들이 9월 15일 전에 서대문형무소에 갇혔다는 말이 된다. 이는 처음 알려진 사실인데, 하경덕이 구사일생으로 살아남아 그를 찾아온 헨더슨에게 10월 18일 전한 말이니 신빙할 만한 증언이라고 보인다.[4]

문제는 북한 정치보위부가 민세와 같은 중도파 인사들을 무차별 가려내 살벌한 서대문형무소에 투옥시켰다는 사실이다. 위의 글에서 헨더슨이 쓰듯 "서대문형무소에서만 7000 내지 1만 2000명의 정치범들이. … 서울이 함락되기 이삼일 전 북으로 끌려갔다"든지 또는 "많은 이들은 너무 병약해 멀리 걸을 수 없는 경우 총살당했다"는 것이 사실이라면 민세는 서대문형무소에 갇혀 있다가 '9월 26일' 북으로 끌려갔다는 말이 된다.[5] 더욱 궁금한

---

[4] 민세의 부인 김부례(金富禮) 여사가 1989년 한국 정부가 안재홍에게 건국훈장 대통령장을 추서한 것을 계기로 쓴 기록(김부례, 「나의 한, 김부례」, 『민세안재홍선집 4』, 지식산업사, 1992)에 의하면, 민세는 "돈암동 시동생 집에 피신했는데, 1950년 9월 21일 0시에 인민군이 찾아와서" 떠났다고 회고했다. 이 회고를 근거로 천관우는 민세가 9월 21일 정치보위부에 붙잡혀 26일 납북되었다고 민세연보에 쓰고 있다. 그런데 이 납북 날짜는 헨더슨이 평양에서 만난 프락치사건 관련 국회의원의 한 사람인 최태규가 기억한 날짜와 어긋난다. 헨더슨의 북한 방문기(1981)에 의하면 최태규 등 프락치 관련 국회의원들이 9월 20일 평양에 도착했으며, 그 이튿날 뒤, 곧 9월 22일, 안재홍과 함께 김규식이 당도했다고 말하고 있다. 어느 날짜가 맞는지 지금으로서는 확정적으로 알 수 없으나, 최태규가 말한 날짜는 본인 스스로 행적에 관련된 날짜를 기억하고 있었다는 점, 또 1950년 10월 18일 하경덕을 만나 안재홍 등 중도파 인사들이 서대문 형무소에 그에 앞서, 곧 9월 중순 이전에, 갇혔었다는 말을 들었다는 점에서 두 증언 간에 신빙성이 경합된다. 다만 헨더슨이 하경덕을 말을 기록했을 때, 나이 28세의 젊은 기록자라는 점을 염두에 둔다면 후자의 기록이 더 믿을 만하지 않을까?

[5] 민세의 맏아들 안정용(安晸鏞)이 쓴 기록(「아버지와 나」, 『민세 안재홍 선집 4』)에 의하면 민세는 6월 27일 저녁 한강 다리목까지 이르러 한강을 건너려 했으나 몰려오는 피난민에 밀려 발길을 되돌리지 않을 수 없었으며, 그 뒤 용산 인척 집에 보름 동안 숨어 있다가 공산당원들에 붙잡혀 갔다고 한다. 그러나 민세는 며칠 뒤 풀려나 감시 속에 돈암동 자택에 돌아와 머물고 있었다. 아마도 민세는 8월 말경 다시 돈암동 자택으로부터 피신하여 인근 친척 집에 숨어 있다가 "눈이 뒤집힌 공산 정치 보위대가 총동원되어 이틀 동안 인근을 샅샅이 뒤져서" 다시 붙잡혔다고 한다. 한성일보 사장 시절 민세를 모시고 신문사에서 일했다는 엄기형(嚴基衡)이 2003년 남긴 기록(「민세 안재홍 사장의 납북비화: 6·25 당시 현장을 지켜본 기자실화」, 미발표)에 의하면, 민세가 인민군 장교에 이끌려 나가는 모습을 그가 마지막으로 본 것이 '8월 말 또는 9월 초'라고 한다. 이들 기록을 총체적으로 보아 지은이가 다소 대범하게 추측하면, 민세는 정치보위부 감시를 피하여 돈암동 인척 집에 숨었다가 9월 초 붙잡혀, 서대문형무소에 정치범으로 갇혔다가 9월 20일 경 서울을 떠나 9월 22일 평양에 당도 한 것이 아닌가 한다. 엄기형의 증언에 의하면, 민세는 돈암동 자택으로 찾아온 그에게

것은 그때 민세가 만일 병약하여 오래 걸을 수 없었다면 그의 운명은 어떻게 되었을까?

헨더슨은 중도파 지도자 민세의 운명에 대해 곳곳에서 상당한 관심을 표하고 있다. 그가 1981년 9월 8일부터 22일까지 북한을 방문한 기록에 의하면 그는 8월 21일 국회프락치사건에 관련된 13명의 국회의원 중 최태규를 극적으로 만난다. 그에 의하면 최태규 등 프락치사건 관련자들은 9월 20일 평양에 도착했으며, 그 이틀 뒤, 곧 9월 22일 안재홍과 함께 김규식이 당도했다고 쓰고 있다(Henderson & Henderson, 1981: 34쪽). 그는 주저『회오리의 한국정치』에서 안재홍을 줄곧 '중도파(moderate)'로 기술하고 있을 뿐만 아니라 1950년 11월 그가 쓴 정치비망록에서는 이승만 대통령 다음을 잇는 가장 유력한 후계 세력으로 '김규식-안재홍 그룹'을 들고 있다[제8장 3절「이승만 체제의 대안: 김규식-안재홍 리더십」참조].

여기서 다시 하경덕이 겪은 곤경에 돌아가 보자. 하 박사는 서대문형무소에서 총살당하기 직전 촌각의 기지로 간신히 화를 면하고 나서 탈출하여 근처 여인의 집 공습대피소에 몸을 숨기는 데 성공하지만 그는 또다시 공산군에 잡히는 신세가 되고 만다.

이삼 분 뒤 일곱 명의 공산군이 그 집에 나타나더니 거기서 묵겠다는 것이다. 하 박사는 뒷문으로 나갔지만 의용군의 한 대원에 의해 붙잡히고 말았다. 그는 부삽을 들고 고랑을 파라는 말을 듣고는, 뒤로 가 부삽을 가져오는 것처럼 하면서 다른 골목으로 달아났는데, 결국 다시 붙잡히고 말았다. 이번에는 인민위원회에 끌려갔다. 여기서 그는 자신이 의용군이라고 주장하고 그가 부대에 늦게 가면 의심을 받을 것이라 하였다. 그는 다시 풀려났다. 그는 가짜 행세로 처음에

단파방송 수신기를 건넸으며, '미국의 소리' 방송을 듣고 메모를 적어 그의 아내가 가져오도록 했다고 한다.

는 공산군인, 다음에는 내무서원을 유도하여 너무 늦었다는 평계를 대고 서대문 근처 자기 집으로 데려가 달라고 했다. 길거리는 어두웠고 시가전을 대비해 바리게이트를 설치하는 사람을 제외하면 아무도 없었다. 그는 자기 집으로 감히 가지 못했는데, 그것은 그가 탈출했다는 뉴스가 퍼져 있기 때문에 다시 붙잡힐 것은 뻔하기 때문이었다. 그와 동서는 그날 밤 마침 만난 동서의 친구가 천우신조로 경계임무 중이어서 그의 안내로 많은 골목을 지나 세브란스 병원 근처 하 박사 동생 집에 당도했다.

거기서 그들은 3일 동안 몸을 은신했다. 그리고 전투가 그들 바로 그들 바로 가까이 있는 남산에서 벌어졌다. 폭탄이 그들 주변 사방에 떨어졌다. 집은 불이 붙어 반쯤 타 버렸다. 가족은 전쟁 중 한 신중한 일본인이 지은 공습대피소에 몸을 피했다. 다행히도 그 대피소는 잘 축조된 것이었다. 목재기둥들이 그들 주변에 떨어졌으나 그들은 안전했다. 다음날 누군가 입구로 와서 그 지역이 해방되었다고 말했다. 하 박사는 근처 인척 집으로 가서, 그가 말하듯, "자유의 첫 숨을 내 쉬었다." 그 감옥에 갇힌 수천 명 중 그는 총살당하거나 납북을 피한 몇 명 안 되는 사람 중 한 사람이 된 것이다.

헨더슨은 중도파 지도자 민세의 운명에 대해 곳곳에서 상당한 관심을 표하고 있다. 그가 1981년 9월 8일부터 22일까지 북한을 방문한 기록에 의하면 8월 21일 국회프락치사건에 관련된 13명의 국회의원 중 최태규를 극적으로 만난다. 헨더슨은 최태규로부터 들은 바에 따라 최태규 등 프락치사건 관련자들은 9월 20일 평양에 도착했으며, 그 이틀 뒤, 곧 9월 22일 안재홍과 함께 김규식이 당도했다고 쓰고 있다(Henderson & Henderson, 1981: 34). 그는 주저 『회오리의 한국정치』에서 안재홍을 줄곧 '중도파'(moderate)로 기술하고 있을 뿐만 아니라 1950년 11월 그가 쓴 정치비망록에서는 이승만 대통령 다음을 잇는 가장 유력한 후계 세력으로 '김규식-안재홍 그룹'을 들고 있다.

하경덕은 구사일생으로 살아남아 자유의 첫 숨을 쉴 수 있었지만, 오래 가지는 못했다. 그는 공산 치하에서 겪은 역경, 곧 영양실조와 충격으로 인해 건강이 극도로 쇠약해진 나머지 1951년 4월 숨을 거두고 말았다. 우사 (尤史) 김규식(金奎植, 1881~1950)도 폭격을 피해가며 평양에 당도했지만 건강을 해쳐 1950년 11월 평양의 한 병원에서 숨을 거둔다. 안재홍의 경우 1965년까지 덧없는 삶을 살다가 그해 3월 1일 별세한다.

헨더슨은 하경덕의 사례를 통해 바로 중도파 인사가 겪은 역경이 한국 정치의 비극이자 한국현대사의 비극임을 표현하려 했을 것이다. 그는 이 운명적인 비극을 김규식과 안재홍의 운명에서, 그리고 국회프락치사건 관련자로서 역사적 무명 인간이 된 13명의 국회의원들의 운명에서 한국 정치가 극복해야 하는 역사적 과제를 찾으려 했을 것이다.

폐허의 땅 서울

헨더슨은 한국전쟁과 관련하여 당시 천재 영문학자이며 고려대 교수인 이인수가 만난 비극을 개탄했다고 앞서 언급했다. 이인수도 서울에 남게 되었지만 하경덕의 경우와는 달리 대 미군 심리전의 일환으로 영어 방송을 하게 되었다. 그는 그 죄로 서울 수복 뒤 처형당한다. 헨더슨은 그의 죽음을 서울이 '봉황새가 날 던 천국(Cloud Cuckoo Land)'에서 '폐허의 땅(Waste Land, 이하 '황무지')'으로 추락했다고 메타포를 써 비유한다(Henderson, 1967.4.28). 이는 이인수가 벌써 1948년 "4월은 가장 잔인한 달"로 시작하는 T. S. 엘리엇의 유명한 시「황무지」를 한국 시단에 처음 소개했으며, 그가 쓴 시「Cloud Cuckoo Land」를 비유한 것이다.

이인수는 북으로 붙잡혀 가는 도중 간신히 도망쳐 유엔군에 투항하지만 한국군에 넘겨지고 군법회의는 그에게 사형 선고를 내린다. 헨더슨은 부산에서 무거운 마음으로 그의 영어방송을 들었다면서 그가 번역해 낸 엘리엇의 「황무지」가 전쟁의 예언자가 되었으며, 그가 쓴 시 「이상향」은 황무지로 바뀐 서울의 피안의 세계였다고 비유한다.

> 번역물은 예언을 못한다. 그러나 결국 이인수의 '황무지'는 예언자가 되었다. '이상향'의 서울은 5주 안에 마지막 미국전투부대의 철수를 맞은 것이다. 내 친구인 하경덕은 얼굴이 하얗게 질려 "일 년 안에 우리는 침략을 당할 것입니다"라고 말한다. 일 년 안에 그 말은 적중했다. 한국은 세계의 가장 최신의, 슬프지만 세계의 최후가 아닌, 황무지가 되어버린 것이다. 그리고 운명은 그렇게 복잡하게 인물과 얽혀 그 황무지의 고사병이 이인수의 생명을 빼앗도록 명했다 (Henderson, 1967.4.28).

유엔군에서 한국군에 넘겨진 이인수는 사형선고를 받고 처형을 기다리고 있었다. 그런데 당시 이승만 다음으로 힘이 센 권력자는 신성모(申性模) 국방장관이었다. 그는 영국 유학 시절 이인수의 친구이었기에 그의 말 한마디로 그는 살아날 수 있는 처지에 있었다. 이승만 개인 보좌관을 지낸 올리버(Robert T. Oliver) 박사의 간곡한 구명 청원도 있었다.[6] 이승만이 재고하라는 말을 했다하지만 확실치는 않다. 그런데도 신성모는 오히려 처형을

---

[6] 올리버가 쓴 저서 『이승만과 미국의 대한 관여, 1942~1960: 개인적 이야기』(Robert T. Oliver, *Syngman Rhee and American Involvement in Korea, 1942~1960: A Personal Narrative*, Seoul: Panmun Book Company, 1978)에 그가 이인수의 생명을 구하가 위해 이승만에게 청원했지만 결국 처형당했다고 다음과 같이 쓰고 있다. "그리고 그(이승만)는 나의 특별한 친구인 이인수의 생명을 구해 달라고 청한 것에 답변했다. '이인수에 관해: CIC[방첩첩보대]가 인천에 숨어 있는 그를 찾아냈는데, 우리는 그에 관해 대단히 걱정을 하고 있소. 유감스럽게도 그는 서울을 떠나려 하지 않았으며, 오히려 공산당원들을 환영했다 하오. 그가 그 혐의로부터 벗어나기는 무척 힘들 것 같소. 그는 지금 나라에 큰 도움이 되는 몇 사람 중의 하나 일 것이요. 그의 교육 등에서 말이요. 그러나 우리가 개인적으로 할 수 있는 일은 별로 없소. 나는 몇 사람에게 그에 관해 말했으며 그들은 최선을 다할 것이오, 나는 그가 영국에 있을 때 그의 배경에 관해 당신에게 편지를 쓴 일이 있음을 기억하오.' 그 며칠 뒤 그는 처형되었다. 그것은 뼈아픈 공허감을 불러 일으켰다"(Oliver, 1978: 328~329).

주도해 '친구'를 죽이고 말았다는 것이다.

헨더슨은 "그를 둘러싸고 있는 부역 행위에 대한 비난이 들끓는 세상에서 그를 구하려는 어떤 조치를 하면 개인적 정실관계에 몰릴 것이기에 그 신성모는 그것을 원치 않았으며, 오히려 처형을 주장했다"고 쓰고 있다. 그런데 원로 음악비평가 박용구가 들려준 얘기는 다르다. 그는 "내가 겪은 해방과 분단"(박용구, 2001)에서 이인수가 런던 유학생 시절 친하게 지낸 두 사람이지만 신성모는 뱃사람으로 일한 경력으로 인해 열등의식에 사로잡혀 그를 죽였다는 것이다. 그 사정을 시인 고은은 시어로 엮었다. 그는 장문의 산문시 「만인보」에서 이인수의 처형을 '인문은 야만의 도구'라고 표현한다(고은, 2006). "인문은 야만의 도구가 된다"로 시작되는 이 시는 "영국시절/ 이인수는 화려한 연구자였고/ 신성모는 거친 파도의 선장이었다"라며 결국 신성모는 자기 콤플렉스로 이인수를 죽였다고 시사하고 있다.

어찌 이인수뿐이겠는가? 이인수는 영어방송을 했다는 부역죄로 처형을 당했지만 그는 잘 알려진 명사의 사례일 뿐 1950년 9·28 서울 수복 뒤 전국적으로 벌어진 이른바 '부역자' 단죄는 부지기수이다. 어떤 가족은 먼 친척이 인공기 치하 '빨갱이' 노릇을 했다는 연좌죄로, 다른 가족은 젊은 아들이 '의용군'에 나갔다는 부역죄로, 다른 가족은 젊은 딸이 '빨갱이' 노릇을 했다는 부역죄로 인민재판식 처형을 당했다. 지은이는 2021년 펴낸 『국회프락치사건의 증언』에서 '남로당 프락치'라는 주홍 글씨로 낙인찍힌 제헌국회의 소장파 의원들이 당한 고문과 학대, 그리고 가족과 후손들이 겪은 '영혼 학대'를 당한 실상을 증언했다. 한 두 사례를 회고해 보면 노일환 의원의 경우 전라도 순창의 만석꾼 출신인데, 9·28 서울 수복 뒤 북행하자 그의 사촌 노국환에게 경찰이 뭇매를 가해 옆구리가 심하게 결려 탕제 치료로 연명하는 처지가 되었다.

김옥주 의원의 아들 김진원의 경우 신체적 가해는 면했지만 신원조회에 결려 유학은 물론 해외 취업 금지를 당했다. 김진원이 해제를 탄원하자 치

안대 대공팀의 요원이 북예멘으로 가는 이중첩자를 제안하는 것이었다. 김
옥주 의원은 헌병대에 끌려가 혹독한 고문으로 "형수님, 저는 지금 아이를
낳을 수 없습니다"라는 말을 남기고 북행했다고 한다.

지은이가 만난 한국전쟁

지은이는 한국전쟁이 터졌을 당시 12살의 미아국민학교[초등학교] 5년생
인 소년이었다. 나는 전쟁을 서울 북쪽 미아리 18구에서 만났다. 우리 집은
마당에 사과나무가 있는 꽤 큰 기와집인데, 부친은 양조장을 운영하고 있었
다. 6월 27일 오후 콩 볶듯 나는 총소리를 들으며 우리 가족은 돈암동에 이
르는 아리랑고개를 넘었다. 하루 밤을 신당동 친지 집에서 보내고 나니, 북
한 인민군이 탱크를 앞세워 가두 행렬을 벌이고 있었으며, 시민들은 어느새
인공기를 들고 박수를 보내고 있었다. 돌아오는 길에 나는 미아리 고개 호
박밭에서 웅크리고 있는, 또는 벌렁
누워 있는 그 많은 주검들, 철모를
쓴 그 많은 젊은 주검들을 보았다.

평온을 되찾은 29일 정오 우리 집
에 인민군 한 명이 들어왔다. 마침
굴비를 구어 점심을 먹던 차 부친이
점심을 권하자 사양하면서, 그는 말
했다. "아 글쎄, 이승만이란 놈이 돈
을 가방에 가득 넣고 도망치다 붙잡
혔어요." 뒤에 생각하니 그것은 대
민 선무공작인 듯하다. 처음 얼마간
인민군은 서울 시민들에 제법 잘 대
했다. 우리들은 미아국민학교에서

와세다대학 시절의 김옥주
(1939년 졸업 앨범 'WASEDA'에서)

적기가도 열심히 배웠다. 그때 배운 적기가 몇 곡은 꽤 오래 기억 속에 남아 있었다. 어느 땐가 서울이 다시 수복된 뒤 내가 무심결에 "장백산 줄기줄기 피어린 자욱. ⋯ 김일성 장군"을 부르다가 부모님께 크게 야단맞은 생각이 떠오른다.

그러나 어느덧 서울 하늘에 'B-29'라는 미군 폭격기 날아와 폭탄을 비 오듯 퍼붓기 시작하고, 북한의 요원들은 독이 오르기 시작한다. 서울의 식량 사정은 날이 갈수록 악화되어 북한 요원들이 집집마다 들어와 식량을 공출해 갔다. 일주일 안으로 식량 배급이 있을 것이라고 했지만 그것은 하 세월. 동네 앞뒷집에서는 굶어죽는다는 소문이 나돌았다. 민심이 흉흉하였다.

그러던 중 8월 하순께쯤 우리 집에 완장을 찬 동네 청년들이 야반에 요란하게 문들 두드리며 쳐들어왔다. 이른바 그 동내 민청원들이었다. 부친은 재빨리 장롱 속으로 몸을 숨겼다. 청년들이 부친의 행방을 물으면서 방을 둘러보고 있던 중 나는 너무 무서워 모친 품으로 쓰러지면서 울어버렸다. "아 어린 동무로군" 하며 좀 측은하다는 듯 청년들이 그대로 나갔다.

다음 날 어두컴컴한 새벽 우리 가족 세 명은 어둑한 미명을 뚫고 고개를 넘고 물을 건너 양주군 수동면 삼각골이라는 벽촌으로 숨었다. 그곳은 부친이 산판을 운영하는 곳이었다. 나는 벌써 57년 전에 일어난 그 날 밤의 아찔한 순간을 지금도 생생하게 기억한다. 그때 청년들이 방 윗목에 있던 장롱을 열고 부친을 잡아갔더라면 어떻게 되었을까? 그 알량한 동네 양조장을 경영한다는 명목 아래 인민을 착취하는 '반동분자'로 몰려 죽어갔으리라. 뒤에 들은 이야기로는 그날 밤 청년들에 붙잡힌 미아리 18구 사람들은 동네에서 다시 모습을 볼 수 없었다.

텅 빈 서울

그러나 민청원들의 발악은 거기까지였다. 전쟁은 반전되어 1950년 9·28

서울 수복이 이루어진 것이다. 그 뒤에도 유엔군이 승승장구 3·8선을 넘어 북진을 계속한다. 하지만 그해 10월부터 속칭 '중공군'이 대거 참전해 '인해 전술'로 임하는 바람에 전황은 다시 역전, 유엔군은 후퇴하게 된다. 지은이 도 어린 나이에 가족과 함께 얼어붙은 한강을 건너 피난길에 올랐다. 영등 포까지 걸어와 무개 화물 기차를 타고 대구까지 내려왔다.

서울은 다시 중공군이 점령했다. 인민해방군 사령관 펑더화이(彭德懷)는 노인들 몇 명만 남은 텅 빈 서울을 보고 개탄했다. 후일 회고록에서 "김일성 해방전쟁은 실패한 것 같습니다. 서울에 시민이 없습니다"라고 마오쩌둥 (毛澤東)에게 보고했다 한다(한국외대 중국어대학 명예교수 최관장 박사 전언).

제2절 미국의 대한 정책: '다리 없는 괴물(legless monster)'

1948년 8월 15일 선포된 신생 대한민국은 미국의 대한 정책에 사활이 걸 렸다고 해도 지나친 말이 아니다. 우리의 주인공 그레고리 헨더슨은 신생 대한민국의 실패는 미국의 대한 정책 실패이자 민주주의의 실패라고 단정 한다. 이제 1948년 6월 일어난 국회프락치사건이라는 프리즘을 통해 미국 의 대한 정책의 실패를 들여다보자.

결론부터 말하면 미국의 대한 정책 결정자들이 국회프락치사건이 신생 대한민국의 민주화 목적에 역행이라는 것을 알면서도 이를 묵인해 결국 이 승만 '반공 독재'를 부추겨 민주주의의 실패에 이르게 했다는 것이다. 이제 그 전말을 살펴보자.

국회프락치사건 터지다

국회프락치사건이 본격적으로 터진 것은 국회부의장 김약수를 포함한 7

명의 국회의원이 체포된 1949년 6월 21~25일부터였다. 물론 소장파의 리더 격인 이문원 의원이 체포된 것이 4월 말 경이었고 이어 5월 17일 이구수와 최태규 의원이 체포되었지만 그때만 하더라도 그것이 '국회프락치사건'과 같은 대형 공안사건으로 치달을 줄은 아무도 몰랐다. 그러나 6월 20일 제3회국회가 폐회된 직후 다시 부의장 김약수를 포함한 7명에 대해 구속영장을 발부해 체포에 들어가면서 심상치 않은 조짐을 보이기 시작했다. 그 시점은 이승만 대통령이 1948년 8월 15일 정부수립을 선포한 지 10개월 남짓 지나서였다.

당시 무초 대사를 비롯해 드럼라이트 참사관 그리고 우리의 주인공인 헨더슨이 국무부에 보낸 전문을 보면, 그들은 프락치사건이 이승만 정권이 자행한 국회 탄압임을 간취하고 있었다. 예를 들면, 무초 대사는 6월 21일 김약수 부의장을 비롯한 7명의 국회의원들을 헌병이 동원되어 체포가 진행되고 있던 때, 이승만을 면담한 자리에서 국회의원들의 체포가 전 세계 앞에 대한민국의 이미지를 망칠 것이라고 항의한 것으로 나와 있다. 이에 대해 이승만은 체포는 불행한 일이나 한국은 지금 "공산당 위협에 대해 생존을 위해 싸우고 있기 때문에" 극단적인 조치가 필요하다는 주장을 굽히지 않았다(무초가 애치슨에게, 1949년 6월 25일, 국무부기록, 895.00B/6-2549)고 적고 있다. 드럼라이트도 7명의 국회의원을 검거한 한 뒤 7월 8일 보낸 한 전문에서 이승만은 지금 국회를 "호령할 수 있게 되었다"(드럼라이트가 애치슨에게, 7월 8일 국무부기록, 895.00B/7-1149)라고 보고하고 있다. 그렇다면 미국은 프락치사건이 갖는 정치적 의미를 꿰뚫고 있으면서 이승만 정권이 자행한 국회에 대한 노골적인 정치적 탄압을 눈감아 준 셈이 된다. 정말 그럴까?

이승만은 작은 장제스

우리는 여기서 그 해답을 다시 잠시 유보하고 당시 워싱턴이 본 아시아

대한민국 정부 수립 선포 기념식[1948년 8월 15일 구(舊)중앙청]에 나타난 헨더슨.
왼쪽부터 하지, 맥아더, 이승만이며, 맥아더와 이승만 사이에 보이는 사람이 헨더슨이다(조선일보).

극동 상황을 추적해 보자. 국회프락치사건이 발생한 1949~1950년 워싱턴
의 처지에서 볼 때 아시아는 급박한 비상사태 지역이었다. 극동의 정세는
불안하기 짝이 없었다. 부패한 중국의 장제스(蔣介石) 국민당 정권이 무너지
는 것은 시간문제로 보였다. 공산군이 국부군에 대해 연전연승을 거둬
1949년 1월 말 베이징(北京)이 함락되었으며, 4월 23일 국민당 통치의 중심
지인 난징(南京)이 함락되었다. 곧 중국 대륙이 공산군에게 넘어가는 것은
불을 보듯 빤한 사실로 되어갔다.

1950년 5월 중순 어느 날 경무대를 방문한 미국 관리들. 왼쪽에서 두 번째부터 그레고리 헨더슨, 해럴드 노블 박사, 로우 벤저민, 이승만 대통령.

이는 미국이 공산주의 석권을 막기 위해 장제스 정권에 쏟아 부은 막대한 군사원조가 실패했음을 의미했다. 그 원인은 무엇인가? 미국 조야의 중국 문제 전문가들은 장제스 정권이 국민의 신망을 잃은 데 있다고 의견 일치를 보이고 있었다. 남한도 같은 운명에 처할 것인가?

미국은 3년간 우여곡절의 군정 끝에 남한에 단정 정부를 세우는 데 성공 했으나 한국문제는 여전히 골칫거리였다. 유엔을 개입시켜 5·10선거를 치른 끝에 이승만 정권이 탄생되었으나 과연 남한 정권이 살아남을 수 있을지 불안해 보였다. 이승만은 1948년 10월 여순사건을 계기로 경찰국가적 행태를 더욱 강화해 갔으나 내부 정치적 불안은 계속 되고 있었다. 게다가 소련 점령지역 북한에서는 강력한 소비에트 정권이 들어서 남한을 위협하고 있었다. 김일성은 1949년 1월 1일 신년사에서 '국토 완정'을 다짐하면서 인민이 조국통일 위해 총궐기할 것을 호소했다. 소련은 북한의 조선민주주의 인민공화국을 한반도를 대표하는 유일한 합법정부라고 승인하는가 하면 1948년 말까지 소련군을 철수하겠다고 선언했다. 이와 함께 미국도 동시에 철군해야 한다고 요구했다.

소련의 전략은 미국의 대한 정책의 허를 찌른 격이었다. 미국의 처지에서는 철군은 한국을 위험에 빠트리는 일이었지만, 그렇다고 한국이 계속 미군의 군사적 보호에 의존하는 것도 한국이 대외적으로 얻어야 할 필요한 국제적 승인에 장애가 된다는 딜레마를 떠안게 되었다. 그러나 미국이 조우한 진정한 딜레마는 합참이 결정한 철군 방침이었다. 합참은 이승만 단정정부가 탄생한 해인 1948년 11월 15일 철군을 끝낸다는 시간표를 마련하고 있었다.

그러나 미군의 철군 뒤 과연 남한을 살아남을 수 있을 것인가? 남북한은 서로 '통일'을 다짐하고 있는 상황에서 결국 '내전'으로 발전하게 된다면 남한의 운명은 어떻게 될 것인가? 당시 전문가들의 견해로는 남한은 살아남을 기회가 희박하다는 것이다(무초가 마셜에게, 1948년 10월 26일 및 11월 4일, 국무부기록, 895.00/10-2648). 게다가 이승만의 독재와 개혁의지의 실종으로 국민의 신망을 잃어가고 있다는 증좌가 보인다는 점이다.

작은 중국, 또 하나의 장제스

라티모어(Owen Lattimore)[7])와 같은 진보적 중국 전문가는 남한을 '작은 중

---

7) 1900년 태어난 라티모어는 중국 톈진(天津)의 한 대학에서 영어를 가르치던 부모 밑에서 자랐는데, 그 자신 뒤에 중국 문제 전문가가 되었다. 그는 하버드대학에서 중국을 연구한 뒤 중국 현지에 복귀했는데, 신혼여행으로 베이징으로부터 뉴델리까지 실크로드를 육로로 여행하여 화제를 뿌렸다. 그는 1938~1950년간 존스홉킨스대학 월터페이지 국제관계대학원 원장을 지냈으며, 중국학 강의는 1963년까지 계속했다. 그는 1930년대 진보적 성향의 태평양관계연구소(Institute of Pacific Relations) 이사회 멤버를 지냈는데, 이 경력과 연관되어 뒤에 매카시 상원의원으로부터 '소련 최고 스파이'라고 매도당했다. 1949~1950년간 중국이 공산군에 넘어가고 한국전쟁이 터지면서 우파들은 그가 중국공산당에 호의적이었다고 비난했다. 1989년 5월 31일 영면.

국'(little China)으로, 이승만을 '또 하나의 장제스(another Chiang Kai-shek)'로 보면서, 만일 우리가 장(蔣)으로 이길 수 없다면 "어떻게 '작은 장제스 몇 명 (a scattering of little Chiang Kai-sheks)'으로 중국이나 그 밖의 아시아에서 이길 수 있단 말인가"라고 의문을 표한다. 그는 실제 한 신문 기고에서 "우리가 해야 할 것은 남한이 조용히 무너지도록 내버려 두는 것이지 마치 우리가 무너지도록 추진한 것처럼 보여서는 안 된다는 것이다"[≪뉴욕데일리뉴스≫ 1949년 7월 17일 자, 앞의 올리버 책, 재인용, 245쪽]라고 주장해 미국이 남한을 포기해야 한다고 요구한다. 라티모어는 당시 국무부의 정책 자문역인데, 이승만 정권이 국민의 신망을 잃었기 때문에 중국의 장제스 국민당 정권과 같은 운명을 피할 수 없다고 본 것이다.

하지만 미국으로서 한국이 북한 공산주의의 손으로 넘어가게 내버려 둘 것인가? 이 문제는 트루먼 행정부가 결정해야 할 우선적 현안이었다. 그런데 이 문제에 직접적으로 걸려 있는 것이 남한주둔 미군의 철군 문제였다. 미군의 철수는 한국의 존망과 직접적으로 관련된 문제라는 것은 말할 나위가 없다. 그런데 미국 합참은 한국의 전략적 가치를 부인하고는 철군 방침을 결정해 놓은 상태였다. 그러나 철군의 시기를 두고 당시 국무부와 육군부는 첨예하게 대립하고 있었다. 부연하면 육군부는 '가급적 조속히' 철군해야 한다는 입장을 시종일관 내세웠으나 국무부는 한국이 준비 태세를 갖추기 전 조속한 철군은 한국을 소련의 팽창주의로 넘겨주는 것이며, 이는 미국의 신뢰와 명성에 치명적인 손상을 입히는 것이라고 맞섰다.

육군부의 입장은 기본적으로 1947년 9월 15일 합참이 한국이 미국 안보를 위해 별로 가치 있는 땅이 아니라고 내린 판단에 근거를 두고 있다. 곧 합참은 지금 유명해진 비망록에서 "군사적 안보의 입장에서 미국은 한국에 군대와 기지를 유지할 전략적 가치가 거의 없다"고 잘라 말하고 있다. 합참 비망록에 의하면, 한반도는 미국의 아시아 대륙 공세로부터 제쳐놓을 수 있지만 한반도의 적은 공중폭격에 약하다는 것이 그 이유였다. 따라서 미국은 한반도 점령군을 전략적 중요성이 좀 더 큰 지역으로 재배치함으로써 국가안보에 효율적으로 공헌할 수 있다는 것이다[합동참모본부가(JCS)가 3부조종위원회(SWNCC)에게, 1947년 9월 26일, *FRUS*, 1947: 817~818].

미국 합참은 한국의 경우 사회적, 정치적, 경제적 재건 프로그램이 결여되어 있어 무질서와 소요가 미국의 입장을 철저하게 망쳐놓을 것이라고 경고했다. 그럴 경우 자발적인 철수가 아니라 어쩔 수 없는 철군을 해야 하는데, 이는 모욕적이며, 미국의 국제적 명성에 더욱 큰 손상을 무한대로 입힐 것이라고 했다(*FRUS*, 1947: 817~818). 이러한 합참의 판단에 따라 육군부는 정부수립 후 90일 안에 점령군이 철수해야 한다는 유엔 결의 따라 1948년 11월 15일까지 철수를 끝내야 한다는 철군시간표를 마련해 놓고 있었다.

그러나 1948년 들어와 국무부는 철군 자체에는 동의하고 있었지만 철군 시기에는 육군부와 생각을 달리했다. 예컨대 국무부 동북아문제 담당 국장 버터워스(W. Walton Butterworth)는 미국은 한국에 '도덕적 약속(a moral commitment)'을 지고 있기 때문에 약속을 '저버리고 도망치려(scuttle and run)'한다는 낌새를 조금도 주어서는 안 된다고 강조하면서, 철군 시기를 11월 15일로 잡더라도 융통성은 필수적이라고 지적한다. 국무무의 생각에는 한국이 충분한 군사력을 갖추기 전에 미군이 철수하면 존망이 위태롭다는 의심이 깔려 있는 것이다. 사실 마셜 국무부장관도 육군부에 대해 개인적으로 실망감을 표하면서 육군부가 충분한 시간을 들여 강력하고 기강이 잡힌 남한경비대를 훈련시키지 않으면 북한의 침공을 막을 수 없을 것이라고 독백을 했다고 한다[버터워스가 국무장관 마셜에게, 1948년 3월 4일. *FRUS*, 1948, VI: 1137~1139].

한반도로부터 철군 문제를 둘러싸고 이러한 부처 간의 대립과 갈등에서 맥아더의 입장이 주목을 끈다. 그는 1948년 12월 한국에 일개 전투연대를 유지하겠지만 한국은 소련의 간섭이 없는 경우 스스로 안보에 대해 책임져야 한다고 주장했다. 결국 국무부는 1949년 1월 국가안정보장회의가 마련한 NSC-8의 틀에서 철군 문제를 포함한 대한 정책 전반을 재조정해야 한다는 결론에 이르렀다. 이에 대응해 국무부는 무초 대사와 맥아더 사령관의 의견을 구했다.

맥아더 장군의 경우 이승만의 원군으로 여겨졌었다. 그는 이승만이 1945년 10월 귀국 때 자기 개인 비행기를 내줄 만큼 적극적인 후원자였다. 앞서 본대로 4개월 전 1948년 8월 15일 정부수립 기념식장에서 도쿄로부터 날라와 이승만 대통령과 나란히 앉아 축하연설을 해준 반공주의의 원군이었다. 그는 38선의 "장벽은 반드시 무너져야만 하며 무너질 것이다"라고 연설하면서 "당신들의 국민이 자유국가의 자유민으로서 종국적인 통일을 이루는데 아무것도 방해해서는 안 된다"고 선언했다.

하지만 맥아더는 철군 문제에서 더 이상 이승만의 원군이 아니었다. 그는 1949년 5월 10일, 곧 한국의 5·10선거 일주 기념일을 철군일로 정하자고 권고했다. 그는 "남한의 장기적 안정이 이루어질 것 같지 않다"면서, 그 까닭으로 한국의 '독재 성향(penchant for dictatorship)'과 경제적 사정을 개선할 수 있는 능력의 전적인 결여를 들었다. 그는 "한국의 안보에 심각한 위협이 생길 경우 전략적 및 군사적 고려를 감안할 때 적극적인 군사적 지원을 내세울 수 있는 어떠한 변명도 없다"는 점을 강조하면서, 이승만이 내세운 미국의 군사적 보호 보장을 힘주어 반대했다.

마지막으로 그는 아시아 대륙에서 소련 팽창주의와 싸우는 나라들에 경제 및 군사원조를 주는 것으로 족하다고 덧붙이면서, 미국의 중요 목적은 아시아 대륙을 둘러싸는 방위선을 구축하는 것이라고 강조했다. 맥아더는 1949년 3월 한 영국 기자와의 회견에서 한국과 대만을 제외한 미국의 태평양 '방위선'을 구축해야 한다고 주장했다. 이것은 애치슨이 1950년 1월 12일 유명한 프레스 클럽에서 남한을 제쳐놓은 태평양 방위선 연설을 하기 8개월 전 일이었다. 곧 맥아더는 합참의 판단과 같이 공산주의의 한반도 석권을 받아들였다. 그러나 그렇더라도 그는 아시아에서 미국의 안보 이익은 지킬 수 있다고 자신한 것이다.

그러나 무초 대사의 이야기는 달랐다. 남한의 경우 미군이 조기 철군한 뒤 생존에 필요한 안정을 달성하지 못했다고 하면서, 미국은 철군한 뒤 북의 침공이 뒤따르지 않도록 철수를 '수개월' 연기해야 할 것이라고 주장했다. 미군이 계속 주둔함으로써만 한국이 정치 안정과 경제회복을 위한 '숨쉴 공간'을 줄 것이라고 지적했다. 남한이 겹쳐진 많은 문제를 해결한 뒤 미국은 한반도 전역을 공산주의자들이 정복할 것이라는 우려 없이 안전하게 철수할 수 있을 것이라고 내다봤다.

봉쇄정책의 시험무대: 한국

결국 트루먼 행정부는 철군 문제를 둘러싼 부처 간 갈등을 이른바 '봉쇄정책'의 틀로서 타결 지었다. 이것은 타협안이었다. 부연하면 철군은 하되, 경제 및 군사 원조계획으로 한국이 어느 정도 안정을 이룩할 때까지 철군시기를 유동적으로 둔다는 것이다. 이는 1948년 대선에서 트루먼(Harry S. Truman)이 예상을 뒤엎고 재선되자 그가 1949년 취임연설에서 내세운 외교정책의 기조인 '포인트 포(Point Four)'를 한국에 적용한다는 것이었다. 이 '트루먼 독트린'의 요점은 미국이 무조건적인 군사적 보호를 접는 대신 경제원조와 군사원조를 통해 수원국의 방어 능력을 키워 소련의 팽창주의를 막는다는 전략이었다. 전략의 배경에는 이른바 당시 국무부 정책기획국을 이끌고 있었던 조지 케난(George F. Kennan)의 발상으로 짜인 '봉쇄정책'의 논리가 깔려 있었다.

이 봉쇄정책은 동유럽의 경우 소련은 직접 침공으로 소비에트 모델 정권을 세웠지만 아시아의 경우 간접 침투를 통해 내부 전복을 꾀한다는 소련의 전략을 전제로 하면서, 이러한 소련의 팽창주의에 대처하기 위해서는 아시아 제국들이 자기방어 능력을 키워야 하며, 미국은 이 자기방어 능력을 키우기 위해 경제 및 군사원조를 하겠다는 것이다. 트루먼 대통령과 그의 신임 국무장관 애치슨(Dean G. Acheson)으로서는 한국이 바로 봉쇄정책의 시험 무대였던 것이다.

이 봉쇄정책이 현실적인 대한 정책의 모습으로 나타난 것이 1949년 3월 23일 트루먼 대통령이 재가한 NSC-8/2이다. 이 정책은 기본적으로 그 전해 1948년 4월 2일 트루먼 대통령이 국가안정보장회의(National Security Council)에서 승인한 NSC-8에 근거한다. 이 NSC-8은 요컨대 양 부처 간의 타협안이었다. 미군의 철군은 몇 달 연기하되 소련의 팽창주의를 막는 방법으로 남한 단독정부를 세우고 그 자력갱생을 위해 경제 및 군사원조를 주겠다는 것이다. 그 논리는 남한이 공산주의에 넘어가면 일본과 중국에 대해 소련의 전략적 위치를 높여준다는 것이다. 그런데 이 정책은 중요한 허점이 있는데, 그것은 미국은 공산주의자들의 내부 전복을 막기 위해 경비대 수준의 군사력 창설만을 돕겠다는 것이지 외부 침공의 경우 미국의 군사개입을 배제하고 있다는 점이다.

이 NSC-8을 부연해서 설명해 보자. 이는 미국이 '별도의 독립적인 남한(a separate and independent South Korea)'을 창설하기 위해 취하여야 할 단계적 조치를 구체적으로 밝힌 정책이다. 먼저 이 정책보고서는 미국 점령지역[남한]은 경제적으로 허약하고 북쪽의 소련 후원 정권으로부터 위협에 노출되어 있음을 인정하면서, 남한을 공산 지배로 넘기는 것은 중국과 일본에 대해 소련의 정치적 및 전략적인 위상을 높일 것이라고 지적한다. 따라서 이 보고서는 미국은 1949년 회계연도에 1억 8500만 달러의 경제 원조를 제공해야 한다고 권고한다. 그런데 군사원조의 경우 자력 방어의 역량을 갖춘 경비대를 '실질적일 수 있는 한(so far as practicable)' 창설해야 한다고 권고하면서, 이는 북한 또는 기타 외국에 의한 공연한 침공 행위의 경우를 제외한 모든 침공을 막기 위해서라는 것이다. 마지막으로 부처 간의 논쟁거리였던 중요한 미군의 철군 시기에 대해 NSC-8은 1948년 12월 31일이라고 규정했

다.[8]

　이 대한 정책이 추구하는 목표는 넓게 잡아 세 가지로 정리할 수 있는데, 그것은 ① '외국 통제로부터 독립된' 남한단독 정부수립, ② 이 정부가 국민의 자유의사에 근거를 두어 설립될 것, ③ 독립적이고 민주국가의 필수적인 기반으로 건전한 경제와 교육시스템을 세우는 데 미국이 원조할 것으로 귀착한다(*FRUS*, 1948 VI: 1164). 그러나 이런 목표는 보다 직접적인 목표인 주한 미국의 철군을 실현하기 위한 장기적인 목표였다.

　이러한 정책 목표 중 '외국 통제로부터 독립된' 단독정부 수립이란 남한에 친미 반공 정권의 수립을 의미하는데, 이는 뒤에서 살펴보겠지만 중도파를 배제하는 극우 정권으로 발전한 가능성을 열어놓은 셈이 되었다. 그러나 문제는 친미 반공 정권 수립이라는 목표가 중요하긴 하지만 그 정부 수립은 국민의 자유의사에 기초하는 민주국가여야 한다는 목표가 여전히 남아 있다는 점이다. 바로 이 문제에 당하여 미국의 대한 정책은 혼란을 거듭하다 실패하고 만다. 곧 이 두 목표를 양립시키지 못하고 친미반공 정권이 극우반공 정권이 되어 민주주의를 몰아내는 양상으로 사태가 발전해 간 것이다.

'자유민주국가'의 실패

　한국에서 민주주의가 축출되는 과정을 잠시 살펴보자. NSC-8이 추구하는 정책 목표 중 한국에서 자유민주국가를 수립한다는 것은 미국의 공허한 수사학적 선전만은 아니었다. 그것은 미국 이상주의의 꿈인 동시에 외교정

---

8)　미군이 1949년 12월 31일 철군을 완료한다는 시간표는 유엔이 1947년 11월 14일 채택한 결의안이 외군 철수 기한에 관해 정부수립 후 "가능하면, 90일 이내"와 일치하지 않는다. 그런데 유엔총회는 1948년 12월 12일 철군시기를 90일 이내 대신 '될 수 있는 한 조속히(as soon as practicable)'로 바꾼 결의안을 채택한다.

책의 기본 이데올로기이기도 하다. 마치 모든 국내 정책이 '공익'이라는 버팀목이 있듯이 미국의 대외정책은 자유민주주의라는 이데올로기적인 버팀목으로 지탱한다. 따라서 남한점령군 사령관 하지는 1946년 3월 11일 제1차 미소공동위원회 개최에 즈음하여 발표한 성명에서 다음과 같이 천명한다.

> 첫 번째로, 가장 먼저 실현할 미군의 목표는 한국에서 연설, 집회, 종교, 신문의 자유를 제정하고 영속화하는 것이다. 이런 자유는 정치적 호감을 얻기 위해 사용되는 단순한 말이 아니다. 이들 자유는 모든 민주주의가 근거해야 할 원칙을 대표한다.

또한 미국은 1948년 5·10선거로 남한정부가 들어서게 되자 1948년 8월 12일 공식적인 성명을 발표하면서 "유엔은 한국 국민이 자유롭고 민주적 선거를 실시하고, 그것을 기초로 국민국가를 설립함으로써 그들이 오랫동안 추구했던 자유와 독립을 가능케 하도록 목표로 삼은 것이다"라고 선언했다. 그러나 이런 장밋빛 정책목표는 현실적으로 적용함에서 있어 빛이 바래기가 일수이다. NSC-8의 경우도 예외가 아니었다. 그것이 갖는 남한의 국내 정치적 함의에서 그 함정이 나타난다. 반공 단정 정권 체제를 강화하겠다는 미국의 공식적인 입장은 남한의 극우 세력이 그것을 정치적으로 이용하여 중도파를 위협할 수 있는 물리적 경찰력을 키운 셈이 되었다.

그 결과 중도파의 입지는 좁아져 생존 공간 자체가 위협받게 된 것이다. 그 위협의 확실한 신호로 나타난 것이 1948년 12월 1일부터 시행된 국가보안법이다. 소장파는 이 국가보안법 안에 대해서 결연히 반대했지만 미국의 엄호를 받는 이승만 정권 앞에서는 계란으로 바위를 깨겠다는 격이었다.

이승만 정권이 만들어놓은 국가보안법체제 아래서 미국이 이상적 정책목표와 관련하여 현실적으로 할 수 있는 일은 거의 없다. 다시 말하면 자유

민주주의라는 미국의 이상적 정책목표는 이 경우 수사학적인 슬로건이나 또는 관심의 표현으로서 거시담론의 토론이나 연설로 이어질 수밖에 없다.

그 좋은 예가 1950년 1월 초순 남한을 방문한 필립 제섭(Philip C. Jessup) 순회대사의 경우이다. 제섭 박사 일행은 11일부터 14일까지 극동정제조사의 일환으로 남한을 방문하는 중, 이승만 정권의 '경찰국가적 국면'에 대해 우려와 관심을 표명한다. 그는 3·8선을 오고 가는 기차 안에서 장경근 내무차관을 만나 장시간 이야기를 나누는데, 그것은 비판의 표적이 된 국가보안법의 '경찰국가적 국면'에 관해 그의 관심 표명 이상 아무것도 아니라는 인상을 갖게 한다. 그는 이 법 아래서는 '친공(pro-communist)'이라는 이유로 아무라도 마음대로 체포할 수 있다고 다음과 같이 문제를 제기한다.

> 장 차관의 말로부터 내가 갖게 된 실상은 어느 누구라도 친공이라는 이유로 체포될 수 있다는 것이다. 피고는 판사 4인으로 구성된 특별법원에 의해 재판받는데, 판결에 대한 항소제도가 없다. 만일 피고가 재판받는 국가보안법이 위헌이라고 주장한다면, 이 문제는 대법원에 갈 수 있는데 다만 해당 판사가 결정하는 경우에 한다는 것이다. 피고는 변호인을 선임할 수 있고, 만일 변호를 받을 수 없다면 법원이 누군가를 변호인으로 지명한다(「순회대사 필립 제섭 비망록」, 1950.1.14. *FRUS*, 1950 VII: 6~7).

제섭 박사는 국회프락치사건에 관해서도 장경근 차관과 토론을 했다면서 그가 이 사건에 관해 '대단히 회피적(very evasive)' 모습을 보였다고 하면서 다음과 같이 계속한다.

> 그 장 차관는 체포된 사람은 실제 14명 또는 15명이 아니라 7명이라고 말했다[프락치사건과 관련해 체포된 국회의원은 모두 15명이었는데, 그중 13명이 재판에 회부되었다 - 지은이]. 그의 주장에 의하면 그들은 외국의 지령으로 행동

했다는 것이 밝혀지지 않는다면 유죄 판결을 받지 않을 것이라고 한다. 그가 애써 주장하려는 논지는 어느 누가 정부에 반대하는 견해를 가졌다는 이유로 기소되지 않는다는 점이다. 무초 대사는 검찰이 외국의 지령을 증명할 수 있을지 회의를 표하면서, 이승만이 이들 국회의원들을 체포했을 때 리스트에는 대략 20명이 더 있지만 이번에는 체포하지 않을 것이라는 편지를 자신에게 썼다고 말했다.[9] 그것은 국회의 머리를 겨냥한 분명한 위협이다.

…장 차관은 이들 사건 중에서 외군 철수를 주장한 것이 미국 정부가 결정한 것과 일치하는데도 왜 공산당 지령의 분명한 증거라고 생각하느냐는 질문에 대해 대답할 수 없었다(*FRUS*, 1950 VII: 7).

제섭 박사는 이승만 정권의 경찰국가적 경향을 장 차관과 길게 토론을 가졌지만, 정작 그는 이승만을 네 차례 만났을 때나, 이범석 국무총리를 만났을 때 이 문제에 대해 거론했다는 기록은 그가 쓴 비망록에 보이지 않는다. 요컨대 무초 대사가 말하듯 국회의원들의 구속이 '국회의 머리를 겨냥한 분명한 위협'이라는 절체절명의 의회주의 위기 상황에서 그는 경찰국가적 경향에 관해 장경근 차관과 한가한 토론을 벌이는 것으로 관심을 표명했을 뿐이었다.

그는 이 비망록에서 이승만 독재에 관하여 다음과 같이 결론을 맺는다.

나의 전반적인 인상은 무초 대사가 보고한 대로 이승만에 대항해 감히 맞설 사람은 아무도 없다는 한국의 전체상(像)에서 이승만의 독주는 의심할 바 없다

---

9) 여기서 이승만이 리스트에 20여 명의 국회의원이 더 있다는 말은 음미할 만한 대목이다. 곧 이는 이승만이 프락치사건의 수사에 관해 장경근이나 어떤 사람으로부터 상시적으로 보고를 받고 있다는 것을 시사한다. 아마도 1949년 6월 말 프락치사건 관련 국회의원 2차 검거로 모두 10명이 체포된 뒤 무초 대사가 문제를 제기하자 20명이 더 있지만 체포하지 않는다고 서한을 보냈던 것 같다. 그때 이승만은 정재한의 몸속에서 발견된 암호 문서에 등장하는 30여 명의 국회의원의 이름을 보고 받은 것으로 보인다.

는 점이다. 다만 국회의장인 신익희는 상당히 독자적 자세를 보여주었다. 이 독자성은 금요일(1월 13일) 밤 만찬 때 나와 가진 대화에서 보여주었는데, 그는 번스 박사와 내게 말하기를 여하한 상황에서도 총선은 연기되어서는 안 되며, 예정대로 5월 실시되어야 한다고 말했다. 총선이야말로 민주적 발전을 위한 전체 기반이기 때문이라고(*FRUS*, 1950 VII: 3~4).

미국은 신익희가 한 말에 주목 했을까? 뒤에서 살펴보듯 국회프락치사건의 경우와는 판이하게 이승만의 총선 연기 술책의 경우 단호한 태도를 보인다.

다시 미국의 대한 정책으로 돌아와 보자. NSC-8은 NSC-8/1, 다시 NSC-8/2로 마지막으로 조정되어 1949년 3월 23일 트루먼의 재가를 받는다. NSC-8/2는 최종적으로 철군 시한을 다시 그해 6월 30일로 못 박았다. 이렇게 철군 시기가 다시 연장된 것은 1948년 말 내지 1949년 초 중국에서 공산군 승리가 다시 불거지자 국무부는 다시 이 문제를 따져들었기 때문이었다. 예컨대 비숍(Max Bishop) 국무부 북아문제 과장은 중국에서 공산주의가 승리했기 때문에 오히려 한국 철군을 무기한 연장해야 한다고 보았다. 부연하면 그는 "중국의 상실과 함께 한국의 포기는 아시아 모든 나라의 자신감과 사기를 파괴할 것"이라면서, 게다가 공산당의 남한 정복은 '세계 공산주의의 가장 중요한 표적인 일본'을 지배하려는 소련의 책동을 크게 고무시킬 것이라고 내다봤다. 따라서 그는 한국으로부터 조기 철군을 반대하면서, 이는 '동북아시아에서 적대적인 공산주의 정치·군사체계의 팽창'을 도울 것이라고 주장했다(맥스 비숍이 버터워스에게, 1948년 12월 17일. *FRUS*, 1948 VI: 1337~1340).

NSC-8/2의 경우 철군 시기를 1949년 6월 30일로 못 박으면서 철군 전에 남한 방위에 필요한 군사원조를 주겠다는 것이다. 이 군사원조의 경우 육군 6만 5000명, 해안경비대 4000명, 경찰 3만 5000명으로 제한하고 이들에게 경무기만을 공급하겠다는 것이다. 한국이 요구하는 공군과 해군 창설은 배제했다. 이는 이승만이 걸핏하면 큰소리치는 북진통일론을 잠재우겠다는 의도를 보인 것이라고 전문가들은 지적한다(매트레이, 1989: 185). 또한 여기에는 3년간의 경제원조 프로그램을 마련해 의회의 승인을 얻겠다는 안이 포함되어 있다.

골칫거리 이승만

다시 미국의 대한 정책과 관련해 민주주의 요건이 무너지는 과정에 눈을 돌려보자. 앞서 살펴보듯 트루먼 대통령의 고위 외교정책 결정자들은 중국이 공산군에 넘어간 것을 용인한 뒤, 한국이 봉쇄정책의 시험 무대라고 보았다. 이들 정책 결정자들은 중국에서 얻은 교훈, 곧 부패한 장제스 정권이 국민의 신망을 잃은 것이 중국정책의 실패라고 한다면 이를 남한의 이승만 정권이 되풀이하지 말아야 하지 않는가. 부연하면 미국이 한국에 경제적, 기술적, 군사적 원조를 주겠지만, 그것 못지않게 중요한 요인이 이승만 정권이 국민의 지지를 받는다는 요건을 지키라는 것이었다. 국민의 지지를 못 받을 때 이승만 정권은 중국의 국민당 장제스 정권이 당한 운명을 피할 수 없다고 보았기 때문이었다.

그러나 이 문제에서 이승만 정권은 미국의 대한 정책 결정자들에게는 골칫거리였다. 이 문제에 관해 1949년 1월 이승만이 보낸 특사 조병옥과 국무부 극동문제 국장이 한국문제 담당관 버터워스 간에 오고 간 대화는 이 문제를 둘러싼 갈등을 보여준다(「대화 비망록」, 1949.1.5, *FRUS*, 1949 VII, pt.2.: 940~941).

조병옥: 중국이 무너진 뒤 한국은 적대적 공산주의 아시아 대륙에 둘러싸여 있습니다. 그런데도 한국 국회의 몇 명의 경박한 의원들이 북한이 내세운 조

건에 따라 북한과 협상을 통해 통일하자는 것입니다.

버터워스: 남한은 진보적 개혁을 지향하는 '정체적이 아닌 '역동적' 정책을 실행
해야 합니다. 그렇게 되면 대내 정치의 통합과 강력한 힘을 결집하는 데 필
요한 국민의 충성을 촉진시킬 것입니다. 만일 대한민국이 국민의 요구를
무시하면 장제스가 중국에서 범한 똑같은 치명적인 오류를 범하게 될 것입
니다.

조병옥: 그 말씀은 이론적으로는 옳습니다. 진보적이며, 계몽적 프로그램을 말
씀하시는데, 그것은 바로 생존 그 자체를 위해 싸우는 정부에게는 누릴 여
유가 없는 사치품일 것입니다.

버터워스: 그 말씀도 일리는 있습니다. 내가 지적하는 것은 한국이 정체적이 아
닌 역동적인 정책을 시행함으로써 생존 그 자체를 위해 싸워야 하는 사태를
피할 수 있다는 것입니다.

조병옥: 그 말씀을 한국으로 가져가 유의하도록 하겠습니다.

1949년 1월 조병옥과 버터워스가 나눈 대화 비망록을 보면 미국 측 대한
정책 결정자들의 시각이 그대로 드러난다. 곧 그들은 한국이 국민의 지지
를 얻을 수 있는지 여부가 공산주의 팽창 위협을 막는 자기방어가 성공할
수 있는 열쇠라고 본 것이다. 그런데도 미국은 어찌하여 이승만 정권의 경
찰이 국회 소장파를 때려잡는 정치적 탄압을 그냥 보고만 있었을까?

미 대사관의 태도 변화와 소장파의 몰락

위 질문에 대한 해답을 구하기 전 프락치사건을 둘러싼 정치 환경의 국내
부분을 잠시 들여다보자. 이승만은 미국의 후원 아래 단정 정부를 세운 뒤
그는 반공주의의 이름으로 독재체제를 강화해 나간다. 그는 자신의 리더십
에 대한 여하한 도전도 허락지 않았다. 그 결정적인 계기가 된 것이 1948년

10월 터진 여순사건이다. 10월 19일 국방경비대에 침투한 남로당 계열의 젊은 장교와 하사관들이 부추겨 제주공비소탕 작전에 투입 명령을 받은 제14연대가 전남 여수에서 '반란'을 일으켰다.

이 반란은 민중들이 가담해 반란군은 대번에 3000명으로 불어나 여수를 점령하고 '인민공화국' 지지를 외쳤다. 이 반란군은 순천까지 석권하여 무기창고를 접수하는가 하면 경찰서를 불살랐다. 이들은 '인민재판'을 통해 경찰관, 군 장교, 정부관리 수백 명을 처형했다. 민중들이 폭도화된 것은 경찰의 부패와 권력남용에 대한 적개심이 작용한 것이 중요한 요인이었지만 이는 뒤에 묻혀버리고 오로지 공산분자의 정부전복음모만이 부각되었다.

그런데 여순사건에서 미국이 놀란 것은 수많은 민중들이 '반란'에 가담했다는 사실이었다. 정보보고에 의하면 이들 민중들은 공산분자도 동조자도 아니었다는 것이다. 또한 괴로운 일은 공산분자들이 그렇게 쉽사리 국방경비대에 침투하여 민중의 불만을 그들의 정치적 목적에 이용할 수 있었다는 사실이었다.

여순사건 뒤 미국 대사관은 신생 이승만 정권의 존망에 대해 내린 전망은 결코 밝지 않았다. 무초 대사가 보기에는 정치적 관용과 개혁 조치만이 국민의 신망을 얻을 수 있고 따라서 북한 측의 선전을 막을 수 있다고 보았지만 사정은 그렇지가 않았다. 무초가 여순사건이 평정된 뒤 1948년 10월 26일부터 11월 초순까지 국무부에 보낸 전문은 그의 어두운 전망을 반영하고 있다. 그는 한 전문에서 북으로부터 침공의 경우 대한민국이 생존할 전망이 밝지 않다면서, 이승만의 '고압적인 리더십'(heavy-handed leadership)에 대해 민중의 반대가 치솟고 있다고 우려했다. 그는 국내 정치 상황이 '심각한 모습'을 보인다며, 북한 침공이 1949년 봄에 있을 것으로 내다봤다(주한 대사가 국무장관에게, 1948년 10월 26일. *FRUS*, 1948 VI: 1325~1327).

한편 여순사건에 대한 이승만의 대응은 국가보안법 체제를 만드는 것이었다. 그 결과는 이승만이 철통같은 반공체제 아래 독재를 강화하는 것이었다. 헨더슨은 이렇게 말한다.

> 이런 사건들이 독재체제로의 경향에 박차를 가했다. 정부는 재빨리 국가보안
> 법을 국회에 제출했으며, 11월에 들어서 약간의 반대가 있었지만 이를 가결했
> 고, 12월 1일 시행에 들어갔다. 이 법은 안보의 이름으로 공산주의를 불법화하
> 고 공산주의자들을 기소할 수 있게 한 것이지만, 행정부가 정적을 없애기 위해
> 사법부를 이용하는 것이 가능할 정도로 모호한 정의를 내릴 수 있게 규정되었
> 다. 다만 미국 대사관이 개입해 소급처벌법 조항은 포함되지 않았다. 사법부는
> 행정부의 지배도구가 되고 말았다. 사법부는 권리의 옹호자도 권력 균형의 기관
> 도 아니었으며, 식민지 아래보다도 오히려 더욱 행정부가 지배하는 적극적인 도
> 구가 되었다(헨더슨, 2000: 251~252).

국회프락치사건은 위와 같은 국내외 정치 환경에서 일어났다. 미국은 소
련을 가둬두려는 봉쇄정책의 틀 안에서 한국문제에 접근하기로 했다. 그것
은 소련 공산주의 팽창을 막기 위해서는 미국의 군사적 보호보다는 한국의
자력방어능력을 높이는 것이 핵심이라는 전략이다. 문제는 미국이 한국의
자력방어능력을 높이기 위해 경제 및 군사원조를 주겠지만 이승만의 고압
적 독재와 개혁 프로그램의 실종이 국민의 신망을 저버리게 한다는 점이었
다. 그 좋은 예가 바로 국회프락치사건이었다. 이 사건에 걸려든 소장파 국
회의원들이 개혁입법을 통해 여론의 주목을 받고 이른바 '소장파 전성시대'
를 구가할 만큼 무시할 수 없는 정치 세력이 된 것은 이미 다른 곳에서 살펴
본 바와 같다(김정기, 2008b 제8장 4절 "국회프락치사건의 성격" '소장파의 등장' 참
조). 미국은 이 사건에 대해 어떻게 대응했을까? 이 문제에 대해 답하기 위
해서는 당시 소장파 그룹의 활동과 그에 대한 대사관의 반응을 면밀히 살필
필요가 있다. 미 대사관의 무초 대사를 비롯해 드럼라이트 참사관, 헨더슨
3등서기관이 1949년 6월 국회프락치사건 관련 국회의원 2차 검거 뒤 국무

부에 보낸 전문을 보면, 이 사건을 이승만 정권이 자행한 국회 탄압이라고 본 것이 분명하다. 그런데도 대사관은 이 사건에 관심을 보였지만 그 이상 아무것도 하지 않은 것도 사실이었다. 헨더슨이 1950년 11월 작성한 비망록이 이 사건이 '국회에 대한 테러'라고 말하면서 대사관이나 새 유엔한국위원단이 그런 테러 행위를 방지하기 위해, 또는 재판의 개선을 위한 필요성을 지적하기 위해 "도대체 무엇을 했는가?"라고 비판한 대목이 눈에 띈다 [제8장 3절의 '정치비망록' 참조].

그러나 헨더슨의 상관인 드럼라이트가 국회소장파를 보는 시각은 달랐다. 그 당시 소장파 의원들이 좌충우돌한 측면이 보이기도 한다. 이문원은 한미재정재산협정에 반대하면서 이는 가진 자에게만 유리하고 점령 비용을 한국에 전가한다고 하였다. 이들 소장파들은 미군의 즉각 철수는 물론 미 군사고문단의 주둔도 반대하는가 하면, 이들은 미국 대사관이 있는 반도호텔을 미국에 양도하는 이승만의 계획에도 반대했다[드럼라이트가 애치슨에게, 1949년 2월 11일, 국무부기록, 749.0019 Control(Korea)/2-1149].

눈 감은 미국

이런 상황에서 미국 대사관은 이승만 정권이 소장파 의원들을 마구잡이로 체포한 것에 대해 어떻게 대응했을까? 이미 살펴본 대로 1949년 6월 말 프락치사건 관련 의원들의 2차 검거가 대규모로 행해진 뒤 미국 대사관은 이들의 체포가 국회의 무력화를 가져온다는 사실을 알고 있었다. 그런데도 미 대사관, 또는 미 국무부는 이에 대해 '무대응'으로 일관했다. 8월 10일 3차 검거가 행해졌을 때에도 마찬가지였다. 결국 이승만 정권이 '자유 분위기'에서 이루어졌다고 하는 5·10선거에서 당선된 15명을 구속한 행동에 대해 미국은 눈감은 셈이었다.

물론 미국을 대변하는 주한 미 대사관이 전혀 관심을 표명하지 않은 것은 아니다. 무초 대사가 프락치사건 관련 국회의원의 2차 검거가 있자 이승만 대통령을 만나 한국 이미지를 해칠 것이라고 항의성 문제제기를 했음은 이미 논의한 바와 같다. 드럼라이트도 김약수 부의장의 체포가 이승만의 정치적 동기가 분명히 작용했다고 하면서, 남한의 민주주의에 공헌한 사람들을 처벌하는 것은 잘못이라고 주장한다. 그는 "그들의 [정부] 비판은 다소 감정에 치우치긴 했지만 일반적으로 타당한 근거를 가지고 있다. 그들이 지방자치와 토지개혁과 같은 민중을 위한 조치를 위해 보수주의자들과 대항해 싸웠기에 이들 법안이 국회를 통과하게 된 것이다"(드럼라이트가 애치슨에게, 1949년 7월 11일, 국무부기록, 895.00B/6-2549)라고 평가하고 있다.

그러나 미 대사관의 우려는 헨더슨에 의하면 관심을 표명한 수준 이상은 아니었다. 미국이 최종적으로 마련한 NSC-8/2도 이승만의 북진통일론을 외치려는 유혹을 차단한다는 의도를 보이기는 했지만 국내 정치에서 중간파의 입지를 결코 넓혀주는 것은 아니었다. 이런 미국의 입장을 잘 보여주는 것이 대사관 2인자인 드럼라이트 참사관이 소장파에 보인 반응이다. 드럼라이트는 이 소장파가 너무 민족주의적이며, 세상물정을 모르는 '절망적으로 천진하고 비현실적인' 집단이라고 본 것이다. 그는 1949년 3월 17일 보낸 전문에서 소장파 지도자들이 전 세계에 걸쳐 벌어지고 있는 소비에트주의 성격을 모른다면서, 독립과 민주주의의 완전한 상실, 그리고 아마 생명 그 자체를 빼앗기지 않고는 소비에트들과의 타협이 불가능하다는 점을 이해하지 못한다고 강하게 비판하고 있다(드럼라이트가 애치슨에게, 1949년 3월 17일. *FRUS*, 1949 VII, pt. 2: 967). 다시 말하면 드럼라이트는 소장파 의원들이 내놓은 북한과의 협상을 통해 통일을 이룩하려는 남북협상안을 어리석기 짝이 없는 '비현실적인' 방안으로 본 것이다.

드럼라이트가 소장파가 내세운 평화통일안과 주한외군 철수안에 대해 폄훼하는 평가를 내린 것은 당시 미 대사관 내지 국무부의 입장을 대변한 것으로 보인다. 당시 소장파는 유엔한국위원단(United Nations Commission on Korea: UNCOK, 이하 '새 유엔한위')의 활동을 앞두고 1949년 2월 5일 김병회 의원 외 70명이 '남북평화통일에 관한 긴급결의안'을 국회에 제출했다. 이 71명의 의원이 서명하여 제출한 결의안은 첫째, 이승만, 김구, 김규식 등 민족적 애국적 진영은 총단결하여 민족 역량을 집결하도록 노력할 것, 둘째, 남북 평화통일을 실현하기 위하여 유엔 결의에 의한 한국 내 주둔 외군의 즉시 철퇴를 실현하도록 새 유엔한위에 요청할 것을 주장하는 것이다(『제헌국회속기록』 제2회 24호, 1949년 2월 7일).

이 결의안은 기립투표에서 재석 159명에, 가 37표, 부 95표, 기권 27표로 부결되었으나 적어도 이 결의안에 반대하지 않은 의원이 64명이나 되어 남북협상평화통일 안이 적지 않은 의원들의 동조를 이끌고 있음을 보여주었다. 그러나 이 결의안 표결에 앞서 김병회 의원과 서용길 의원이 발언한 내용을 보면 드럼라이트가 평한 것처럼 '절망적으로 천진한' 발상을 엿보이기도 하지만[10] "남정(南征)이나 북벌(北伐)은 절대로 용납할 수 없는 망상이며 평화적 방법 대신 무력에 호소한다면 우리의 숙원은 달성하지 못할 것"이라고 역설하여 중도파의 입장을 대변하고 있다

그러나 국회소장파가 주장한 남북협상 평화통일 안은 미국이 대한 정책으로 정한 NSC-8에 반하는 것이었다. 당연히 주한 미 대사관은 이들의 입장을 배척했다. 그것은 미 대사관이 남북협상방안을 두고 새 유엔한위에 보인 비판적 태도에서 잘 나타난다. 주한 미 대사관은 남북협상안에 대해 적대적 캠페인을 펴는 이승만 정권의 손을 들어주는가 하면 반공적 경찰행

---

10) 김병회 의원은 이 결의안에 찬성 발언을 하면서 "1947년 11월 14일 유엔 총회 결의에 의해 외군 철퇴와 동시에 국군에 포함되지 않은 군사 및 반 군사단체는 해산시킬 것이 규정되어 있으므로, 우리 국가에 포함되지 않은 북의 인민군과 보안대는 유엔한국위원단의 감시하에서 해체되어야 한다"고 발언하는가 하면, 서용길 의원은 결의안 지지 성명에서 "소련군이 북에서 철퇴하였으면, 그 지역은 한국의 영토이고 인민은 한국의 국민이므로 이제 그곳을 왕래할 수 있게 되었다"고 말했다(『제헌국회속기록』 제2회 24호, 1949년 2월 7일). 이는 당시 남북 대결의 현실에 전혀 맞지 않는 발언이다.

위를 옹호한다. 잠시 이를 부연해서 설명해 보자.

외군 철수 진언서

국회 소장파 의원들은 '남북평화통일에 관한 긴급결의안'이 폐기된 뒤 다시 새 유엔한위를 찾아 주한외군 철수를 촉구하는 진언서를 제출한다. 그런데 소장파 의원들이 새 유엔한위에 제출한 진언서가 전혀 헛된 도로(徒勞)만은 아니었다. 그것은 새 유엔한위 사무국장 란쇼펜 베르트하이머(Egon Ranshofen-Wertheimer)[11] 박사가 사뭇 독자적인 행보로 소장파가 주장하는 남북 협상과 외군 철수 제안에 공감하는 행동을 보였기 때문이었다. 오스트리아 출신으로 미국으로 이민한 이 국제외교관이자 학자 출신인 란쇼펜 베르트하이머는 소장파 의원들이 1949년 3월 19일 62명의 이름으로 유엔한위에 '주한외군 철수를 촉구하는 진언서'를 제출했을 때, 그 대표인 김약수 국회부의장과 함께 온 소장파 의원들과 진지한 협의를 했다. 뒤에 프락치사건 담당 검사 오제도가 작성한 기소문에 의하면 김약수 일행과 '하이만'[란쇼펜 베르트하이머를 그렇게 쓴 듯 - 지은이] 유엔한위 사무국장과의 대화는 다음과 같다(김세배, 1964: 795~796).

김약수: 우리는 병든 사람이기 때문에 미리 통지를 하지 않고 돌연 의사를 방문
하였습니다. 이것을 양해해 주십시오. 우리는 전 민족의 의사와 요구를 대
표하여 온 것이며 그 내용은 이 진언서 가운데 충분히 표현되었습니다.

---

[11] 에곤 란쇼펜 베르트하이머는 1984년 9월 4일 가톨릭 가정에서 태어난 뒤, 1930년부터 제네바에서 외교관으로 10년간 일했다. 그는 『영국노동당의 얼굴』(1929)이라는 책을 썼는데, 일약 베스트셀러가 되어 유명 인사의 반열에 오르기도 했다. 1940년 미국으로 이민한 뒤 아메리칸대학 교수로, 카네기 평화재단에서 연구원으로 일했다. 그는 1946년부터 1955년 은퇴할 때까지 유엔의 고위직 행정관으로 일하다가 유엔한국위원단 사무국장으로 임명되었다. 그는 유엔의 국제행정에 관한 저서를 써내 유엔의 '선구자'라는 평을 받는다. 1957년 12월 27일 영면.

즉 외군 즉시 철거와 자주적 평화 통일의 진언서를 우연히 작성한 것이 아니요 본래의 숙원이었든 것이다. 충분히 검토하여 참고하여 주기 바랍니다.

베르트하이머: 62인이 개인인가? 당원(조직원)인가?

노일환: 우리는 전부 국회의원들입니다. 각계각층을 망라한 것이며 나는 한민당원입니다.

이문원과 박윤원: 우리는 동인회 회원입니다. 전 인민을 대표하여 온 것입니다.

베르트하이머: 공개적으로나 비공개적으로나 전부 만나 기탄없이 이야기를 나누고 싶습니다.

김약수: 자유 분위기만 허용된다면 언제든지 만나겠습니다.

베르트하이머: 언제가 좋습니까?

김약수: 그럼 20일로 하지요.

베르트하이머: 좋습니다. 그런데 이문원 씨가 누구입니까?

이문원: 접니다. 당신들이 사명을 완수하지 못하면(벽에 걸린 사진을 가리키며) 고국의 스위트 홈으로 돌아가야 합니다.

이문원 의원은 그 뒤 약 한 달 반 만인 4월 말경 체포되었다. 소장파 의원들은 유엔한위 사무국장의 진지한 반응에 고무된 것은 사실인 듯하다. 김약수 부의장 등 6명의 의원들은 프락치사건 관련 의원들의 1차 검거 뒤에도 6월 17일 다시 유엔한위 란쇼펜 베르트하이머 박사를 만나 의원 62명의 이름으로 미 군사고문단 설치에 반대한다는 서한을 건넸다. 이들 의원을 포함한 7명이 6월 21~25일 체포되었다.

이승만 정권은 새 유엔한위의 활동에 촉각을 곤두세우고 있었다. 그것은 이 유엔기구가 한반도로부터 점령 외군의 철수를 감시하고 검증하며, 한반도의 재통일을 위해 노력할 뿐만 아니라 '국민의 자유로운 표현 의사에 근거한 대의제 민주정의 계속 발전을 위해 관찰과 협의'를 해야 한다는 광범한 임무를 떠맡고 있는 것에 불안을 느끼고 있었기 때문이다. 아직 새 유엔한위가 본격적인 활동에 들어가기 전 1949년 2월 중순 이승만은 유엔한위가 북한 정권을 접촉하는 것은 공산 정권을 묵시적으로 승인하는 것이라고 주장하면서, 유엔한위의 임무는 대한민국을 절대적으로 지지하고 북한 정권의 불법적이며 비민주적 성격을 조사하는 것이라고 천명했다.

이는 새 유엔한위의 입장에서는 그 임무를 간섭하는 것이기 때문에 자연 마찰이 예고되어 있었다. 이승만 정권은 '공산분자들이 유엔한위를 오도한다'는 명목으로 덕수궁 안 유엔한위 사무실 앞에 경찰을 세워 방문자를 검문하기까지 했다. 이는 새 유엔한위 사무국장의 격렬한 항의를 불러일으켰다. 미국 대사관의 입장으로서는 전체적으로 새 유엔한위가 한국문제를 국제화한다는 미국 전략에 부합하기 때문에 이승만을 설득하여 새 유엔한위에 협력하도록 하는 수밖에 없었다(「드럼라이트의 대화비망록」, 1949.2.23, *FRUS*, 1949 Ⅶ, pt 2: 964~965). 이승만은 꺼림칙해 하면서도 경찰을 철수시키지 않을 수 없었다.

새 유엔한위와 이승만 정권의 갈등은 여기서 끝나지 않는다. 새 유엔한위 사무국 차장 샌퍼드 슈워츠(Sanford Schwarz)가 신문기자와의 인터뷰에서 1949년 3월 북한지도자와 독자적 입장에서 접촉하겠다는 의사를 표명하자, 당시 윤치영 내무장관은 국회에 출석해 "샤바츠[슈워츠]가 북쪽 요인을 만난다고 하면 그것은 대한민국에 반항하는 반역자와 만나는 것이므로 절대 반대한다"고 비난하면서 대한민국은 불법 점령당한 영토의 회복을 위한 방어권을 발동할 뿐이므로 평화적 통일이라든가 하는 것은 있을 수 없다고 말했다. 또한 기자가 "북에서 남을 친다든지 남에서 북을 친다든지 하는 것을 어떻게 생각하느냐"고 물은 것은 북쪽의 주권을 인정하는 발언이므로, 대한민국의 신민(臣民)으로 이러한 말을 쓰는 것을 그대로 둘 수 없다고 극언했다(『제헌국회속기록』 제회 51호 및 54호, 1949년 3월 11일 및 15일 자).

이러한 발언에 대해 소장파 국회의원 강욱중, 노일환 등이 북쪽 요인을 만났다는 것이 그것만으로 주권 침해라고 볼 수 없으며 화평통일이 될 수만 있다면 그것보다 더 좋은 일이 어디 있느냐고 반박하고 기자들이 질문을 주권 침해니 대한민국을 무시하느니 한 윤 장관의 말은 '궤변 중의 궤변'이라고 공박했다. 이들은 곧 체포되지만 아직 소장파의 목소리를 낸 것이었다.

새 유엔한위에 대한 이승만 정권이 보인 태도는 과잉 반응이었다. 그러나 이 과잉 반응에 새 유엔한위가 처음부터 흔들릴 필요가 없었다. 이 유엔기구는 제39차 회의에서 남북 간에 중개 역할을 자임하는 한국통일 방안을 결의했다. 이 통일 방안은 ① 한국의 통일을 위하여, 그 방책과 가능성을 고려한 남북 간 대표자들의 여하한 종류의 회담에 대하여도 이를 원조할 의사와 용기가 있음을 숙지할 것, ② 남북 간의 교역을 시험적 출발점에서 정상적으로 계속 회복할 목적으로 조력할 것, ③ 통일의 앞날에 지대한 손실을 끼치고 있는 양 지역의 계획적인 악감정적인 격앙을 의도하는 한국 내외로부터 발하는 선전을 중지하도록 할 것이었다.

이 통일방안은 기본적으로 국회 소장파의원들이 제출한 결의안과 상통하는 것이지만 이승만 정권이 여순사건 뒤 국가보안법을 무기로 한 반공체제 강화와는 정반대의 방향이었다. 당연히 이승만 정권이 펼치는 극우반공주의의 궤적에서 움직이는 인사들의 반발이 봇물처럼 터졌다. 먼저 신익희 국회의장은 새 유엔한위의 이런 결의는 대한민국의 중앙 대표성을 인정하지 않은 것으로, 공산당 오열의 행동과 같은 담화를 발표하여 민심을 소란시키고 어떠한 선전재료를 준다는 것은 용납할 수 없으므로 한국위원단의 퇴거를 외무부에 요청할 수 있다고 열을 올린 것이 대표적이다.

새 유엔한위의 통일방안은 남북 간의 첨예한 긴장을 완화하기 위해 남북 간의 협상회담을 중개하겠다는 것으로 이 유엔기구의 임무에 충실한 것이었으나 당시 이승만 정권에게는 신경을 자극하는 사항이었다. 국회 밖의 중도파 세력을 상징하는 김구, 김규식 등이 버티고 있을 뿐만 아니라 소장파 의원들이 이런 입장을 견지하고 있었기 때문이었다. 실제 김구는 소장파 의원들이 새 유엔한위에 제출한 외군철수 '진언서'에 대해 "건설적으로 본다"

면서 통일을 위한 '백절불굴의 열의'를 강조했다(≪서울신문≫, 1949.3.26). 그러나 새 유엔한위가 결의한 남북한 통일방안과 뒤에 채택한 보고서에 대해 미 대사관은 크게 못 마땅해했는데, 이에 관해서는 곧 살필 것이다.

경찰의 언론인 체포

이승만 정권의 새 유엔한위 때리기가 계속 가열되고 있는 가운데, 7월 16일 서울시경 형사들이 중도영자지 ≪서울타임스(The Seoul Times)≫의 편집국장 최영식을 체포한 사건이 일어났다. 경찰은 최영식이 남로당의 비밀당원이며 새 유엔한위와 '너무 친근한 접촉을 유지하고 있다'는 것이 혐의였다고 미 대사관에 알려왔다. 그날 오후에 다시 새 유엔한위 출입기자 4명이 체포되었는데, 이들은 남로당의 비밀당원이며, 한 유엔한위 위원에게 공산당에 호의적인 질문서를 보냈다는 것이다(주한대사가 국무장관에게, 1949년 7월 18일 및 19일. *FRUS*, 1949 VII :pt. 2, 1062~1063).

국무부는 새 유엔한위에 관련된 언론인의 체포에 관한 서울 대사관의 보고를 받고, 최영식 국장이 체포한 혐의가 새 유엔한위와 '너무 친근한 접촉을 유지한 것'이라고 하니, 이는 '어떠한 문명 기준'에도 어긋나는 한국의 '죄악'이 될 것이라고 경고하고 나섰다. 국무장관은 그러한 '자의적인 행동'이 새 유엔한위를 창설한 유엔결의에 찬성한 국가들에 모욕이 될 것이며, 이들 국가들의 우호적 협조를 상실하게 되어 결과적으로 다가오는 총회에서 한국의 입장에 해악을 끼칠 것이라는 점을 지적하라는 훈령을 내렸다. 이 훈령은 또한 한국원조 계획의 의회 승인도 어렵게 만들 것이라고 경고했다(국무장관이 대사관에, 1949년 7월 19일. *FRUS*, 1949 VII :1063).

이 훈령에 대해 무초 대사가 국무장관에 보낸 반응이 흥미롭다. 그는 경찰의 자의적인 행동을 문제 삼기보다는 오히려 옹호한 것이다. 무초 대사가 7월 21일과 22일 국무부에 보낸 전문은 최영식이 새 유엔한위와 너무 친근한 접촉을 유지하고 있다는 말은 치안국장이 비공식적인 구두로 한 말이며 공식적인 주요 혐의는 남로당의 당원이라는 결정적인 증거라고 했다.

7월 16일 5명의 기자를 체포한 한국의 조치는 '홍보적 관점'(public relations view point, 따옴표 — 지은이)에서는 지탄할 일이지만, 새 유엔한위에 대한 한국인의 적대감을 주장하고 한국 정부와 미국의 주한 활동을 미묘하게 음해함으로써 유엔한위 위원들과 사무국원들의 마음에 공포와 편견을 심으려는 남로당원들의 캠페인을 차단한 듯하다. 대사관이 믿기로는 남로당원들 측의 이런 활동은 유엔한위에 영향을 주고 한국의 이미지를 깎아내리는 데 어느 정도 성공하고 있다. 만일 공산주의자들이 한국으로부터 새 유엔한위를 축출하려는 당면 목적을 성공한다면 이는 그들의 현재 '조국 통일' 캠페인에서 일대 승리를 의미한다. 이 캠페인은 민족주의와 반외세주의를 호소하는 데 기반을 두고 있는데, 여기에 새 유엔한위가 주요한 걸림돌이 되고 있다는 것이다(주한대사가 국무장관에게, 1949년 7월 21일 및 23일, *FRUS*, 1949 VII : 1064~1065).

무초 대사는 언론인 체포는 '홍보적 관점'에서 한국이 잘못하고 있음을 인정하지만 그것은 새 유엔한위를 축출하기 위한 남로당의 캠페인을 차단했다는 점에서 오히려 바람직하다는 입장을 드러낸다. 곧 그는 이들 체포된 언론인들이 남로당원이라고 한국 경찰이 주장하는 혐의를 인정하고 있다. 무초 대사는 한 대목에서 "대사관은 이들 언론인 5명 체포가 혐의가 있는지 증거는 없지만, 우리가 관찰하기로는 몇 명의 기자들이 유엔한위와 한국과의 관계를 악화시키려 안간힘을 썼지만 결코 성공하지 못했다"고 말한다. 이 점이 중요한 것은 프락치사건 관련 국회의원들이 남로당프락치라는 수사 당국의 주장을 같은 맥락에서 인정한 대사관의 태도를 엿볼 수 있기 때문이다.

이것은 서울 대사관이 워싱턴 본부가 대한 정책으로 NSC-8을 결정했을 때 보인 태도보다도 새 유엔한위가 1949년 8월 한국문제에 관한 보고서가 유엔에 제출되었을 때 더욱 강경해졌음을 보여준다(FRUS, 1949 VII: 1068~1070). 부연하면 무초 대사는 이 유엔한위 보고서가 이승만 정권이 독재정권이라고 비판한 대목에 이르러, 이를 힘주어 부정한다. "남한 경찰이 정치적 탄압의 죄를 짓고 있지만, 만일 침공의 위협이 똑같이 크다면 워싱턴도 같은 조건에 당면할 것이다"라고 그는 이승만 정권을 강한 목소리로 옹호하고 있다. 그는 계속하여 "남한의 경우 북한과는 대조적으로 '비공산주의적 반대는 상대적으로 자유롭기 때문에' 남한사람들은 정부를 비판할 수 있다"고 주장한다(주한대사가 본드에게, 1949년 9월 12일, 국무부기록, 501.BB Korea/8-3149).

이승만의 입장을 보다 분명한 어조로 지지한 사람은 대사관 일등 서기관인 노블(Harold Joyce Noble) 박사다. 그는 1949년 8월 20일 쓴 비망록[12])에서 새 유엔한위의 보고서를 분석하면서 이승만의 입장을 그대로 대변한다. 그는 새 유엔한위보고서의 전반적 내용이 미국의 이익에 해롭다고 평가를 내리면서, 특히 란쇼펜 베르트하이머를 수장으로 하는 사무국을 신랄하게 비판한다. 이는 이승만이 새 유엔한위의 임무를 둘러싸고 유엔 기구를 성토한 것을 상기케 한다.

노블은 구체적으로 사무국이 1948년 12월 12일 유엔결의 제4항을 잘못 해석하여 남북한 정부 간의 중재를 임무로 삼았다는 것이다. 그 조항이 말하는 것은 북한에서의 선거를 감시하는 임무라고 보아야 옳다는 것이다. 이는 이승만 정권의 목소리를 그대로 낸 것이다. 그러나 보다 중요한 것은 새 유엔한위 사무국의 입장이 국회 소장파 의원들이 내세운 평화통일안과

---

12) 이 비망록은 무초 대사가 1949년 8월 20일 국무부에 보낸 전문(FRUS, 1949 VII: 1068~1070)에 첨부물(enclosure)로 동봉된 보고서(「제4차 유엔총회에서의 유엔한위와 미국정책」, FRUS, 1949 VII: 1070~1075)이다. 이 비망록의 서두는 "한국에 관한 UNCOK 보고서는 전의 UNTCOK 보고서보다 더욱 변변찮게 작성되었다"라고 시작한다.

부합한다는 사실이다.

그는 남북한 간의 성공적인 중재의 가능성이 전무한 것 같다면서도, 그러한 중재가 가능하고 성공적이라면 그것은 사실상 미국의 이익에 반한다고 주장한다. 그 까닭은 공산주의자들이 남한에 들어올 수 있는 길을 열어주기 때문이라고. 이는 이승만이 북한과의 타협을 전면 거부한 입장과 완전 일치하는 의견이다. 그는 부연해서 한국의 사태는 그리스의 경우와 유사한데, 그리스에서는 유엔 감시관들이 게릴라 침공과 이웃나라의 침공 행위에 관해 보고하게만 되어 있지 그리스 정부와 공산반군 간의 중재자로서 활동은 못하게 되어 있다는 것이다(FRUS, 1949 VII: 1073쪽).

새 유엔한위의 보고서를 평가한 노블의 비망록은 남북 간의 통일을 위한 협상의 가능성을 배제하면서 오히려 그것을 미국의 이익에 반한다고 못 박고 있다. 이는 사실상 국회 소장파가 주장하는 평화통일론을 정면으로 부인한 것이다. 무초 대사, 드럼라이트 참사관, 노블 1등서기관이 적은 기록은 남북협상론을 배제하면서 이승만 정권의 극우 반공적 행태를 옹호하고 있는 것이다.

여기서 우리는 소장파 국회의원들이 대거 체포되었는데도 미 대사관이 눈감고 넘어간 정책적 배경을 읽게 된다. 곧 국회 소장파들이 '남북평화통일에 관한 긴급결의안'을 국회에 제출한 것과 관련하여 이는 미 대사관의 선임외교관 노블이 본 것처럼 그것은 미국 국익에 반하는 것이었다. 그렇다면 미 대사관이 이들 개혁적 성향을 지닌 국회의원들이라고 해서 그들의 체포를 말릴 필요는 없으며 오히려 미국 국익상 바람직한 일이다. 이것이 국회프락치사건과 같은 대형 정치 사건이 1949년 4~8월 간 일어날 수 있었던 배경이라고 추정할 수 있다.

다시 노블 박사가 한 말에 돌아와 보자. 그는 사실상 이승만 정권의 대변인이 된 것처럼 보였다. 새 유엔한위가 이승만 정권을 비판한 대목에 대해 그가 제기한 반론이 그것을 반증한다. 유엔한위 보고서가 한국 정부를 비판한 대목은 ① 통일에 대해 적대적이라는 것, ② 1948년 유엔결의가 한국 정부가 남한만을 관할한다고 했음에도 전 한반도를 관할한다고 해석한다는 것, ③ 남한 국민의 국론이 분열되어 있다는 점, ④ 한국 정부의 정치적 기반이 좁다는 것.

이에 대해 노블은 반론을 펴면서 한국정부가 다음과 같이 대처할 것이라고 말한다(*FRUS*, 1949 VII: 1074). 첫째, 한국정부가 통일에 적대적이라는 점에 대해: 1947년 11월 14일 유엔결의가 1948년 총선에서 북한대표를 결정하는 선거가 유엔 감시 아래 치러져야 한다고 했다. 이승만 정부는 새 유엔한위가 이를 실행해야 한다는 점을 촉구하는 서한을 발송할 것인데, 이 서한은 한국이 유엔 후견 아래 통일을 갈망한다는 사실을 보여줄 것이다. "이런 요청이 비록 비현실적이긴 하지만, 그 서한은 한국정부가 통일에 적대적이라는 비판을 반박하는 데 도움이 될 것이다"라고 그는 덧붙인다.

둘째, 한국 대표가 파리 총회에 참석하여 한국 정부는 전 한국을 대표한다고 주장한 것이다. 한국이 새 유엔한위가 도착한 이래 이러한 주장을 한 것은 새로운 것이 아니지만, 이런 주장을 하는 것은 한국정부의 권리이며, 그것을 거부하는 것도 유엔의 권리이다.

셋째, 한국 국민의 국론이 분열되어 있다는 새 유엔한위의 주장은 근거가 없다. 왜냐하면 실제적 근거는 1948년 5·10선거와 정부에 충성하는 관리, 경찰, 군이며, 앞으로 치러질 1950년 새 선거이기 때문이다. 마지막으로 1950년 선거를 앞두고 새 유엔한위나 유엔총회가 한국 정부의 정치적 기반이 좁다 또는 넓다고 판단하는 것은 부적절하다고 그는 주장한다.

노블이 제기한 반론 중 그는 국론의 중심축을 이승만에 정권에 충성하는 관리, 경찰과 군으로 보고 있다는 점이 드러나며, 1950년 5·30선거 결과가 이승만에 유리할 것으로 점치고 있다. 그는 다가올 총선에 기대를 걸고 있지만 그 뒤 알려지듯 선거 결과는 이승만파 거물들이 대거 낙선하고 중도파 세력이 눈에 띄게 국회에 진출했음을 보여주었다.

미 대사관의 선임외교관이 이승만 정권의 대변인처럼 목소리를 내는 것은 노블이 이승만과 가까운 사이에서 참모 역할을 했다[13)는 사정도 감안해야 하지만, 노블의 목소리는 당시 미국의 대한 정책이 이승만을 한국의 지도자로 선택하고 있음을 반영한다.

여기서 우리는 미 대사관 지도부가 1949년 여름을 지나면서 프락치사건에 대한 태도를 바꾸었다는 점을 알 수 있다. 그해 6월 하순 프락치사건 관련 국회의원들의 2차 검거에 대해 무초 대사가 이승만을 만나 항의했다는 사실은 이미 언급했다. 미 대사관은 이것이 이승만이 저지른 야당 탄압이라고 인정했다는 것은 무초, 드럼라이트, 헨더슨이 6월 21~25일 국무부에 보낸 전문에서 밝혀졌다. 그런데 1949년 여름에 들어서 미 대사관은 이승만의 경찰국가적 행위를 싸고돈다. 위에서 살펴본 대로 7월 16일 경찰이 새 유엔한위 출입기자 등 5명의 언론인을 체포했을 때는 증거도 없이 이들이 남로당의 비밀당원이라는 경찰의 주장을 그대로 받아들인다. 그렇게 달라진 까닭은 무엇일까?

그것은 북한 측이 남한에 대한 선전 공세뿐만 아니라 무력 공세도 한층 강화한 데 따른 반응일 것이다. 북한군은 38선 남북 대치 지점에서 무장 공세를 강화했을 뿐만 아니라 선전 공세도 강화했다. 예컨대 평양방송은 새 유엔한위를 '미제 침략자의 주구'라고 매도하면서 한국으로부터 축출하기 위한 캠페인을 강화했다. 이는 무초 대사가 새 유엔한위 관련 언론인을 체포한 것에 관해 보낸 전문에서 평양방송의 유엔한위 축출 캠페인에 따라 남로당이 움직인 것으로 보고 있다.

---

13) 해럴드 노블은 초창기 한국에 파견된 미국선교사 가정 출신으로 그의 아버지가 1890년대 배제학당에서 이승만을 가르치기도 했다. 노블은 군 정보기관에서 근무한 경력의 소유자로 이승만과 하지 또는 무초 대사와의 협상에서 중재자 역을 맡았다고 한다. 그는 1950년 9·28 서울 수복 뒤 이승만의 유엔군 사령부에 대한 연설문을 직접 써주기도 했다(Cumings, 1990: 230). 그는 1953년 죽기 전 한국전쟁에 대한 유고를 남겼는데, 1975년 『전쟁 중의 대사관(Embassy at War)』으로 출간되었다.

이러한 맥락에서 미 대사관은 국회프락치사건의 경우도 소장파 국회의원들에 대한 이승만의 정치탄압보다는 북한의 공세에 더 주목했을 것이다. 드럼라이트는 1949년 6월 하순 국회의원들의 2차 검거 뒤 국무부에 보낸 전문에서 "소장파 집단이 '공산당의 남한 접수'를 방지하기 위한 행동을 하지 않았을지라도" 그들의 처벌은 잘못된 것이라고 말한다(드럼라이트가 애치슨에게, 1949년 7월 11일, 국무부기록, 895.00B/6-2549). 바꾸어 말하면 그는 소장파 국회의원들이 남한 침투공작에 대해 적어도 소극적으로 대응하고 있다는 점을 인정한 것이다. 미 대사관 지도부는 이런 심리가 만연하고 있는 가운데 이승만의 반공적 정치 탄압에 동조했다고 보인다.

북한의 박헌영이 남북노동당 전체에서 헤게모니 장악을 염두에 두고 남로당이 소장파에 대한 공작을 '소리 나게' 벌인 데 대해 미 대사관은 이승만의 반격을 적어도 묵인 또는 묵시적인 지지를 했다고 보인다. 그러한 맥락에서 이승만 정권의 소장파 탄압은 1949년 여름 조용히 이루어질 수 있었다고 짐작할 수 있다. 무초 대사를 비롯한 대사관 지도부는 프락치사건 관련 국회의원 2차 검거가 행해진 6월 말이래 계속된 국회의원 검거에 철저한 침묵으로 일관하고 있었다.

미국 대한 정책의 실패: 실수인가? 공작인가?

여기서 1948년 단정 수립으로부터 한국전쟁을 거쳐 1952년 부산정치파동에 이르기까지 미국의 대한 정책에 눈을 돌려보자. 미국은 확실히 이 중대 시점에 한국에서 민주주의를 제도화하는 데 실패했다. 과연 1948년 이승만의 대통령 선출과 뒤이은 극우독재체제의 성립, 1949~1950년 국회 소장파 의원 탄압, 1952년 부산정치파동과 헌정 위기에 이어 대통령 국민 직선에 이르기까지 미국은 어떻게 대처했는가? 물론 미국은 손 놓고 있지는 않았다. 그렇다면 미국의 대한 정책은 무엇이며 어떤 평가를 받아야 할까?

헨더슨은 1950년 11월 그가 새 임지인 서독으로 가기 전 장문의 비망록에서 국회프락치사건에 대해 국무부는 '무결정'으로, 실수인가 기획 공작인가(inadvertence or design)', '작위인가 부작위인가', '결정인가 무결정(또는 우유부단)인가' 또는 '대응인가 무 대응인가'와 같은 문제가 제기된다.

예컨대 이승만이 초대 대통령이 된 뒤 계속 경찰국가적 방법으로 권좌를 누린 것이 미국의 '경솔한 부주의의 산물인가 또는 기획 공작의 산물인가?' 이 문제는 가디스(John Lewis Gaddis, 1972)가 논쟁에 불을 지폈는데, 의견은 전자와 후자로 주장이 갈라진다. 부주의의 산물이라고 주장하는 사람들은 트루먼 행정부의 대한 정책은 처음부터 일관성이 없었으며, 부적절하고 결단성이 없었다는 것이다. 따라서 워싱턴은 미국의 이상과 맞지 않은 철학을 신봉하는 일단의 개인들에 점점 무심하게 끌려들어 가게 되었다는 것이다. 돕스(Charles M. Dobbs, 1981)와 헨더슨(Henderson, 1968a)은 이런 입장을 취하고 있다.

그러나 커밍스(Cumings, 1981)는 후자의 입장에서 트루먼은 처음부터 이승만을 선호했으며, 적극적으로 그의 정치적 승리를 고무했다고 주장한다. 곧 미국으로서는 이승만의 독재 성향이 걱정이라기보다는 그가 전후 세계에서 미국의 정치적, 경제적, 전략적 목표 달성을 위해 협조할 것이라는 점을 좀 더 높이 샀다는 이야기이다.

그런데 매트레이(Matray, 1985)는 이 두 가지 해석은 모두 제2차 세계대전 이후 한국에서 발생한 일련의 사건에 대해 통제할 수 있는 미국의 힘을 과장하고 있다고 말한다. 실제 이승만의 승리는 트루먼이 통제할 수 있는 영역 한계를 벗어나는 역학이 작용한 결과라는 것이다. 예컨대 소련이 북한에 소비에트 모델의 비민주 정권을 세우겠다고 작심한 이상 미국은 극우 세력을 '더 작은 악(the lesser of two evils)'으로 선택할 수밖에 없었다는 것이다 (Matray, 1985: 161).

또 다른 예로 미국의 대한 정책 비판가들은 1952년 부산정치파동에 대한 트루먼 행정부의 정책적 대응은 한국의 민주주의를 구출하는 데 실패했다는 데 의견의 일치를 보이고 있다. 그렇다면 그것은 작위에 의한 것인가 부작위에 의한 것인가? 키퍼(Keeper, 2005)는 1952년 한국의 헌정위기를 다룬 논문에서 트루먼 행정부는 '작위가 아니라 부작위의 행위(an act of omission, not commission)'에 의해 실패를 범했다고 주장한다(Keeper, 2005: 149).

국회프락치사건의 경우 미국의 정책을 어떻게 평가할 것인가? 우리는 위에서 정책 논쟁의 한 축으로 '대응인가 무대응인가'를 들었다. 헨더슨이 주장한 것처럼 미국은 무대응으로 일관했는가? 지은이는 헨더슨 편이 옳다고 생각한다. 그 증거는 무엇인가?

이승만은 1949년 초부터 조병옥(趙炳玉)을 대통령 개인특사로 미국에 여러 번 파견해 미군 철수의 반대 또는 연기를 요청한다. 조병옥은 1949년 1월 5일 극동문제국장 버터워스(W. Walten Butterworth)를 만나 한국은 중국이 공산군에 넘어가 공산주의 대륙에 둘러싸이게 될 것인데, '몇 명의 경박한 국의의원들'이 북한과의 협상을 통해 통일을 하려 한다고 우려를 표한다. 그때 버터워스는 한국이 중국과 같이 '정체적이고 반진보적이 되는 잘못'을 범하지 말라고 국부중국의 장제스를 예로 들어 충고했다는 것은 이미 살펴본 바와 같다. 곧 버터워스는 공산주의 침공에 대한 한국의 방어는 국민의 지지가 중요함을 강조한 것이다.

조병옥은 다시 1949년 4월 11일 버터워스 국장을 만난다. 이번에는 장면 대사와 자리를 함께했다. 그때 그는 미군의 철군에 대비하여 한국에 필요한 경제 및 군사원조의 필요성을 다시 강조했다. 이어 그는 버터워스가 지난 번 지적한 한국이 반진보적 국가가 되어서는 안 된다는 점을 대통령에게 전했으며, 좋은 효과를 내고 있다고 설명했다. 그 한 예가 한국이 추진하고 있는 토지개혁이라는 것이다(「극동문제국장 버터워스 대화 비망록」, 1949.4.11, *FRUS*, 1949 VII: 984~985). 그 뒤에도 조병옥은 5월 11일 장 대사와 함께 버터워스를 만난다. 그 시점은 프락치사건 관련 국회의원 1차 검거가 행해지기 일주일 전이니 이 문제에 관한 대화가 없었음은 당연하다고 할 것이다.

문제는 조병옥 특사가 장면 대사와 함께 7월 11일 국무장관 애치슨을 만난다는 사실이다. 이 시점은 프락치사건 관련 국회의원들의 1차 검거가 끝나고 6월 25일 국회부의장 김약수가 체포됨으로써 제헌국회의원 10명이 구속되었다는 것이 공지의 사실이 된 뒤였다. 또한 6월 26일 김구가 암살당한 충격적인 뉴스가 전해진 다음이었다. 서울의 미 대사관은 6월 25일부터 연일 전문을 보내 급박하게 돌아가는 한국의 정세를 국무부에 전한다. 이러한 전문은 조병옥이 국무장관을 만나는 7월 11일에도 보내진다. 그것은 이승만 정권의 마구잡이식의 국회의원 체포에 관해 부정적인 내용이었다.

그런데도 국무부 대한 정책 결정자 중 아무도 프락치사건에 관해서 대통령 특사인 조병옥에게 일언반구도 비치지 않았다. 즉 조병옥은 국무장관이나 자리를 함께 했던 본드(Niles W. Bond) 동북아문제 과장보를 만났으나 프락치사건에 대해서도, 버터워스가 강조했던 개혁 프로그램에 관해서도 언급이 없었다.

이를 볼 때, 미국은 프락치사건에 관한 한, 무대응의 태도를 보인 것이라고 말할 수 있다. 프락치사건에 대해 미국이 어떻게 대응했어야 옳았는가는 반드시 지난 역사의 반추만은 아니다. 그 까닭은 프락치사건과 유사한, 또는 그보다 더욱 험한 정치 사건에 대해 미국의 정책적 대응이 오늘 한국의 민주주의와 한국인의 삶에 끊임없이 영향을 주고 있기 때문이다.

미국이 프락치사건에 대해 보인 태도에 관해 지은이는 헨더슨 편에 서서 '무대응'이라고 공감했지만 그것은 이승만 정권의 독재에 대해 더 나아가 눈감고 봐준 무작위에 의한 민주주의 도살이라고 할 만하다. 이에 관해 이승만과 그의 개인 보좌관으로 활동했던 올리버와의 서신 교환은 한 가지 중요한 단서를 제공해 주고 있다. 당시 경제협조처(ECA)의 한국 담당행정관 존슨(Edgar Johnson)이 한국원조계획의 의회 투표를 앞두고 다음과 같이 말했다고 올리버는 이승만에게 보내는 서한에서 밝히고 있다.

나는 ECA의 존슨 박사와 이야기를 나눴는데, 그는 한국에서 오는 모든 뉴스와 의원들에 끼치는 영향에 관해 상당히 흥분하고 있었습니다. 그가 말하기를 "우리는 모든 것이 잘되고 있다고 그들[의회의원들]에게 확신시키기 위해 최선을 다하고 있습니다. 그런데 갑자기 나쁜 뉴스가 연속으로 터집니다." '김구일'(Kim Koo business: 김구 암살 - 지은이)은 물론 어쩔 수 없다 합시다. 그러나 국회의원들의 체포는 의회 투표가 끝난 뒤까지 연기되었어야 했다고 그는 생각했습니다(Oliver, 1978: 234).

이 말은 당시 대한 원조계획을 담당한 ECA 행정관의 시각을 그대로 전한다. 그는 이승만 정권이 소장파 의원들을 체포하는 것을 문제 삼은 것이 아니라 그 시기를 문제 삼은 것이다. 이는 당시 트루먼 행정부의 대한 정책의 결정자들의 생각을 반영한 것으로 볼 수 있다.

1950년 들어 한국의 정치경제 사태가 갈수록 악화하자 국무부는 1950년 3월 15일 때마침 워싱턴에 온 한국 ECA 책임자인 번스(Arthur C. Bunce) 박사를 포함한 버터워스 극동문제 담당 차관보를 한국정책 고위 경책결정자들이 긴급회의를 열었다. 이는 걷잡을 수 없이 악화하는 인플레이션과 이승만의 경찰국가적 경향을 미국이 어떻게 대처하느냐를 두고 대책을 숙의한 회의였다. 이 회의 대화록은 한국의 '정상적 민주주의'에 대한 우려를 하면서도 그 희망을 체념하고 있는 느낌을 받는다.

번스: 미국 외교단은 이 대통령, 특히 경찰 지원에 의해 개인 독재형 정부로 발전하는 경향을 대단히 걱정한다. … 한국 정부가 현재 취하고 있는 경찰국가적 경향으로 보아 지금 5월 10일로 예정된 총선이 전혀 실시되지 않을지도 모르지만, 실시된다 해도 경찰과 청년단체에 의해 지배될 것 같다. … 이 대통령을 상대하는 데 있어 미국 외교단이 직면한 가장 큰 장애물은 첫째 대통령 자신의 무능이요, 둘째 대통령으로 하여금 인플레이션 위협의 심각

성을 극소화하려고 집요하게 작용하는 대통령 고문 레이디(Harold Lady: 이승만의 개인 경제자문역 ― 지은이) 씨의 영향이다.

스트리트: 한국문제는 근본적으로 정치적인 문제이며 국무부는 한국에서 '정 상적인 민주주의'를 회복시키는 조치를 취해야 한다.

버터워스: 우선 한국 같은 나라에서는 '정상적인 민주주의' 절차라는 것이 없고 달리 생각한다면 우리 자신을 기만하는 것이다. 또 우리가 한국에서 직면하 는 문제는 서로 분리할 수 없는 정치적 요인과 경제적 요인이 복합적으로 작용한다는 것이다. 국무부는 작년 가을 이미 한국에서 점증하는 인플레이 션 위협을 우려해 왔고 그러한 위협에 대처하는 방식에 박력이 부족한 것을 염려했었다. 지금 인플레이션 사태와 불만스러운 정치적 사태가 서로 상승 작용을 일으켜 현재의 전면적인 문제를 만들어낸 것이 아닌가 생각한다.

본드: 우리가 한국에 존재하는 불건전한 정치와 경제적 경향을 최선으로 대처 하는 전술은 종국적으로 분석컨대 현장에서 결정이 되어야 하며 국무부는 그러한 전술을 어떻게 가장 잘 수립하느냐의 문제에 관해서 미국 외교단으 로부터 제의를 확실히 받아들일 것이다. 내가 보건대 이 대통령의 가장 강 력한 무기는 미국은 대단히 심각한 정치적 충격을 각오하지 않고는 한국이 망하도록 내버려 둘 수 없다는 사실을 알고 있다는 것이다.

도허티: 만약 현재와 같은 추세가 아주 오래 계속된다면 두 개의 악 중에서 보 다 더한 것을 잘라 내고 그 결과를 감내해야 할 시기가 올지도 모른다. 우리 는 이를 각오해야 한다(「한국문제 담당관 본드 비망록」, 1950.3.15, *FRUS* 1950 VII: 30~33).

이들 워싱턴의 고위 한국정책 결정자들은 이승만 대통령과 그의 경찰국 가적 국정운영에 대해 심각한 불만을 토로하고 있다. 워싱턴의 대한 정책 결정의 핵심적 위치에 있는 버터워스 극동문제 담당 국무부 차관보는 아애 "한국과 같은 나라에서는 정상적인 민주주의 절차가 없다"고 잘라 말한다.

여기서 우리는 이들 워싱턴의 고위 대한 정책 관리들이 한국에서 민주주의를 체념했다는 어조를 읽게 된다.

그러나 이를 어쩔 것인가? 한국을 망하도록 내버려 둘 것인가? 또는 이승만을 잘라내야 할 것인가? 도허티가 말한 것처럼 이 두 가지 선택에서 정치적 충격을 감수하고라도 이승만을 잘라내야 하지 않을까?

미국의 총선 대응

이 문제를 두고 국무부는 또 하나의 시험에 당면하는데, 그것은 이승만이 1950년 5월 예정된 총선을 연기하겠다는 술책에 대한 정책 대응이었다. 이승만은 제헌국회 임기의 종료를 앞두고 총선에서 그의 정치적 입지가 불리할 것이라고 내다본 나머지 연기를 획책하고 있었다. 1950년 4월 1일 이승만은 5월 선거를 11월로 연기하겠다는 행정부의 의사를 국회에 통고했다. 이는 그가 5월 선거가 그의 정치적 입지에 불리할 것이라는 예상 때문이지만 이승만은 선거 연기가 예산안 통과가 지연되고 있기 때문이라고 에둘러댔다.

그러나 이때 국무부는 단호했다. 4월 3일 딘 러스크 국무차관보는 장면 대사를 불러 일종의 최후통첩을 주었다. 만일 한국 정부가 인플레이션을 억제하기 위한 단호한 조치를 취하지 않는다면 미국은 ECA원조 계획을 재고할 것이라고. "미국의 경제원조는 민주적 제도의 존재와 발전에 근거하고 있다"는 것을 장 대사가 상기하기 바라며, 따라서 "5월 총선이 연기되어서는 안 된다"고 러스크는 경고한 것이다(본드 비망록, 1950년 4월 3일. *FRUS* 1950 VII: 40~43쪽).

노회한 이승만은 이 최후통첩을 접하고서 한발 물러서지 않을 수 없었다. 그는 4월 7일 국회에 나가 5월 총선을 연기하지 않을 것이라면서 예산안의 조속한 통과를 요청했다. 미 국무무의 단호한 결단에 노회한 이승만도 굴복하지 않을 수 없었다. 4월 11일 한국 정부는 5월 총선이 예정대로 실시된다고 공식적으로 발표했다. 이러한 국무부의 단호한 대응은 만일 국회 프락치사건의 경우 미국이 단호한 대응을 했더라면 이 사건의 결과 국회의 몰락과 사법부의 정치 도구화는 막을 수 있었음을 말해준다. 바로 이 점을 헨더슨이 국무부의 '우유부단,' 미 대사관의 '무대응'이라고 외친 것이다.

소결

결론적으로 국회프락치사건이 일어난 배경은 무엇인가? 그것은 소장파 국회의원들이 미국의 국익에 반하는 것으로 인식되는 남북협상 평화통일안을 들고 나왔을 뿐만 아니라, 외군철수안을 포함해 미 군사고문단 설치 반대 등 미국의 대한 정책에 반하는 일련의 행동에 대해 미국이 냉소적인 반응을 표한 정치적 배경이 잠재해 있다고 어렵지 않게 짐작할 수 있다. 그런 상황에서 눈엣가시가 된 소장파 의원들에 대해 이승만 정권이 경찰국가적 철퇴를 휘두르고, 그 절대적 후원자인 미국이 악어의 눈물을 흘리면서 무작위에 의한 승인을 해준 것으로 우리는 추정할 수 있다. 그 결과 이승만의 원시 독재체제는 아무런 견제장치 없이 반영구적으로 흘러가게 되었다.

제7장
회오리 정치와 단극자장

헨더슨은 한국 정치를 '회오리(tornado)'라는 메타포를 사용해 설명한다. 헨더슨은 한국이 정치발전을 위해 반드시 넘어야 할 험준한 산이 있다고 봤는데, 그는 그것을 '회오리 정치(vortex politics)'에 비유한 것이다. 그것이 미국에서 일어나는 회오리폭풍, 곧 '토네이도'에 한국 정치를 대입시킨 그의 이론적 모델이다.

헨더슨이 토네이도에 대입시킨 한국 정치는 정당이든 개인이든 모든 정치 개체들이 원자사회의 모래알이 되어 권력의 정상을 향해 빨려 들어간다는 것이다. 이러한 거대한 흡인력은 이성적인 성찰도, 여야 간의 타협도, 정책을 위한 진지한 토론도 마비시킨다는 것이다. 이런 회오리 정치 상황에서는 정치발전에 필수적인 요건, 곧 정치 개체 간에 또는 구성원 간에 조직의 응집력을 배양할 수 없다는 것이다.

헨더슨이 한국 정치를 회오리에 대입해 설명한 데에는 그의 안목과 통찰이 담겨 있다. 제3부에서는 해방정국을 포함해 그 이래 일어난 한국 정치의 흑역사를 회오리 정치라는 렌즈를 통해 살피고자 한다. 헨더슨은 이런 회오리 정치의 전통이 조선왕조 시절 망국으로 치달았던 파벌 싸움, 즉 서로 죽이고 죽임을 당하는 권력투쟁, 이어 1945년 전개된 해방정국에서 일어난 정치 지도자 암살의 횡행, 이승만 정권 아래 일어난 국회프락치사건, 이어 죽산 조봉암의 사법살인, 이에 그치지 않고 다시 박정희 군사정권에서 일어난 정적 제거 행태로 이어지고 있다고 본다.

구체적으로 ① 헨더슨이 간파한 대중사회의 회오리 정치 모델을 정치발전론의 관점에서 살펴보고자 한다. 회오리 정치 모델은 그가 주장한 한국 정치이론의 핵심이자 정치학자들의 논란의 표적이다. 과연 그의 이론은 결함인가? 또는 한국 정치발전이 반드시 통과해야 할 이정표인가? 그렇지 않으면 한국 정치의 병리를 들여다볼 수 있는 반면교사인가?

다음으로 지은이는 회오리 정치가 야기하는 여러 가지 병리현상을 특히 ② 현상학적 그리고 ③ 고고학적 관점에서 살펴보고자 한다. 전자는 '회오리 정치'를 헨더슨이 토네이도로 비유한 그대로 나타나는 현상이다. 이어 후자는 헨더슨이 진단한 회오리 정치를 역사적, 문화적, 정치적인 관점에서 관찰한 현상이다.

이어 헨더슨이 처방으로 내놓은 ④ 중간 지대의 정치 합작이란 무엇인가? 그것이 남북한 간에, 그리고 남남 간 또는 지역 간에 어떠한 정치적 의미를 갖는가? 그 정치적 의미는 국회프락치사건으로 걸려든 소장파 그룹이 실현코자 했던 개혁 정치가 그것을 상징화한다고 본다. 헨더슨은 남북한은 냉전 시대의 이념적 대결로부터 벗어나 북은 극좌로부터, 남은 극우로부터 중간 지대로 모여야 한다고 주장한 것이다.

이어 ⑤ 우리 사회가 중간 지대의 정치 합작을 위해 힘을 결집했던 노력을 되돌아보고, 이와 함께 ⑥ 남북한 관계의 경색과 대결을 정치 합작으로 풀어야 한다는 헨더슨의 논의를 살펴보고자 한다. 마지막으로 ⑦ 회오리 정치의 당면 문제로서 제왕적 대통령제가 담고 있는 잠재적 파괴성을 제기하는 것으로 이 장을 마무리 짓고자 한다.

과연 우리 사회가 중간 지대의 정치 합작을 이룰 수 있는가? 그 전망은 전문가를 포함한 독자들의 몫으로 남겨두고자 한다.

제1절 회오리 정치의 현상학

헨더슨이 가장 중시하는 한국 정치담론의 또 다른 화두는 그가 구성한 한국의 정치발전론으로 귀결한다. 헨더슨은 한국이 정치발전을 위해 반드시 넘어야 할 험준한 산으로, 그것을 그는 '회오리(vortex) 정치'[1]에 비유한다. 그것이 앞서 말하듯이 미국에서 일어나는 회오리 폭풍, 곧 '토네이도(tornado)'에 한국 정치를 대입시킨 그의 이론적 모델이다. 미국 로키산맥 동부 평야지대에서는 해마다 평균 800회쯤 회오리 폭풍이 일어나 엄청난 파괴와 인명 살상을 일으킨다. 거대한 '토네이도'의 경우, 빠르게 회전하는 원뿔을 만들면서 지상의 모든 개체들[입간판에서 자동차까지]을 원뿔 안의 검은 진공으로 빨아들이고는 산산조각을 내어 사방으로 뿌린다. 그것은 무서운 파괴의 힘이다. 거대한 토네이도가 한번은 오클라호마 브로큰보우 지역에 소재한 모텔의 간판을 48km 이상 떨어진 아칸소 지역에 내던진 일이 있다는 기록도 있다.

---

[1] 헨더슨의 책 제목의 원제 'the politics of the vortex'를 어떻게 번역할 것인가? 한국어 번역판은 '소용돌이'로 번역하여 『소용돌이의 한국정치』(한울엠플러스, 2000, 2013)라는 제목으로 출간했다. 하지만 '회오리 정치'라고 부르는 것이 적절할 것이다. 그는 1988년 수정판 서론에서 이 문제를 구체적으로 언급하면서 "내가 끌어들인 vortex상(像)은 토네이도(tornado: 미국 중서부에서 흔히 발생하는 큰 회오리 폭풍)에서처럼 거대한 원뿔이 전진하면서 위협적으로 방향을 틀 때 평지의 개체들을 먼지로 빨아들여 공중 높이 진공 주위로 맴도는 형상이다. 나는 '소용돌이의 밑으로 빨아들이는 물 회오리(down-sucking water vortex of the whirlpool)'를 떠올린 것이 아니다"라고 구체적으로 물의 소용돌이가 아니라 회오리 폭풍임을 분명히 하고 있다. 이는 1973년 번역 출간된 일본어판이 『朝鮮の政治社会』라는 제목 밑에 <渦卷型構造の分析>라는 부제를 달아 '소용돌이 형'이라고 번역한 것이 잘못되었음을 시사한 것이다. 곧 그는 '渦卷型'이 밑으로 빨아들이는 물 소용돌이를 연상케 했기 때문에 한국어판에서는 이를 시정하려 했을 것이다. Henderson 1987년 수정판 원고 「서론과 이론」 각주 1을 참고.

그렇다면 문제는 회오리 정치를 어떻게 극복하느냐에 있다. 헨더슨은 회오리 정치의 정형이 '유전병(a hereditary disease)'일 수 있지만 그것은 "사회의 유전병이지 혈통의 유전병은 아니다(the one of the society, not the blood)"라면서, 따라서 "투병을 할 수도, 더욱이 고칠 수도 있다"(Henderson, 1968a: 367)고 진단한다. 그가 내놓은 처방전은 무엇인가? 지은이는 그것을 한마디로 중간 지대의 정치 합작이라고 생각한다. 이는 남한 국내 정치의 역학 속에, 또는 지역 정치의 대립각 속에, 그리고 남북한 간에, 한국 정치가 풀어야 할 영원한 숙제이다. 헨더슨이 먼저 애초 한국은 이승만의 극우파가 지배해서도 안 되고, 김일성의 극좌 전체주의가 휩쓸어서도 안 되는데도 현실은 극우 또는 극좌의 극한지대로 뜀박질해 가버린 것이 한국 정치의 비극이라고 진단한다. 따라서 그의 생각은 어쩌면 아주 단순하고 명쾌하다. 곧 한국은 극한지대의 대결 정치로부터 중간 지대의 관용 정치로 옮겨와야 한다는 것이다.

그것이 헨더슨이 본 한국 정치발전의 비전이다. 이 비전은 그가 진지한 학구적인 결실로 처음 발표한 1968년 『회오리의 한국정치』[이어 그가 1987~1988년간 쓴 전정 수정판]라는 노작에 반어법(反語法)으로 담겨 있다.

한국 정치발전론

먼저 정치발전이란 무엇인가? 경제발전의 경우 비교적 정의내리기가 쉽고 측정까지 가능하다. 경제발전은 국민총생산(GDP), 또는 일인당 GDP 몇 달러로 표현할 수 있고 그것은 경제발전의 지표로 삼을 수 있다. 그러나 정치발전의 경우 이야기는 달라진다. 정치발전은 많은 개념 요소들이 개재되어 있기 때문에 정의내리기가 쉽지 않다. 그러나 정치발전 이론가들은 주로 정치 참여, 정치 제도화, 정치 경쟁, 경제 발전 등을 공통적 개념 요소를 보고 있다. 이 중에서 이론가들이 중시하는 공통적인 개념 요소는 정치 참여와 정치 제도화이다(蒲島郁夫, 1988: 54). 이들 이론가들 가운데 헌팅턴 (Samuel P. Huntington)은 정치제도화 요소에 무게 중심을 두고 정치 참여[민주주의]는 정치제도화 정도에 따라야 한다는 종속적 위치에 두고 있다. 헨더슨은 기본적으로 헌팅턴의 정치발전론을 따르고 있다. 1963년 말 국무부를 나온 뒤 헨더슨은 1964~1965년간 하버드대학 국제문제연구소 연구원으로 있으면서 하버드-MIT 정치발전 공동연구 세미나에 정기적으로 참여하였다. 그는 당시 하버드 연구소가 관심을 둔 아시아, 아프리카, 중남미 지역의 근대화 과정에서 정치 변동에 눈을 돌리고 있었다.

따라서 헨더슨은 한국의 사례를 전문적으로 다루면서 당시 하버드 연구소를 이끈 헌팅턴을 비롯한 이들 근대화 이론가들과 연구 관점을 공유하게 된 것은 당연한 학습 과정이다.[2] 그런 점에서 그의 정치발전론과 그가 이와 대척한 반명제로 구성한 '회오리 정치' 모델은 논란과 비판의 대상이 된 면이 있다. 헌팅턴이 정치발전의 조건으로 정치조직과 절차의 '정치적 제도화 (political institutionalization)'에 무게중심을 두었다면 헨더슨(1968)은 한국 정치발전의 조건으로 사회·정치 중간 기구의 '응집력(cohesion)'을 중시했다. 헌팅턴은 제도화가 무언인지에 대해 다음과 같이 예를 들어 설명한다.

---

2) 이들 근대화 이론가들은 게이브리얼 아몬드(Gabriel A. Almond), 루시안 파이(Lucian W. Pie), 대니얼 러너(Daniel Lerner), 제임스 콜먼(James S. Coleman), 조지프 라팔롬바라(Joseph LaPalombara), 던쿼트 러스토(Dankwart Rustow) 등인데, 이들은 포드재단 후원으로 사회과학연구협의회(Social Science Research Council) 비교정치연구위원회(Committee on Comparative Politics)가 지원한 1960~1963년간 연구 활동에 적극적으로 참여하여 일련의 연구 성과물을 발표했다. 헌팅턴은 이들 근대화 이론가들과 연구 관점을 공유한다. 예컨대 그의 격차가설은 일련의 격차(gaps)를 중심으로 정치 제도화와 정치 참여 간의 격차가 참가의 폭발이나 내파에 이른다고 주장하고 있는데, 이는 러너가 지적한 포부(aspiration)와 성취(achievement) 간의 격차가 저개발지역에서 '상승 기대의 혁명(revolution of rising expectations)'이 '상승 좌절의 혁명(revolution of rising frustrations)'으로 바뀐다고 설명하고 있는 것과 공통된 맥락을 읽을 수 있다. 러너(1963), 「근대화의 커뮤니케이션 이론을 위해: 일련의 고려 점(Toward a Communication Theory of Modernization: a Set of Considerations)」을 참조.

조직과 절차는 제도화된 정도가 다르다. 하버드대학과 새로 문을 연 교외 고등학교는 둘 다 조직이지만 하버드는 그 고등학교보다 훨씬 더 제도화된 조직이다. 의회의 '연공제도(seniority system)'와 존슨 대통령이 가려서 하는 기자회견은 둘 다 절차이다. 그러나 연공제도가 존슨이 언론을 다루는 방법보다 훨씬 더 제도화되었다(Huntington, 1968: 12).

헌팅턴은 정치적 제도화 정도를 판별하는 기준으로 적응성, 복잡성, 독자성 그리고 일관성을 들고 있다. 이런 기준에 비추어 우리나라의 정당과 같은 정치기구의 제도화 정도가 얼마나 낮은지 짐작할 수 있다. 헌팅턴이 정치적 제도화를 중시하는 것은 그의 정치발전론이 정치적 안정에 무게 중심을 두고 있기 때문이다. 그는 정치 참여가 정치적 제도화를 앞질러 과속하면 그것은 '폭발(explosion)' 또는 '내파(emplosion)'에 이르러 '정치 퇴행(political decay)'을 가져온다고 주장한다. 이것이 그의 유명한 '격차가설(Gap Hypothesis)'이 구성한 이론적 주제이다.[3] 비슷한 맥락에서 헨더슨은 한국 사회는 정치적 응집력을 갖지 못한 '원자 사회(atomized society)'로 규정하고 이 원자 사회의 특성이 정치발전의 실패를 가져온 중대 변인이라고 주장한다. 따라서 헌팅턴에게 정치적 제도화가 그렇듯, 헨더슨에게는 정치적 응집력이 정치발전과 중대한 상관관계를 갖는다.

헨더슨은 1968년 발표한 그의 저서에서 한국 사회가 '대중사회(mass society)'라고 분명하게 주장했다. 그는 한국의 단일성과 동질성이 작용하여 '대중'사회(a mass society)를 만들었다고 말하면서, "내가 여기서 말하는 '대중사회'란 촌락과 제왕 사이에 강력한 기구나 자발적 단체 형성이 결여된

---

3) 헌팅턴과 넬슨(Joan M. Nelson)은 『쉽지 않은 선택: 발전도상국가들의 정치 참여(No Easy Choice: Political Participation in Developing Countries)』(Huntington and Nelson, 1976)에서 포퓰리스트 모델과 테크노크라틱 모델을 제시하여 정치제도화가 뒤지는 정치 참여는 폭발과 내파의 악순환에 이른다고 비교정치적 관점에서 주장하고 있다.

사회이다"라고 강조했다(Henderson, 1968a: 4). 게다가 그는 콘하우저가 발표한 1959년 『대중사회의 정치(The Politics of Mass Society)』를 인용하면서 그가 상정한 한국 사회의 대중사회상(像)이 콘하우저의 대중사회 이론에 의존하고 있음을 명시적으로 밝히고 있다(Henderson, 1968a: 379쪽 주석 1). 그는 한국 사회를 설명하면서 "한국의 단일성과 동질성이 작용하여 촌락과 제왕 간에 강력한 기구나 자발적 결사 형성이 결여된 사회를 만들었다"고 주장한다. 이는 "성곽 타운, 봉건영주와 궁정, 준독립적인 상인단체, 도시국가, 길드, 또는 정체에서 독립적인 자세와 행동의 중심으로서 역할을 수행하고 응집력 있는 계층을 거의 경험하지 못한 사회"라고 말한다.

그러나 헨더슨은 20년 뒤 1987년 쓴 수정판 원고에서 '대중사회'라는 말을 모두 삭제했다. 그가 석출(析出)한 한국 사회상(像)은, 외형적으로 콘하우저가 정의한 대중사회 유형에 맞지만, 한국 사회를 직접 관찰한 결과에 근거하고 있는데도 콘하우저가 유럽 사회를 분석하기 위한 틀로 정의한 대중사회라고 오해를 불러들였기 때문이라는 것이다.[4] 그러나 그가 한국 사회를 '대중사회'로 부르든 말든 "엘리트와 대중 간에 중재를 매개할 수 있는 집단이 취약하기 때문에"(Kornhauser, 1975: 228)의사소통이 진행됨에 따라 엘리트와 대중이 서로 직접 대결하게 되는 사회라고 특징짓고 있다. 결국 헨

---

[4]   헨더슨은 1988년 수정판에서는 '대중사회'라는 말을 삭제한 이유를 다음과 같이 해명한다. "콘하우저는 중간 기구의 사회구조적 취약성이 가져오는 결과에 관한 이론으로부터 대중사회의 개념을 발전시켰다. 나는 이전 판에 그 용어 사용을 포함한 그의 생각을 많이 포함시켰다. 그러나 비판과 오해를 받고 나서 나는 '대중사회'라는 용어 사용이 내가 강조하는 주제에 관해 이해보다는 오해를 부추겨 이해를 오히려 훼손하였다고 믿게 되었다. 그러므로 나는 그러한 인용을 대부분 없앴다. 콘하우저의 이론은 내 책이 강조하는 이론이 전혀 아니며, 1900년 이전 한국의 원시 커뮤니케이션 시스템을 지닌 근대 이전 국가들에 적용되는 이론도 아니다. 그것은 내가 초고(草稿)를 완성한 뒤 콘하우저를 접하고는 내 생각을 명백히 해준 이론일 뿐이다. 그 이론을 부분적으로 사용했다고 해서 그것이 때때로 비난하듯 내 생각이 서구의 사상을 동아시아 문물에 부과한 것이라고 보면 잘못이다. 나의 핵심적인 생각은 콘하우저 박사나 그의 책에 관해 듣기 이전 한국을 관찰한 것만을 근거로 하여 개발된 것이다." 헨더슨이 지은이에게 준 『회오리의 한국정치』 수정판 원고, 「서론 및 이론(Introduction and Theory)」 각주 3을 참고. 따라서 지은이는 헨더슨이 수정한 대로 '대중사회' 대신 '원자 사회' 또는 '부동(浮動) 사회'라고 부르고자 한다.

더슨은 한국형 대중사회라는 점을 변함없이 주장하고 있는 셈이다. 다만 그가 관찰한 한국 사회상이 대중의 민주적 참여의 확대를 우려하는 '귀족적 비판'(aristocratic criticism, 콘하우저)이라고 규정짓는 것은 부당하다고 생각한다(부당하다고 생각하는 감정이 1988년 수정판에서 '대중사회'라는 말을 모두 삭제할 만큼 강경하다).

콘하우저는 대중사회론이 나온 '지적 원천'이 두 가지라면서, 하나는 프랑스혁명에 대한 비판, 또 다른 하나는 소련과 독일의 전체주의에 대한 비판이라고 지적한다. 그런데 전자는 '귀족적 비판' 곧 엘리트주의적 비판이 주류를 이루고, 후자는 민주적 비판이 주류를 이루고 있다(Kornhauser, 1975: 21~25). 따라서 콘하우저가 정의한 대중사회이론은 유럽 사회를 설명하기 위한 모델이지만, 헨더슨은 그가 관찰한 한국 사회의 대중사회상이 귀족적 비판으로 오해되는 것을 우려한 것이다. 특히 커밍스는 뒤에서 보듯 이 점을 표적하여 비판하고 있다.

헨더슨이 구성한 한국 정치발전론은 회오리 정치 모델을 중심으로 한다. 그의 이론적 모델은 한국 사회가 전통적으로 '원자 사회(atomized society)' 또는 '부동(浮動) 사회(fluid society)'라는 주장으로부터 출발한다. 한국 사회는 유례없는 고도의 '동질성(homogeneity)'을 특징으로 하는데, 그것은 인종적, 언어적, 종교적, 문화적 동질성을 포괄한다. 그런데 자연적인 분열의 결여를 의미하는 동질성은 지속적인 이익집단과 자발적인 단체가 성장하는 것을 막았으며 따라서 '촌락과 제왕(village and throne)' 사이에 지역 기반의 중간 기구가 없는 것이 특징이다. 헨더슨은 그 부분을 다음과 같이 설명한다.

이런 개념에 속한 몇 가지 유형을 보이는 사회는 드물지 않고 대부분 중앙집권과 독재 정치를 지향한다. 중국은 확실히 훨씬 막대한 규모로 된 이런 유형의 사회이다. 또한 1850년 이전의 유럽적 러시아도 어느 정도 그런 유의 사회이며 훨씬 봉건적 성격을 지니고 있었다. 한국 사회는 이 점에서 다른 사회와 구분되는데, 그것은 종류에서가 아니라 그런 경향의 극단성에서이다. 한국은 좁은 국토, 게다가 인종적, 종교적, 언어적, 다른 어떤 기본적 분열의 원천이 없고, 보편적 가치체계가 지배하는 여건에서 집단은 깊이, 지속성, 또는 선명도를 지니지 못하는 사회를 낳게 되었다. 자생적 이익, 종교적 분리, 기본적 정책 차이 그리고 피상적인 이데올로기적 차이 이상은 생겨나지 않거나 적어도 내부적으로 발생되지 않는 경향을 보이며, 또한 그런 것이 그렇게 오랜 동안 중시되지 않는 이상, 사회가 형성한 정치 유형과는 무관한 부분이 되는 경향을 띄게 된다. 따라서 집단은 기회주의적으로 되며 구성원들을 위해 주로 권력 접근에 관심을 갖는다. 따라서 중대한 차이가 없기 때문에 각 집단은 지도자들의 개성과 지도자들과 당대 권력과의 관계에서 만 구분할 수 있게 된다. 이 권력과의 관계는 모든 사람이 희구하는 지위를 부여한다. 이런 이유로 집단은 파벌적 성격을 지니며, 파벌로부터 진정한 정당을 형성하는 이슈와 이익이 이 동질적, 권력지향적 사회에는 존재하지 않는다(Henderson, 1988, 수정판 원고, 「서론과 이론」).

이런 원자사회의 구성원들은 차별화된 이익을 중심으로 한 지역 단계의 '응집력'이 없기 때문에 고립되고 '모래알처럼 되어(atomized)' 중앙권력의 정상으로 치닫는 '상승기류(updraft)'에 휩쓸리게 된다. 곧 그는 한국 사회가 횡적인 응집력을 결여하고 있고 권력을 향한 수직적인 중앙집중력이 지배하는 특징을 보인다는 것이다. 이것이 회오리 정치를 만든다고 그는 믿고 있다. 이런 유의 회오리 정치에서는 정책토론, 이데올로기적인 확신과 가치, '자생적인 기득 이익(vested interests)', 또는 종교적인 소속 등 응집력 결집 요인들이 모두 쓸모없게 된다.

헨더슨은 한국의 회오리 정치가 조선조의 '평의회 통치(council rule)' 전통이 해방 뒤 지배 권력의 반대자들이 '민주주의'라고 착각하여 '질서 있는 국가(an orderly state)' 형성에 걸림돌이 된 것에도 원인이 있다고 지적한다. 헨더슨에 의하면 이런 회오리 정치가 본질적으로 한국의 정치 발전을 가로 막고 있다고 진단하면서, 어떤 때는 잠재해 있다가도 다른 때는 격렬하게 작동한다고 말한다. 그것은 정치 개체들이 정상 권력을 향해 돌진하게 만들 뿐만 아니라 개혁 정신을 마비시키고 협상과 타협의 여지를 없애고 다원주의를 말살한다. 마지막으로 그는 회오리 정치를 완화하고 극복하기 위해서는 '지방 분산을 통한 응집력'을 선택해야 한다고 간명한 처방을 내린다.

한국은 대중사회인가?

헨더슨의 한국 정치발전[또는 퇴행]론을 어떻게 받아들여야 할까? 먼저 헨더슨이 헌팅턴으로부터 사사한 정치발전론의 이론적 골격이 과연 한국 정치를 분석하는 연구 관점으로서 적절한가? 일부 논자들은 헨더슨이 그의 책 1968년판에서 한국 사회를 '대중사회'라고 규정한 대목에 대해 비판적인 시각을 보인다. 예컨대 커밍스(1974)는 "특정한 준거 틀로부터 유래된 대중사회 모델은 일차적으로 서구 근대 사회를 설명하기 위한 모델이며 대중적 참여 확대에 대한 엘리트주의적 비판 모델로 발전된 것이다. 따라서 그것은 본질적으로 사회의 민주화를 두려워하는 귀족주의적 모델"이라고 비판한다(백운선, 1998: 235). 또한 그는 조선조 시대 계급의 와해가 나타나기 시작했으며 엘리트 가치가 결여되었다는 헨더슨의 주장은 오류이며, 오히려 조선조가 양반을 중심으로 하는 과두 관료제 사회였다는 것이다.

그러나 커밍스의 비판은 조선조 부분을 제외하면 헨더슨의 해방 뒤 한국 사회 분석에 대한 것이기보다는 그의 연구 관점이 의존하고 있는 헌팅턴의 정치발전론에 대한 것이라고 보아야 한다. 게다가 헨더슨은 그의 책 1987년 수정판에서는 명시적으로 콘하우저로부터 원용한 '대중 사회'라는 용어를 모두 없앴다. 그러나 그가 한국 사회가 대중 사회성을 특징으로 한다고 주장한 점을 거둔 것은 아니다.

커밍스는 헌팅턴이 제창한 정치제도화가 정치 참여보다 우선시하는 정치발전론이 대중의 정치 참여 확대를 두려워하는 엘리트주의를 반영한다고 보고 있다. 예컨대 헌팅턴은 박정희 장군이 1961년 쿠데타 뒤 권력의 통로를 제공한 민주공화당을 상당히 긍정적으로 평가한다. 부연하면 헌팅턴은 민주공화당의 경우 신속한 산업발전을 거치는 나라들이 '사회적으로 유동화한 시민'을 조직하고 수용할 수 있는 정치기구로서 역할을 수행했다는 것이다(Huntington, 1968: 259~260). 그러나 커밍스는 그것이 허구라고 비판한다(Cumings, 2005, 358~360). 민주공화당(이하 공화당)은 김종필이 조직한 중앙정보부가 은밀히 조직한 정치기구로서 위로부터 조직된 뿌리 없는 정치개체인데 그것이 민중의 의사를 매개하거나 요구를 결집할 수 있겠느냐는 것이다. 이것은 헨더슨을 비판한 것이 아니라 그와 관점을 같이 한 부분이다. 헨더슨은 공화당에 관해 다음과 같이 평가한다.

> 민주공화당이란 이름으로 1963년 2월 공식 출범한 새 정당은 전신인 자유당처럼 중국 공산당-국민당과 아주 유사한 조직형태를 갖고 있었다. 공화당은 박정희를 당 총재로 하고 그 아래 개인적인 중요성을 가질 수도 있고 아닐 수도 있는 당의장제도 두고 있으며, 위로부터 조직되었다. 당의장 아래 강력한 기획위원회가 있고, 그 밑에 각종 위원회, 도지부, 선거지부의 위계조직이 있었다. 공화당은 상설 사무국을 두고 있었는데 그 운영자금은 중앙정보부에서 나왔으며, 직원은 군, 대학, 언론계, 이전 정당 주변 인물들로 채워졌다. …이 상설직 요원들은 정보부가 충원하고 봉급을 지불했는데 적합한 후보자를 물색해 그들에게 정보부 또는 정부가 원하는 사항을 전달하고 지시하며 당 기율이 유지되도록 한 것이다. 이들 사무국 요원들은 '꼭두각시'를 만들기 위한 계획에 관해 은밀한 얘기를 나누곤 했다(Henderson, 1968a: 305~306).

헨더슨은 1987~1988년 한국어 번역본을 위해 『회오리의 한국정치』 제2판을 썼다. 그는 여기서 공화당이 그 전신 이승만의 자유당, 그 후신 전두환

의 민주정의당(이하 '민정당')과 같이 뿌리 없는 정당임을 더욱 분명히 하고
있다.

1987년 6월까지 지배적인 정치 모습은 과거를 반복하는 것이었다. 그러나 노
태우 장군이 그해 6월 29일 대통령 직선제를 받아들이는 성명[6·29선언]을 발표
함으로써 새로운 희망을 불러일으켰다. 공화당 정부는 그들의 지도자가 암살됨
으로써 전복되었고 하나의 실체로서 거의 사라졌다. 그러나 국민회의와 자유당
이 이승만 정부의 전복과 운명을 같이한 것처럼 공화당이 완전히 사라진 것은
아니다. 한국국민당이 후계자로서의 흔적을 약간 남기고 있었기 때문이다. 쿠
데타와 정치활동 금지가 반복된 후 또 다시 포고령에 의해 창조된 여당인 민정
당은 1980년 11월에서 1981년 1월 사이에 전두환 정권이 급조한 것으로서 공화
당과 자유당의 이미지와 꼭 닮은 꼴이었다. 그러나 민정당은 그 선행 정당들 보
다 상층부에 더 많은 원자[모래알]들이 모여들었다. 유사한 정치 역사가 반복되
었다(Henderson, 1988, 수정판, 제10장 「정당론」 추고).

회오리 정치 모델 비판론

다시 헨더슨이 구성한 회오리 정치 모델 평가에 되돌아 가보자. 결론부
터 말하면 지은이는 그의 회오리 정치 모델은 아직도 여전히 우리나라 정치
를 설명해 주는 유력한 이론적 모델이라고 생각한다. 이 이론적 모델은 한
국 민주주의가 중대한 국면에서 실패한 이야기의 모티프를 보여줄 뿐만 아
니라 한국 정치발전의 방향을 제시해 준다. 예컨대 현재 한국 정당의 응집
력 결여는 그의 회오리 모델이 잘 설명해 준다. 또한 그것은 뛰어넘어야 할
장애물이기도 하다. 문제는 우리 사회가 중간 기구의 응집력을 모으려고
노력하기보다는 마치 허들 경기 선수가 약물을 먹고 이 장애물을 뛰어 넘을
수 있다고 착각하고 있다는 점이라고 지은이는 생각한다.

지은이는 몇몇 비판자들이 지적한 회오리 정치 모델의 제한점을 인정한다. 그러나 지은이의 의견으로는 헨더슨에게 부당한 또는 공정하지 못한 비판도 있는 것 같다. 예컨대 한 비판자는 헨더슨이 "한국 정치 내의 권력집중 현상을 '회오리바람'으로 비유하고 있으나 비유는 모델이 아니다"라고 말하면서, "모델은 유질동상(isomorphism)의 조건을 충족시켜 주어야 하나 '회오리바람' 비유는 그렇지 못하며, 그것을 통해서는 여러 변수 간의 관계에 대한 규명이 아니라 정태적 유사성을 묘사할 수 있을 뿐이다"(한배호, 1984: 10쪽)라고 주장한다. 이에 동조하여 또 다른 비판자는 한국 사회의 특성을 설명하면서 "vortex(회오리), molecular circle(분자집단), amoebic character(아메바적 성격), updraft(상승기류), vortex-accelerator(회오리 가속기), upward streaming(상승 흐름) 등 물리적 혹은 생물학적 개념을 사용하였다"면서 "사회현상을 설명하는 데 있어 원자나 분자 운동, 기류의 상승 운동 등을 비유나 은유에는 적절할 수 있지만 그것 자체가 이론적 모델을 구성할 수는 없다"고 혹평하고 있다(백운선, 1998: 242).

　그러나 헨더슨이 모델화한 회오리 정치는 실체적 주제이자 이론적 모델이다. 그는 한국 정치를 모델화하면서 응집력이 결여된 한국 사회의 모래알 개체들이 '상승기류'를 타고 원뿔형 회전을 하면서 권력의 정상으로 빨려 들어가는 정치라고 규정하고 있다. 그것은 회오리라는 생생한 메타포를 통해 묘사한 그의 실체적 주제이며 이론적 모델인 것이다. 그는 그 모델을 묘사함에 있어 비유나 은유를 끌어들인 메타포를 자주 사용한다. 사실 헨더슨이 글쓰기에 문예적인 또는 가끔 신화적인 메타포를 사용하여 해독하면서 낭패를 겪은 사람이 필자를 포함하여 한둘이 아닐 것이다. 그러나 이러한 기술방법은 실체적 의미를 동반하는 한 장점이 될지언정 흠이 될 수는 없다는 것이 필자의 의견이다.

　이정복은 회오리 정치 모델을 인정하면서 그 원인을 중간 집단이 결여된 한국 사회의 동질성뿐만 아니라 대통령을 중심으로 한 '단극적 통치형 정치

제도'에서 찾아야 한다고 주장했다(1996: 22~23). 그런데 헨더슨도 회오리 정치가 단극자장에서 '승자 독식'형으로 운영되는 대통령에 의해 가속화되었다는 점을 지적하고 있다(제8장 「중간 지대의 정치 합작」 참조).

헨더슨은 회오리 정치를 만드는 핵심적 요인으로 한국 사회의 동질성과 '중앙집중화'를 들고 있다. 과연 한국 사회의 동질성과 중앙집중화가 회오리 정치를 일으키는 원인인가 여부는 또 다른 문제이다. 예컨대 정치발전의 퇴행 또는 회오리 정치가 "동질성이 원인이라기보다는 동질성에도 불구하고(despite homogeneity rather than because of it)" 발생했을 수도 있기 때문이다(Kim Han-Kyo, 1970: 131). 이 경우 비판자는 한국 사회의 동질성은 정치 퇴행의 원인이 아니라 다른 숨겨진 복잡한 내외적 변인이 개재할 수 있는데도 헨더슨은 이를 무시했다는 것이다. 이 비판은 헨더슨의 정치모델이 극복해야 할 과제를 던져준다. 그럼에도 헨더슨 모델은 우리가 믿었던, 또는 자랑했던 우리 사회의 동질성이 정치 안정과 발전에 얼마나 동떨어진 요인일 수 있는가를 일깨워주는 각성제가 되었다고 생각한다.

아마도 헨더슨이 보기에 가장 부당한 비판은 그가 한국 정치를 설명하면서 서구 모델을 차용하여 "정치적 근대화나 정치발전의 조건이라는 단선적 논리에 고착되어 있다"(백운선, 1998: 238~239)든가 그가 규정한 한국 사회의 대중사회성이 서구의 귀족주의 모델에 근거하고 있다(Cumings, 1974)는 비판일 것이다. 후자에 관해서는 헨더슨이 1988년 『회오리의 한국정치』 수정판에서 해명한 대로 오해에서 연유한 것으로 볼 수 있다. 전자의 비판은 헨더슨이 헌팅턴의 정치발전이론에 의존하면서도 그가 참여 관찰한 한국 사회의 중앙집중화, 평의회 지배, 중간 기구의 결여 등 한국적 요인에서 찾고 있다는 점을 간과하고 있다고 지적할 수 있다. 이들 조건의 극복이 정치발전의 요체가 된다는 주장은 서구의 근대화이론과는 무관한 것이다.

그러나 그가 참여 관찰한 해방 후 1948~1950년간 한국 사회, 그리고 집중 연구한 한국전쟁을 거쳐 적어도 1960년까지 이승만 치하의 한국 사회는 그가 개념화한 원자사회의 특성을 지녔으며, 이승만 정권이 정치 목적으로 동원할 수 있는 사회적 유동성을 특성으로 하고 있었다. 그것이 가장 벌거벗은 모습으로 나타난 것이 부산정치파동이다[김정기, 2008: 267~386, 『국회프락치사건의 재발견』 I, 「제3부 제6장 부산정이파동: 제2의 국회프락치사건」 참조]. 이어 박정희를 거쳐 전두환 시대 한국 사회는 중요한 국면에서 회오리 정치 모델에서 크게 벗어났다는 징후는 보이지 않는다.

우리가 제3부에서 살펴볼 것이지만 전두환이 1980년 여름 미국의 암묵적인 승인으로 정권을 잡을 때 한국의 정치 개체, 특히 언론매체들이 보인 태도는 바로 회오리 원뿔로 휩쓸려 들어가는 모습이 아니던가? 위컴 장군은 이를 두고 군인답게 노골적인 투로 "들쥐처럼(lemming-like), 온갖 사람들이 그의 뒤에 줄을 서고 있지 않습니까"라고 묘사했다. 이러한 관찰을 근거로 헨더슨은 원자 사회의 모래알 같은 정치개체들이 권력의 정상으로 상승기류를 타고 블랙홀로 빨려 들어가는 정치를 회오리 정치라고 특징지었으며, 그것이 정형[패턴]으로 자리를 굳혔다고 주장한 것이다.

도대체 회오리 정치의 모태가 된 한국 사회의 원자성 내지 부동성은 어디서 연유하는 것일까? 유럽 사회가 겪은 산업화, 도시화, 관료화에서 찾기도 어려울 것이고 헨더슨이 말하듯 조선조 사회의 '높은 유동성'이 연원이라고 하는 것도 설득적이 아니다.

그러나 해방 뒤 헨더슨이 직접 우리 사회를 참여관찰하고 그가 내린 해석은 설득적으로 들린다. 곧 그는 해방 뒤 행정 공백에서 온 무질서와 사회 혼돈, 한국전쟁 뒤 겪은 사회의 황폐화, 리더십의 결여에서 오는 정치의 무정형에서 부동 사회가 되었다는 것이다. 특히 그는 해방 뒤 한국 사회의 사회적 유동성이 급격하게 높아진 배경으로 서구의 산업화와 도시화 과정과는 달리 뿌리 없는 유랑민들의 급격한 증가에 주목한다. 그는 해방 뒤 급격한 유랑인구의 증가에 관해 다음과 같이 말한다.

그 몇 해간[해방 뒤 몇 해간] 인구 증가는 당시 이스라엘을 제외하면 세계 어느 곳보다도 끔찍한 것이다. 남한의 인구는 1945년 1600만을 조금 넘는 수치라고 추정되었지만 그 다음해 21%가 증가했다. 만주와 북한지역으로부터 25만 명을 포함한 일본인 88만 5188명이 본국으로 송환되었지만, 1950년 이전 한국인 110만 8047명이 일본으로부터 남한으로 넘어왔는데 대부분은 전시노무자들이며, 12만 명이 중국과 만주로부터, 180만 명이 북한으로부터 쏟아져 들어왔다. 1945년 말에 들어서 벌써 남한에는 50만 명의 북한 난민이 있었다. 출생자로부터 사망자를 뺀 연간 인구증가율은 3.1%였다. 농촌지역은 사람들로 넘쳐들었고 인구 유입에 적대적이었다. 도시지역은 전쟁 중 인구가 팽창되었지만 다시 엄청난 추가 인구가 투입되었는데, 이들은 뿌리 없고 흥분된, 도시에 던져진 유랑민들이었다. 피난민 유입의 3분의 1 이상이 서울에 들어왔다. 네이션 보고서는 그 위기의 몇 해간 인구 문제를 간명하게 정곡을 찌른 말로 "한국은 아마도 어느 나라보다도 더 어려운 인구 문제를 안고 있다"고 보고한다(Henderson, 1968a: 137).

해방 뒤 한국에 갑자기 들이닥친 유랑민의 홍수는 해방 뒤 한국 정치에 영향을 끼치는 사태로 발전했다. 유랑민의 대량 유입으로 사회적 유동성이 높아진 정치 환경에서 이승만의 독재 그룹은 반공의 이름으로 이들 뿌리 없고 고향을 잃은 유랑민들을 대중운동에 동원할 수 있었다. 그것은 사회적 응집력의 후퇴를 의미했다. 이들이 유랑민들이 청년단체들로 급조되었지만 구성원들 상호 간의 횡적인 관계, 지역적 유대 또는 지반을 가질 리 없었다.

이들은 직업이 없고 고향의 뿌리로부터 단절된 유랑민으로서 집권 정치인들의 정치 목적을 위해 동원되기 안성맞춤형 군중들이고 그런 역할을 수행한 것이다. 1950년대 한국의 반공주의와 미국의 매카시즘은 같은 대중사회의 병리이지만 전자는 뿌리 없는 대중동원을 통해 '폭도의 지배(mob rule)'

를 탄생시켰지만(1952년 부산정치파동 때 동원된 거리 정치), 후자는 대중선동을 동원하여 부분적으로 지식 사회를 파괴하는 데 그쳤다. 그것은 미국 사회의 성숙된 정치제도화가 대중의 무궤도한 정치 참가를 막을 수 있었기 때문이다.

1950년대 이승만 정권이 동원한 한국의 반공 유랑민들은 1960년 후반부 '문화대혁명' 때 마오쩌둥이 동원한 중국의 홍위병과 흡사하다. 모두 대중사회의 동원된 폭도들이다. 다만 사회·정치제도와 문화를 파괴한 규모가 다를 뿐이다. 1950년대 이승만 정권이 동원한 한국의 반공청년단은 1930년대 독일 나치즘이 동원한 '히틀러 유겐트' 청년들과 유사하다. 둘 다 전체주의가 동원한 대중사회의 폭력적 병리다. 다만 한국의 원자화된 대중사회는 산업화와 도시화에 따른 것이 아니라 해방 뒤 일어난 경제 혼란, 일제 패망에 따른 행정 공백, 그리고 전쟁이 가져온 사회의 황폐화에서 생긴 것이라는 점이 다르다.

헨더슨은 한국의 원자 사회가 모래알 대중의 상승기류가 치솟고 있다면, 상층부에는 평의회형 지배가 하강기류를 형성하고 있다고 진단한다. 이 상승 작용과 하강 작용이 합쳐져 회오리 폭풍을 일으킨다는 것이다. 게다가 한국의 변질된 평의회 지배는 정치의 응집력을 해치는 파벌 싸움을 낳는다고 주장한다. 이에 관해서는 곧 다시 살필 것이다.

헨더슨은 회오리 정치의 원천을 정치 문화에서 찾고 있지만 그 현상학적인 관찰을 게을리 하지 않고 있다. 그는 한국 사회를 촌락과 제왕 간에 중간 매개체가 결여된 사회라고 특징지었지만 그 배경에는 지역적 기반이나 계층적 기반을 근거로 하는 '자생 이익(vested interests)'이나 '계층 이익(class interests)'이 결집되지 못한 데 원인이 있다는 것이다. 자생 이익으로 뭉쳐지지 않는 곳에 중간 매개체로서 정당이 뿌리 내릴 수 없다고 그는 진단한다.

자생 이익

한국의 원자사회는 사회적 유동성, 중간 매개체의 결여, 평의회 지배가 연결 고리를 이루어 회오리 정치를 분출한다고 헨더슨이 주장한 배경에는 계층 또는 지역을 중심으로 한 자생 이익이 형성되지 못한 요인이 있다. 그는 자생적 이익에 관해 다음과 같이 말한다.

한국에서는 재산이나 전통적인 부와 소득원에 대한 '자생 이익(vested interests)'이 약하고 불명확했으며 중앙권력의 성쇠와 중앙권력으로 치닫는 상승기류를 탄 회오리의 힘에 끊임없이 끌려 다녔다. 이 자생 이익은 계곡의 벼랑 벽에 붙어사는 발육이 정지된 덤불과 같다. 이는 유럽이나 미국의 문화가 그들의 상업 사회라는 대지에 심어 놓을 수 있었던 뿌리 깊은 울창한 숲과는 너무 다른 것이다. 이런 상황에서 자생 이익은 상업적인 유럽 사회나 미국 사회에서 재산 보유자들을 고무했던 것과 같은 적극적인 권리주장이나 자신감을 한국의 재산가들은 거의 가질 수 없었다. 한국에서는 'vested interest'[5]라는 용어조차 빌려온 것으로 번역할 수 없는 성질의 언어이다. 재산과 그 권리는 사회 유동성과 같이 불안한 것이다. 재산권을 촉진하기 위한 목적으로 한 집단 형성은 정당이 국민의 지속적 지지를 받을 수 없게 만드는 것과 같은 경향을 낳는다. 이는 조선조 문화에서 기능 계층이 공고화하면 유동성이 없어지고 영향력이 떨어졌던 것과 마찬가지이다. 그렇지만 이러한 자생 이익의 결여는 한국 정당들을 부동(浮

---

[5]   vested interest는 한국어로 '기득권'으로 번역되어 쓰이는데 개혁에 저항하는 부정적 의미를 담고 있다. 헨더슨은 vested interest가 정당을 구성하는 사람들의 응집력을 높이는 것이라고 보면서 "독일 사회는 부덴브로크(Buddenbrooks: 토마스 만의 대하소설 『부덴브로크 일가』에 나오는 말로 부르주아를 의미함 ─ 지은이)에 대한 문제를 피해가지 않았으며, 영국인들은 상업상의 이익에 관한 문제를, 또한 필라델피아와 보스턴 상인들의 대륙회의(Continental Congress: 미국이 아직 영국의 식민지였던 시절 13개주의 미국인들이 개최했던 두 번의 회의. 첫 번째 회의는 식민지 자치를 요구했고, 이를 거절당하자 두 번째 회의는 독립선언서를 발표했다. ─ 지은이)도 같은 문제를 결코 피하지 않고 정면으로 부딪쳐 해결하려고 했다"(헨더슨, 2000: 426)고 쓴다.

動)적인 일시적 존재로 만들고 있는 것이다(Henderson, 1968a: 290).

여기서 우리는 한국 정당들이 응집력을 갖지 못하게 된 사회적 배경을 읽을 수 있다. 헨더슨은 자생 이익 또는 계층 이익을 정당이 응집력을 쌓는 기초 벽돌이라고 여긴다. 예컨대 제헌국회 때 농지개혁안을 둘러싸고 소장파 의원들은 한민당이 장악한 산업위원회안을 저지시켜 일정 부분 그들의 토지개혁안을 성취한 일이 있다. 이 경우 산업위원회안은 지주들의 자생 이익을 반영하는 것으로, 소장파의 토지개혁안은 소작농의 계층 이익을 대변하는 것으로 볼 수 있다. 결국 양 안이 한 발씩 물러나 개정안이 성립했다.[6] 이 농지개혁안은 소작농의 이익을 반영하는 원래 농림부안과는 거리가 먼 것이었지만 국회 안에서의 상반되는 이익 간의 타협의 산물이라는 점에서 의미가 있다.

헨더슨이 정당이 정치 구호가 아닌 이런 자생 이익이나 계층 이익을 촉진하는 프로그램이 정당의 응집력을 결집시킨다고 보고 있는 것이다. 그러나 소장파 그룹은 정파조직이나 정당으로 부상하기 전 이승만 극우파로부터 강타를 맞고 몰락하고 말았다. 한민당의 경우 뒤에서 보듯 정통성 문제에 부딪쳐 자생 이익을 추진할 수 없었다. 그들이 옹호하는 자생 이익은 일제와 야합으로 얻은 '수구적인 기득권'으로 치부될 뿐이었다.

해방 뒤 태어난 한국 정당들은 밑으로부터 자생 이익이나 계층 이익을 중

6) 조봉암이 이승만 정부의 초대 농림부 장관으로 재임했을 때 농림부는 농지개혁안을 마련하여 징수농지의 보상평가로 5년간 평균 생산고의 150%, 농지의 상환지가로 평균생산량의 120%, 상환은 매년 총상환액의 20% 씩 6년간 현곡 상환, 지주 상환액 차이 30%의 국가지원 등 개혁적인 내용을 포함했었다. 그러나 이 안이 정부 기획처에 제출되어 수정되기 시작되더니 국회 산업위원회에 제출되어 지주 옹호적인 수구적인 안으로 대체되었다. 당시 한민당이 장악하고 있었던 산업위원회는 분배농지 대상을 2정보에서 3정보로 하고, 상환은 10년간 균등년부로 하고, 지주보상액은 평년작 주 생산물 생산량의 300%, 농민상환 300%로 하여 특별보상액은 계산치 않는다고 하였다. 이 안이 국회에 상정되자 소장파의원들이 집중 성토의 표적이 되었다. 이런 곡절을 겪어 마련된 타협안은 보상지가 240%, 상환지가 240%, 보상과 상환 매년 30% 8년 균분이었다(윤민제, 2004: 440~449).

심으로 뭉친 결사가 아니라 위로부터 개인의 야망이나 집단의 권력 접근을
위한 정치 목적으로 만들어진 사례를 특징으로 한다. 해방 뒤 좌익 성향의
'인민공화국'에 대항하여 김성수가 '보성그룹'을 기반으로 하여 만든 한민당
은 1945년 9월 16일 출범했지만 정통성의 빈곤이라는 문제에 부딪쳤다. 보
성그룹은 전라도 토호라는 지주의 자생 이익을 가진 단체로 성장할 가능성
이 있었다. 이 전라도 토호 세력은 일제의 합법 체제의 틀 안에서 서울로 진
출해 언론(동아일보), 교육(보성전문: 현 고려대학교의 전신), 경제(경성방직) 분야
에서 한국인이 소유한 몇 안 되는 가장 중요한 기구들을 경영하고 있었다.
그러나 이들 기구들이 보전해 온 자생 이익은 해방 뒤 토지개혁운동에서 수
세로 몰리는 형국이 되었다. 이런 상황에서 한민당은 자생 이익을 기반으
로 응집력을 쌓을 수 없었던 것은 당연했다. 헨더슨은 다음과 같이 그 사정
을 설명한다.

> 보성 그룹의 사회적 재정적 배경은 보수주의, 사유재산제, 기업에 대한 존경
> 심을 가르쳐주었으며, 이 그룹의 조직적 성격으로부터 서로 간의 의견을 존중하
> 는 관행과 독재에 대한 증오를 배울 수 있었다. 해방이 이 그룹을 정치 세계로
> 몰고 갔을 때 그들의 정책은 이런 본능을 중심으로 형성되었다. 토지개혁과 산
> 업개혁은 몰수가 아니라 한국인 지주에 대한 보상으로 실행되어야 한다는 것이
> 처음부터 정책이었다. 아마도 이런 정책이 우익이라는 딱지를 붙이게 한 구체적
> 인 실체였다. 그렇지 않다면 보성그룹도 다른 그룹과 마찬가지로 개혁과 독립을
> 주창했을 것이다.
> 보성그룹의 핵심 지주 세력은 가장 중요한 정치 관심이 물질적이라는 공격에
> 는 취약했음은 물론이다. 이런 비난은 전체 토지의 70%를 지주가 소유한 한국
> 에서 가볍게 넘길 일이 아니다. … 1948년 이전 김성수 동지그룹이 일반대중에
> 대해 가진 태도는 수세와 의심으로 둘러싸인 것이었다. 그들은 방방곡곡 공산주
> 의자들이 숨어 있다고 믿었으며 일반대중은 통제되어야 할 대상으로 동등시하

고 있었다. 한국전쟁이 모든 외형적 친공 감정을 제거했지만 보성그룹은 표면적 자신감 뒤에 소수파 콤플렉스를 숨기고 있었다. 한편 이러한 의구심과 긴밀한 동지애는 정작 필요한 외부의 동맹자들을 끌어들이지 못하게 하는 역작용을 했다(Henderson, 1968a: 277~278).

이는 미국의 경우 18세기 후반 독립혁명의 과정에서 보스턴을 중심으로 한 상업적 기득 이권 세력이 반영(反英) 독립투쟁에서 중추 역할을 수행한 것과 대조적이다. 이 자생 이익을 대표하는 세력으로 해밀턴(Alexander Hamilton), 매디슨(James Madison) 등 '연방당(The Federalists)'은 미국독립혁명의 중추 세력이었다. 이들은 '휘그당(The Whigs)'에 이어 '공화당'이라는 당명을 거쳐 민주당으로 정착한 조직화한 정당 세력이었다. 그러나 한국에서 한민당은 당의 자생 이익이 일제와의 유착 관계 때문에 정통성의 위기에 몰려 '자생적' 이익을 정면으로 내세울 수 없는 처지였다. 그들이 내세울 수 있는 구호는 반공주의였지만 그것은 슬로건이었지 기득권의 촉진과는 무관한 것이었다. 한민당은 다시 정통성의 빈곤을 타파하기 위해 기득권의 촉진과는 무관한 상해임시정부 세력을 간판으로 하는 전략을 내세울 수밖에 없었다.

그 뒤 한민당은 남북협상을 주장하는 김구 노선에 반대하여 이승만과 정략결혼을 하지만 이승만의 견제를 당하자 이승만 독재에 항거한다. 이제 야당을 결속시키는 것은 자생 이익이 아니라 반독재의 명분이었다. 그러나 1960년 이승만의 원시독재체제가 4·19 학생혁명으로 무너지자 야당을 계승한 민주당은 신파 구파로 쪼개지고 만다. 민주당을 결속시킨 끈은 반독재였지만 이 반독재의 끈이 썩은 밧줄과 같이 무력해지자 그들은 모래알이 되고 만 것이다. 결국 이들은 집권 9개월 만에 군사쿠데타로 쫓겨나고 말았다.

해방 뒤 이승만이 귀국한 뒤 결성한 '대한독립촉성국민회(이하 '독촉')'도

위로부터 급조된 뿌리 없는 정치조직이었다. 이승만은 1946년 2~3월 지방 순회유세를 벌였는데 헨더슨은 이를 '대단히 성공적인 6주간의 지방유세'(Henderson, 1968a: 282)라고 평했다. 그 배경에는 한민당과 제휴한 것처럼 비춰졌기 때문이었다. 그는 가는 곳마다 한민당과 지주 이권 세력과 연결된 경찰과 우익청년단체들로부터 대대적인 환영을 받았다. 그러나 한민당과의 제휴는 이승만이 집권을 위한 정략결혼이었다. 이승만은 그때까지 여운형의 인민공화국이 독점해 오던 지방의 뿌리에 한민당의 채널을 통해 접근할 수 있었다. 이 힘을 배경으로 미군정이 당시 김규식의 온건파 지지에 성공적으로 저항할 수 있었다. 결국 1948년 집권의 길로 들어서게 된다. 그러나 독촉과 한민당의 제휴는 두 뿌리 없는 정치조직의 느슨한 연립에 불과했다. 다시 헨더슨의 말.

> 1946년 10월 독촉은 공칭 회원수가 700만에 달한다고 주장했다. 이는 임정 지지자를 능가하는 숫자였다. 독촉과 한민당은 이승만을 권력에 자리에 앉힌 주요 조직이었다. 독촉은 한국정부가 수립된 뒤 1948년 8월 그 명칭이 국민회로 바뀌었고 1960년 이승만 정권이 전복될 때까지 계속되었다. 그것은 자유당의 전신이며, 박정희의 민주공화당과 전두환의 민주정의당의 '의붓아비'이기도 했다(Henderson, 1988, 수정판, 제10장 「정당론」 추고).

이들 뿌리 없는 여당들은 탄생시킨 수장(首長)과 함께 운명을 같이 했다. 자유당은 1960년 4·19 학생혁명으로 이승만 정권이 무너지자 흔적도 없이 사라졌다. 공화당과 민정당의 경우 '유신 잔당' 또는 '군부독재 잔당'으로 불리는 가운데 역사의 뒤안길로 사라졌다. 이는 자유당이 모델로 했던 중국 국민당과 달랐고, 미 점령 시기 보수 결집의 정치 세력으로 탄생한 일본의 보수정당과도 달랐다. 장제스의 국민당의 경우 중국 대륙으로부터 쫓겨 대만으로 들어와 50년 이상 통치한 끝에 권좌에서 물러났지만 정당으로 남아 있다. 흥미 있는 사실은 국민당이 2008년 다시 집권에 성공했다는 점이다.

전후 일본의 자민당의 경우 1920년대 '세유카이(政友會)'에 뿌리를 둔 정치인들이 모여 결성한 '일본자유당'을 모태로 한다. 전후 일본은 1955년 체제로 정치 안정을 이룩한 뒤 자민당이 집권 여당으로 '영구 집권당'이 되었다. 곧 자민당은 1990년대 말까지 집권을 누리다가 잠시 실패했지만 2000년대 다시 집권 여당으로 되돌아왔다.

한국의 자유당과 이웃나라 집권 정당이 이렇게 하늘과 땅처럼 차이가 나는 이유는 무엇일까? 여기에는 여러 요인이 있겠지만 주요 원인 중 하나가 한국 정당의 경우 여당이든 야당이든 자생 이익을 중심으로 한 지반(地盤) 또는 뿌리가 없거나 취약하다는 점일 것이다. 정당이 응집력을 모을 수 있는 최소한의 조건은 정치 구호가 아닌 자생 이익, 계층 이익, 또는 지방 이익을 중심으로 프로그램을 개발할 수 있어야 한다는 것이다.

뿌리 없는 한국정당

자생 이익이나 계층 이익이 결집되지 않은 상황에서 정당은 부평초처럼 뿌리 없는 정당으로 남을 수밖에 없다. 사상누각의 정당은 회오리 정치를 부추길 뿐 국민의 정치적 요구를 반영할 수도, 여론을 수렴할 수도 없다. 이런 정당은 과거 자유당, 공화당, 민정당의 경우처럼 그 지도자와 함께 운명을 같이한다. 그런데 헨더슨이 중시하는 한국 정치담론으로서 중간 지대에서 정치 합작을 위한 정치 게임은 중간 지대의 정당의 제도화가 전제로 되어야 한다. 따라서 정당의 제도화는 한국 정치가 당면한 가장 어려운 도전임에 틀림없다. 헨더슨은 1988년 다음과 같이 한국 정당제가 당면한 도전을 서술하고 있다.

한편 한국의 정당들은 정권 교체를 위한 선동을 넘어 희망의 원천으로서 위상을 확립해야 한다. 1987년 상당히 자유화된 야당들도 [국민에] 감명을 줄 수 있는 광범한 프로그램을 개발하고 합의를 도출해 내야 한다. 그렇지 않고 자유, 그리고 사법부와 입법부의 독립이 보편적인 완화책이 될 것이라는 가정에 너무 의존한다면 그것은 잘못이다. 아직도 한국에서 정당이 차지하는 민주주의 실험의 중요한 몫은 한국 독립 43년 뒤에도 다만 조그만 성공밖에 거두지 못했다는 점이다(Henderson, 1988년 수정판 원고, 제10장 「정당」 추고).

한국의 정당이 응집력 있는 중간 기구로 뿌리내리기 위해서는 무엇을 어떻게 해야 하나? 헨더슨은 그 해답을 구호 정당의 반명제에서 찾으려 한다. 제1공화국 시절 자유당(또는 이승만)의 일민주의(一民主義)나 북한노동당(또는 김일성)의 주체사상은 실질적인 정당의 프로그램보다는 대중 동원을 위한 정치 구호라고 그는 관찰한다.

이승만의 일민주의도 그는 반정당적인 정치 구호였다고 그는 지적한다. 1946~1947년 이승만의 정치참모였던 양우정이 고안해 낸 이 일민주의는 팸플릿을 통해 독립촉성회 전국지부에 선양되기도 했고 이승만이 연설에서 언급하기도 했지만 대중을 동원하는 힘을 발휘하지 못했다. 1948년 이승만 정권이 상대적으로 안정되자 일민주의는 대부분 폐기되었다. 다음은 헨더슨이 묘사한 일민주의의 실상.

쑨원(孫文)의 삼민주의(三民主義)처럼 이승만의 일민주의는 어떤 정책으로 실행된 일이 없다. 그것은 소박한 믿음을 요구하는 카리스마적인 지도자의 도구였는데, 훗날 북한에 등장한 과장된 주체사상의 설익은 판박이와 같은 것이었다. 그것은 지도자가 구체적으로 국민이 처한 생활조건과 일상적으로 당하는 억압과는 동떨어진 반일, 반공, 국제 음모와 같은 문제에 자의적으로 주의를 집중할 수 있도록 했다. 그것은 한국적인 패턴의 최악의 면모를 구체화했는데, 곧 권력의 완전한 중앙집중화, 사회를 풍요롭게 만드는 자생적 이익과 계층 이익에 대한 저항, 전문적 의견과 경험보다는 '애국심'이나 모호한 자질의 선호, 그리고 합리적인 시스템보다는 도덕적인 동기에 근거한 행위의 우선 등이다 (Henderson, 1988년 수정판 원고, 제10장 「정당론」 추고).

헨더슨이 역설한 중간 매개체 중 물론 정당은 중심적 자리를 차지한다. 한국 민주주의의 경우도 정치의 핵심적 기구는 여전히 정당이다. 그러나 그 탈을 벗기면 모래 위에 지어진 궁전이다. 곧 응집력 없는 모래 더미에 지은 사상누각(砂上樓閣)인 것이다. 그것이 자유당이든, 공화당이든, 민정당이든 풀뿌리의 지반이 없는 모래밭에 지은 궁전이 하루아침에 무너지는 것을 우리는 보아왔다.

헨더슨은 중간 매개 기구로서 정당을 핵심적 기구로 중시하지만 한국 정당의 경우 위로부터 급조된 인위적 조형물이라는 점에서 응집력이 거의 없다고 특징 짓는다. 해방정국에서 난립된 정당들이 이 특징을 잘 반영하고 있다. 최초 군정 당국이 백안시한 '인민공화국'을 제외하면 정치단체는 거의 없었다. 1945년 9월 12일 하지 장군이 '조직된 정치단체들'만을 상대로 '협의'할 것이라고 발표하고 이어 군정장관 아놀드 장군이 "규모가 작은 여러 정치단체는 그들의 목적에 따라 좀 더 큰 조직으로 통합되어야 한다"고 담화를 발표해 군소 조직의 통합을 촉구한 뒤 벌어진 상황은 모래알 정당의 인위적 조형물 성격을 잘 보여준다.

하지가 9월 12일 시공관(市公館)에서 연설했을 때 이미 33개의 '정당'이 있었는데 대부분 바로 그 주간 결성된 것들이다. 10월 10일에는 43개 정당 사회단체 대표자들이 통일 문제를 토의했다. 그 일주일 뒤 이승만이 귀국했을 때 그는 50개 이상의 정치단체나 정당들과 협의가 필요하다고 생각했다. 10월 24일 전까지 벌써 군정청에 등록된 정당이 54개였다. 1946년 3월까지 약 134개 정당이 군정명령 55호에 의해 등록되었다. 그 뒤 숫자는 급속히 늘어갔다. 1년도 되기 전에 그 숫자는 300개에 이르렀고, 애국적 단결이라는 간판을 미련 없이 팽개쳐 버리고, 응집력과 조직력을 모으려는 민주적인 노력은 사라지고 분열과 무한 경쟁으로 치달았다(Henderson, 1968a: 131).

그 뒤 1952년 이승만의 자유당, 1963년 박정희의 공화당, 1980년 전두환의 민정당의 경우 결성의 형식은 차이가 있었으나 이들 정당이 위로부터 밀실 기획되거나 급조된 인위적 조형물이라는 점이 공통된 특징을 지닌다. 물론 1972년 들어선 박정희의 유신체제는 그것이 '반정당제(anti-party system)'를 특징으로 하고 권력을 가장 중앙집권화한 체제라는 점에서 '회오리 정치의 절정(the climax of vortex politics)'이라고 헨더슨은 묘사한다(Henderson, 1988, 수정판 원고, 제6장 추고).

그로부터 20년 뒤 헨더슨은 전두환 신군부체제가 들어선 뒤 정당제는 어떤 모습인가? 그는 전두환 체제가 조작한 이른바 조작한 다당제를 회오리 정치에 덧붙여진 '좀 더 기괴한 절정(a more grotesque climax)'으로 묘사한다. 부연하면 1984년 12월 '정치정화법'에서 풀려난 정치인들을 교묘하게 조작해 일시에 18개의 정당을 인위적으로 만들어내어 세계정당사에 새로운 기록을 세웠다는 것이다.

전두환 정부는 그 선행 박정희 정부(1961~1963년간)와 마찬가지로 군부의 진두지휘 아래 새로운 정치 질서를 융합했다. 1980년 모든 구정당들이 해체됨으로써 기존 정당들은 20년 사이 두 번이나 수난을 당하는 꼴이 되었다. 그 빈자리에 구정치인들이 지역적인 지반에 관해 생각할 겨를도 없이 정부는 신속하게 '다당 세계(a multi-party universe)'를 기획 조작했다. 여당인 민정당은 하나로 통일되게 만들고 야당은 갈기갈기 찢기도록 조작한 것이다. 부연하면 야당들이 각각 과거 정치사와 파벌주의를 반영하여 이념적 성향(비공산주의)과 종류에 따라 만들어진 것이다. 이를테면 구 민주당원, 신 민주당원, 박정희 공화당원,

사회주의자, 노동자와 농민, 기독교도, 불교도를 구분해 정당을 만들도록 한 것이다. 그것은 '톱다운(top down)'형 정치를 조작하는 회오리형에 덧붙여진 좀 더 기괴한 절정이었다. 그것은 사실상 세계정치사에서 규모면에서 독특한 정당들의 인위적인 창조이다(Henderson, 1988, 수정판원고, 제6장 중 「남한의 정치변증법 1967~1988」 추고).

그러나 헨더슨은 1988년 전두환 신군부 정권이 만든 민정당이 기본적으로 모래밭에 지은 성이라고 말하면서도 실낱같은 희망을 보인다.

거의 변화나 개선을 보여주지 않는 중간 매개 기구 가운데 첫 번째로 꼽아야 기관이 정당이다. 집권당인 민정당은 돌연한 정치적 격동과 독재자의 명령으로 만든 인위적인 구조물인데 거의 희극적일 정도로 그 직계 조상인 이승만의 자유당과 박정희-김종필의 민주공화당을 빼닮았다. 그러나 민정당이 자유당과 공화당보다 나은 지역 뿌리가 없더라도 해방 이래 거의 40년간 정치사를 몸에 담고 있어 실질적으로 좀 더 복잡성을 띄고 있으며, 전두환이나 노태우가 정치적 경험이 없음을 감안할 때 아마도 좀 더 자주적이며 영향력이 큰 정당이리라. 그 정당의 문민 부분이 1987년 6·29선언을 주도하고 지지했다는 점은 중요하다. 그러나 민정당은 본질적으로 그 선행 정당과 마찬가지로 회오리 기구로서 밑으로부터 정치 입자들을 모아 서울의 권력 정상 닫힌 공간 주변을 떠돌아다닌다(Henderson, 1988, 수정판원고, 제10장 C. 「1980년대 정치행위자들」 중 '정당' 추고).

한국의 야당은 어떤가? 야당도 뿌리 없는 정당이라는 점에서 마찬가지라고 헨더슨은 보고 있다. 1960년 이승만의 원시 독재 체제가 학생혁명으로 무너진 뒤 들어선 민주당은 민주 헌정의 챔피언처럼 보였다. 민주당은 오랜 투쟁 끝에 내각책임제를 성취하고 정권을 운영할 장면 내각은 국내외로부터 박수갈채를 받고 출발했다. 그러나 장면 내각은 집권 9개월 만에 민주

장면 총리와 윤보선 대통령이 악수하는 장면을 지켜보는 헨더슨(1961년 2월 22일).

주의 실험을 실패로 끝내고 퇴각하고 말았다.

헨더슨은 장면 내각이 실패한 것이 한국 정치의 비극이라면서 그 "비극의 최초 단계가 민주적 정당 개념이 한국적인 유동성 패턴에 대해 가한 충격"에 있었다고 설명한다(Henderson, 1968a: 177). 다시 말하면 정당이 응집력을 모은 것이 아니라 권력을 향한 유동성을 높여온 패턴을 지속한 것이 정치 불안을 가속시켰다는 것이다. 곧 그는 "원자적인 상승 유동성의 힘이 정당의 단합성을 압도했다"고 말하면서 "윤보선 대통령이 거느리고 있는 민주당 '구파'와 장면이 거느린 민주당 '신파'의 5년간에 걸친 동맹 끝에 권력의 유혹 아래 와해되고 말았다"고 지적한다(188쪽). 그들을 결속시킨 것이 당내 응집력이 아니라 이승만 독재에 대한 투쟁의 끈이었지만 이제 끈이 사라진 이상 그들은 모래알이 된 것이다. 구파는 장면 내각의 협력을 거부하고 거의 절반에 해방하는 국회의원 86명이 1960년 9월 민주당을 이탈해 '신민당'을 결성했다. 이제 96명으로 줄어든 장면의 민주당을 여러 가지 회유로 10월 19일까지는 과반수 118명을 회복했지만 학생 등 민주 세력들의 과잉 정치참여로 인한 정치 불안은 계속되었다. 장면 내각은 집권 9개월 만에 군사쿠데타에 의해 무너지고 말았다.

박정희 시절의 유신체제 아래 정당정치는 실종되었다. 1980년대 전두환 신군부 정권 시절 야당은 지리멸렬 상태에 빠졌다. 그러나 야당의 파벌주의 힘은 끈질겼다. 그것은 오히려 군사정권을 종식시켜야 한다는 국민적 여망을 앞질렀다. 1987년 학생들과 '넥타이 부대'가 벌인 6월 항쟁 끝에 노태우의 이른바 6·29선언이 발표되고 우여곡절 끝에 1987년 대통령선거가 치러지게 되었다. 그것은 군부 정권의 연속이냐 문민 정권의 탄생이냐를 가르는 분수령이었다. 그러나 문민 정권을 리드할 야당 지도자들이 고질적인 파벌주의를 보였다.

김영삼과 김대중, 곧 '양김'이 후보 단일화에 성공하면 군부 정권을 끝낼 수 있음이 눈에 보이는데도 양김은 각각 대통령 후보를 선언했다. 학생 등 재야 세력도 이른바 '비지(비판적 지지)'파, '후단(후보 단일화)'파, '독후(독자 후보론)'파로 의견이 갈린 상황에서 양김은 노태우 후보 앞에 '정치적 자살'(Henderson, 1988: 수정판 제11장 「지방 분산을 통한 응집력」추고)의 길을 택한 것이다. 그 결과 노태우는 총투표자 중 36.6% 김영삼 27.5%, 김대중 26.7%로 나타나 과반수도 못 얻은 노태우 후보가 대통령으로 당선될 수 있었다.

제2절 회오리 정치의 고고학

고고학자들은 지나간 문화의 발자취를 사라진 사람의 무덤이나 유골 또는 유품에서 찾는다. 헨더슨은 그가 진단한 회오리 정치의 원천을 문화인류학적으로 찾고자 했다. 그가 이러한 고고학적 탐사에서 발견한 두 가지 특성은 '중앙집중화(centralization)'와 '평의회 지배(council rule)'이다. 한국 정치 문화가 내재하고 있는 중앙집중화야말로 회오리 정치를 움직이는 원천적인 힘이라고 그는 믿고 있다. 모든 정치 개체들이 빠르게 회전하는 회오리 폭풍의 원뿔로 빨려 들어가는 힘의 원천은 중앙집중화에서 나온다는 것이다.

여기에는 그가 관찰한 한국 사회의 역사적, 문화적, 사회적 특성이 자리 잡고 있다. 그는 한국 사회의 중앙집중화야말로 모든 것을 '서울 중심 정치(capital politics)'로 빨려 들게 하는 거대한 회오리 폭풍의 회전원뿔이 빨아들이는 흡인력이라고 말한다. 이런 맥락에서 서울은 한국 자체이며, 그것은 '단극자장(the single magnet)'이라고 비유한다.

회오리 정치를 일으키는 주요 동인이 한국 사회의 중앙집중화라면, 회오리 정치의 특성을 부각시키는 요인으로 '평의회 지배'(또는 '평의회 통치')라고 헨더슨은 믿고 있다. 따라서 한국 사회의 중앙집중화와 평의회 지배는 회오리 정치와 불가분의 관계에 있다는 것이다. 그는 평의회 지배도 역시 한국 전래의 정치 문화에서 찾고 있다. 그가 말하는 평의회 지배란 왕권의 단독 지배의 대칭 개념을 의미한다.

단극자장

이렇게 볼 때 헨더슨이 구성한 회오리 정치 이론의 주요 개념들 가운데 이 중앙집중화야말로 핵심 개념이다. 왜냐하면 원뿔 모양의 단극자장으로 쏠리는 힘이 없다면 회오리 정치의 역학을 설명할 수 없기 때문이다. 그의 관점에서 볼 때, 한국 사회의 단일성과 동질성, 원자성과 부동성, 자생적 기득 이익의 결여, 평의회 지배와 같은 개념이 모두 회오리 정치에 상관성이 있겠지만 중앙집중화 현상, 즉 단극자장이야말로 그가 발견한 가장 중요한 핵심 개념이다. 그리고 그는 이 개념을 한국 사회에 이론적으로 접합시키는 데 성공한 것으로 보인다.

한국의 중앙집중화 현상은 거대한 이웃 나라인 중국의 중앙집권적 통치 방법과 이념을 그대로 받아들인 데 있다고 헨더슨은 설명한다. 그 이념적 토대가 된 것이 상하 질서를 분명히 한 유교의 가르침이다. 헨더슨은 1983 년 하버드대학 페어뱅크센터에서 발표한 발제문에서 한국정치의 중앙집중화 수용과 특성을 다음과 같이 설명한다.

> 이 이론[한국 정치에 관한]은 대체적으로 몽테스키외와 드 토크빌의 전통적 이론 토대에 따라 기구들과 그 역학 관계를 분석하는 것을 새로운 출발로 한다. 구체적으로 보면 이 이론은 한국 정치 문화 안에서 논의를 출발하는데, 그것은 한국의 정치기구의 특수한 단절성을 설명할 필요가 있고, 아울러 한반도에서 촌락과 왕권 사이에 중간 기구가 결여된 것 또한 똑같이 특수하고 아주 오랜 현상을 설명할 필요가 있기 때문이다. 이 연구는 한국 사회 정상에 있는 중앙관료제는 특별히 과중하여 균형을 잃었는데, 그 까닭은 그것이 중국에서 통째로 빌려왔기 때문이라고 결론을 맺고 있다. 중국이 그렇게 [과중한 중앙관료제를] 고안한 것은 그 나름의 문화와 한국보다 40배나 큰 지역을 위한 것이었다. 아주 작은 통제가능한 지역의 동질 사회의 정상에서 약 1500년 동안 이런 최고상층부 과중한 기구가 축적된 결과 그것은 강력한 지역적 또는 지방적 기구 형성을 저해했는가 하면 사회계층이 굳어지고 계속되는 것에도 부정적인 영향을 끼쳤다. 그것은 사회 밑바탕으로부터 정상을 향해 원자적 유동성을 유인하는 자석으로 작용했다. 이 원자적 유동성은 토네이도 폭풍의 회오리로 주조되어 지상으로부터 정상으로 먼지를 끌어들인다. 한국 사회에 적용될 경우 그것은 정당과 노동단체의 형성, 정통성과 계속성을 방해했으며 지방자치의 발전을 저해했다(헨더슨, 1983).[7]

---

7)   이 발제문에서 "한국인들이 그들 자신의 정치에 관한 기본적 정치이론을 구성하지 못한 것처럼 보

헨더슨은 한국 사회의 중앙집중화 현상을 추적하기 위해 고려조 (918~1392) 이전까지 거슬러 올라가지만 주로 조선조(1392~1910)에 집중하여 그 특성을 조명한다. 여기서 우리는 그의 논의가 사뭇 논리적이고 설득적임을 발견한다. 그는 한국 사회의 중앙집중화는 조선왕조가 국가통치 이념으로 채택한 유교주의가 그 연원(淵源)이라고 믿는다. 그 연원에서 조선왕조는 중국을 본떠서 중앙의 과중한 관료 체제를 만든 것이 사회의 균형을 깨트렸다고 그는 설명한다.

조선의 여러 유교 세력들은 중앙 관료기구를 향해 가차 없이 모든 야망을 불태웠다. 과거제도는 지방의 인재들을 고갈시킬 만큼 나라의 가장 총명한 모든 인재들을 중앙으로 끌어들였다. 개인의 능력에 따라 동래 정씨(東萊鄭氏)라든가, 안동 김씨(安東金氏)라든가 기타 양반 가문 주류 계열 출신들이 수도 한양에 정주했다. 청도 김씨(淸道金氏), 하동 정씨(河東鄭氏)라고 한 것처럼 모든 성씨들은 그들의 창시자들이 살던 지방의 명칭을 자신들의 본관으로 삼았다. 그들의 일부 종씨들은 한양 사람이 되어 조정의 미움을 사 유배나 지방으로 좌천되지 않는 한, 서울에 내내 살며 궁중 투쟁의 주역 또는 조역으로 참여하여 그런 문화를 주입하는 역할을 했다. 프랑스에서 파리가 그랬듯 한양은 조선 최대의 도시였을 뿐만 아니라 조선 그 자체였다. 이 나라에서 체험할 만한 유일한 드라

이는데 이는 지속적인 놀라움과 고도의 흥미를 유발하는 화두이다. 그들은 국내 국외에 있건 모두 정치이론에 관심을 보이는 것 같지 않고 다른 사회에조차 관심을 보이지 않는다. 국내 정치 연구의 경우 그러한 연구가 피상적인 수준 이상으로 한국 정치와 관련되는 때조차 비교 정치의 광범한 연구에 탐닉하지 않는 것 같다"고 비판한다. 그레고리 헨더슨, 1983, 「아시아에 정치이론은 있는가?: 한국의 사례(Is There a Political Theory in Asia?: The Case of Korea, Sept. 1983, Fairbank Center, Harvard University)」. 이 비판이 옳건 그르건 지은이는 헨더슨이 내놓은 정치이론의 경우, 비교적 간단한 서평 수준을 제외하면 비교 정치의 관점에서 다룬 논문이나 연구는 거의 본 일이 없다. 비교 정치 관점에서 다룬 논문은 아니지만 헨더슨의 『회오리의 한국정치』를 비평한 논문으로 「그레고리 헨더슨의 현대사 이해」(백운선, 1998)가 나온 것은 헨더슨 책이 발표된 이후 30년 만의 일이다. 그의 책도 32년 만에 한국어 번역판(『소용돌이의 한국정치』, 2000)이 나왔는데, 이는 일본어판이 1973년 나온 지 27년 만의 일이다.

마가 있다면, 들어볼 만한 소문이 있다면, 즐길 만한 풍요한 문화가 있다면, 그것은 모두 궁중에 있었다. 만일 누군가 한양에 불려갔다면 그 사람은 될 수 있는 대로 빨리 시골과의 인연을 끊고 한양에 살았으며 살려고 했다. 거꾸로 장기간 한양으로부터 멀리 벗어나는 것은 입신출세의 희망을 잃는 것이며 자식들의 출세의 길을 위태롭게 하는 일이었다. 시골구석에 산다는 것은 그 때문에 비록 정치적 공격을 받지는 않더라도 이런저런 불친절한 소문에 오르내릴 수가 있다. 그때나 지금이나 지방 토호(1910년 이후 지주)나 지방 지도층은 정기적으로 수도를 찾아서 재산이 있다면 주택을 마련하고 재산이 없다면 '최고의' 부자나 권력자 친구를 방문하는 것이 습관처럼 되었다(Henderson, 1968a: 29~30).

조선조 500년간 "서울이 이 나라의 심장이며 두뇌이듯 정치 또한 그 핵이며 태풍의 눈이었다"(30쪽)고 헨더슨은 말한다. 이런 조선조 사회의 중앙집중화가 사회 정치 문화로서 뿌리를 내렸다고 그는 생각한다. 그는 1988년 쓴 『회오리의 한국정치』 수정판에서 이 문제를 더욱 보강하며 정치 문화의 그릇으로서 한국 언어와 한국 전통문학에 담겨진 상징 언어를 논의한다. 그는 언어학자 사피어(Edward Sapir)가 제시한 '의미기호(semantograph)'의 개념을 원용해 한국인과 미국인이 정치 언어가 담고 있는 가치를 비교하여 한국인들의 중앙집중화 경향이 보다 강력함을 논증하고 있다.[8]

예컨대 '지위(status)'라는 말의 개념을 두 나라 사람들은 어떻게 인식하고 있나? 미국의 응답자들은 물질적 심벌로 보는 응답이 월등한 반면 한국인들은 '권력(power)', '권위(authority)', '영향력(influence)'과 같은 의미로 규정하고 있어 관료의 역할과 정부의 자리와 밀접한 상관관계를 보인다는 것이

---

[8] 헨더슨이 인용한 미국과 한국인의 언어인식 비교연구는 Lorand B. Szalay, Won T. Moon and Jean Bryson, 「Communication Lexicon on Three South Korean Audiences: Social, National and Motivational Domains」; 같은 저자, 「Family, Educational, International Relations」, 및 「A Lexicon of Selected US-Korean Communication Themes」, American Institute for Research, Md. 1971.

다. 비슷한 맥락에서 '사회계층(social class)'의 개념도 미국인들은 주로 경제적 지위와 관련 짓고 있는 반면 한국인들은 정부 관직의 권력과 관련지어 본다는 것이다. 이와 같은 정치 언어 개념의 인식 차이는 '정부(government)'라는 말에서 극명하게 드러난다. 한국인 응답자의 25%가 대통령의 집행부로 보는 반면 미국인의 8%만이 그렇게 본다. 바꾸어 말하면 한국인들은 대통령을 최고의 통치자로 보는 반면 미국인들은 행정 기능의 관점에서 본다. 헨더슨은 이러한 정치 언어의 개념 인식 차에 관해 다음과 같이 설명한다.

> 만일 우리가 이런 방식으로 언어를 본다면 언어 그 자체가 지배적인 사회가치를 반영하며, 가치를 각인하는 주요 수단이 된다. 언어에서 중앙정부와 관료를 향한 집중을 강조하고 방향 짓는 상당히 일관된 패턴이 있음을 알게 된다. 그리고 대통령은 명성, 권력, 지위, 국민적 지위, 여러 가지 기능의 초점을 반영하고 있으며, 이로부터 추론한다면 사람들이 입신출세의 목표가 되고 있다 (Henderson, 1988, 수정판 원고, 「서론과 이론」 추고).

헨더슨은 중앙집중화 현상이 한국전통문학에도 잘 나타나고 있다고 말한다. 예컨대 전 국민적 러브 스토리인 『춘향전(春香傳)』에서 악당은 지방관이고 영웅은 서울의 암행어사가 된다. 이 중앙관리는 정절을 지킨 시골 퇴기의 딸을 구하여 결혼하고는 중앙정부에 이르는 길로 그녀의 신분을 올려 준다는 얘기다. 「신도가(新都歌)」 또는 뒤에 「한양가(漢陽歌)」와 전통가요가 서울을 칭송하고 「사미인곡(思美人曲)」 같은 전통 가사가 중앙의 임금을 그리워하는 것 등 모두가 중앙집중의 문화를 보여준다는 것이다 (Henderson, 1988, 수정판 원고, 「서론과 이론」 추고).

이어서 중앙집중화가 해방 뒤, 아니 현재(그가 『회오리의 한국정치』 수정판을 썼던 1987년)까지 이어지고 있다는 것이 헨더슨의 판단이다. 그는 중앙집중화가 한국 정치문화의 뚜렷한 특징으로 고착되었다고 다음과 같이 설명한다.

이 책이 처음 나온 뒤 20년 동안 한국 정치의 외모는 남북한 어느 쪽에서도 근본적인 변동이 없었다. 오히려 남북한 각각 정치 외모가 최고조의 중앙집중화를 통해 그 날카로움을 드러내고 있다. 정말로 정치가 회오리형을 풍자적으로 그리는 것 같다. 부연하면 상층부가 권력을 계속 장악하고, 통제하고, 조정하고 있다. 총명한 학생인재들이 거대 학생단체를 떠나지만 다시 단체로 계속 가입되고 있어, 예외는 있지만 별도의 충성심을 형성하지 못한다. 지방자치는 여전히 공약으로만 남아 있고 88올림픽 이후 실시한다는 계획조차 망설이고 거의 내용 없는 이상에 불과하다. 지역 정치의 뿌리가 지역 성향의 정당과 함께 1987~1988년 잠정적으로 발전하고 있을 뿐이다. 사회의 유동성이 대폭 높아져 오히려 지역 리더십 뿌리는 약화되었다. 이런 상황에서 정치적 뿌리의 영속성은 의도적으로 회피된 셈이다. 정당들은 계속 위로부터 아래로 흔히 명령에 의해 형성되고 있는데, 설사 응집력을 모으려고 필사적인 노력을 하더라도 그 과정에서 전래의 낡은 걸림돌을 만난다. 곧 이들 정당들의 지역성이란 그 지역을 오래전 떠나 서울로 간 지도자들이 부여한다는 점이다. 한편 권력이 항상 중앙으로 몰리면서 한국의 정치는 전부 아니면 전무, 승자 독식, 필사적인 타협 없는 게임이 되고 만다. 이 게임은 한국인의 특성보다는 중앙집중화라는 경직된 구조를 반영한 것이다(Henderson, 1987, 제6장 B.「아직 회피당한 민주주의, 박정희 전두환 체제, 유형의 지속」1967~88: 서론).

평의회 지배(council rule)

헨더슨이 보기에는 한국 사회의 중앙집중화와 평의회 지배는 회오리 정치의 원인이기도, 결과이기도 했다. 그가 말하는 평의회 지배란 왕권의 단독 지배의 대칭 개념을 의미한다. 그는 평의회 지배도 역시 한국 전래의 정치 문화에서 찾고 있는데, 멀리 7세기 신라의 화백(和白)제도에 기원하지만 그 원형이 조선조 시대의 '대간(臺諫)제(the censorate)'9)에 유래한다고 믿고 있다. 조선조의 군왕은 최고의 통치권자이지만 대관(臺官)과 간관(諫官) 등 대간이 간쟁을 통해 왕을 비판하는 기능을 수행하여 실제 군왕통치가 평의회 지배 형태를 지녔다는 것이다. 다시 말하면 왕권(王權)과 신권(臣權)이 견제와 균형을 이루는 평의회 지배 형태를 취했다는 것이다. 헨더슨은 대간들이 왕권을 실질적으로 견제한 면을 다음과 같이 묘사한다.

> 왕은 자기의 아들을 후계자로 지명하는 일에 양반들의 지지를 마음대로 이끌어 낼 수 없는 것과 마찬가지로 대간들이 무엇을 기록하고 어디에 보관하는지 통제권을 갖지 못했다. 그들의 간쟁권은 매일, 거의 매시간 왕에 접근할 수 있다는 것을 의미했다. 대간의 기능이 확대하자 왕은 궁중 시종들의 감시를 받지 않고 가장 내밀한 개인사도 할 수 없었다. 조선의 왕은 명나라와 청나라 황제와 같이 대간제를 자기 것으로 부릴 수 있는 권한을 발전시킬 수도 허용되지도 않았다. 중국인들은 청조(淸朝)의 경우 독재에 버금가는 권위주의적 지배 체제를 실행한 반면 조선인들은 지배권 없는, 그러나 이의를 제기할 수 있는 평의회제를 택했다(Henderson, 1968a: 248).

그러나 문제는 이 대간제의 취지가 변질되어 조선조 시대 유교 원리에 관한 교조적 공리공론을 일삼아 사색당파 싸움의 온상이 되었다는 것이다. 정책상 논쟁이 전혀 없었던 것은 아니지만 [예컨대 1580년 일본의 국력에 대해 양병안(養兵案), 또는 1620년 대 및 1630년대 명조의 쇠퇴에 따른 청조의 인정 문제] 주

---

9) 이 대간제는 헨더슨 책에서 영어 원문이 the censorate로 나와 있다(246쪽). 이 원문의 번역을 둘러싸고 한국어판에는 '대간'으로, 일본어판에서는 '사헌부(司憲府)'로 번역어가 갈라진다. 그러나 이는 사헌부, 사간원(司諫院), 홍문관(弘文館)을 총칭하는 삼사(三司)를 지칭하는 것이다. 헨더슨은 삼사의 간쟁 기능을 에드워드 와그너(Edward W. Wagner)의 하버드대학 박사학위 논문 「조선사회(The Literati Purges)」(1959)에 의존했다고 말하면서 이 삼사의 간쟁 기능이 필수적이기 때문에 삼사 내의 기관 구분을 무시했다고 밝히고 있다(444쪽 주 5). 따라서 the censorate는 삼사의 간쟁 기능을 감안할 때 사헌부보다는 '대간제'라고 번역함이 적절하다.

로 파벌 논쟁은 "상대 파벌의 처벌, 서원에 대한 지원, 그리고 죽은 왕비를 위한 문상 기간을 1년으로 할 것인가 연장할 것인가" 등의 문제를 둘러싼 논쟁이었다. 이런 논쟁은 상대 파벌에 대한 적의를 낳으며 일단 적의가 조성되면 타협은 불가능했다. 정책을 둘러싼 쟁점이 아니라 권력이 개입되기 때문에 조정도 화해도 있을 수 없게 된다.

이 변질된 평의회 지배의 유산이 파벌주의로 남아 해방 뒤 한국 정치에 고스란히 전승되었다는 것이 헨더슨의 견해이다. 그것은 하지 장군이 1946년 설립한 남조선과도입법의원과 하지 장군 간에, 1948년 수립된 대한민국의 대통령과 국회 간에, 그 뒤 야당과 여당 또는 행정부 간에, 야당 정파 간에 한국 정치의 고질병으로 이어졌다는 것이다.

헨더슨은 국회프락치사건을 평의회 지배의 렌즈로 조명하고 있는 것이 주목된다. 그는 프락치사건의 연루된 소장파 의원들을 조선 중기 정암 조광조(靜菴 趙光祖)를 중심으로 한 새로운 사림 세력으로 비유했다. 제헌국회에서 소장파가 이승만-한민당 세력에 맞서 토지개혁, 지방자치, 부일 세력 척결 등 개혁 입법 활동을 '조광조와 그의 젊은 유교 세력의 정신으로' 벌였다(Henderson, 1968a: 256)고 비유했다. 이어 이승만과 경찰이 이들을 체포하고 공산당이라는 증거를 조작한 수법을 동원했는데, 이는 1519년 훈척(勳戚) 세력이 조광조 개혁파에 사용한 전술과 같은 것이었다는 것이다.[10] 그는 전반적으로 국회를 평의회 기관의 부활로 보면서도 당시 이승만을 연산군(燕山君)으로 비유하면서 1949~1950년 국회프락치사건을 제1라운드, 1952년 부산정치파동을 제2라운드 공격으로 묘사하고 있다(『국회프락치사

---

10) 헨더슨은 훈척들이 조광조 일파를 숙청하기 위해 만들어낸 기괴하고 야비한 수법을 들고 있다 (Henderson, 1968a: 448 주 26). 이 수법이란 '주초위왕'(走肖爲王: 走肖, 곧 趙가 왕이 된다)란 글자가 나오도록 벌레가 나무 잎을 갉아 먹게끔 하고는 이를 중종에 보임으로써 왕이 위기의식을 느끼게 한 기상천외한 모략을 말한다. 결국 조광조 등 개혁 세력은 기묘사화를 당해 도륙되고 만다. 정적을 죽이기 위해 동원된 이런 날조된 수법이 1949~1950년 국회프락치사건에도 사용되었다는 것이다.

건의 재발견』 I, 제6장 '부산정치파동: 제2의 국회프락치사건' 참조).

헨더슨은 평의회와 대통령 간의 투쟁은 두 차례 있었으나 대통령의 일방적인 승리로 끝났는데 여기에는 미국의 지원이 결정적인 몫을 했다는 것이다. 그 이후 국회는 평의회 기관으로서 결정적으로 쇠락하고 이승만 독주의 행진은 계속된다. 그 뒤 평의회 유산은 정당으로 넘어가게 된다. 변질된 평의회는 한국 정치의 파벌주의로 온존하게 되었다고 헨더슨은 믿는다.

이 변질된 평의회 기능, 곧 파벌주의가 회오리 정치를 부추긴 까닭은 무엇인가? 한국 정치의 현실에서 그 대답을 찾기란 어렵지 않다. 파벌주의는 정당의 응집력을 저해하고 정파 간의 타협의 공간을 차단하는가 하면 파벌을 구성하는 원자들이 권력의 정상으로 치닫기 때문이다. 그렇다고 파벌이 이익을 중심으로 한 응집력을 배양하지도 못했다. 이런 의미에서 한국의 정당들은 아직 파벌의 유산에서 탈출하지 못하고 있다. 이승만의 자유당에 이어 박정희의 공화당, 전두환의 민정당은 그 창설자가 권좌로부터 사라지자 운명을 같이하게 된 것이라고 헨더슨은 풀이한다. 김성수의 한민당도, 그 뒤에 들어선 다른 이름의 야당들, 그리고 4·19학생혁명으로 집권한 민주당도 이런 경향의 두드러진 예외는 아니었다.

'탈근대'의 역저

한 헨더슨 연구자는 『회오리의 한국정치』를 '탈근대(post-modern)'[11]의

---

11) 이현희 박사는 '탈근대'에 대해 다음과 같이 의미 부여를 한다. 즉, 국내외 학계에서 '탈근대주의'는 주로 20세기 후반 프랑스 학계에서 풍미했던 '해체주의적 포스트모더니즘(deconstructive postmodernism)'을 의미한다. 하지만 해체주의적 포스트모더니즘의 철학적 기초는 여전히 근대의 세계관에 머물러 있다. 특히 해체주의적 포스트모더니즘은 근대 세계관의 요체인 주체와 객체의 분리를 극단적으로 심화시켰다. 이자벨 스탕제(Isabelle Stengers)가 해체주의적 포스트모더니즘의 실상을 '하이퍼 모더니티(hyper-modernity)'로 평가한 것도 그런 이유 때문이었다(Stengers, 2008: 41). 그러나 국내외 학계에서 화이트헤드의 철학은 근대의 세계관을 근원적으로 대체한 철학으로 평가된다. 그래서 화이트헤드의 철학을 해체주의적 포스트모더니즘과 구분하기 위해서

세계관에 서 있는 보기 드문 역저로 평가한다. 이현휘 박사는 '화이트헤드와 헨더슨'(2022)이라는 수상록에서 화이트헤드가 '루틴(routine)'을 모든 사회체계의 '신(god)'으로 평가했다면서 '루틴'은 사회적 관습과 같은 것이라고 말한다. 한국에서 화이트헤드(Alfred Whitehead) 철학에 정통한 이 박사는 몇 가지 저술, 즉 알렉시스 드 토크빌, 에드먼드 버크, 그리고 막스 베버의 저술에서 관습을 주제로 삼았다면서 헨더슨이 『회오리의 한국정치』 제3부 '한국 정치 문화의 연속성(The Continuity of Korean Political Culture)'에서 관습을 핵심 주제로 삼은 것과 견준다.

어떤 주제는 최근이든 이전이든 한국 사회와 정치연구에서 나타난다. 그런 주제는 중국의 유교, 일본의 식민주의, 미국의 군사주의 그리고 민주주의의 충격에 의해 생긴 직접적이며 단순한 파생물이 아니다. 그러나 이런 수입품들이 한국의 정치이론과 조직뿐만 아니라 심지어 일상 행동에 영향을 끼친 것은 확실하다. 이런 수입품을 신봉했다는 기록과 영향은 넘쳐흐른다. 하지만 그 배후에 좀 더 깊고 영속적인 한국 정치 행동의 토착적 특성이 놓여 있는 것 같다. 이조 왕정의 당파, 일진회, 자유당과 민주당 등 최근 20년간 부침을 거듭한 수많은 정당들이 하나의 일정한 형태로 외적인 현상을 드러낸 것이다. 그것들은 플라톤이 말하는 '페라스(peras)'와 같은 것이다. 좀 더 영속적이고 토착적인 주제는 플라톤의 '아페이론(apeiron)'과 같이 지속적인 사회에 결정적인 영향을 준 것이다. … 분석컨대 우리들이 통찰해야 할 것은 아페이론이다. 왜냐하면 만일 우리가 한국의 정치 현상을 지나가는 사건으로 이해하면 우리는 진정한 이해를 저버리게 될 것이며 조직적이며 광범한 방식으로 해결책을 찾을 수 있는 기회도 잃어버릴 것이다(이 책 제3부 모두 글, 193).

'구성적 포스트모더니즘(constructive postmodernism)'이라고 별칭하기도 한다. 화이트헤드의 철학에서 강력하게 지지할 수 있는 헨더슨의 『회오리의 한국정치』는 한국 사회과학에서 '구성적 포스트모더니즘'의 지평을 선구적으로 열어낸 지적 성취라고 할 수 있다.

이현휘 박사는 이 모두 글이 "『회오리의 한국정치』를 탄생시킨 사회과학적 방법론이 집약된 것으로 본다"면서 "이 문단의 의미를 정확하게 이해하려면 헨더슨이 플라톤의 페라스와 아페이론을 소환한 까닭을 정확하게 이해할 필요가 있다"고 강조한다.

나는 이 박사가 헨더슨이 회오리 정치에서 관찰한 페라스와 아페이론에 부여한 의미에 찬동하면서 위에서 논의한 회오리 정치의 현상학과 고고학에서 나타난 병리현상에 주목하고자 한다. 즉 페라스는 회오리 정치의 단극자장에, 아페이론은 중앙집중화나 평의회 지배에 견줄 수 있는 한국 정치의 병리현상이 아닐까?

이 박사는 화이트헤드의 교육철학에 기반을 둔 미래 대안학교 'WS (Whiteheadian School)' 프로젝트를 추진하고 있다. 그러나 그가 통찰한 한국 사회의 관습은 여전히 절벽으로 가로놓여 있는 것이 현실이다. 나는 그가 이 절벽을 뚫고 끝내 희망을 성취할 수 있을 것이라고 믿고 싶다. 더 나아가 이 'WS'가 헨더슨이 제안하고 강원용 목사가 일부 성취한 중간 매개체를 위한 교육을 실행할 수 있을 것이라 믿는다(제8장 1절 '헨더슨의 정치발전론' 중 '강원용 목사의 중간 집단 교육' 참조).

결론적으로 헨더슨은 한국 사회의 중앙집중화가 동인이 되고 변질된 평의회 지배가 가세하여 원자들의 상승기류를 만들었다고 주장한다. 이 상승기류를 탄 원자들은 응집력 있는 중간 기구를 형성하지 못하고 권력의 정상으로 빨려 들어가 단극자장이 된다는 것이다. 이것이 회오리 정치를 고착시킨다고 헨더슨은 지적한다. 그는 회오리 정치를 극복하기 위해서는 중앙집중화 현상을 지방 분산으로 바꾸는 방향으로 나아가 다원 사회에 이르러야 한다고 처방을 내린다.

소결

헨더슨은 한국 정치의 병리를 무엇보다도 '회오리 정치'라고 간명하게 진단한다. 미국 로키산맥 주변에서 자주 나타나는 회오리 폭풍, 즉 토네이도에 한국 정치를 대입한 것이다. 정치가 '회오리'에 휩싸이면 이성적 토의는 커녕 모든 것이 원뿔 모양의 진공으로 빨려 들어가고 인명과 재산을 파괴한다. 그러나 헨더슨은 한국 정치의 병리가 회오리 정치이긴 하지만 그것은 사회적 유전병이지 혈통의 유전병은 아니기에 투병할 수도, 고칠 수도 있다고 보고 있다.

그는 회오리 정치란 무엇인가? 헨더슨은 이를 현상학적이고 고고학적인 렌즈로 관찰한다. 현상학적으로 관찰한 회오리 정치는, 제왕과 촌락 사이에 중간 매개체가 결여한 단극자장 사회를 낳았다고. 한국의 대중사회에서 중간 매개체 사이의 응집력이 결여되었기 때문에 '뿌리 없는' 정당제, 자생적 이익이 결여한 정당은 선거 때마다 이합집산으로 정치 불안이 가중된다고 보았다.

그가 고고학적으로 찾아낸 증후군은 두 가지로 하나는 '중앙집중화', 다른 하나는 '평의회 지배'라고 했다. 한국 사회의 중앙집중화야말로 모든 것을 '서울 중심 정치(capital politics)'로 빨려 들게 하는 거대한 회오리 폭풍의 회전 원뿔이 빨아들이는 '단극자장'에 비유된다. 이런 맥락에서 서울은 한국 자체이며, 그것은 모든 것을 빨아들이는 흡인력이라는 것이다.

헨더슨은 주저 『회오리의 한국정치』(1968)에서 하지 군정기간 온건파의 실패를 논하면서 여운형이나 김규식의 몰락이 그들의 리더십에 있는 것이 아니라 "전후 세계정치의 비타협성과 그들 사회의 성격과 전통에 있다고 봐야 한다"(Henderson, 1968a: 136)고 짚었다. 헨더슨의 한국 정치담론의 한 축으로 미국의 대한 책임론을 다뤘다. 또 다른 대목에서 그는 "그들의 위대한 재능을 아는 사람이라면 그들의 실패의 원인이 된 정치적 원자화 현상에 대해서 그들이 고뇌했다는 것을 깨닫게 된다"고 일깨운다(Henderson, 1968a: 136). 물론 헨더슨은 미국의 대한 책임을 중시하지만 그러나 그가 말한 한국 사회의 성격과 전통이 온건파가 이 땅에 뿌리내리는 데 '운명적인' 걸림돌이 되었다고 진단했다. 그는 또한 1946년 10월 대구 폭동의 책임을 논하면서 그것이 '원자사회의 즉발적인 대중동원성의 위험'을 보여주었다고 경고했다(Henderson, 1968a: 147).

우리는 이 장에서 회오리 정치와 상관관계에 있다고 헨더슨이 진단한 한국 사회의 원자적 성격을 논하고 그 '원자'병리를 치유할 수 있는, 치유해야 하는 당위와 그가 그린 피안의 정치 세계를 살펴보고자 한다. 한국 정치가 도달해야 할 목적지로서 그가 그린 피안의 정치 세계란 어떤 곳인가? 지은이는 그것을 '정치 합작이 상시적으로 일어나는 정치의 중간 지대'라고 표현하고자 한다. 그 실체가 무엇인지 뒤에서 논하기로 하고 먼저 정치의 '중간(middle-of-the road)'을 화두로 꺼내보자.

1947년 10월 4일 한국의 해방공간에서 좌우 정치역학의 저울추가 오른편으로 기울어져가던 즈음, 하지 장군은 방한 중인 일단의 미 의회의원들에게 자기 심정을 다음과 같이 토로한 적이 있다.

> 우리가 힘들여 공산당과 싸우고 있지만 항상 파시즘이 장악할 위험이 있습니다. 우리는 아주 어려운 정치적 상황을 맞고 있습니다. 독일은 공산주의에 맞서기 위해 히틀러가 구축한 나치즘으로 가버렸습니다. 스페인도 마찬가지입니다. 다른 한편 [남한에서] 공산주의가 득세하면, 공산주의가 득세하면 말입니다, 민주주의는 무너지고 이 나라는 공산화됩니다. 자, 그러면 해답은 무엇인가요? 도대체 이 혼돈의 구렁텅이로부터 어떻게 '중간 정치(political-in-the-middle-of-the-road)'를 얻을 수 있나요? 나는 문제만 제기합니다. 해답을 모릅니다. 알고 싶긴 하지만(USFIK 11071 파일, box 62/96, 방한미의원단에 말한 하지의 독백, 1947년 10월 4일).

여기서 하지 장군의 고민을 읽을 수 있다. 우익 청년단체 등을 동원할 수 있는 힘을 비축한 이승만을 지지하자니 파시스트 독재 체제가 눈에 보이고, 김규식 등 중도파에 손을 들어주자니 공산체제로 가지 않을까 불안을 떨쳐버릴 수 없는 형국이었다. 이런 상황에서 그는 딜레마를 풀어갈 방도에 어리둥절할 수밖에 없었던 것이다. 커밍스는 하지의 딜레마를 다음과 같이 서술하고 있다.

> 이 '로크적인 미국인(the Lockean American)'은 그가 좋아하는 것("중간정

치")과 싫어하는 것("공산주의와 파시즘")을 알고 있지만 이런 세 가지 경향이 어디로부터 오는지 알지 못했다. 그는 기억상실증 같은 비역사성과 성찰을 싫어하는 생래적인 성질이 합쳐져 루이스 하르츠(Louis Hartz)[1]가 계속 찾고자 했던 상대성이나 철학을 점화시킬 수가 없었다. 하지는 파편적인 미국 환경에서 유럽적인 정치어휘로 고민하던 차, 그는 전형적인 미국인으로서 비자유적 정치를 좌익 아니면 우익이라는 이분법적인 병리로 이해할 수밖에 없었다. 그러나 그것은 상궤를 벗어난 이분법이었고 익숙한 중간에 지나지 않았다. 이러한 개념적 짐을 벗어나지 못한 하지에게는 이승만은 히틀러, 김구는 알 카포네, 김규식은 헨리 월리스(Henry Wallace),[2] 김일성은 왜소한 스탈린이었다. 그리고 그가 찾고자 한 선(善), 곧 붙잡기 어려운 중간 길은 지평선 너머로 사라졌다. 그 까닭은 그가 어떤 길인지, 어떤 중간인지 숙고하지 않았기 때문이었다(Comings, 1990: 192).

커밍스는 하지가 군인의 단순성으로 좌우 이분법적 사고에 집착해 일을 그르쳤다고 말한 것이다. 헨더슨이 하지에 대해 내린 평가도 못지않게 가혹하다. 하지 사령관이 1945년 9월 8일 인천에 상륙했을 때 여운형이 파견한 세 명의 환영단을 문전박대를 했다는 것이다. 그것은 첫 단추를 잘못 끼운 상징이 되었다.

그는 여운형의 '인민공화국(여운형의 정치조직)'이 군정과 좋은 관계를 맺을 만한 '중도그룹(a moderate group)'이라는 것을 알 도리가 없었다는 것이다. "동지 아니면 적이라는 단순한 세계에서 여러 해 동안 싸운 군인에게는

---

1) 루이스 하르츠(1919~1986)는 미국의 정치학자이자 하버드대학 교수이다. 그는 『미국의 자유주의 전통(The Liberal Tradition in America)』(1955)이라는 고전적 명저로 잘 알려졌다. 미국정치학회는 1956년 하르츠 교수에 1956년 우드로 윌슨 상을 수여해 그의 저작을 표창했다.
2) 헨리 월리스는 자유주의자였지만 좌익편향자로 낙인이 찍힌 정치인이다. 그는 루즈벨트 대통령과 함께 1941년 부통령이 되었지만 미국중서부 잉여곡물을 공산국들에 무역하자고 하는가 하면서 미국 공산주의자들과 관계를 맺었다는 소문으로 지탄을 받고 1948년에 들어서 무명의 정치인으로 전락한다.

이 '인민공화국'은 적이며 대항자로서 상(像)이 빠르게 굳어졌다"는 것이다. 하지는 그해 12월 12일 '인민공화국'을 불법화했는데, 그것은 헨더슨에 의하면 "혼돈의 상황에서 한국인들이 응집력을 모으려는 최초의 시도"였지만, 미국인들이 무너뜨렸다는 것이다(Henderson, 1968a: 126).

제1절 헨더슨의 정치발전론

헨더슨이 제시한 정치발전론은 지금 정보화 시대에는 한물간 정치이론이다. 정보화 시대 한복판에 들어와 있는 한국, 그 한국 정치에 정치발전론으로 설명하기 어렵기 때문이다. 예컨대 정치발전론은 '정치 참가'를 정치발전의 주요한 지표로 삼고 있는데, 정보화 시대에는 만인의 정치 참가가 당연시되고 있다. 정기적으로 만인이 정치를 평가하는 여론조사의 주체로 등장하고 있어 정치 참가는 경시될 수밖에 없다. 그렇다고 정보화 시대가 마냥 좋을 수는 없다. 예컨대 비밀번호가 만능인 시대에서 우리는 닭장 같은 아파트 숲에 살면서도 수평 수직 간에 소통이 막혀 있다. 층간 소음으로 서로 으르렁대다가 살인까지 저지르고 있다. 거기에는 사람들 간의 공론장은 존재할 수 없다는 것은 말할 나위도 없다.

그러나 헨더슨이 관찰한 한국 정치는 해방정국에 이어진 이승만의 원시독재 정치, 이어진 군사정권 아래서 실종된 정치이다. 이를 극복하기 위해는 정치발전론을 제시한 것이다. 그는 한국전쟁으로 사라진, 또는 국회프락치사건으로 반신불수가 된 중도파의 복원, 또는 중간정치기구(온건파 정당)의 '응집력' 구축이 한국 정치발전의 필수적인 조건이 된다고 지적한다.

그것은 간명하게 중간 지대의 정치 합작으로 표현할 수 있는데, 그 실체는 무엇인가? 여기서는 헨더슨이 구상하고 실천하려 했던 중간 지대의 정치 합작을 중심으로 그의 생각을 정리하고자 한다.

중간 지대의 정치 합작

이제 우리는 헨더슨이 국회프락치사건을 통해 전하고자 했던 한국 정치 담론을 모색할 때에 이르렀다. 그것은 그가 표현한 '중간 지대' 또는 커밍스가 묘사한 한국 정치에서 '붙잡기 어려운 중간 길(the elusive middle-of-the-road)'에서 출발한다. 그는 국회 소장파가 걸었던 중간 길이야말로 회오리 정치를 극복하는 길이라고 그는 믿고 있다. 헨더슨은 이미 회오리 정치를 극복하기 위해 "지방 분산을 통한 응집력"이라는 처방을 내렸다. 그것은 한국 정치가 도달해야 할 다원주의적 정치 사회로서 그가 그린 한국 정치의 피안의 이상향이다. 지은이는 보다 현실적으로 한국 정치가 당면한 목표를 '정치 중간 지대에서 서로 다른 성향의 정치집단 간의 합작' 또는 간결하게 '중간 지대의 정치 합작'이라고 부르고자 한다.

왜냐하면 그가 내놓은 처방전인 '지방 분산을 통한 응집력'은 다른 말로 풀이하면 중간 지대의 정치 합작으로 환원되기 때문이다. 1987년 6월 항쟁 이래 우리 사회는 적지 않은 민주화의 성과를 일구었다. 그중에서 지방자치가 '지방분산'이라는 관점에서 가장 눈부신 발전이다. 노동조합 운동이 성과를 거두어 정치참여의 길이 열렸다. 시민단체도 제한점이 노출되기도 했지만 자율적인 정치적 목청을 높이고 있다. 이들 민주화 성과가 회오리 정치를 극복하는 기제로 작용했을까? 어느 정도 제한적으로 완화하는 힘은 부정할 수 없을 것이다. 그러나 지은이가 보기에는 이 힘이 과연 중간 매개체의 응집력을 모으고 있는가는 앞으로 과제로 남았다고 보인다.

오히려 1987년 6월 민주화 항쟁 이후에도 우리나라 정치는 회오리라는 만성병으로부터 회복되지 못했다는 징후가 곳곳에 보인다. 그것은 한계를 모르는 지역주의에, 의연하게 남아 있는 서울중심주의에, 원자적인 정치파벌주의에, 뿌리 없는 정당제에, 무엇보다도 승자 독식의 제왕적 대통령제에 뚜렷이 남아 있다.

이런 관점에서 보면 '지방 분산을 통한 응집력'이란 처방은 아직 회오리 병을 치유하는 유효한 약재임이 틀림없다. 지방 분산은 중앙집권의 반명제이다. 헨더슨의 관점으로는 우리나라 정치 지형에는 중앙 정상에 하나의 왕국밖에 없다. 그러나 그 왕국 아래 너른 중간 지대에 수많은 독립적인 제후가 다스리는 소왕국을 세워 정치적 합작을 상시적으로 해야 한다는 것이 그의 처방이 갖는 상징적 의미이다. 무엇보다도 그런 과정을 통해 서로 간의 응집력을 키워나가야 한다는 것이 그의 주문이다. 그러니까 지방 분산을 통한 응집력을 다른 말로 하면 중간 지대의 정치 합작인 셈이다.

한편, 컬럼비아대학교 역사학자 암스트롱(Charles K. Armstrong, 2002)은 1987년 6월 항쟁 이래 한국 사회가 거두고 있는 민주화 성과를 '문민 사회 (civil society)' 영역으로 가려내고 사회와 국가 사이의 중간 기구들이 민주적 정치변동을 위해 수행하는 기능에 기대를 걸었다. 암스트롱(2002)은 이러한 기대에 동조하면서 문민 사회의 개념을 독일 사회철학자 하버마스가 개척한 '공론장(Oeffentlichkeit: public sphere)'이론과 연결 짓는다. 그는 6월 항쟁 이래 한국의 문민 사회 영역은 부침을 거듭하고 있으나 한국 사회의 해결책은 문민 사회라고 결론을 맺는다. 그는 '문민 사회'를 한국이 오랫동안 당연히 간직했어야 할 '비강제적인, 간주관적인 공론장(non-coercive, intersubjective public sphere)'이라고 말한다. 물론 이 개념이 여러 가지 조건을 달고 있다는 것을 인정하더라도 헨더슨이 회오리 정치에 대한 해결책으로 믿었던 중간 지대의 정치 합작에 이르는 길이라고 보인다.

중심지향형 정치

중간 지대의 정치 합작이란 무엇인가. 먼저 정치의 중간 지대란 정치이념 스펙트럼에서 극우와 극좌를 배제한 온건 우파와 온건 좌파를 아우르는 중간 영역이다. 딱히 그 경계선을 긋기가 쉽지는 않지만 의회주의를 경계선으로 그 구획을 지을 수 있을 것이다. 예컨대 전후 일본에서 일본공산당은 1949년 1월 총선에서 35석을 얻는 약진을 했으나 1950년 1월 소련공산당 산하의 코민포름의 공격을 받고 이른바 '극좌 모험주의'를 택해 의회주의를 포기했다. 그 뒤 총선에서 유권자의 버림을 받자 다시 1955년 이후 '체제 밖의 반체제 정당'으로부터 '체제 안의 반체제 정당'(Sartori, 1976: 133)으로 방향을 틀었다. 이는 지은이가 말하는 중간 지대에 속하는 정당이다. 따라서 극좌를 대표하는 스탈린의 소련공산당과 극우를 상징하는 히틀러의 나치정당을 배제하고, 의회주의를 넘지 않는 선 안에서 서로 다른 정당 세력이 경쟁하고 타협하는 정치 공간을 말한다.

정치 합작이란 정치 성향을 달리하는 정치 세력들이 중간 지대로 모여 룰에 따라 경쟁하는 정치 게임이다. 이 정치 게임은 '중심이탈형 경쟁(centrifugal contest)'으로부터 '중심지향형 경쟁(centripetal contest)'에 이르기까지 다양한 종류가 있지만 큰 방향은 전자로부터 후자로 이행하는 경쟁이 정치 안정과 발전을 가져온다.[3] 중간 지대로 모인다는 의미는 화학적 반응을 통해 하나로 통합된다는 것도 아니요, 중간 지대 밖으로 따로 분리되어 나간다는 뜻도 아니다. 문자 그대로 상이한 정치 세력이 중간 지대로 '모인다(converge)'는 의미이다. 예컨대 전후 서독의 정당정치에서 기독교민주당(CDU/CSU)과 사회민주당(SPD)은 초창기 독일 재통일 문제를 둘러싸고 정반대의 이념 투쟁을 보이는 중심이탈형 경쟁을 벌였다. 그러나 그 뒤 양당은 타협의 길을 모색하여 '동방정책(Ostpolitik)'에서 서로 만났다. 구체적으로

---

3) 이는 컬럼비아대학교 지오반니 사토리(Giovanni Sartori) 교수가 구성한 유명한 정치발전 이론이다. 그는 정당이론가이면서 언어학자이자, 게다가 철저한 실증주의적 방법론자이기도 하다. 그의 정치발전이론은 정당제를 중심으로 하는데, 정당 간의 분열도(party fragmentation)를 의미하는 이념 강도와 정당의 분열도(party segmentation)를 의미하는 이념 거리가 어떠한 방정식을 구성하느냐에 달려 있다고 보았다(Sartori, 1976: 296). 곧 정당 간의 정치 게임이 중심이탈형 경쟁으로 가느냐, 또는 중심지향형으로 가느냐에 달려 있다는 것이다. 한국의 경우 전자로 치달은 반면, 전후 서독이나 일본의 경우 후자로 가 정치 안정과 발전을 이루었다(김정기, 1995: 2006).

SPD는 1949~1969년 사이에 좌익 축에서 우회선으로 옮겨온 반면 CDU/CSU는 1969년부터 1980년대를 통해 우익 축에서 좌선회해 온 과정을 밟아 두 경쟁 정당이 동방정책에서 만난 것이다(김정기, 1995: 49~50).

이러한 중간 지대에서 정치 합작은 남북 간에, 남남 간에, 지역 간에 대결과 경직된 정치구조를 완화하고 타협과 관용의 정치를 지향케 한다. 따라서 이는 남한 국내 정치의 안정과 발전을 위한 것일 뿐만 아니라 남북한 간의 대결과 긴장에서 화해와 협력으로 나아가게 한다.

촌락과 제왕 사이

헨더슨이 펼치는 한국 정치담론의 어휘 가운데 '중도'라는 말처럼 귀중한 것은 드물다. 그는 중도 정치를 대표하는 정치 그룹을 '온건파'라고 부른다. 이 온건파에 속하는 정치 그룹에는 중도좌파와 중도우파가 갈라진다. 그 양쪽 대칭에는 극우와 극좌가 포진해 있다. 그가 창조한 정치 언어의 핵은 '중간 매개체(intermediaries)'이다. 그는 한국 사회가 '촌락과 제왕' 사이에 강력한 기구나 자발적 단체 형성이 결여한 원자사회라는 것이다. 다시 되풀이 하지만 한국 사회는 "서양의 성곽도시, 봉건영주와 왕궁, 준 독립적인 상인단체, 도시국가, 길드, 그리고 독립적인 지위와 행동의 중심지로서 충분한 응집력을 가진 계층을 거의 모르는 사회"(Henderson, 1968a: 4)라는 것이다. 따라서 그가 보기에는 '촌락과 제왕'이라는 메타포, 곧 권력 정상과 밑바탕 민중 간의 응집력 있는 중간 매개집단을 키우는 길이 회오리 정치를 치유하는 길이라고 보았다. 곧 그는 엘리트와 대중 간의 간극을 잇는 중간다리를 놓아야 한다는 것이다.

헨더슨이 미군정 3년이 실패로 끝났다고 보는 주요한 이유는 해방정국에서 이 중도 세력을 키우지 못하고, 아니 배척하고, 이승만을 내세운 맹목적인 반공극우체제를 세운 것이라고 주장한다. 그는 이 중도 세력을 대표하는 인물로 여운형, 김규식, 안재홍 같은 이를 들고 있다. 그러나 그는 여운형은 극우 세력에 의해 암살당함으로써, 김규식과 안재홍은 한국전쟁의 분진 속으로 사라짐으로써 한국 정치의 비극이 시작되었다고 보고 있다. 곧 그는 중도파의 실패가 한국 정치의 실패라고 진단한다.

> 온건파의 실패는 다시금 대중사회를 예고했다. 온건파들은 이전에 한국에서 존재하지 않았던 확고한 조직에 기반을 둔 정치적 다양성을 믿었지만 그것은 헛된 일이었다. 그들은 인내와 타협에 의해 이런 다양성에 어울리는 사회의 미덕을 지향했는데 이는 한국의 정치적 전통에는 맞지 않는 이질적인 것이었다. 그들은 중산층의 지지를 필요로 했고, 아직도 1987년 현재 필요로 하지만 한국에는 사실상 계급이 없었고, 그나마 한국의 새로운 중산계급이라고 할 수 있는 층도 공산주의를 두려워 해 우익 쪽으로 기울어지고 말았다. 온건파는 신문도 학교도 후원자도 없었고 의지할 수 있는 조직화된 충성심도 없었다. 재정적 지원도 실패했고 지방의 지지자들도 없었다(Henderson, 1987: 제5장 추고).

문제는 헨더슨이 누누이 지적하는 바와 같이 한국 사회가 아직 권력 정상과 민중 간에 중간 매개 기구가 취약하다는 점이다. 중간 매개 기구가 취약한 상태에 머무는 한 한국 정치는 회오리 정치구조로부터 탈출하기가 힘들다. 헨더슨은 한국 사회에서 응집력을 기준으로 하여 정당, 군, 공산주의를 평가하면서 군기구와 공산당을 응집력 있는 기구로 평가한다. 그러나 정당 정치의 핵심 기구인 정당은 위로부터 급조된 사례가 대부분이어서 풀뿌리 지반을 중심으로 하는 응집력이 결여되어 있다고 지적했다.

제2절 중간 지대의 정치 합작을 위한 모색

그렇다면 한국 사회의 경우 '촌락과 제왕' 사이에 중간 매개체의 공동화를 메울 기구는 존재한 일이 없는가? 그렇지는 않다. 헨더슨은 중간 매개체의 역기능 모델로서 조선조 말기 일제의 뒷돈으로 송병준이 설립된 일진회(一進會)를,[4] 정기능 모델로서 1927년 2월 민족주의 진영과 사회주의 진영이 합작하여 창립한 신간회를 들고 있다. 그는 두 단체를 모두 정당의 범주에서 상반된 모습으로 다루고 있다.

우리는 해방 뒤 여운형의 인민공화국이 해방 공간에서 응집력을 모으려는 노력을 기울였지만 하지 군정 아래 중도파 세력은 미소 냉전 대결과 한국 사회의 원자성으로 말미암아 실패로 끝났음을 살펴보았다. 여기에는 만일 하지 군정이 여운형 세력을 군정의 파트너로 삼아 응집력을 키웠더라면 적어도 회오리 정치를 완화할 수 있었을 것이라는 역사의 가정이 자리 잡고 있다. 그 밖에도 박정희 유신 정권 시절 강원용 목사는 크리스천 아카데미 운동을 통하여 중간 매개체를 키우려 했다. 그러나 박정희의 철권정치 아래 그것은 실패로 끝나고 말았다.

신간회운동

일제시대 신간회는 1927년 민족주의 진영과 사회주의 진영이 합작한 우리나라의 최초의 중간 매개단체다. 신간회의 경우 일제가 부과한 합법의 틀 안에서 설립되었지만 일제와 타협을 거부(강령: 우리는 일체 기회주의를 거

---

4) 일본 국수주의적인 단체 흑룡회(黑龍會)의 우치다 료헤이(内田良平)가 일화 5만 엔을 송병준에 주어 일진회를 만들도록 했고 자신은 이 단체의 고문이 되었다. 당시 일화 5만 엔은 헨더슨이 책을 쓴 당시(1968년) 계산에 의하면 명목상 2만 5000달러에 해당하지만 실상 5만 달러에 가깝고 구매력은 지금보다 훨씬 높았다고 한다(Henderson, 1968a: 68, 399 주 22).

부한다)함으로써 독자성과 자발성을 천명하고 있다. 신간회는 일제의 치밀한 감시 속에서도 좌우합작 연립 야당으로서 출발했으며, 민중의 불만, 저항, 여론을 수렴하는 역할을 수행했다는 것이다. 예컨대 광주학생운동을 전국적으로 확산시켜 5만 4000명의 학생을 개입시킬 수 있었다(Henderson, 1968a: 85).

헨더슨은 그 역기능 모델로서 일진회를 들고 있다. 일진회는 일제의 정치 목적을 위해 위로부터 조직된 한국의 최초의 정당으로 1905년 을사조약, 고종의 강제 양위, 1910년 한일합병을 위해 성공적으로 대중 동원을 수행하여 한민족의 잠재적인 저항을 중화했다는 것이다. 그러나 일진회가 진정한 조직적 충성심을 배양할 수 없었기 때문에 합병 뒤 급속히 흔적도 없이 사라졌다고 그는 지적한다. 같은 맥락으로 해방 뒤 위로부터 졸속으로 만들어진 대한독립촉성국민회도 "그 전신인 일진회와 그 후신인 자유당과 같이 하루 밤 사이에 흔적도 없이 한 마디 말도 없이 사라졌다"면서 그 까닭은 그것은 "그 기구가 의지해 온 정상 권력이 없어졌기 때문"이라고 말한다 (Henderson, 1968a: 283).

그러나 신간회 운동은 일제의 압력과 함께 우리 사회의 원자성으로 인해 뿌리를 내리지 못하다 실패하고 말았다. 1931년 조선공산당은 신간회 지도부로부터 밀려나자 스스로 해산의 길을 택했다는 것이다. 이는 해방 뒤 박헌영 공산 세력이 여운형의 온건 좌익의 인민당에 타격을 준 것과 마찬가지로 당시 조선공산당은 신간회에 결정적 타격을 가했다고 말한다. "공산주의자들은 그들이 침투할 수 없는 경우 신간회로부터 온건 연립 세력인 인민당, 수많은 군소 중도 정당이나 사회주의 정당에 이르기까지 타격을 가해 무용지물로 만들었다"고 지적했다(Henderson, 1968a: 323).

재벌에 대한 희망

헨더슨은 1988년 『회오리의 한국정치』 수정판에서 1980년대 등장한 한국 정치의 행위자들을 두루 살핀다. 새롭게 등장한 정치 행위자로서 학생, 교회, 노동, 그리고 특히 재벌의 성장에 주목한다. 한 가지 특이한 점은 6·29선언 이후 한국 언론의 자유가 크게 신장되었음에도 언론을 독자적 기구로 주목하지 않았다는 점이다. 그러나 그는 재벌의 역할을 전망하면서 정치발전에 공헌할 수 있을 것이라는 희망을 표명한다. 곧 그는 크게 성장한 한국의 재벌이 회오리 정치를 완화할 수 있는 기구가 될 수 있다고 전망한 것이다.

> 정부가 율산실업이나 국제그룹이나 정치적 완력으로 무너뜨릴 수 있다는 사실에도 불구하고 아무도 주요 재벌이나 대부분 재벌을 정부가 해체할 표적으로 삼는다고 생각지 않는다. 재벌의 독립은 천천히 오고 아직 한계는 있으나 일단 '한국주식회사' 안에서 상대적 독립이 달성되고 사회의 의식 속에 자리 잡게 되면 다음의 교훈을 얻게 될 것이다. 더 큰 집단의 독립 전통이 일반적으로 자리를 차지하게 될 것이며 한국은 좀 더 광범한 정치적인 의미에서 적어도 중앙과 중간 기구 간의 풍요한 균형을 이룬 좀 더 정상적인 사회가 될 것이다. '정상적'이 되겠지만 그것은 한국형의 정치기구의 구조가 일본 모델에 가깝게 될 것이라는 점을 기억하는 것이 중요하다. 곧 그것은 서구의 정치기구 구조의 복사판이 전혀 아닐 것이며 그렇게 되어서도 안 된다(Henderson, 1987: 제13장 추고).

헨더슨이 재벌에 대해 희망을 표한 것은 일본 모델을 생각했기 때문이다. 그는 일본 모델에 관해 구체적으로 밝히지 않았지만 전후 일본 정치가 안정기로 접어든 이른바 55년 체제가 성립할 즈음, 일본 재계가 독자적 기구로서 정치적 역할을 수행한 것을 염두에 두었을 것이다. 부연하면 재계를 대표하는 경단련은 1955년 2월 정치헌금단체를 발족시킨 데 이어 5월 6일 보수정당의 통합을 촉진하는 결의안을 통과시켰다. 이것이 계기가 되어 당시 자유당과 민주당으로 갈린 보수정당이 그해 11월 하토야마(鳩山) 정권 아래 자유민주당(자민당)으로 통합되었다(山田浩 外, 1990: 80~83). 또한 재계의 진보파를 자임하는 경제동우회는 1955년 11월 "보수정당의 근대화와 사회당의 현실화"를 요망했다. 이는 당시 자민당은 헌법 개정을 포기하고 사회당은 그 외교정책을 자유 진영에 두라는 목소리로 언론이 여기에 적극 지지를 표명해 여론을 조성한 것이다. 이렇게 재계의 진보파와 함께 역시 진보적 언론의 기수를 자부하는 ≪아사히신문≫이 함께 영국식의 양당제로 가야 한다는 목소리가 당시 일본의 공론이 된 것이다.[5] 곧 재계와 언론이 헨더슨이 말한 중간 매개체가 되어 정치적 역할을 수행한 것이다.

그러나 헨더슨이 한국의 재벌을 향하여 바라본 전망과 품어본 희망은 이 시점에서 볼 때 빗나가고 말았다. 이 수정판 원고를 헨더슨이 일차 탈고한 때가 1987년 3월이었다. 그 뒤 그는 1988년 6월 6일 제6장을 전면적으로 수정 보완한 원고를 마치면서 '재벌'이라는 소제(小題) 아래 더욱 희망찬 확신을 표명한다. "재벌들의 발전은 한국으로선 근본적으로 중요한 결과를 가져왔다. 역사상 처음으로 중앙정부 밖에 상승기류와 유동성을 성공적으로 걸러낼 수 있는 기구가 생겨났다. 한국에선 이제 교회밖에 더 이상 단극자장이 존재하지 않는다. 이제 다원주의의 과정이 시작된 것이다"(Henderson, 1987: 제6장 C. 「1980년대 정치행위자들」 중 '재벌'). 이는 그가 얼마나 하고 싶은 말이었나! 그리고 그는 3개월 뒤 10월 16일 홀연히 저세상으로 떠났다.

그러나 그 뒤 우리 모두가 목격한 대로 한국 재벌은 한국적인 토양에서 자라난 체질적 허약성을 여지없이 드러냈다. 율산실업이나 국제그룹뿐만

---

5) 지은이는 일본의 전후 55년 체제 성립 과정에서 재벌이 수행한 역할을 배제하지는 않지만 일본 언론이 보다 결정적인 역할을 수행했다는 점을 주장한 바 있다(김정기, 2006: 235~251; Kim Jong-ki, 1992).

아니라 뒤이어 재벌이 줄지어 무너지거나 휘청거리고 있다. 1992년 한국 2대 재벌그룹의 하나인 현대가 그 자체가 뿌리 없는 정당[국민당]을 실험하고 실패한 것은 한국 정치가 여전히 회오리 정치에 머물고 있음을 반증해 주었다. 만일 헨더슨이 살아 국민당 실패와 이어 한국의 최고 재벌그룹의 하나인 대우그룹의 해체, 대북사업을 둘러싼 현대아산의 무기력성과 총수의 자살, 그리고 삼성그룹의 정치비자금 스캔들을 보았다면 그는 어떤 반응을 보였을까?

(1) 강원용 목사의 중간 집단 교육

해방공간에서 중도파가 설 자리를 잃었다면 한국전쟁은 정치 중간 지대를 황무지로 만들었다(이에 관해서는 제6장 「정치 중간 지대의 상실」을 참조). 이승만 정권에 이어 박정희 정권 시절 중간 지대는 여전히 황무지로 남아 있었다. 정치는 중도의 언어 대신 극우와 극좌 간의 폭력과 매도만이 날뛰고 있었다. 남쪽의 극우 지대에서는 여전히 '빨갱이 사냥'이, 북쪽의 극좌 지대에서는 이단자 사냥이 휩쓸고 있었다. 이 사냥의 희생자로 아마도 북녘의 박헌영과 남녘의 조봉암이 그 상징이리라. 두 사람 모두 간첩의 누명을 쓰고 형장의 이슬로 사라진 것은 우연의 일치만은 아닐 것이다.

남한의 경우 중도파는 기회주의자 또는 회색분자로 매도당하는가 하면, 그들의 언어는 공안당국의 표적이 되어 있었다. 그러나 이런 황무지에서 헨더슨은 풍요한 중간 지대의 정치 언어를 발견한 것이다. 아니 그는 극우와 극좌의 대결만 있고 중간 지대가 없는 한국 정치의 황무지에서 정치 언어를 심었다. 언어가 사회 현실을 창조하는 것처럼 그가 심고자 했던 정치 언어는 정치의 중간 지대를 창조하는 잠재력을 내포하고 있다. 그리고 그가 발견한 정치 중간 지대의 언어는 모진 들풀처럼 죽지 않았다. 그의 정치 언어를 한 종교인이 재현시킨 것이다. 그가 선구적 종교인 강원용(姜元龍) 목사인데, 그가 헨더슨이 발견한 정치의 언어를 척박한 한국의 정치 토양에

심으려 한 것은 전혀 우연한 일치만은 아니다.

강원용은 해방공간에서 좌우합작운동에 참여하는 등 광범한 현실 정치 참여 속에서 김규식-안재홍 등 중간파 그룹을 지지한 청년이었다. 그는 중간파에서 중간 지대의 정치를 보았던 것이다. 게다가 1961년 5·16 쿠데타의 핵심 그룹인 박정희-김종필 그룹의 좌익 전력에도 지극히 부정적인 시각을 헨더슨과 함께 하고 있다. 1965년부터 그가 실질적으로 운영하는 크리스천 아카데미가 1974년부터 '비인간화의 요인이 되는 양극화를 극복하는 길로서'(강원용, 2003: 3권 379쪽) 대규모 중간 집단 육성교육을 실시한 것이다. 물론 강원용은 그의 종교 신학적 사고에서 '인간화'를 부르짖었지만 1970년대 산업화와 도시화 속에서 소외되는 인간은 바로 헨더슨이 진단한 대중사회의 원자화된 개인들이며, 크리스천 아카데미의 중간 집단 교육은 원자화된 개인들이 몰리는 회오리 정치의 병리를 치유하는 것이기도 했다. 실제 언론인 남재희(1994)는 헨더슨의 저작 『회오리의 한국정치』를 소개하는 글에서 크리스천 아카데미의 중간 집단 교육은 헨더슨이 제시한 '중간 매개집단' 몫의 흐름에서 이해한다.[6]

그러나 당시 박정희 정권은 강원용 목사가 운영하는 크리스천 아카데미를 체제 반대 세력의 결집체라고 보고 이 중간 집단 육성 교육을 탄압했다. 중앙정보부는 1979년 3월 9일 농촌 간사 한명숙(韓明淑)을 비롯한 교육 실무를 책임진 간사 여섯 명을 연행함으로써 중간 집단 육성 교육은 말살되고

---

6) 남재희는 『책을 어떻게 읽을 것인가』(민음사, 1994)에 기고한 "그레고리 헨더슨의 『한국: 소용돌이의 정치』"라는 글에서 헨더슨이 주장한 중간 매개집단론을 다음과 같이 소개한다. "나는 그 후 언론인 생활을 하면서 헨더슨 저서 소개를 자주 했고 그의 말대로 중간 매개집단을 강화하여 다원적인 민주사회를 이루어야 한다고 강조했었다. 권위주의 정치 시대인 당시에는 반응이 매우 좋았었다. 나도 운영위원으로 관계했던 크리스천 아카데미의 강원용 박사도 중간 매개집단 문제에 정열을 쏟은 분이다. '미들 그룹'이란 표현도 쓰고 '인터미디에리 그룹'이란 표현도 쓰니까 '중간 집단'이라고도, 또는 '중간 매개집단'이라고도 번역할 수 있으나 나는 중간 매개집단이란 표현을 선호한다. 아무튼 크리스천 아카데미는 대규모의 중간 집단 교육에 착수하여 노조 지도자, 농촌 지도자, 여성 등등을 활성화해 나갔다. 그리고 그 교육을 받은 사람들은 사회 여러 분야에서 의미 있는 활약을 하였다"(남재희, 1994: 219).

말았다. 그 뒤 박정희 시대 말기 대법원은 이 사건을 최종적으로 유죄 판결함으로써 이 중간 집단 육성 교육은 효과적으로 사라지고 말았다.[7]

강원용은 "만일 아카데미가 그때까지(1979년 10·26 박정희 암살사건으로 유신체제가 무너졌을 때) 제대로 활동을 벌였다면 10·26 이후의 공백기에 의미 있는 역할을 할 수 있었을 것"이라고 보면서, 그것을 "극좌와 극우 세력을 배제하고 민주화의 질서를 잡는 데 견인차 노릇"이라고 생각을 밝힌다.

강원용 목사가 주도한 중간 집단 교육은 박정희 정권의 탄압을 받고 사라져 버렸지만 그 성과는 사라지지 않았다. 크리스천 아카데미가 육성한 7명의 간사는 그 뒤 민주화 과정에서 정치계의 이우재(국회의원), 한명숙(총리) 같은 걸출한 정치인, 교육계의 신인령(이화여대 총장)을 비롯해 장상환, 김세균, 정창열, 황한식 같은 뛰어난 학자를 배출했기 때문이다.

결과적으로 1979년 이른바 '크리스천 아카데미 사건'이 일어난 것은 바로 헨더슨의 주제인 회오리 정치의 악순환 고리를 박정희 정권이 이어간 것이라고 이해할 수 있다. 또한 이 사건은 이 책의 주제인 국회프락치사건의 또 다른 얼굴을 보여주었다.

(2) 남북한관계: 냉전의 동토를 넘어 화해의 지평으로

헨더슨은 1970년 3월 24일 한국분단문제에 관해 그의 마음을 실은 한 편의 논문을 발표했다. 그것이 「역사적 증인: 커뮤니케이션, 방위, 그리고 통일(Historic Witness: Communication, Defense and Unification)」이라는 제목의 비

---

7) 이 크리스천 아카데미 사건은 재판 과정에서 피고인들이 심한 고문을 받은 사실이 드러났지만 주요 매체들이 반공 캠페인을 벌이는 가운데 일심 재판은 1979년 9월 22일 피고인 일곱 명에게 중형을 선고하고, 최종적으로 대법원은 다음해 5월 27일 유죄를 확정 짓고 말았다. 강원용은 "중간 집단 교육의 성과는 아카데미 사건을 계기로 그 싹이 완전히 잘려나간 상태였다. 수백 명의 노조 간부, 농촌 지도자 들이 연행되어 조사를 받고 다시는 아카데미와 관계하지 않겠다는 서약서를 쓰고 풀려났을 뿐만 아니라, 그 후 정부의 탄압으로 현장에서 영향력을 많이 상실하고 있었다"고 회고했다(강원용, 2004: 4권, 119쪽). 이 사건에 관한 반공 캠페인에 관해서는 김정기, 1995, "한국언론 윤리강령의 비역사적 공리주의: 그 혈통의 내력과 족보의 이야기"를 참조.

교적 간결한 논문이다.[8] 그는 부제를 "1940년대 한국의 친구가 1970년대 한국을 만나다(A Friend of the Forties Faces Korea's Seventies)"로 달고 있다. 그는 이 논문에서 남북한은 분단을 극복하기 위해 접촉하고 커뮤니케이션의 문호를 개방해야 한다고 역설한다. 헨더슨은 여기서 1948년 7월 자신이 만났던 한국이라는 나라는 더 이상 존재하지 않게 되었다고 술회하면서, 1970년대 한국은 새로운 기대, 새 교육, 아주 새로운 경제, 다소 덜 새로운 정치체제, 엄청나게 발달한 관료체제, '거의 완전한 자신감으로 찬 새로운 사회(a new society, with. …an almost completely new confidence)'가 되었다고 평가한다.

그는 이 논문에서 당시 박정희 대통령이 몰아간 '위로부터의 혁명'이라는 명제는 거부했지만 그 경제적 성과를 인정한 듯하다. 이 시기는 한 일본의 평론가가 묘사하듯 "제1차 5개년계획을 성공시켜 한국은 처음으로 '국민적 규모'의 자신 아래 … 시행된 1967년부터 1971년에 걸친 제2차 5개년계획 시대에 접어들어 한국 경제의 골격을 일거에 대형화하고 '위로부터의 혁명'에 의한 국민국가의 건설을 드디어 궤도에 올려놓았다"고 박정희의 리더십을 극찬(林建彦, 1991: 184)하던 때이다.

헨더슨은 새로운 사회의 경제적 부문에 관해 놀라움을 표하고 있다. 그는 한국 경제의 발전이 물론 빈부 격차가 크게 벌어졌지만 아마 가장 경이

---

8) 헨더슨이 남북한 관계를 미국의 대한 정책과 관련하여 다룬 논문은 「역사적 증인: 커뮤니케이션, 방위, 통일(Historic Witness: Communication, Defense and Unification, A Friend of the Forties Faces Korea's Seventies)」(1970a)에 이어 「한국: 냉전지대가 녹을 수 있을까?(Korea: Can Cold War Ground Thaw?)」(1970b), 「미국 대외정책과 한국: 현 정책의 효과와 전망(Korea in United States Foreign Policy: The Effects of Prospects)」(1973), 「남한의 방위와 동북아의 평화: 미국의 딜레마와 우선순위(South Korea's Defense and Northeast Asia's Peace: American Dilemma and Priorities)」(1976a), 「한국정책, 군사화인가 통일인가(Korea: Militarist or Unification Policies?)」(1976b), 「한반도의 무력, 정보 및 불안의 증가(Arms, Information, and the Rise of Insecurity in the Korean Peninsula」(1978), 「한미관계의 제도적 왜곡(The Institutional Distortion in American-Korean Relations)」(1982), 「미국과 한국의 군사화: 정치발전에 미친 영향(The United States and the Militarization of Korea: The Effects on Political Development)」(1983) 등이다.

롭고 또한 가장 즐거운 것이라고 묘사하면서 다음과 같이 그 감회를 쓰고
있다.

　　다른 사람들이 이런 변화에 관해 쓸 것이지만, 내가 믿건대 만일 1969년에 들
어서 한국인들이 가발을 수출해서 3000만 달러를 벌어들이고 속눈썹 수출로 수
백 만 달러를 벌어들일 것이라고 1948년 누군가 말했다면, 마찬가지로 한국인
이 일본으로부터 유도 스포츠를 접수할 것이라고 그때 누군가 말했다면, 우리는
그 예언자를 정신병 환자로 선언했을 것이다. 외교관들은 중요한 정치적 함의를
갖는 이러한 즐거움을 얘기할 수 있다. 그러나 나는 더 이상 외교관이 아니며 재
치가 덜하지만 좀 더 '정치적인 김치(political kimchi)'로 만족해야만 한다.

　　그러나 헨더슨은 박정희 치하 한국 정치가 발전하기란 터무니없다고 보
았다. 아니 그 반대로 퇴행했다고 본다. 그는 "1970년대 한국의 오랜 망령
이 석유 탐사, 섬유 쿼터, 또는 알래스카의 골칫거리로 등장한 한국인들의
연어잡이로 사라진다고 생각하면 잘못이다. 내가 기억하는 이런 문제들,
곧 통일, 안보, 군사 문제, 자유토론과 건강한 합의를 장려하는 방식으로 다
룰 수 있는 정치체제의 생존 능력 등이 1970년대 한국인들을 여전히 걱정
끼칠 것이다"라고 말한다(Henderson, 1970a). 그런데 헨더슨은 이런 오랜 망
령들을 끊임없이 불러들이고 있는 것이 한국의 분단이라고 본 것이다. 이
것이 이 논문의 화두이다. 그렇다면 무엇을 어떻게 할 것인가? 헨더슨은 과
거 분단이 생길 때로 돌아가 한국인들이 발상의 전환을 할 필요가 있다고
말한다. 또한 교훈을 얻어야 한다고 말한다. 먼저 분단에 대해서는 애초 미
국이, 그 다음은 소련이 책임을 피할 수 없다는 것은 역사적 사실이다.

　　그러나 1945년 해방된 뒤 한국인들이 신탁통치안에 반대한 것은 정서상
이해할 수 있으나 신탁통치 반대가 통일된 한국으로 가는 길에 장애물이 된
점을 어떻게 이해해야 할 것인가? 여운형, 김규식, 안재홍과 같은 중간파 지

도자들이 민족적 고민과 분노를 터뜨렸지만 남이나 북이나 지배적 정치 세력은 이를 외면했다. 이들 중간파 지도자들의 목소리는 질식당했으며, 그 목소리 때문에 그들은 희생의 대가를 치러야 했다. 그들의 리더십은 남북으로부터 모두 불신을 받았으며, 오늘날까지도 그런 경향을 보인다. 예컨대 김규식을 위한 추도식이 남한에서 한 번도 열렸다는 말을 듣지 못했다 (Henderson, 1970a: 6).

여기서 헨더슨은 당시 한국은 미소공동위의 협조 아래 오스트리아식 해결방안으로 타결되었다면 이상적이었을 것이라고 말한다. 한국은 친서방적인 비무장 중립국이란 방식으로 독립을 성취할 수도 있었을 것이다. 그러나 결과는 세계에서 가장 비타협적인 분극화된 분단으로, 무장 캠프로 끝나고 말았다.

오스트리아식 해결방식의 타당성 주장은 계속된다. 한국은 오스트리아보다 기본적으로 더 통합된 나라였다. 1945년 해방 전 좌우 분열로 나뉜 인사들은 한국의 경우 2000~3000명에 불과했으나 오스트리아는 훨씬 더 광범한 계층이 좌우로 분열되어 있었다. 한국인들은 독일인들보다 더 대화를 나눌 이유가 있다. 그러나 남북 간의 편지 교류는 미군정 3년간 그리고 그 뒤 1949년 이승만 정권이 중단시킬 때까지 계속됐지만 아직 복구되지 않고 있다. 이와 대조적으로 독일의 경우 공산지역과 비공산지역 간에 매일 수천 통의 편지가 오고 가고 있다. 심지어는 전쟁으로 찢긴 베트남에서조차 특별한 양식의 우편엽서가 남북 베트남 사이에 오간다. 오늘날 세계는 타협과 점진적인 유화 쪽으로 가는 마당에도 한국은 아직 비타협적이고 꽁꽁 얼어붙어 있다.

헨더슨은 남북한이 냉전 시대의 대결을 완화하고 조금씩이나마 화해와 협력으로 가는 길에 최대의 걸림돌은 남북한이 유지하고 확대하고 있는 군 병력과 군비라고 지적한다. 그는 처음 미국과 소련이 군을 한반도에 보낸 것이 분단의 화근이 되었으나 분단 구조가 고착하게 된 것은 이데올로기 대

결과 이를 뒷받침하는 군사적 구축이라고 주장한다.

한국인들이 만난 비극은 사람들이 같은 소속이면서 갈라져 있고, 큰 에너지를 투입해 평화적 수단으로 통일하려고 하면서도 비평화적 수단으로 통일하려고 또는 통일을 방해하려고 하는 것이다. 사람들은 그 사이의 중간 해법을 마련할 수가 없는 것이다. [남북] 국경을 사이에 두고 한국인들은 평화적 해결책에 등을 돌리고 있다. 협상에 눈을 돌리는 대신 우리는 한반도 8만 5000제곱마일에 100만 명의 군대를 발견한다. 물론 북한의 '인민 민병(people's militia)' 130만 명과 남한이 조직하겠다고 발표한 예비군 200만 명을 빼고서다. 100만 명이란 1100만 5000제곱마일의 땅에 42개 국가가 있는 아프리카, 전쟁이 끊임없는 이 아프리카 전역의 군대의 두 배가 되는 규모요, 군사정권이 많은 중남미 전역보다 거의 50% 많은 규모이다. 또한 한반도보다 20배의 중공, 그 중공의 상비군의 3분의 1이 넘는 규모요, 한반도 인구보다 거의 2배 인구를 가진 동서독보다 2배가 넘는 전력이다. 그런데도 한반도 안의 군은 더욱 확대되고 있다. 김일성은 북한 예산의 더 큰 부분을 군비에 배당하고 있으며, 남북한 모두 더욱 군을 현대화하고 있다(Henderson, 1970a: 8).

헨더슨은 남북한이 휴전선을 사이에 두고 군사력 확대와 군비 경쟁을 벌이고 있는 현상은 정말 비현실적이라고 개탄한다. 그는 이해당사국 모두가 한반도에서 전쟁을 바라지 않거나 비현실적이라고 보고 있으며, 남북한 모두 무력을 통한 통일이 불가능하다는 것을 깨달은 이상 남북한이 이런 규모의 군을 유지하고 확대하고 있는 것은 무모한 일이라는 것이다. 따라서 1970년대에 걸쳐 시급한 일은 한반도에서 군 병력과 군비를 줄이는 일이다. 헨더슨은 당시 진행되고 있는 '후기 전략무기제한 협정(post-SALT)' 회담의 한 부분으로 또는 한반도 이해당사국 간의 협상으로 이 문제를 풀어야 한다고 제안한다.

그는 이를 위해 미국은 소련과의 회담에서 주한미군의 삭감을 지렛대로 사용하여 소련과 한반도 상호 군비 축소를 협상할 수 있을 것으로 내다봤다. 부연하면 미국은 소련과의 협상으로 주한미군 2개 사단을 1개 사단으로 줄인다는 양보를 허용하는 대신 각각 한반도 '고객국가(client states)'로 하여금 몇 년간에 걸쳐 10만 명 씩 줄여나가는 '단계적 삭감'을 얻어내자는 것이다. 종국적으로 단계적 삭감은 남북한의 군대 수준을 10만 명 내지 15만 명 수준, 곧 1950년 6월[한국전쟁 이전] 수준으로 줄인다는 것이다(Henderson, 1970b: 6~7). 이러한 군비 축소와 함께 남북한 간의 커뮤니케이션 프로그램이 시행되어야 한다고 제안한다. 이 프로그램은 처음 근소하게 시작하여 단계적으로 늘려나가야 한다. 제1단계는 검열을 통해 우편엽서 교환인데 지금 베트남에서 시행되고 있다. 현재 상황은 남북한 이산가족이 가족구성원이 죽었는지 살아 있는지 알 길이 없어 기본 인권의 위반인 것이다. 다음으로 서신 교환이 가능한 조속히 이루어져야 하며, 이어 동서독의 경우처럼 소포 교환이 허용되어야 한다. 그 다음 단계에서는 지금 미소가 합의한 것처럼 제한적으로 잡지와 신문 교환이 이루어져야 한다(Henderson, 1970b: 7).

(3) 당면한 도전: 제왕적 대통령제

위에서 되돌아본 1987년 한국 대통령선거는 우리나라 대통령제가 안고 있는 파괴적인 회오리 정치의 문제점을 생생하게 보여준 '사건'이었다. 이 선거에서 야당 후보들이 과반다수(54.2%)의 투표를 차지했음에도 단순다수(36.6%)를 얻은 노태우 후보가 대통령직에 오른 것은 한국 대통령제 아래서만 생기는 독특한 사례는 아니다. 그러나 이를 세계 정치학자들이 화두로 삼은 적이 있다. 예일대학교의 정치학 교수 후안 린츠(Juan J. Rinz, 1990a)는 중남미, 필리핀, 한국 등 대통령제가 '위난(perils)'에 처한 전형적인 모습을 보여주었다고 지적한다(Rinz, 1990a: 87).

그는 세계 대통령제가 처한 위난(危難)을 다섯 가지로 정리했는데,[9] 그가운데서도 대통령제가 '승자 독식'의 규칙에 따라 운영되고 있기 때문에 '골칫거리(problematic)'라고 지적한 것은 한국 대통령제가 안고 있는 병리와 관련해 눈길을 끈다. 그는 이 승자 독식의 규칙이 "민주정치를 제로섬 게임 으로 몰고 가는 경향을 보인다"면서 중남미 제국의 사례를 비교정치학적으로 분석하고 있다. 반면 의원내각제 아래서는 권력 분점과 연립내각 형성 이 상당히 통례로 나타나며 집권자는 군소 정당의 이해와 요구에도 귀를 기 울인다는 것이다. 그러나 "대통령제 아래 국민에 의한 직선은 대통령으로 하여 금 연립을 구성하거나 야당에 양보하는 등 '지루한 절차(tedious process)'를 거 칠 필요가 없다는 느낌을 줄 가능성이 높다"고 주장한다(Rinz, 1990a: 56~58).

린츠가 주장한 논의에 대해 반론도 만만치 않다(예컨대, Mainwaring and Shugart, 1997; Horowitz and Lipset, 1991). 그러나 그의 주장은 놀랍게도 한국 의 정치 문화가 앓고 있는 병리를 지적한 헨더슨의 주장을 꼭 빼닮았다. 헨 더슨은 한국의 회오리 정치의 배경에 승자 독식의 정치 문화가 자리를 차지 하고 있다고 하면서 다음과 같이 비판하고 있다.

> 한국인들은 모든 권력이 중앙에 집중되어 있기 때문에 권력을 나누어 가지려
> 하지 않는다. 이런 조건이 지속되는 한 한국 정치는 타협의 부재에 허덕일 것이
> 다. 그 독소는 한국인들의 정신에 있는 것이 아니라 그들의 '승자 독식의 중앙집
> 중(centralization)[제도]에 있는 것이다(Henderson, 1987: 제6장 중 「남한의 정

---

9) 이 다섯 가지 위난이란 ① 대통령제 아래서는 대통령과 의회가 서로 정통성을 주장하여 갈등을 빚 는다는 점. 대통령과 의회는 모두 국민이 선거로 뽑기 때문에 갈등은 항상 잠재해 있고 어떤 때는 극적으로 폭발한다는 것이다. ② 대통령의 고정 임기가 민주주의에 적합하지 않는 경직성. ③ '승 자 독식'이 제로섬 게임을 가져온다는 문제, ④ 대통령제의 정치형(型)은 의원내각제 정치형보다 민주주의에 덜 맞는다는 점. 그 까닭은 대통령은 전 국민의 대표로서 의식을 갖고 있는 나머지 야 당을 관용하지 않는 경향을 낳기 때문이다. ⑤ 마지막으로 대통령제 아래서는 '정치 이단자 (political outsiders)'가 권력을 잡을 가능성이 상대적으로 높은 만큼 잠재적 불안성이 내재하고 있 다는 점이다. 국민의 직선으로 선출된 사람은 정당에 덜 의존적이며 신세를 졌다는 의식이 적다. 그런 사람은 '인기 영합적이며 반 기구적(in a populist, anti-institutionalist fashion)'으로 통치하 기 쉽다는 것이다(Rinz, 1990a: 54~58).

치변증법 1967~1988」추고).

한국의 대통령제의 경우 그것이 민주주의와는 잘 맞지 않고, 게다가 민주주의에 대한 억압통치기제로 이용되었다는 것은 한국의 현대 정치사가 그대로 반증하고 있다. 린츠에 의하면 "대통령은 국민으로부터 대권수임을 받아 독립적인 권한을 갖는다는 의식을 갖게 되어 그를 당선시킨 투표가 제한된 단순 다수와는 딴판으로 동떨어진 권력의식과 사명감을 갖는 경향이 있다. 이는 대통령이 부딪치는 저항을 수상의 경우보다 훨씬 좌절적이며, 무질서하며, 자극적으로 만든다"고 한다(Linz, 1994: 19).

예컨대 1971년 박정희 정부가 유신체제를 선포하기 전 마지막 치른 선거에서 공화당의 박정희 후보는 51.2%를 득표하여 신민당의 김대중 후보를 간신히 이겼다. 김대중 후보가 얻은 득표는 43.6%였다. 대도시지역에서는 김 후보가 박정희를 51.4% 대 44.9%로 앞섰다. 어떻든 1961년 군사쿠데타 이후 1963년, 1967년, 1971년 선거에서 박정희는 신승(辛勝)을 한 셈이었다. 이 선거 과정을 두고 헨더슨은 "정치 기구와 '준정상정치(semi-normal politics)'가 되돌아와 폭력과 쿠데타가 저지른 상처를 치유하기 시작했다"고 하면서도, 그 "치유는 오래 가지 않았다"고 개탄하고 있다(Henderson, 1988: 제6장 「남한의 정치변증법 1967~1988」).

박정희는 린츠가 말한 바와 같이 제한된 국민의 지지를 받아 대통령에 올랐지만 그는 권력행사를 자제하기는커녕 1972년 10월 유신체제를 선포했다. 이는 그가 국가 개혁을 계속 추진하여야 한다는 명분을 내세워 종신집권의 수순에 들어간 것이다. 그는 "국가재건을 위해서는 서구민주주의는 한계가 있기 때문에 한국적 민주주의를 정착시켜야 한다"고 강변했다. 그러나 현대사가 보여주듯 유신체제는 결국 한국적 민주주의라는 미명하에 종신집권을 위한 '관료적 독재체제(bureaucratic authoritarianism)'(Im, Hyug Baek, 1987)의 극한치를 보여준 것이었다. 그는 자작의 유신체제 아래 결국 국민의 선거에 의해서가 아니라 그가 임명한 김재규의 총탄으로 제거될 수밖에 없었다.

같은 맥락에서 지금 고인이 된 언론인 박권상(1997)은 칠레의 살바도르 아옌데 대통령이 만난 비극에 비유했다. 물론 아옌데는 독재자는 아니지만 인기 없는 대통령이었다. 그는 1973년 9월 11일 아침 칠레 공군의 제트기가 대통령 궁을 폭격해 살바도르 아옌데 대통령을 폭사시킨 것을 대통령제가 안고 있는 경직성의 비극이라고 지적했다. 칠레 군부는 그의 '인민통일전선' 정부에 종지부를 찍었을 뿐만 아니라 세계에서 가장 오래된 민주주의 체제를 공중폭격으로 파괴한 행위를 저질렀다. 그 배경은 무엇인가? 중남미 전문가 스콧 메인워링은 이렇게 말한다.

아옌데의 반대자들은 아옌데 정권이 6년 임기(1970~1976)를 마칠 때까지 칠레가 권위주의적 공산주의 국가가 될 수 있다고 믿었고 그것이 군사쿠데타를 불러들인 것이다. 아옌데는 1973년 국회선거에서 다수의석의 지지를 상실했다. 만일 내각제 헌법제도가 있었더라면 그는 물러날 수밖에 없었을 것이다. 아니 1970년 대통령선거 당시 내각제였다면 정권은 우파 연합이 잡았을 것이다. 그러나 대통령제하에서 쿠데타 이외의 다른 방법으로 인기 없는 소수파 정권을 축출할 길이 없었다. 여러 경우에 무능하고 인기 없는 대통령을 추방하는 길은 쿠데타밖에 없다는 일반적인 결론이다(박권상, 1997: 112~113).

한국의 대통령제가 갖는 고정 임기제 역시 한국 정치 현실에서 심각한 문제이다. 이 고정 임기제가 경직성을 가져오는 반면 의원내각제는 행정부가 의회의 신임을 근거로 하기 때문에 신축성을 가진다는 린츠의 주장은 우리나라 현실에 잘 부합한다. 린츠에 의하면 "대통령제는 변화하는 상황에 적응을 극도로 어렵게 만드는 경직성을 내재하고 있다"고 하면서 "집권당이나 기타 정당들이 대통령의 당선을 묵인했지만 그 뒤 대통령이 신임을 잃은 경우 그를 교체할 방도가 없는 것이다"(Linz, 1994: 5~6). 한국의 경우 5년 단임 대통령제 아래서는 "국정책임자가 아무리 무능하고 아무리 잘못을 저질러도 교체할 방법이 없고 아무리 일을 잘해도 다시 모실 도리가 없다"(박권상, 1997: 114)라고 말하고 있다.

그런데 대통령제가 갖는 승자 독식의 룰이 제로섬게임을 초래한다는 경향은 우리나라의 정치 현실에서 회오리 정치 모델을 더욱 실감 있게 들리게한다. 우리나라의 경우 대통령선거를 거친 승자는 법적 내지 정치적인 이권을 독식함은 물론이거니와, 게다가 법외적인 또는 초법적인 권한을 독식하게 된다는 점이다. 후자는 무엇보다도 대통령이 국가정보원[전 중앙정보부, 국가안전기획부의 후신], 감사원, 검찰청, 세무서를 정치적 사찰기관 또는보복기관으로 악용할 수 있다는 의미를 내포하고 있다. 이런 상황에서는대통령은 무소불위의 제왕적 대통령이 된다. 이 제왕적 대통령은 감사원을통해 전 관료층의 정치적인 충성심을 보장할 수 있을 뿐만 아니라 세무조사권을 통해 대기업의 '불충'[예컨대 야당에 헌금] 가능성을 배제할 수 있다. 그뿐만 아니라 국가정보원과 검찰을 통해 정치 정보와 정치 탄핵을 독점함으로써 야당을 옥죌 수도 있다.

어느 당의 대통령 후보가 불과 몇 퍼센트 차이로 승자되었더라도 그는 그야말로 '제왕'과 같은 초월적 존재가 되어 무소불위의 권력의 화신이 된다는 것이다. 이는 바로 우리나라가 2022년 4월 대선에서 지금 경험하고 있는현실이다. 불과 0.73%라는 간발의 차로 당선된 윤석열 후보가 대통령이 되자 그를 견제할 법적 장치는 전무하다. 그는 지금 인사 전횡으로 '검찰공화국'으로 되돌리고 있다고 야당은 비판한다.

박정희 시절 중앙정보부

이는 이승만 대통령 시절 김창룡의 특무부대나 박정희 군사정권 시절 무소불의의 중앙정보부에 관한 이야기만이 아니다. 문민정부라는 김영삼 정권이 1993년 2월 들어선 뒤 드러난 이른바 'X파일' 사건이 이를 생생하게 반증해 준다. 2005년 7월 21일 《조선일보》에 이어 〈MBC〉가 터뜨린 이른바 'X파일' 사건은 김영삼 대통령시절 국가정보기관이 정·관·재계뿐만 아니라 언론, 종교, 사회단체 지도자들을 표적으로 삼아 상시적으로 무차별 도청해 왔음이 드러났다. 당시 안기부가 특수부조직[이른 바 '미림팀']을 만들어 도청한 정보는 대형 언론사의 사주와 대재벌의 실력자가 당시 유력한 대통령후보 이회창에 정치자금을 제공한다는 민감한 내용이 포함되었다. 여기서 중요한 것은 대통령이 이런 정보를 손에 쥐고 결정적인 영향을 미칠수 있다는 점이다.

이런 상황에서 제왕적 대통령은 바로 헨더슨이 표현한 '단극자장'이 된다. 사회의 모든 정치 입자들이 권력의 정상을 향해 거대한 회오리의 상승 기류를 타고 충돌진하게 된다. 최근의 한 신문 칼럼은 대통령제 아래 2007년 대선 정국에서 벌어진 사태를 다음과 같이 묘사한다.

> 대선 때만 되면 우리 정치인과 정당들은 제정신이 아니다. 정말 미치는 듯하다. 노태우, 김영삼, 김종필 3당 합당, 김대중 정계은퇴 번복, 김대중 김종필의 연대와 파탄, 이인제 경선 불복, 노무현 정몽준 단일화 및 결별과 같은 충격적인 사건들을 정상(正常)이라 할 사람은 아무도 없을 것이다. 이번에도 어김없이 이회창 정계 은퇴 번복과 탈당, 손학규 탈당이라는 사태가 벌어졌다. 여당의 한 사람이 석 달 만에 세 번 탈당하고 세 번 창당하는 세계적인 기록을 세웠다. 이번에 민주당하고 합친다니 인류 역사에 남을 기록을 만들 모양이다. 모두가 대선병(病)이대《조선일보》, 2007.11.14. 양상훈(楊相勳) 칼럼].

이 칼럼이 노무현 정권의 '386' 정치인들에 대한 빈정거림이 배어 있다고 불평한다면 그 원인은 정당을 가볍게 아는 이들 정치인들에 돌아갈 일이다.

이는 '치매'에 이른 대통령 아래 벌어지는 일이라는 것이다. "대선 때마다 이러는 것은 단 한 표만 이겨도 모든 것을 독식하고, 단 한 표만 져도 모든 잃기 때문이다. 이 정치 로또 판에서 다 먹느냐 다 털리느냐에 몰린 사람들이 무슨 짓이든 못할 리가 없다"고 우리나라 대선정국을 비유한 것은 우리나라 대통령제 아래 변질된 승자 독식제에 대한 적절한 묘사일 것이다.

노무현 정권에 이은 이명박 정권은 어떤가? 승자 독식의 대통령제가 완화되었다는 징후는 여전히 보이지 않는다. 이명박 대통령의 지지도가 20% 또는 그 이하로 곤두박질쳐도 국민들은 촛불집회를 통해 거리로 뛰쳐나오는 게 고작이다. 이런 거리 정치는 이명박 정권에 대한 국민의 분노를 보여주었지만 국정 운영의 난맥상에 대해 어떠한 해결책도 제시하지 못한다. 오히려 촛불집회는 수그러드는 가운데 검찰, 세무서, 감사원과 같은 외형상 독립기관이 상승기류를 타고 권력 정상을 향해 줄달음치는 모습을 보인다. 회오리바람이 회전하는 원뿔로 상승곡선을 그리면서 이명박 정권은 승자독식의 논란에 휘말리고 있다.

여기까지 읽은 독자라면 그러면 승자 독식형으로 운영되는 우리나라 대통령제를 빨리 버려야 한다고 공감할 것이다. 그렇다고 내각책임제가 그 대안인가? 그러나 문제는 우리 사회의 원자성이 내각책임제 운영의 필수적인 정당제를 아직 뿌리 없는 '부평초(浮萍草)'로 남아 있게 한다는 점이다. 그렇다면 무엇이 대안인가? 컬럼비아대학의 사토리 교수가 다음과 같이 권고한 말은 매우 시사적으로 들린다.

나는 또한 대통령제로부터 떠나고자 하는 나라들이 신중하게 '준대통령제 (semi-presidentialism)'10)를 선택하는 것이 좋다고 생각한다. 그 이유는 대통령

---

10) 준대통령제란 무엇인가? 그것은 대통령과 수상이 권력을 분점하는 것을 골간으로 하는데, 우리나라에서는 '이원집정제'(박권상, 1997)로 알려져 있다. 사토리(Giovanni Sartori)에 의하면 프랑스가 제5공화국 헌법을 도입하여 운영한 것이 모델이며, 이 헌법의 기초자인 미셀 드브르는 바로 제

제 국가가 내각책임제로 뛰어들면, 그것은 전혀 별개의, 미지의 세계로 가는 모험인 데 반하여, 준대통령제로 간다면 그 나라가 알고 있고, 쌓은 경험과 지식의 경계 안에서 운영할 수 있게 해주기 때문이다(Sartori, 1994: 135).

지금까지 우리는 헨더슨의 관점에서 한국 정치담론의 또 하나의 축으로서 중간 지대의 정치 합작을 논의했다. 사라져 버린 중간 지대는 남북 간에 그리고 남남 간에 대결의 장이 아닌 관용의 장을 제공하는 한국 정치의 비옥한 땅이다. 따라서 이를 복원해야 한다는 것은 역사적 당위이다. 이 정치의 중간 지대에서 정당을 주축으로 하는 중간 매개체들이 권력의 정상과 밑바탕의 민중 간에 정치를 매개하고 이들이 상시적인 합작을 통해 응집력을 키울 때 한국의 정치발전은 밝은 전망이 보인다고 헨더슨은 일깨웠다.

제3절 회오리 정치의 동토를 넘어서

헨더슨은 1950년 10월 한국 임무를 마치고 서울을 떠나게 된다. 그가 1948년 7월 중순 서울 대사관에 온 지 2년 이상을 보낸 뒤였다. 그의 감회는 남다른 것이었다. 그는 1948년 7월 중순 서울에 온 뒤 격동의 '회오리' 정치를 현장에서 목격했다. 여순사건, 국회프락치사건, 6.6반민특위 사건, 김구 암살, 무엇보다도 한국전쟁의 회오리. … 그가 교유한 고려대 교수이자 천부의 재능을 가진 영문학자 이인수가 서울이 북한군에 넘어간 뒤 영어 방송했다는 죄로 형장의 이슬로 사라졌다. 헨더슨은 전쟁의 화마가 휩쓴 서울을 '황무지'로 비유하여 이인수가 최초로 번역한 엘리엇 시인의 「황무지」를 상기했다. 그는 국회소장파를 포함한 중도파가 사라진 서울을 정치 중간

왕적 대통령을 피하고자 의도했다는 것이다(Sartori, 1976: 122).

지대의 상실이라고 표현하면서, 이를 '서울의 비극'이라고 개탄했다. 무엇보다도 제헌국회를 담당하면서 그가 인간적으로 사귄 많은 소장파 국회의원들이 모두 사라진 것을 알고 남북한 극한지대의 냉혈 정치에 고개를 저었을 것이다.

그는 유엔군이 서울을 수복한 것을 보고 한국을 떠났지만 서울은 마음에서 쉽게 지울 수 없었다. 그는 새 임지 독일로 떠나기 전 1950년 10월 17~19일 이틀 반 동안 폐허가 된 서울을 방문하여 '서울의 비극'을 기록해 두었다(Henderson, 1950.10.26. 「Dear Friends」).

1. 정치비망록

한국을 향한 그의 마음은 1950년 11월 30일 그가 쓴 장문의 한국 정치 비망록에서 읽을 수 있다. 헨더슨은 고향인 매사추세츠 케임브리지에 머물면서 이 비망록을 썼다. 그는 「한국에서의 미국의 정치 목적에 관한 비망록(A Memorandum Concerning United States Political Objectives in Korea, 이하 「정치비망록」)」이라고 제목을 달고 있는데, 두 칸 쓰기로 58쪽에 이른다(Henderson, 1950.11.30: 「전쟁 중 공식서한과 비망록」).

이 비망록은 초기 이승만 정권이 저지른 실정을 낱낱이 분석하면서 미국의 대한 정책목표를 달성하기 위해 대사관이 '무대응(inaction)'으로부터 '간섭'으로 나와야 한다고 역설하고 있다. 여기서 우리는 진보적 자유주의 사상을 가진 한 젊은 미국 외교관이 한국 정치의 병리를 보는 그의 관점과, 이 병리를 치유하기 위해 미 대사관이 수행해야 할 대한 정책의 비전을 읽을 수 있다.

헨더슨이 미국이 무대응에서 간섭으로 나와야 한다고 주장한 배경에는 그가 본 역사적인 미국의 한국문제 관여의 패턴이 자리 잡고 있다. 1945년 해방 뒤 미국은 한반도의 분단으로부터 한국전쟁 발발을 거쳐 민주주의의 실패에 이르기까지 그는 미국은 '하늘만큼'이나 역사적 책임을 지고 있는데도 이를 '무대응'으로 또는 '내정불간섭'이라는 미명 뒤에 숨어 책임을 회피하고 있다고 그는 비판하고 있다.

헨더슨이 이 비망록을 쓸 당시 미 국무부는 이른바 매카시즘 선풍에 휘말려 있었다. 그런데도 이 비망록의 한 대목에서 그는 이승만 정권의 극우 반공주의를 비판하고 있다. 그는 이승만 정권이 맹목적인 반공주의라는 이름 아래 공산주의자들에 엄청난 피해를 당한 사람들을 박해하고 있다는 사실에 주목한다. 그는 많은 시민들이 미처 피난하지 못해 공산 지배 체제 아래 남아 있었는데도, 그 이유로 우익단체로부터 무차별 테러를 가함으로써 반공적인 국민들이 오히려 이승만 정권을 증오하게 만들고 있다고 지적한다. 이 비망록은 무엇을 담았나?

미국의 역사적 책무

헨더슨 비망록은 그가 초기 이승만 정권의 회오리 정치를 2년 이상 현장에서 참관하고 난 뒤 작성한 심층 정치 보고서에서 그 화두를 찾을 수 있다. 그는 먼저 미국의 대한 정책의 '우유부단', 여기에 따른 미 대사관의 '무대응'을 비판하고 그 대신 '간섭의 정치(politics of intervention)'[11]를 주문했다. 그이래 헨더슨은 국무부를 떠나 학계에 들어선 뒤 이 간섭의 주제를 더욱 정교하게 발전시켰다. 부연하면 1973년 9월 미국정치학회 초청강연에서 미국이 박정희 대통령의 유신독재에 대해서 내정불간섭이라는 구실로 손을 떼면서도 군사원조를 제공하는 것은 독재정권의 지원 '간섭'이라고 비판했다.[12] 이러한 맥락의 논리는 그가 1974년 8월 초 프레이저 청문회에서 행

---

11) 헨더슨은 이 비망록에서 '간섭'의 논리를 주장했지만 그것은 폭넓은 뜻에서 '간섭의 정치'라고 말할 수 있을 것이다. 이는 1952년 부산정치파동을 다룬 논문에서 한 연구자(Garry Woodward, 2002)가 제목으로 사용한 말이다. [「간섭의 정치: 제임스 플림솔과 1952년 한국의 헌정 위기(The Politics of intervention: James Primsoll in the South Korean constitutional crisis of 1952)」, *Australian Journal of International Affairs*, vol. 56, no. 3, 2002] 참조.

한 증언에서도 이어진다. 여기서는 먼저 그가 26세의 젊은 외교관으로서 쓴 비망록의 내용을 살펴본 뒤 그가 다시 발전시킨 간섭의 논리와 그 연장 선상에서 미국의 대한책임론에 우리의 줌렌즈를 돌려보자.

헨더슨은 미국이 역사적으로 한국에 대한 무거운 책무를 지고 있는데, 그것은 민주주의의 수립이라고 믿고 있다. 이를 위해 그는 정치 분야에서 대사관은 '간섭'을 해야 한다고 주장한다. 말을 바꾸면 한국의 경우 내정불 간섭 원칙은 미국이 지고 있는 책무에 반한다는 것이다. 외교관 헨더슨은 프랑스의 정치가이자 외교관인 드 탈레랑(Charles Maurice de Talleyrand)[13]이 한 말, 곧 "불간섭이란 괴상한 장치이며 그것은 거의 간섭과 같은 것이다"라고 인용한다. 한국의 주권이란 마치 볼테르의 신성로마제국처럼 '전형적인 허구(a classic fiction)'라는 것이다.

헨더슨은 반문한다. 불간섭이 과연 한국을 위한 것인가? 만일 경제 분야에서 우리가 불간섭을 따랐다면 어떻게 되었을 것인가? 군사 분야에서는? 정치적 간섭의 경우 왜 정당화될 수 없는가? 그는 한국을 조건 없이 주권국 가로 간주하는 전통적인 외교 개념은 한국의 현실에 맞지 않는다고 지적한다. 과거 2년간 미국은 경제 문제에 점진적으로 깊게 간섭하여 결국 강력한 경제안정위원회를 만들었는데, 이는 헨더슨에 의하면 경제적 파멸을 동반하는 완전한 주권을 존중할 것인가, 또는 마찰과 의심을 수반하는 완전한 종속을 부과할 것인가, 이 두 가지 정책적 선택 간의 타협이라는 것이다.

---

12) 「미국의 대외정책에서 한국: 효과와 전망(Korea in United States Foreign Policy: The Effects and Prospects of Present Policies)」, 1973년 미국정치학회 연차총회(루이지애나 뉴올리언스 정 호텔, 9월 4~8일) 발표.

13) 탈레랑은(1754~1838). 프랑스의 성직자 출신의 정치가이며 외교관으로, 나폴레옹 몰락 이후 유럽의 전후 처리를 위하여 열린 빈 회의에 참석하였으며, 정통주의를 내세워 프랑스의 이익을 옹호했던 인물.

간섭의 정치

헨더슨은 정치 분야에서도 비슷한 어떤 '간섭'이 필요하다고 주장한다. 이를 위해 그는 미국 대사관은 내정불간섭이라는 원칙보다 현실적인 간섭의 방향으로 나가야 한다고 주장한다. 부연하면 그는 미국 대사[무초]와 참사관[드럼라이트]이 그동안 인내심을 가지고 잘 쌓아올린 귀중한 대한 관계[이승만 대통령과의 관계]가 너무 자주 간섭함으로써 상실당하는 것과, 이 관계로 인하여 오히려 너무 간섭을 하지 않음으로써 미국의 필수적인 정책 목적이 무너져 버리는 것, 이 두 가지 선택 사이의 중간노선을 택할 수 있다고 진언한 것이다.

헨더슨에 의하면 한국은 정치적으로 강력해 질 수 있는 개혁을 시행할 수 있는 정부의 경영 능력을 보여주지 못했으며, 따라서 재건과 통일의 문제를 대처할 수 없었다고 지적한다. 헨더슨이 간섭의 정치를 주문한 시점이 1948~1950년 제헌국회 시절 국가체제의 형성기에 있었다는 점을 상기할 필요가 있다. 게다가 이승만 정권은 '1949년 6월 공세'(박명림, 1996)를 시작해 국회프락치사건, 6·6반민특위 습격사건, 김구 암살사건 등을 일으켜, 신생 대한민국의 민주제도가 붕괴 일보 직전에 있었으며, 이어 발발한 6·25전쟁으로 반공체제를 빙자한 극우파쇼적 독재가 맹위를 떨치는 분위기에 있었다는 점을 유의할 필요가 있다. 이런 상황에서 헨더슨은 한국의 민주제도 만들기 작업에 미국이 '간섭'해야 한다고 주장한 것이다. 헨더슨이 '간섭'을 주장한 배경에는 주한 미 대사관이 국무부의 지시에 따라 경제 문제에는 인플레이션을 방지하기 위해 분명한 요구를 하는 등 적극적으로 간여하고 있으나 "정치 문제에는 간여하지 않는다"는 내정불간섭 노선을 따르고 있어 민주정부를 세운다는 미국의 대한 정책의 목표가 실패하고 있다는 상황 인식이 자리 잡고 있다. 그는 이렇게 말한다.

일반적으로 한국의 법과 법절차가 권력에 대해 개인을 보호하지 않으면 한국의 민주주의는 개선되지 못할 것이라고 인정된다. 이런 상황을 개선하기 위해 미군정은 몇 가지 법령을 마련했는데, 그중의 하나가 인신보호법이다. 다른 하나는 경찰이 법원으로부터 체포영장을 받아야 한다는 법령이다. 대사관은 2년 반 동안 인신보호법이 실행된 예를 한 건도 발견하지 못했다. 공적인 기록이 보여 주고 있지만 법원이 체포영장 청구에 대해 한 건도 거부한 일이 없다. 체포가 수만 건에 이르렀고(1950년 9월 이래 5만 5000건) 거의 모두가 증거불충분이라는 이유로 검찰에 의해 기각된 이상, 이것은 법원이 경찰에 종속되었다는 사실을 분명하게 보여준다. … 대사관은 1950년 2월 국부부에 보낸 전문에서 군정이 최소한의 법치를 위한 기초적 토대를 쌓기 위해 충분한 일을 하지 않았다고 불만을 표한 적이 있다. 그럼에도 대사관은 다른 분야에서 훌륭한 업적에도 불구하고 군정이 성취한 기초적인 인신보호법령이 적절히 실행되도록 하는 아무런 조치도 취한 일이 전혀 없다. 물론 이 일은 어렵다는 것은 인정한다(Henderson, 1950.11.30: 7).

헨더슨은 이어 "우리들은 잠재적인 민주적 기구를 촉진하거나 보호했는가?"라고 묻고는 1949년 여름, 정부가 '분명한 쿠데타(clearly a coup d'etat)'를 저질러 "한국 국회의원의 8%가 체포되고 야당 최고지도자 김구가 암살되었다"고 지적했다. 그는 국회프락치사건이 국회에 대한 테러이자 협박이며, 후속된 재판에서 정부는 이들 국회의원들에 대해 유죄를 입증하지도 못했고, 최소한의 대륙법적 기준에 부합하는 사법절차도 허용하지 않았다고 주장했다. 그런데도 대사관은 아무 대응도 하지 않았다는 것이다.

대사관은 관심을 표했다. 그러나 대사관도 유엔위원단도 그런 테러를 방지하거나 사법절차 개선의 필요를 지적하는 효율적인 조치를 취하지 않았다. 1950년 8월 7일 또 다른 국회의원이 체포되었을 때 사정은 비슷했다. 이때 조 박사[조병옥 내무장관]는 분명히 헌법을 위반했는데, 그것은 국회 회기 중 승인 없이 국회의원을 체포했고 국회가 석방을 요청했는데도 그를 석방하지 않았기 때문이다. 국회의원들이 조 박사를 비판하자 대사관은 오히려 국회지도층에게 사적으로 그들을 자제시켜 달라고 했다. … 이런 무대응으로부터 한국인들은 어떤 결론을 얻을 수 있을까 묻는 것이 현명치 않을까?(Henderson, 1950.11.30: 8).

헨더슨이 위에서 국회프락치사건을 예시한 것은 한국의 민주주의를 수립하기 위해서는 국회가 정치적 기반을 넓혀주는 기구가 되어야 하는데도 오히려 국회가 행정부에 예속되고 있는 민주주의의 역전을 지적하기 위해서이다. 그는 1949년 유엔한국위원단이 권고한 대로 "정부의 정치적 기반을 넓혀야 한다"는 과제는 대한민국이 한 나라로서 생존하는 데 장기적으로 가장 중요하다고 강조한다. 이는 미 대사관이 이승만이 주도하는 행정부를 중시하고 국회를 경시하는 입장을 취하고 있다고 생각한 나머지 그가 제기한 비판이다.

문제는 헨더슨이 주장한 '간섭의 정치'를 오늘의 관점에서 생각한다면 외국이 주권국가의 내정을 간섭한다는 말로 듣기 쉽다는 점이다. 헨더슨이 말하는 간섭의 의미는 1974년 그가 프레이저 청문회에 참석하여 진술한 증언에서 좀 더 명확해 진다. 그는 박정희 정권이 유신독재 아래 반대 정치인들이나 시민들에 대해 자행한 인권유린에 대해 미국이 귀 막고 눈감고 "이것이 주권국가의 내정 문제다"라고 '무대응'하는 것이 불간섭을 정당화해주는가라고 반문한다. 더 나아가 미국이 대한 원조를 준다면 이는 오히려 독재자와 그 정권을 지지하는 간섭이라는 것이다. 또 다른 예로 1972년 여름 대낮 도쿄호텔에서 납치당한 김대중의 목숨이 경각에 달린 상황에서 미국의 '간섭'이 그의 목숨을 살린 것으로 되어 있다. 이 경우 그것이 주권 국가의 내정에 대한 간섭이라고 하여 부당하다 할 수 있는가? 이렇게 볼 때 헨더슨이 제안한 간섭의 정치는 국가 간에 전통적인 불간섭주의 원칙에 대한 예외로서 인정받는 영역이거나 한미관계의 특수성에 기인하는 미국의 책임이라고 보아야 할 것이다.

헨더슨이 주장한 '간섭'은 그가 '우유부단'이라고 특징지은 전통적인 미국의 대한 정책 패턴과 관련하여 음미해 볼 필요가 있다. 그는 미국이 한국에 대한 역사적 책무를 우유부단으로 회피한다면 그것은 무책임하다고 생각한다. 미국이 지는 역사적 책무는 미국이 한국을 분할 점령함으로써 파생되는 모든 책임을 포함한다. 따라서 한국 분단에 대한 책임을 비롯해 정치, 경제, 사회에 대한 광범한 책임을 포함한다. 그렇다면 헨더슨이 주장한 미국의 '간섭'이란 한국에 대한 역사적 책무를 이행하는 일이 된다.

따라서 그가 주장하는 간섭은 대국주의적인 간섭과는 거리가 멀다. 그러한 간섭은 1945년 8월 소련군이 북한에 소비에트 시스템을 강제적으로 심어놓은 식의 고압적인 간섭은 물론 아니다. 그렇다고 같은 해 9월 미군이 한국을 점령해 실시한 미군정, 그 유산을 물려받은 미 대사관의 '무대응'도 아니다. 헨더슨이 보기에는 미국 대사관은 한국의 민주화 정책으로부터 손을 놓는 식으로 포기하는 자세를 취하고 있다는 것이다. 그는 '우정 있는 설득'을 통해 현실과의 타협으로 민주적 제도를 유지하고 강화해야 한다고 주장한다. 그는 구체적으로 이승만의 경찰국가가 국회를 죽이는 독주를 막기 위해 행정부와 국회가 권력을 균점하는 헌법 개정을 해야 한다고 제안한다. 이를 위해 그는 국회를 보호하기 위해 '의회사법원'을 헌법기관으로 설치해야 한다고 주장한다.

놀랍게도 국무부의 한 역사가는 41년 뒤 헨더슨과 같은 주장을 펴고 있다. 키퍼(Edward C. Keeper)는 1952년 부산정치파동을 다룬 논문(1991)에서 당시 트루먼 행정부가 두 가지 선택 중 하나를 선택하는 문제에 당면했는데 그것은 잘못이었다고 지적한다. 부연하면 이승만의 독재체제 유지인가 또는 그의 퇴출인가라는 두 가지 중 트루먼 행정부는 전자를 선택해 결국 한국 민주주의는 실패의 길로 들어섰다는 것이다. 만일 그때 트루먼 행정부가 이승만으로 하여금 국회의 반대자들과 권력을 나누어 가지라는 제3의 선택을 했었다면 이승만의 완전한 독주와 '이에 따른 정치기구로서 국회의 소멸(the corresponding eclipse of the National Assembly as a political institution)' 은 막을 수 있었을 것이라고 그는 말하고 있다. 남한이 민주주의 나라는 되지 못했더라도 1950년대에 걸쳐 '적어도 좀 더 대의적인 정부'(at least a more representative government)(Keeper, 1991: 149)가 되었으리라(김정기, 2008: 『국회 프락치사건의 재발견』 I, 제6장 3절 「대리대사가 도모한 간섭의 정치」 참조).

이제 헨더슨이 주장하는 간섭의 실체가 무엇인지 좀 더 자세히 살펴보자. 먼저 헨더슨은 정치 분야에서 미국의 대한 정책은 한국이 공산주의에 넘어가는 것을 막는 것이 전제이자 최고 목표라고 하면서, 그러나 이 목표를 달성하는 데 미국의 정책은 실패했다고 지적한다. 그는 한국이 공산주의에 넘어가는 길은 두 가지가 있는데, 하나는 북한이 군사적 공격으로 남한을 제패하는 것이고, 다른 하나는 내부 파괴활동, 게릴라 전투, 그리고 안으로부터 국민의 불신에 의한 점진적인 전복이라는 것이다. 헨더슨은 미국의 대한 정책이 후자에서 실패했다고 본다.

2. 신망을 잃은 이승만 정부

헨더슨이 후자에서 실패했다고 하는 데에는 이승만 정권이 국민의 신망을 져버린 실정과 부패가 자리하고 있다는 것이다. 그리고 이 실정, 부패, 비능률은 무능한 이승만 체제의 야만적 독재성에 그 책임이 있는데도 미국 대사관은 '무대응'으로 일관한다는 것이다.

헨더슨은 이승만 정권의 '주요 정치적 약점(chief political weaknesses)' 여섯 가지를 열거하고 있는데, 여기에는 ① 이승만 대통령의 리더십 부재, ② 경찰국가의 행태, ③ 광범한 정치 부패와 미국 원조의 남용, ④ 과잉 보수주의, ⑤ 개혁적 상징의 결여, ⑥ 무차별 반공주의가 포함된다. 특히 그는 이승만의 리더십 결여와 경찰국가적 행태에 대해 신랄한 비판을 가한다. 그가 보기에는 여기에 민심이 이승만 정권으로부터 이반한 이유가 있다는 것이다. 그 밖에 그는 광범한 정치적 부패, 과잉 보수주의, 외국에 편향된 심벌, 그리고 맹목적인 반공 캠페인을 약점으로 들고 있다.

이승만의 리더십 부재는 그가 능력 있는 인사와 같이 일할 수 없는 개인적 성격에 있다면서, 이승만은 자신의 경쟁자라고 생각하는 어느 누구도 평생 동안 거의 '병적인 의심(pathological suspicion)'을 한다는 것이다. 따라서 헨더슨에 의하면 이승만의 인사임명 기준은 능력이 아니라 무능력이라고 하면서, 이는 함태영[이윤영을 잘못 적은 듯 — 지은이]을 총리로 지명하면서 그 이유로 그가 개인적인 권력을 구축하지 않을 것이라고 말한 데서 잘 드러났다는 것이다. 이승만의 병적인 의심에 관해서 당시 무초 미국 대사도 다음과 같이 회고 했다.

그[이승만]가 가졌던 경험에서 그는 대단히 의심이 많았으며 그것은 아주 비정상적이었다. 그는 어느 누구도 믿지 않았다. 나는 그가 자신도 믿었는지 의심한다. … 그는 자신이 제퍼슨적인 민주주의자라고 자부했고 그의 수사법은 대부분 미국 방문객을 매료시킨 것도 사실이었다. 그러나 내 생각으로는 그는 자기 명칭을 '이승만 독재자(a Rhee Autocrat)'로 바꾸었어야 한다고 생각한다 (Muccio. 1971.2.10: 무초와의 구두역사 회견, 제리 N. 헤스).

이승만의 병적인 의심증은 유능한 사람을 멀리하고 무능한 사람을 가까이 불러들이게 하여 결국 국사를 그르치고 민심의 이반을 가져왔다는 것이다. 또한 그는 독선적인 사고방식으로 국사를 운영하는 데 이의를 제기하는 사람은 이단으로 몰았다. 일단 이단으로 몰린 사람은 '빨갱이'가 되기 일쑤이고 그렇게 되면 관용이란 털끝만치도 보이지 않는 성품의 소유자였다.

헨더슨이 보기에는 이승만 정권의 민심 이반은 6·25전쟁 초기에 보인 이승만의 행태에도 있었다. 이승만은 전쟁 발발 바로 다음 날인 26일 위험의

최초 조짐이 보이자 서울로부터 철수했으며[27일 새벽 3~4시 기차로 서울 철수
— 지은이] 다음 날 내각도 뒤따랐다. 국회는 서울 사수를 결의했으나 의원들
은 뿔뿔이 헤어지고 말았는데, 중도파는 물론 우파 의원들도 아직 서울에
남아 있었던 때였다. 정부가 서울로부터 철수한 것은 군과 정부 고위층, 그
들의 가까운 친지, 경찰 수뇌를 제외하면 어느 누구도 몰랐으며, 사태의 심
각성 또한 아무도 몰랐다는 것이다.

헨더슨은 서울 시민은 이 사실을 통보받지 못했음은 물론 노골적으로 '기
만당했다'고 말한다. 신문과 방송은 육군 정훈국이 발표한 낙관적인 전황
보도만을 쏟아놓을 뿐이었다. 6월 25일 오후 정훈국장 이선근(李瑄根) 대령
은 "만전의 방어태세로 저들이 불법 남침할 때 이를 포착 섬멸할 수 있는 준
비와 태세가 구비되었으니 전 국민은 이북 모략 방송 및 유언비어 등에 속
지 말 것이며, 안심하고 국부적 전황에 특히 동요하지 말라"는 담화를 발표
했는데, 이는 신문호외로 뿌려졌다. 이선근은 헨더슨이 박정희의 유신독재
체제에 대항해 싸울 즈음, 1974년 6월 18일 문화재보호협의회 회장 자격으
로 국내외 기자회견을 열어 헨더슨의 이른바 '도자기 사건'을 터뜨린 장본
인이다[『국회프락치사건의 재발견』 I권(한울엠플러스, 2008), 제5장 3절 「도자기 사건
에 휘말린 헨더슨」 참조]. 이는 당시 미국의회의 인권청문회를 앞두고 증인으
로 출두하게 된 헨더슨의 인격에 손상을 주기 위한 모함이었다. 그런데 이
거짓말 캠페인에서 중요한 것은 사학자라는 이선근은 그 자신이 인간적 성
실성과 그의 역사관에 관해 의문을 던졌다는 점이다.

이승만 정권의 거짓말 캠페인은 여기에서 끝나지 않는다. 27일 오후 공
산군이 서울시 외곽까지 진입했을 때에도 방송은 의정부를 탈환했다고 보
도했는데 이는 새빨간 거짓말이었다. 이 거짓말 캠페인의 절정은 이승만
대통령이 대전서 녹음해 27일 저녁 몇 차례 방송한 내용인데, "우리 국군이
적을 반격하고 있으니 모든 국민은 군과 정부를 신뢰하고 동요하지 말 것이
며, 대통령도 서울을 떠나지 않고 국민과 함께 서울을 지킬 것"이라는 것이

요지였다. 「국민의 사기를 위해서」라고는 하지만 참으로 놀라운 사기극이었다. 이는 서울 시민이 갈망한 방송이었다. 그러나 다음날 새벽 2시 반경한강교가 폭파되어 수많은 인명이 희생의 대가를 치르고 난 뒤 서울 시민들이 이 사기 방송에 대해 느낀 삭이기 힘든 분노, 허탈감과 환멸감은 어떠했을까?

서중석(1996)은 이 도저히 납득할 수 없는 사기 방송에 대해서 이승만의정치 행태로 볼 때, "그의 '정적'들이 미처 피난가지 못하게 할 의도도 끼어있었던 것은 아닐까"(302, 323쪽)라고 추정한다. 사실 당시 김규식, 최동오,김봉준, 조완구, 엄항섭, 조소앙, 원세훈, 안재홍 등 많은 중도파 지도자들이 미처 서울을 빠져나오지 못해 납북당하는 신세가 되고 말았다. 특히 안재홍이 피난하지 못한 경위에 관해 강원용이 인용한 대목은 눈길을 끈다.

> 민세가 납북되었다는 소식은 그의 비서를 지낸 조규희를 통해 알게 되었다.
> 나는 피난 가기 전 탑골공원에서 조규희를 만난 적이 있다. 안재홍 선생이 피난
> 가셨는지 궁금해 하고 있는 내게 그는 서울 어딘가 숨어 있다고 알려주었다.
> "피난을 가고 싶어도 이승만이 전쟁이라는 기회를 이용해 자신의 정적을 모
> 조리 공산당으로 몰아 총살을 한다는 얘기가 있어 내려가지 못하고 있어요. 그
> 래서 피난도 못가고 숨어 계신답니다(강원용, 2003 제2권: 100쪽).

강원용 목사는 "민세의 납북 경위를 민세의 손녀인 시인 안혜초를 통해들었다"면서 민세를 '겨레의 참 선비, 참 스승'이라 불렀다. 또한 민세가 일제 강점시절 아홉 차례에 걸친 옥고를 치른, 올 곧은 언론인으로 기렸다(강원용, 『역사의 언덕에서』 2, 100~101쪽).

연립정부가 해법

헨더슨은 이승만 정권에 실망한 당시 한국인의 민심이 1950년 5·30총선

에서 이미 나타났다고 지적했다. 그는 친 이승만 대통령 인사들이 모두 낙선되고 중도파 명사들이 대거 당선되었다면서 이는 한국인들이 이승만 정파로만 구성된 정부가 아니라 정파로부터 '명사'(men of prominence)가 정부에 참여해야 한다는 것을 '틀림없이' 보여 준 것이다. 그는 '평균적인 한국인'의 정서를 다음과 같이 전한다.

> 이런 [민심의] 반응은 정치적으로 자연스럽고 아마도 현명한 것이다. 거의 200년간 정파주의가 지배했으며, 분단의 대가를 치렀고 일제 강점의 정치적인 쓰라림을 격은 뒤 오히려 역풍을 맞았으며 1945~1947년간 격동을 겪었던 한국인, 이들 한국인들은 지금 '연립정부'(따옴표 - 지은이)를 향한 강력하고 깊은 정서를 갖게 된 것이다. 1948년 평균적인 한국인이 원하는 것은 이승만 박사, 김구 그리고 김규식 박사 모두가 지분을 갖는 정부이다. 평균적인 한국인에게는 이들이 그가 알고 있는 세 명의 이름이며, 이들이 진정한 애국자이며 비공산주의자들이다. 그런데도 그들이나 적어도 그들의 대표자가 최초의 독립정부에 참여할 수 없었는지 그 이유를 그는 납득할 수 없는 것이다(Henderson, 1950.11.30: 18).

헨더슨은 이 문제에 대한 해법은 1949년 유엔한위가 권고한 대로 '정부의 정치적인 기반을 넓히는 것'이라며, 이는 장기적으로 한국 정부의 대의적 성격과 안정을 위해서 가장 중요한 요인이라고 주장한다.

경찰국가적 행태

다음으로 헨더슨이 신랄하게 규탄하는 표적이 이승만 정권의 경찰국가적 행태이다. 여기서 그가 말하는 '경찰'이란 헌병은 물론이고 치안, 스파이 활동, 체포, 테러 등을 지하임무를 맡은 수없이 많은 기관을 말하며, 일정한 범위의 청년단체도 포함한다. 그가 본 경찰의 문제는 ① 수적으로 엄청난 무소불위의 존재, ② 친일 분자들의 경찰수뇌 구성, ③ 초법적인 고문, 테러 등 잔인하고 비인간적인 행태를 벌이는 데 있다. 그 결과 경찰은 국민들로 부터 보편적 증오의 대상이 되어 이승만 정권이 국민의 신망을 잃은 데 직접적 원인이 되고 있다. 결론적으로 경찰은 한국의 민주주의에 가장 심각한 제도적 위협이 되고 있다고 주장하면서, 경찰의 개혁 없이는 한국 민주주의 장래는 암울하다고 내다본다.

광범한 정치 부패

헨더슨은 한국 사회에 만연하고 있는 부패가 국민의 생존을 위협하고 있을 뿐만 아니라 정부의 도덕적 기반을 무너뜨리고 있다고 지적했다. 게다가 동반되는 악이 정부에 대한 국민의 기대와 신임을 떨어뜨린다는 것이다. 부패는 기업, 상거래, 군, 정부 등 한국 사회 곳곳에 광범하게 번져 있다면서 그중에서 "가장 큰 범법자는 정부 자체"라고 지적한다.

> 이에 관해 깜짝 놀랄 만한 경제적 결과가 지난 달 대사관에 의해 발견되었는데, 예컨대 모든 정부 세입의 약 70%가 이른바 '자발적 갹출'이라는 형태로 불법적인 기관으로부터 거둬들인 것이라는 것이다. 경찰, 군, 청년단체, 가짜 또는 진짜의 여러 정보기관들이 갈취 또는 준갈취행위를 저지르고 있어 남한 곳곳의 저주가 하늘을 찌르고 있으며, 너무 심해 재산가들 중 많은 사람들이 안전하게 자기 집에서 살 수 없을 정도가 되었다. 이런 갈취행위의 관행이 정부 불신의 주요 요인인 것은 당연하다(Henderson, 1950.11.30: 25).

그 결과 정부에 대한 국민의 신임이 점차 무너지고 있으며 협조를 기피하게 된다. 이는 불길한 징조를 낳고 있는데, 그것은 정부에 대한 반항과 반란을 조장하는 '비옥한 땅'을 만든다는 것이다.

과잉 보수주의

다음으로 헨더슨이 지적한 이승만 정권의 정치적 약점이 과잉 보수주의이다. 헨더슨이 이르는 과잉 보수주의란 이승만 정권이 국민이 바라는 개혁 입법을 외면하는 태도이다. 가장 중요한 개혁 입법인 토지개혁법과 지방자치법의 경우, 정부는 거부권을 행사해 저항했을 뿐만 아니라 국회가 1949년 봄에 통과한 법을 미루고 있다는 것이다. 토지개혁법의 경우 통과된 지 1년이 지난 1950년 5월까지 시행을 미뤘으며, 지방자치법의 경우 시행할 의도를 전혀 보이지 않고 있다는 것이다. 또 하나의 개혁 입법인 귀속재산처리법의 경우 시행을 미루다가 이제는 대통령과 국회와 내각 간의 맹렬한 줄다리기 싸움의 대상이 되고 있다. 대통령은 법이 규정하지 않는 공개입찰 방식을 고집하여 결국 전쟁 발발 일주일 앞두고 시행했는데, 이는 부유한 층에게 재산을 늘려줄 것으로 예상된다.

그 밖에 정부는 개혁 입법이 절실하게 필요한 분야, 곧 법원과 사법절차, 경찰과 불법 관행, 노동과 언론에 전혀 손도 대지 않고 있다는 것이다. 언론의 경우 헌법이 언론의 자유를 명시적으로 천명하고 있음에도 일제가 강제로 만든 조선왕조 시대 법[광무신문지법, 1907]을 유지하는 '우스꽝스러운 해법'(ludicrous solution)으로 개혁이 미뤄지고 있다는 것이다. 이러한 과잉 보수주의가 특히 학생, 교원, 노동자 등과 같은 젊은 층을 소외시키고 있는데, 이들이야말로 공산주의 선전이 노리는 표적이 되고 있다.

맹목적인 반공주의

마지막으로 헨더슨이 약점으로 지적한 반공 캠페인이란 맹목적인 반공 캠페인을 말한다. 곧 그는 반공 캠페인 그 자체를 탓하는 것이 아니라 "아무리 부적절하고 무차별적인 것이라도 반공 캠페인이라면" 무조건 받아들이는 가정은 잘못되었다는 것이다. 그는 전쟁 중 국민의 반공 의식이 강화된 것은 다행스러운 일이라고 말한다. 그것은 2개월 간 북한군 점령기간 국민에 대한 테러를 가중시키고 민중을 끌어들이는 초기 정책을 포기한 결과라며, 이는 한국 국민이 좀처럼 잊기 힘든 쓰라린 체험이며, 또한 반공주의를 위해 가장 다행한 일이라고 인정한다.

그러나 헨더슨은 정부가 맹목적인 반공주의를 표방하는 것은 잘못이라고 지적한다. 그는 특히 정부가 공산주의자들에게 엄청난 피해를 당한 사람들이 적 체제 아래 남아 있었다는 이유로 우익단체로부터 테러를 당하는 것으로 반공 국민들이 오히려 이승만 정권을 증오하고 있다고 지적한다.

헨더슨은 이렇게 남한 정치에 산재해 있는 '주요 정치적 화산(volcanoes)'을 열거하고 있는데, 그는 이 화산이 언제 어떻게 터질지 모르고, 터질 때 무슨 조치가 필요할지 예측할 수 없다면서, 그러나 한국의 정치 병리를 치유하기 위해서는 그는 정치 프로그램이 필요하다고 제안한다. 이것이 그가 '간섭의 대상과 목적(Objects and Objectives of Intervention)'이라고 적시하는 '정치 프로그램(a Political Program)'이다. 헨더슨은 미 대사관은 '간섭'을 통해 이 정치 프로그램을 시행해야 한다고 생각한다.

3. 정치 프로그램

헨더슨이 작성한 이 정치비망록의 하이라이트는 그가 제시한 정치 프로그램이다. 그는 이 정치 프로그램에서 행정부, 입법부, 사법부, 곧 정부를 구성하는 3부의 개혁을 주문하면서 현재 행정부에 치우친 권력의 힘을 견제해 국회의 힘과의 균형을 회복할 필요가 절실하다는 점을 역설하고 있다. 그는 국회의 기능을 정의해 내정을 '바로잡는 전선(corrective front line)'이라며 정부의 '정치적 기반을 넓혀주는 당연한 기구(the natural instrument of broadening the government's political base)'임을 강조한다. 또한 그는 경찰의 개혁에 무게를 두면서 언론 자유의 보장을 특히 강조하고 있다. 그밖에 그는 농지개혁법, 지방자치법, 귀속재산처리법 등 개혁 입법을 서둘러야 한다고 주장한다.

그런데 헨더슨이 이 비망록을 완성한 시점이 1950년 11월 30일이라는 점에서 미국이 한국전쟁에 전면적으로 참전하여 3·8선 넘어 북한까지 휩쓴 뒤 다시 중공군이 막 개입한 시기라는 점을 염두에 둘 필요가 있다. 따라서 그는 중공군 개입으로 한국전이 장기화되고 이에 따른 정치의 유동 요인을 고려한 것 같지는 않다. 특히 주목을 끄는 점은 이승만 체제 이후를 대비하여야 한다면서, 그는 권력을 계승할 수 있는 후보 그룹으로서 ① 김규식-안재홍 그룹, ② 김성수를 중심으로 한 보성그룹, ③ 신익희 국회의장을 중심으로 한 그룹을 열거하면서 각각 장단점을 평가한다.

이 중 헨더슨은 김규식-안재홍 그룹이 바람직하다면서 이 그룹은 한국 전체를 통해 가장 잘 알려졌고 인기가 높을 뿐만 아니라 그들의 중도적 태도가 통일의 문제를 그르치기보다는 원만히 처리할 것으로 보인다고 말한다. 그는 김규식과 안재홍에게 북한 측이 강제로 방송케 한 것은 사실이나 그것은 오히려 그들이 겪은 고초에 대해 국민의 동정심을 일으킬 것이라고 덧붙이기까지 한다.[14]

헨더슨은 제시한 정치프로그램은 구체적으로 민주정치 시스템과 그 시스템을 구성하는 주요 단위의 작동 기재를 개혁하자는 방안이라고 말할 수 있다. 먼저 그가 마련한 정치프로그램은 남한에서 국민의 기본권이 보장되는 민주정부 설립을 위한 청사진을 제시한다. 그는 여기서 대한민국 정부를 구성하는 입법부, 행정부, 사법부 3부의 개혁을 포함하여 경찰개혁과 언

---

14) 헨더슨은 김규식-안재홍 그룹의 지도자들이 '행방불명'이라고 말하면서도, 이 '그룹의 충분한 성원을 모은다면'이라는 전제를 달고 있으나 이는 당시 제한된 전시 정보 환경에서 나온 생각일 것이다. 김규식, 안재홍, 조소앙 등 중도파 지도자들은 물론 국회프락치사건 관련 국회의원들이 거의 모두 서울이 1950년 9월 28일 수복되기 전 납북된 상태였다. 이들이 납북된 경위에 관해서는 이태호, 1991. 『압록강변의 겨울: 납북요인들의 삶과 통일의 한』을 참조. 헨더슨이 그 오랜 세월이 흐른 뒤 한국전쟁을 회상한 글 「1950년의 한국」에서 전쟁이 '중간 지대의 상실(the loss of a middle ground)'을 가져왔다고 한탄했다(Henderson, 1989).

론자유보장을 위한 제도적 장치를 주문하고 있다. 곧 이 정치프로그램은 신생 대한민국의 민주제도 살리기에 초점을 맞추면서 각 부문의 필요한 개혁을 종합하고 있다.

이 정치프로그램이 먼저 강조한 것은 현 행정부와 국회 간의 역학구조가 행정부에 일방적으로 쏠린 것을 시정하는 일이라고 강조한다. 이를 위해 현 헌법 개정이 필요하다고 역설한다. 이 헌법 개정의 요점은 내각책임제와 대통령제를 진정한 의미로 절충하여 한국의 현실에 맞게 행정부와 국회가 권력을 균점하도록 새로운 제도적 장치를 마련할 필요가 있다는 것이다.

헌법기구로서 의회사법원

헨더슨이 보기에는 1950년 1월 국회가 제출한 내각책임제 개헌은 대통령의 힘을 무력화시키고자 하는 것으로 현실에 맞지 않는다. 그렇다고 대통령이 경찰의 수단으로 프락치사건의 경우처럼 국회의원을 자의적으로 체포하는 것이 허용된다면 국회는 무력해진다. 이를 막기 위해 다음과 같은 개헌이 필요하다. 첫째 국회의원에 대한 수사와 사법처리에 관한 독자적 권한을 갖는 독립적인 '의회사법원(an Assembly Board)'을 헌법기관으로 설치해야 한다. 이 의회사법원은 국회의원의 범죄 혐의에 대한 증거를 독자적으로 조사하고 결과를 공표하고 사법처리에 관해 권고한다. 둘째 행정부의 모든 각료의 임명은 국회의 동의를 받도록 한다. 곧 1948년 헌법은 총리에 대해서는 국회의 동의가 필요하다고 규정하고 있었으나 이를 모든 장관 임명에까지 확대한다는 것이다.

헨더슨이 제안한 의회사법원은 지금의 시각으로 볼 때 일종의 변형된 '공수처[고위공직자범죄수사처]'쯤으로 이해할 수 있을 것이다. 1948년 헌법은 회기 중 국회의 동의가 없는 한 국회의원을 체포할 수 없다는 회기 중 불체포권을 부여하고 있으며, 국회 안의 발언도 면책을 규정하고 있었다. 그러나 국회프락치사건으로 체포된 의원들의 경우처럼 회기 중 불체포권은 너무 쉽게 남용될 여지가 드러났으며, 헌병대의 조사 과정에서 국민의 대표라는 국회의원들이 가혹한 수사와 고문을 받은 것이 공연한 비밀이 된 마당에 그는 행정부의 자의적인 국회의원 체포를 막는 헌법적 장치를 강화할 필요가 있다고 본 것이다. 곧 헨더슨은 국회의 행정부 견제 기능을 보장하기 위해 국회의원들의 사법처리를 관할하는 의회사법원의 설치를 주장한 것이다. 그의 아이디어는 1952년 벌어진 부산정치파동 때 국회의원들이 출근 도중 어처구니없는 국제공산당음모 혐의로 대량 체포되는 경지에 이르면 더욱 수긍이 간다.

다음으로 이 정치 프로그램은 사법부와 법원의 개혁을 중시한다. 헨더슨은 사법부가 국민으로부터 지지도 반대도 받지 못하는 사각지대라면서, 그러나 법의 지배가 없거나 권력으로부터 핍박받는 층을 보호하는 피난처로서 법원이 존재하지 않는다면 민주주의가 어떻게 뿌리내릴 수 있겠는가 반문한다. 그는 사법부는 정부를 구성하는 3부 중 '못난 누이'(ugly sister)라며, 먼저 행정부가 법원 위에 군림하는 영향력을 배제해야 한다고 주장한다. 법원에 대한 행정부의 우위는 동양 세계의 오랜 특징이라며 그는 행정부의 영향력이 명백히 드러난 경우 이를 폐지해야 하며, 잠재적인 경우 이를 억제해야 할 것이라고 말했다.

헨더슨은 법원의 개혁을 사법절차의 관행에서 문제점을 사뭇 구체적으로 다룬다. 그는 특히 국회프락치사건의 재판에서 드러난 공판 관행의 문제를 비판하면서 채증법칙의 난맥상을 거론한다. 피고인이 자술했다는 서명 자백이 공판정에서 강제적으로 이루어진 것으로 드러났는데도 법정은 이를 증거로 받아들인다는 것이다. 이는 경찰로 하여금 자백을 받기 위해 가진 수단을 모두 동원하도록 권장하도록 만들며, 이를 위해 고문이 습관적으로 자행된다는 것이다. 또한 검찰이 구속영장을 신청하면 거의 '자동적으로' 받아들여지는 관행도 고쳐야 할 것이라고 지적했다.

다음으로 정치 프로그램이 강조하는 개혁은 경찰과 언론 분야이다. 먼저 현재 경찰은 민주주의 발전에 대한 위협이며, 동시에 한 나라로서 한국 평판을 더럽히는 오점이다. 또한 경찰은 국민의 보편적인 불평의 대상이며, 이는 정부의 평판을 좀먹고 있다. 이를 시정하기 위해서는 경찰의 지방분권화가 필요하다. 그는 일본의 경우 맥아더 최고사령관(SCAP)이 카타야마 수상에게 1947년 9월 16일 자 서한으로 경찰의 지방분권화를 명령했다며 한국에서도 똑같은 경찰 개혁이 이루어져야 한다고 역설한다.

언론자유의 보장

마지막으로 이 정치 프로그램은 언론의 자유 보장에 역점을 두고 있다. 헨더슨은 국회프락치사건이 일어난 1949년은 초반기부터 언론 탄압이 기승을 부리던 때를 기억했을 것이다. 1949년 2월 김동성(金東成) 공보처장은 언론에 대해 아홉 가지 지시 사항을 내렸는데,[15] 이는 본질적으로 언론의 자유를 부정하는 조치이다. 또한 정부는 1949년 5월 정부에 비판적인 논조를 펴던 ≪서울신문≫을 정간하는 한편 내무, 국방, 법무, 공보 등 4부처가 공동으로 기사 게재 금지사항 7개항을 발표했는데, 이는 언론의 비판 기능을 효과적으로 봉쇄할 수 있는 조치였다.[16]

---

15) 이 아홉 가지 지시사항은 ① '북조선인민공화국'이라는 것은 '북한괴뢰정부'라 할 것, ② 김일성 수상 운운의 정식 예우를 하는 듯한 문구 사용을 말 것, ③ 봉화를 올린 것과 인공기 단 것을 보도하지 말 것, ④ 미군 철퇴를 보도하여 민심에 어떤 정치적 불안을 끼치는 논조를 피할 것, ⑤ 미군 주둔을 훼방하는 논설과 기사를 게재치 말 것, ⑥ 미국 매입 성적의 불량 혹은 지지 기타의 형식으로 매입에 악영향을 끼치는 보도를 하지 말 것, ⑦ 반란군 혹은 인민군을 동정하거나 이를 의거로 취급하여 민심에 악영향을 주는 논조를 금할 것, ⑧ '동족상잔'이라는 문구는 반도와 국군경(國軍警)을 동일 위치에서 보게 되므로 금후 사용을 중지할 것, ⑨ 국가 사회적으로 무익한 개인의 비방이나 명예에 관계되는 중상적 기사를 취급치 말 것 등이다. 『국회속기록』 제2회 31호, 1949년 2월 15일 자 참조.

16) 이 7개항 보도게재 금지사항은 ① 대한민국의 국시, 국책에 위반되는 기사, ② 대한민국 정부를 모해하는 기사, ③ 공산당과 이북괴뢰정권을 인정 내지 옹호하는 기사, ④ 허위의 사실을 날조 선동하는 기사, ⑤ 우방과의 국교를 저해하고 국위를 손상시키는 기사, ⑥ 자극적인 논조나 보도로서 민심을 격앙, 소란케 하는 외에 민심에 악영향을 끼치는 기사, ⑦ 국가의 기밀을 누설하는 기사 등이다. 『국회속기록』 제3회 12호, 1949년 6월 4일 자 참조.

이 당시 이미 국회는 정부에 대한 견제 기능을 포기한 조짐을 보인다. 1949년 5월 후반기부터 국회프락치사건의 서막이 올라가 이문원 의원 등이 체포되고, 노일환 의원 등의 2차 체포가 임박한 시점이었다. 그런 시점에서 노일환 의원은 "보도의 자유를 구속하는 소위 7개항과 같은 불법적인 게재금지명령을 일체 취소할 것, ≪서울신문≫을 즉시 속간케 하고 김동성 관리인 임명을 취소할 것"이라는 동의안을 제출했다. 그러나 그것은 노일환 의원이 체포되기 전 그의 마지막 저항 운동이 되었지만 그 이전에도 그는 이승만 독재 정권에 맞선 행동을 주저하지 않았다. 그 동의안은 표결에 부쳐진 결과, 재석 126에 가 32표 부 48표로 폐기되고 말았다『국회속기록』, 제3회 12호, 1949년 6월 4일 자). 1948년 7월 27일 열린 국회 제35차 본회의에서 이윤영에 대한 국회 인준이 재석 의원 193인 중 59대 132의 압도적 다수로 부결되었다. 그럼에도 이승만 대통령은 다른 인물을 재임명하지 않고 "국회 내의 양 세력이 자당(自黨)의 인물이 아니면 용인할 수 없다는 파당성을 띠우기 있기 때문에 … "라는 담화를 발표했다.

이에 한민당 노일환 의원은 그해 7월 30일 열린 제36차 본회의에 등단하여 "전일 대통령 담화는 국회 내에서는 세력이 불순 동기로 뭉쳐 있는 것 같이 해석되는데 이러한 대통령의 태도는 너무나 독선적이며 마치 제국주의에 있어서의 천황과 같은 태도라 할 것이다. 그러므로 새로 국무총리를 임명함에 있어서는 대통령이 이 담화를 먼저 취소하기를 요청한다"며 이승만에 맞섰다(노시선, 2010: 66). 이렇게 노일환 의원은 국회프락치사건에 연루되어 체포되기 전 소장파의원의 지도급 인물로서 독재정권에 대한 견제 역을 해낸 것이다.

헨더슨은 정치 프로그램이 성공할지 여부는 언론자유의 보장에 달렸다면서, 이를 위해 미국과 유엔은 최소한의 후견인 노릇을 해야 한다고 주문한다. 언론의 자유 없이는 경찰에 대한 국민의 압력이 작용할 수 없을 것이며, 또한 다른 고질적인 문제에 대한 여론의 힘이 분출될 수도 없다. 이 여론의 힘은 신문들이 매개하는데, 신문들은 부패와 수뢰 행위, 나약한 각료 임명, 개혁 입법의 필요, 반공 캠페인의 과잉 등 한국이 당면한 고질적인 문제에 대해 여론의 힘을 통해 압력을 가한다고 그는 지적한다.

언론자유에 대해 반대하는 사람들은 신문기자들이 무책임하며, 따라서 한국은 언론자유에 대해 아직 준비가 안 되었다고 말한다. 이에 대해 헨더슨은 명쾌하게 말한다. "그렇지 않다. 한국은 완전히 준비가 되어 있지 않고, 신문기자들이 흔히 무책임하기는 하지만, 신문들이 보도를 실행함으로써 책임을 배우지 못하면 한국이 어떻게 준비단계에 이를 것인가?"

헨더슨은 언론자유를 보장하기 위해서는 첫 번째로 법전에 있는 중세기적인 법률을 대체하는 새로운 신문법을 제정해야 한다고 역설한다. 이 법의 주요한 목적은 당시 공보처가 신문을 정간하고 폐간하는 권한을 없애고, 또한 공보처가 보유한 신문사 주식을 공매해야 한다는 것이다. 요컨대 이 법은 정부가 신문을 통제하는 권한을 없애고 그 대신 신문은 행정부가 아니라 사법부에 책임을 지게 해야 한다.

결론적으로 헨더슨은 이 비망록에서 한국에 기본권이 보장되는 민주정부를 세우는 일이 한국을 공산주의로부터 구하는 길이며 이는 미국의 대한정책의 가장 중요한 정치적 목표라고 지적한다. 이를 달성하기 위해 미국은 '간섭'을 통해 정부의 정치적 기반을 넓혀주는 국회를 보호해야 하며, 만일 자유의 기본 원칙이 위반된다면 "우리는 좌시해서는 안 된다"고 못 박는다. 요컨대 헨더슨의 정치비망록은 한국의 민주주의는 의회주의를 살림으로써 회복되어야 하고 이를 위해 미국은 역사적 책무를 버려서는 안 된다고 주장한 것이다.

제4절 이승만 체재의 대안: 김규식-안재홍 리더십

『환단고기』(桓檀古記)라는 옛 기록에 고대 사학자이기도 한 민세 안재홍의 이름이 나온다. 이 기록을 석주(釋註)한 안경전(安耕田)이라는 종교인은 민세에 대해 '민족사학의 거목'이라면서 이렇게 말한다.

> "안재홍(安在鴻, 1891~1965)과 정인보(鄭寅普, 1893~1950) 같은 민족사학의 거목이 납북되자, 이병도와 그 제자들은 식민사학을 실증사학으로 위장시켜 한 국역사 학계를 좌지우지하였다"(위 책, 536).

그는 증산도 종도사라는 종교인이지만 '인류 원형문화'에 관한 순회강연을 통해 문명비평가로 평판을 받는다. 그는 이어 안재홍이 '독립운동가이자 역사가'라며 "고대사연구에 몰두. 일제의 식민사관을 극복하고자 애썼다"라고 적고 있다. 민세는 고대사 연구의 결실로 『조선상고사감(朝鮮上古史鑑)』, 상 하, 1947~1947, 민우사)을 펴낸 고대사가이다.

헨더슨은 안재홍의 정치사상을 전문적으로 연구한 학자는 아니다. 그러나 우리들은 그의 주저인 『회오리의 한국정치』(1968) 곳곳에 안재홍을 '온건파' 또는 '중도파'라고 기술하고 있는 대목을 만난다. 특히 1946년 미소공동위 제1차 회의가 결렬되면서 시작된 좌우합작운동을 추진한 중도파 정치세력 가운데서도 안재홍 그룹을 '중도 민족주의자(moderate nationalists)'로 분류해 남다른 관심을 표명한 것이 주목을 끈다(132쪽). 그뿐만 아니라 헨더슨은 그가 남긴 많은 주요 기록에서 중도파 지도자 민세에 관해 곳곳에서 상당한 관심을 표하고 있다.

예컨대 그가 1981년 9월 8일부터 22일까지 북한을 방문한 뒤 남긴 기록을 보면 안재홍에 대한 관심이 남다르다는 것을 알 수 있다. 헨더슨은 그해 8월 21일 프락치사건에 관련된 13명의 국회의원 중 최태규를 극적으로 만난다. 그는 최태규의 말을 전하면서 프락치사건 관련자들이 1950년 9월 20일 평양에 도착했으며, 그 이틀 뒤, 곧 9월 22일 "안재홍(미군정하 전 민정장관)이 그들과 합류했다. 또한 그들과 함께 김규식(임시정부 전 외무총장 및 1946~1948 남조선과도입법의원 의장)도 있었다"는 기록을 남겼다(Gregory and Maia Henderson, 1981: 34).

민세는 1950년 5·30 총선 때 국회의원으로 당선되지만 그 뒤 한 달도 지나지 않아 터진 6·25 전쟁으로 미처 서울에서 탈출하지 못하고 납북 당하는 신세가 되었음은 잘 알려진 사실이다. 그런데 「민세 안재홍 연보」를 쓴 천관우(千寬宇)에 의하면 그는 9월 21일 인민군 정치보위부에 연행되어 9월 26일 북으로 끌려갔다고 되어 있다. 만일 9월 22일 안재홍 일행이 평양에 도착했다면 9월 26일 북으로 끌려갔다는 기록은 수정되어야 할 것이다(≪창작과 비평≫, 1978 겨울호).

또 다른 예로 헨더슨은 1950년 10월 17~19일 이틀 반 동안 수복된 서울을 방문하여 구사일생으로 살아난 하경덕 박사를 인터뷰한 기록을 남겼는데, 여기서 그는 민세에 관한 새로운 정보를 전한다. 그때 헨더슨이 하경덕에게 들은 이야기에 의하면, 안재홍 등 '이른바 중도파' 인사들이 서대문형무소에 갇혔다는 것이다. 부연하면 하경덕은 9월 15일 내무서에 끌려가 '인민의 피를 빨아 먹는 자'로서 구타당하는 등 혹독한 취조를 받은 뒤 서대문형무소에 투옥되는 데, 거기서 그는 이전에 갇혔던 사람들의 명단을 들었다는 것이다. 이 명단에는 안재홍, 윤기섭, 장건상 등 '이른바 중도파들'의 이름이 들어 있었다고 전하고 있다. 이는 처음 알려진 사실인데, 하경덕이 구사일생으로 살아남아 그를 찾아온 헨더슨에게 10월 18일 전한 말이니 신빙할 만한 증언이라고 보인다.

문제는 하경덕의 전언이 사실이라면 북한 정치보위부가 민세와 같은 중도파 인사들을 어떤 이유에서건 살벌한 서대문형무소에 투옥시켰다는 사실이다. 위의 글에서 헨더슨이 쓰듯 "서대문형무소에서만 7000 내지 1만

2000명의 정치범들이. … 서울이 함락되기 이삼 일 전 북으로 끌려갔다"든지 또는 "많은 이들은 너무 병약해 멀리 걸을 수 없는 경우 총살당했다"는 것이다. 하경덕의 말이 사실이라면 민세는 서대문형무소에 갇혀 있다가 북으로 끌려갔다는 것은 이미 살펴본 그대로이다. 더욱 궁금한 것은 그때 민세가 만일 병약하여 오래 걸을 수 없었다면 그의 운명은 어떻게 되었을까? 그는 다른 정치범의 경우처럼 총살당하는 운명을 피할 수 있었을지는 모르지만 납북 과정에서 겪은 고초를 견딜 수 있었을까?

1. 바람직한 후계 김규식-안재홍 그룹

헨더슨이 안재홍에 대한 관심을 표명한 것 중 가장 흥미를 끄는 점은 그가 신망을 잃은 이승만 정권의 '바람직한' 후계로 '김규식-안재홍' 그룹을 들고 있다는 점이다. 그는 서울 대사관 임무를 마치고 새 임지인 서독으로 떠나기 전 1950년 11월 고향인 매사추세츠 케임브리지에 머물면서 한국 정치에 관해 장문의 정치비망록을 쓴다. 그는 여기서 이승만 대통령 다음을 잇는 가장 유력한 후계 세력으로 '김규식-안재홍 그룹'을 들고 있다[『국회프락치사건의 재발견』 I권(한울엠플러스, 2008), 제7장 1절 「무대응에서 간섭으로」 참조]. 이 비망록은 「한국에서의 미국의 정치목적에 관한 비망록(A Memorandum Concerning United States Political Objectives in Korea)」이라는 제목을 달고 있는데, 모두 58쪽에 이른다(Henderson, 1950.11.30. '전쟁 중 공식서한과 비망록').

이 비망록은 초기 이승만 정권이 저지른 실정을 낱낱이 분석하면서 미국의 대한 정책 목표를 달성하기 위해 대사관이 '무대응'으로부터 '간섭'으로 나와야 한다고 역설하고 있다. 여기서 우리는 진보적 자유주의 사상을 가진 한 젊은 미국 외교관이 한국 정치의 병리를 보는 그의 관점과, 이 병리를 치유하기 위해 미 대사관이 수행해야 할 대한 정책의 비전을 읽을 수 있다.

그는 앞에서 보듯이 정치비망록에서 신망을 잃은 이승만 정권의 후계로

'김규식-안재홍'의 중도파 리더십을 들고 있다. 이승만 체제 이후를 대비하여야 한다면서, 그는 권력을 계승할 수 있는 후보 그룹으로서 ① 김규식-안재홍 그룹, ② 김성수를 중심으로 한 보성그룹, ③ 신익희 국회의장을 중심으로 한 그룹을 열거하면서 각각 장단점을 평가한다.

이 중 헨더슨은 김규식-안재홍 그룹이 바람직하다면서 이 그룹은 한국 전체를 통해 가장 잘 알려졌고 인기가 높을 뿐만 아니라 그들의 중도적 태도가 통일의 문제를 그르치기보다는 원만히 처리할 것으로 보인다고 말한다. 그는 김규식과 안재홍에게 북한 측이 강제로 방송케 한 것은 사실이나 그것은 오히려 그들이 겪은 고초에 대해 국민의 동정심을 일으킬 것이라고 덧붙이기까지 한다.[17] 그는 김규식-안재홍 그룹의 지도자들이 '행방불명'이라면서도, 이 그룹의 충분한 성원을 모은다면'이라는 전제를 달고 이런 말을 하고 있는 것으로 보아 이들 중도파 그룹이 모두 1950년 9월 28일 서울이 수복되기 전 납북되었다는 사실은 알았지만 그들의 운명에 관해서 낙관하고 있었던 것 같다.[18]

헨더슨이 제시한 정치프로그램은 구체적으로 민주정치 시스템과 그 시스템을 구성하는 주요 단위의 작동 메커니즘을 개혁하자는 방안이라고 말할 수 있다. 먼저 그가 마련한 정치프로그램은 남한에서 국민의 기본권이 보장되는 민주정부 설립을 위한 청사진을 제시한다.

마지막으로 필자는 1987년 3월 보스턴시 교외 웨스트메드퍼드에 있는 헨더슨 자택에서 그를 만났을 때 헨더슨이 한 말을 아직 기억하고 있다. 내

---

17) 헨더슨은 김규식과 안재홍이 서울 점령 중 북한 당국이 강제로 방송케 했다고 쓰고 있으나 이는 검증해야 할 부분이다. 그러나 김규식의 경우 1950년 7월 말 오세창과 함께 라디오 방송으로 이승만을 규탄했다는 기록이 보인다, Bruce Comings, *The Origins of the Korean War*, Vol. II(Seoul: Yuksabipyungsa, 2002), p. 671.

18) 이 정치비망록이 작성된 시점에서 헨더슨은 중공군이 막 참전하여 한국전쟁의 향방이 다시 오리무중으로 빠진 상황을 인식을 하지 못했다. 전시 정보의 제한된 환경에서 유엔군이 북한을 휩쓴 뒤 그는 남북한 총선을 통해 새로운 정부 수립을 염두에 둔 듯하다.

가 어떤 말끝에 우연히 민세의 손서(孫壻)라고 말하자 헨더슨은 크게 놀라면서 그렇게 반가워할 수가 없었다. 그는 그때 1949년 봄 어느 날 민세가 살던 돈암동 집에 가서 '조선조 선비'와 같은 그를 만나보았다고 회고했다. 그는 평양에서 최태규를 만났을 때 안재홍에 관해 관심 있는 대화를 나누었다고 하면서, 최태규에게 민세 무덤의 묘비 사진을 보내달라고 했다는 것이다. 그는 그 사진이 오면 내게 보내주겠다고 했지만 그 뒤 사진은 오지 않았다.

2. 안재홍의 다사리 이념

헨더슨은 왜 안재홍에 남다르게 주목했을까? 나는 그것을 헨더슨이 구성한 한국 정치담론의 한 축으로 상정한 중간 지대의 정치 합작에 가장 적합한 인물로 보았기 때문이라고 생각한다. 물론 헨더슨이 중간 지대의 정치 합작을 위한 인물로 안재홍만을 주목한 것은 아니다. 여운형과 함께 중도 좌파 인물들도 주목했다. 그러나 여운형의 경우 그가 1948년 7월 헨더슨이 서울의 미 '특별대표부' 3등서기관으로 도착하기 벌써 일 년 전 암살당한 중도좌파 지도자였기에 현실적으로 그가 구상한 정치의 중간 지대에서 사라진 인물이었다. 헨더슨은 안재홍 그룹을 비롯한 해방정국의 중도파 그룹을 다음과 같이 평한다.

우파와 좌파는 냉전과 신탁통치 문제에 대해 너무 현격하게 입장이 갈라져 있었기에 독자적인 중도파 입지가 들어설 수 있는 틈새가 열렸다. 중도파는 미 국무부가 1월 29일 내린 지침을 지지하는 쪽으로 모이기 시작했지만 유감스럽게도 그들은 그 밖의 모든 다른 행태의 응집력을 결여하고 있었다. 1945년 9월 말부터 1946년에 걸쳐 중도파 그룹이 생겨났는데, 그것은 마치 작은 개미떼 소굴과 같은 형국이었다. 김규식과 원세훈과 같은 임정 요인들, 오세창, 이갑성, 권동진 등 3·1독립운동 지도자들, 안재홍과 같은 국내의 온건파 민족주의자들은 제 각각 그룹을 형성하고 있었다. 한편 좌파 또는 공산주의자들의 주도 방식과 결별한 그룹, 곧 여운형과 그 지지자들도 자기 그룹을 형성했다. 이들 중도파 그룹들은 이합집산을 거듭할 뿐이었다. 그 당시 번성했던 신문은 누가 어느 그룹에 참여했다든지, 다투었다든지, 또는 갈라섰다든지 등과 같은 사소한 문제를 기록하는 것을 주요 일과 중의 하나로 삼았다(Henderson, 1968: 133).

여기서 헨더슨은 중도파 그룹의 형상을 상당히 부정적으로 기술하고 있는데, 그것은 그의 이론적 관점에 의하면 한국 정치발전에 가장 큰 장애가 정치 그룹의 응집력 결여였기 때문이다. 곧 그는 중도파를 부정하고 있는 것이 아니라 이 중도파 그룹의 응집력 결여를 문제 삼고 있는 것이다. 이 문제를 부연해 설명해 보자.

미 국무부는 남한 점령 초창기 '우유부단'의 늪에서 벗어나 1946년 1월 29일 가서야 구체적 대한 정책지침을 하지 군정에 내렸다. 그것은 과도 정부를 세우기 위한 첫 번째 조치로 중도파의 합작을 진작하라는 것이었다. 국무부는 점령 초창기 중대한 몇 달을 무위로 허비한 뒤 1946년 7월에 들어서 중도우파의 김규식과 중도좌파의 여운형을 중심으로 합작하는 작업에 눈을 돌렸다. 실제 이 작업은 당시 하지 장군의 정치고문으로 일했던 버취 중위(Leonard Bertsch)에 떨어졌다.

버취는 당시 조선공산당을 분열시키고, 여운형 등 중도좌파 지도자들을 공산당으로부터 떼어놓는다는 정치공작의 임무를 띠고 있었다는 기록이 보이나(Gayn, 1981: 351), 그의 적극적 주선 아래 좌우의 중도파 지도자들을 조직의 틀 안으로 끌어들이는 데 성공했다. 부연하면 중도우파의 김규식과 중도좌파의 여운형을 합작운동으로 끌어들이는 데 성공을 거두어 좌우합작위원회를 구성하고 1946년 10월 초에는 '좌우합작 7원칙'을 타결하기에 이르렀다. 극좌를 대표하는 박헌영파와 우파정당인 한민당은 이에 반대하였지만 미군정은 계획대로 행정권을 조선인들에게 이양한다는 외양을 갖추게 되었다. 곧, 미군정의 의도대로 김규식과 안재홍은 각각 남조선과도 입법의원의 의장, 남조선과도정부의 수장인 민정장관이 되었던 것이다.

그러나 우리 모두가 알듯 좌우합작운동은 결국 실패로 끝나고 말았다. 제2차 미소공위는 결렬되고 말았으며, 게다가 1947년 7월 19일 백주에 여운형이 암살당함으로써 '강력한 중도 리더십에 대한 유일한 희망'(Henderson, 1968: 134)이 물거품이 되고 말았다. 헨더슨이 중도파의 실패를 절절하게 개탄한 것은 이미 앞에서 본 바와 같다.

여기서 우리는 헨더슨이 안재홍, 여운형, 김규식과 같은 중도파에 주목한 이유를 알게 된다. 헨더슨이 구성한 정치발전론은 '정치적 응집력'을 핵심으로 하며, 한국의 경우 중간 지대의 정치 합작이야말로 중도파의 정치적 응집력을 키울 것이라고 그는 믿고 있다. 헨더슨이 1950년 11월 쓴 정치비망록에서 김규식-안재홍 그룹을 이승만의 후계로서 바람직하다고 생각한 것은 이 그룹이야말로 전쟁으로 중도파가 전멸된 황무지가 된 한국 정치의 척박한 토양에서도 정치 응집력을 키울 수 있다고 보았기 때문이다. 부연하면 그는 안재홍의 온건한 합리주의와 관용적 포용주의야말로 그의 정치발전론의 핵심인 정치조직의 응집력을 키우는 자질이라고 생각한 것이다.

강원용의 시각

1946년 10월 좌우합작운동에 참여했던 30대 청년 강원용은 당시 여운형을 보는 두 '외눈박이' 시각을 비판했다. 아울러 그가 본 안재홍의 리더십을 다음과 같이 평한다.

여운형은 열린 인간이었다. 당시 우리나라 사람들은 두 눈으로 세상을 보는 것이 아니라 외눈박이가 되어 사람과 세상을 보았다. 빨갱이의 눈 아니면 극우파의 눈으로밖에는 보지 못했던 것이다. … 외눈박이 소인배들이 어지럽게 설쳐대는 그 시대에서는 지도자가 될 수 없었다. 좌익의 외눈박이들도 그를 껄끄

러워했고, 우익의 외눈박이들도 그를 불편해했으니까. 하지만 앞으로 우리나라
가 남북통일을 하고 세계 속의 한국이 될 경우 과거 인물 속에서 지도자 모델을
굳이 찾으려고 한다면 나는 단연코 "여운형이 그 모델감이다"라고 말할 것이다
(강원용, 2003 제1권: 343).

안재홍 역시 몽양 여운형처럼 열린 사람이었다. 우익이면서도 열린 우익이었
다는 점이 좌익이면서도 열린 좌익이었던 몽양과 닮았다. 여운형, 조만식, 홍명
희, 송진우 등과 함께 일제가 지목한 최후까지 '남아 있는 비협력 지도 인물'이었
으며 해방 직전과 직후에는 여운형과 함께 건준 활동을 적극적으로 하면서 정치
에 본격적으로 뛰어들게 되었다.

해방정국에서 전개된 그 추잡하고 정략, 음모, 중상 속에서 민세는 정략적으
로 대응할 줄 몰랐고, 또 앞뒤를 가리지 않고 꼿꼿한 성격으로 적지 않은 오해도
받았다. 국민들은 도덕적이며 믿을 수 있는 지도자, 전 국민이 신뢰와 사랑을 받
을 지도자를 안타깝게 찾고 있었다. 그런 지도자라면 민세가 가장 합당할 것이다.

그의 다사리 이념 역시 현대에 와서도 하나도 그 빛을 잃지 않고 있으며 오히
려 우리의 가장 큰 소망인 통일을 앞당기는 데 적극 활용해야 할 귀중한 자산이
라고 할 수 있다(강원용, 2003 제2권: 105~106).

강원용은 안재홍의 민정장관 시절 개인 보좌역처럼 민세를 자주 만나 정
국에 관해 의견을 나누고, 실제 그의 지시에 따라 일하기도 한 현대사의 증
인이다. 강원용은 1947년 3월 22일 발생한 전남 부안에서 농민폭동을 당시
안재홍 민정장관의 지시에 따라 조사단원으로 참가해 지방 실정을 조사한
바 있다고 증언하고 있다. 그가 발견한 사실은 "군정당국이 각 지역의 공출
량을 할당하면서 농촌 실정을 도외시한 채 일제시대 총독부 공출관계 자료
만을 근거로 삼았던 것"이기에 "실제 수확 실적과 배당된 공출량 사이에 커
다란 모순이 있을 수밖에 없었다"는 것이다(강원용, 2003 제2권: 291~292). 게

다가 문제를 더욱 심각하게 한 것은 정실이 개입하여 공출행정이나 경찰에 연결된 사람에게는 적게 배당하고 영세 농민에게는 과대하게 부과되니 "농민들의 불만은 폭발할 수밖에 없었다"는 것이다. 공출에 저항하는 농민들에 대해 경찰은 "테러를 일삼는 우익청년단체와 연계해 강제 공출에 들어간 것"이며, 게다가 저항하는 농민을 공산당으로 몰아 협박했다는 것이다. 농민들이 산으로 도망쳐 집결하게 되었고 이들이 "조직을 구성해 3월 22일 경찰관서를 습격한 것이 '부안 농민폭동'의 발단이었다고 강원용은 보고했다(강원용, 2003 제2권: 294)는 것이다.

강원용의 증언은 안재홍이 당시 민정장관으로서 친일경찰과 우익청년단체에 둘러싸인 미군정의 태두리 안에서 그가 민생 문제를 해결하려고 고민했던 모습을 떠오르게 한다.

3. 민세의 좌우합작론과 중간 지대의 정치 합작

민세는 자신이 구상한 신민족주의를 좌우합작운동의 정치노선으로 내세웠는데, 그것은 "극좌 편향이나 극우 편향을 아울러 배척하고 가장 온건한 중정(中正)한 중앙당적(中央黨的) 임무"라고 주장했다(김인식, 2005: 366). 그는 이어 '극좌'는 계급주의(= 공산주의 = 소련 의존 = 프롤레타리아 독재)를, '극우'는 보수주의(= 미국 의존 = 자본가 독재)를 의미한다면서, 중앙당은 현실 속에서 "온건한 사회개혁으로 대중의 건전한 복리"를 실천하는, 즉 '온건중정(穩健中正)'을 지향하는 자유주의와 사회주의의 정치노선을 내세웠다.

민세는 부연하여 "합작이 결코 기계적 절충공작"이 아니며, "미소 양국의 세력균형을 감당하는 섭외적인 반사작용"도 아니므로 친미 반소, 친소 반미 하여 일국 편향, 일국 의존하는 태도는 배격해야 한다고 강조했다. 이는 당시 박헌영파가 주도하는 조선공산당이 소련에 의존하는 행태와 한민당이 미국에 의존하는 태도를 비판한 대목이다.

민세가 주장한 중앙당적 임무는 바로 헨더슨이 한국 정치담론에서 해법으로 제시한 중간 지대의 정치 합작과 접합하는 정치 노선이라고 해석할 수 있다. 이는 "민세가 주장한 '다사리 이념'(정윤재, 2002, 『民世 安在鴻: 다시리공동체를 향하여[민세 안재홍 평전]』), 곧 '모든 사람이 제 말을 하고 함께 어울려 사는' 중간 지대의 응집력을 갖춘 이상향과 현재의 한국 정치에도 성찰적 과제를 제시한다고 강조하고 있다(김정기, 2021: 232).

하지 군정이 1945년 9월 시작되었으나 남한에 민주정치의 정부를 세우는 데 철저하게 실패하고 말았음은 이미 살펴 본 바와 같다. 미소 공위는 결렬되고 온건좌파 지도자 여운형이 백주에 암살당하자 '강력한 중도 리더십에 대한 유일한 희망'(Henderson, 1968: 134)도 물거품이 되고 말았다.

그렇더라도 돌이켜 보면 김규식-안재홍 그룹이 중도파의 정치 응집력을 키울 것이라고 그는 믿고 있다. 헨더슨이 1950년 11월 쓴 정치비망록에서 김규식-안재홍 그룹을 이승만의 후계로서 바람직하다고 생각한 것은 이 그룹이야말로 전쟁으로 중도파가 전멸된 황무지가 된 한국 정치의 척박한 토양에서도 정치적 응집력을 키울 수 있는 유일한 그룹이라고 보았기 때문이다.

요약과 소결

한국전쟁은 '한국 정치의 중간 지대 상실'이라는 비극을 가져 왔다는 것이 헨더슨의 견문이다.

헨더슨은 한국전쟁으로 김규식, 안재홍 등 중도적 인물이 대거 납북되었거나 전쟁의 분진 속으로 사라졌다고 개탄한다. 그는 정치의 중간 지대 상실이라고 보면서 '서울의 비극'이라고 표현했다. 이 비극은 그가 한국 정치의 병리인 '회오리 정치'를 치유할 수 있는 의사로서 이 중도적 인물을 보는 그의 견문이 담겨 있다.

　다음으로 헨더슨은 1948년 대한민국의 성립과 이승만 정권 치하에서 터진 국회프락치사건이야말로 신생 대한민국의 민주주의와 독재주의를 가르는 분수령이라고 보고 있다. 그러기에 미국대표부 부영사로 온 헨더슨은 프락치사건의 전 재판과정을 기록해 국무부로 보내는 일을 해냈다.

　그는 이 사건은 이승만 정권이 소장파를 때려잡는 정치 테러로서 음모가 개재되었다고 본다. 따라서 그는 이 정치 사건이며 이승만 정권이 독립적이야 할 사법부를 동원하여 반대당을 거세하는 데 이용한 정치 재판으로 특징 짓는다. 그렇다면 '회오리 정치'라는 한국 병리를 치유할 수 있는 제도적 장치는 없는 것인가? 헨더슨은 '중간 지대의 정치 합작'을 제안했다.

　그렇다면 회오리 정치 병리의 증후군으로서 중앙집중화와 평의회 지배를 극복할 수 있는 처방은 없는가? 그것이 헨더슨이 처방으로 내놓은 중간 지대의 정치 합작이다. 중간 지대의 정치 합작이란 정치이념 스펙트럼에서 극우를 대표하는 나치당, 극좌를 상징하는 스탈린주의를 제쳐놓은 중간 지대, '중간' 또는 '중도' 세력들이 항시적으로 경쟁적이며 협력적으로 합작하는 정치를 의미한다. 그러기 위해서 헨더슨은 정치의 중간 매개체들의 정치적 응집력을 모아야 한다고 역설한다.

　헨더슨이 회오리 정치의 처방으로 내 놓은 한국 정치의 중간 지대 합작이란 무엇인가? 먼저 정치의 중간 지대란 정치이념 스펙트럼에서 극우와 극좌를 배제한 온건 우파와 온건 좌파를 아우르는 중간 영역이다. 정치 합작이란 정치 성향을 달리하는 정치 세력들이 중간 지대로 모여 룰에 따라 경쟁하는 정치 게임이다. 이 정치게임은 '중심이탈형 경쟁'으로부터 '중심지향형 경쟁'에 이르기까지 다양한 종류가 있지만 큰 방향은 전자로부터 후자로 이행하는 경쟁이 정치 안정과 발전이 온다. 문자 그대로 상이한 정치 세력이 중간 지대로 '모인다'는 의미이다.

　헨더슨은 회오리 정치를 극복하기 위해 '지방 분산을 통한 응집력'이라는 처방을 내렸다. 그것은 한국 정치가 도달해야 할 다원주의적 정치 사회로 서 그가 그린 한국 정치의 피안의 이상향이다. 나는 이를 '정치 중간 지대에 서 서로 다른 성향의 정치집단 간의 합작' 또는 간결하게 '중간 지대의 정치 합작'이라고 부르고자 한다.

이를 현실성 있는 대안으로 만들기 위해서 넘어야 여러 장애물을 열거할 수 있지만 헨더슨은 당면한 도전으로서 제왕적 대통령제를 짚는다. 이는 2022년 3월 대선 당선자를 맞는 우리나라 현실을 그대로 반영한다. 어느 당 의 후보가 불과 0.73% 차이로 승리해 무소불위의 제왕적 대통령되어 무한 권력을 휘둘러도 이를 견제할 법적 제도적 장치는 전무하다.

헨더슨은 '지방 분산을 통한 응집력'을 회오리 정치의 병리를 치유할 수 있는 처방으로 내렸지만 구체적으로 어떻게 실현할 것인가? 그가 구상한 실현 방안과 민주한국의 목적을 담은 것이 1950년 11월 한국 임무를 마친 뒤 새 임지 독일로 가기 전 고향 매사추세츠 보스턴 메드퍼드 자택에 가 쓴 장문의 정치비망록이다. 이 비망록에는 지양해야 할 것으로 '경찰국가적 행 태', '광범한 정치 부패', '맹목적인 반공주의' 등을 들면서 그가 구상한 정치 프로그램을 제시하고 있다.

그는 여기서 행정부, 입법부, 사법부, 곧 정부를 구성하는 3부의 개혁을 주문하면서 현재 행정부에 치우친 권력의 힘을 견제해 국회의 힘과의 균형 을 회복할 필요가 절실하다는 점을 역설하고 있다. 그는 국회의 기능을 정 의해 내정을 '바로잡는 전선(corrective front line)'이라며 정부의 '정치적 기반 을 넓혀주는 당연한 기구(the natural instrument of broadening the government's political base)'임을 강조한다. 또한 그는 경찰의 개혁에 무게를 두면서 언론 자유의 보장을 특히 강조하고 있다. 그밖에 그는 농지개혁법, 지방자치법, 귀속재산처리법 등 개혁 입법을 서둘러야 한다고 주장한다.

그는 한 가지 눈에 띄는 제안을 하는데, 그것은 입법사법원이라는 기구 를 설립하자는 것이다. 이는 헨더슨의 서울 주재 부영사 시절 1949년 이승만 체제 아래 자행된 국회프락치사건을 염두에 둔 것이라고 생각된다. 소장파 제헌국회의원들이 조작된 '남로당 프락치'라는 딱지로 헌병대에 끌려가 혹독한 고문을 받고 근거 없이 유죄판결을 받는 현실에서 이를 방지하는 헌법기구가 필요하다는 발상이다. 마지막으로 이 정치 프로그램의 하이라이트는 이승만 체재의 대안으로서 김규식-안재홍 그룹을 제안하고 있는 것이다[제8장 제3절 이승만 체제의 대안: 김규식-안재홍 리더십 참조].

결론적으로 헨더슨은 한국 정치의 병리로서 짚은 '회오리 정치'는 결국 그가 처방한 '중간 지대의 정치 합작'으로 치유할 수 있다고 본 것이다. 이 처방은 '회오리 정치'를 벗어나지 못한 지금의 한국 정치에도 유효한 약재로서 약발이 든다고 지은이는 생각한다.

제2부를 마치며

제2부를 마감하면서 지은이의 머리에 고 노무현 대통령이 떠오른다. 헨더슨이 회오리 정치의 증후군으로 든 '중앙집중화', 여기에서 나온 서울 집중화를 노무현이 염두에 둔 것이라고까지 말할 필요는 없다. 분명한 것은 노무현은 역사상 처음으로 '지방분산'을 도모한 통치자였다는 사실이다. 그는 헨더슨과 이심전심이랄까 수도 서울을 세종시로 옮기려 한 것이다. 2004년 '신행정수도 건설을 위한 특별법'을 만들어 정력적으로 추진했지만 헌법재판소는 '관습헌법' 위반이라고 위헌 판결을 내려 좌절하고 말았다. 돌이켜 보면 헌재는 '관습'이라는 이름으로 기득권 세력을 옹호한 셈이 되었다.

그 자체가 기득권 세력이 된 검찰은 노무현을 가만 놔두지 않았다. 이른바 '과잉 수사'로 노무현의 인격은 처참하게 모욕당하고 말았다. 그는 결국 고향 뒷산 부엉이 바위에서 뛰어내려 자진함으로써 기득권 세력의 반항아로 상징화된 역사적 인물이 되었다.

제3부

헨더슨의 사상, 이론, 그리고 실천

그레고리 헨더슨의 사상은 바다와 같이 넓게 그리고 깊게 한국의 문화 곳곳에 흐르고 있다. 그의 사상은 무엇보다도 조선 왕조 후기 걸출한 사상가이자 실학자인 다산(茶山) 정약용(丁若鏞, 1762~1836)을 논하는 그의 관점과 논지에서 엿볼 수 있다.

제3부는 모두 넉 장으로 구성한다. 먼저 제9장은 헨더슨이 펼친 다산 정약용론을 통해 그의 사상적 관점을 짚어 보고, 이어 조선유교론을 통해 통찰한 파당 정치의 어두운 그림자를 쫓아가 보고자 한다. 여기에 머물지 않고 그의 언설은 고려불교에도 미친다. 그는 고려불교가 고려자기 제작에 어떤 역할을 수행했을 것이라는 가설을 세워 학술 논문을 제시한다.

헨더슨은 개척한 또 다른 이론 영역도 주목할 만하다. 그것은 고려청자에 관한 그의 상상과 사색 끝에 나온 이론이다. 이는 일본인 학자들이 일제강점 시절 이룬 '놀랄 만한 발견'이라면서도 그는 강진 부근 만덕사 절터에서 습득한 간지명이 새겨진 청자 도편을 근거로 '새로운 발견'을 이룸으로써 대체한 것이다. 이는 일본인 학자들의 기존 이론을 '새로운 발견'으로 대신한 것이다.

이어 제10장은 이승만 독재체제에 대해 그는 희망을 깨끗이 접고 그 대신 한국 정치의 중도파를 상징하는 김규식-안재홍 세력을 대안으로 제시한다. 마지막으로 제11장 및 제12장은 헨더슨이 창백한 서생으로 머물기를 거부한, 행동하는 지성인의 활동과 면모를 담았다. 그는 미국이 감추고 싶은 치부를 폭로하는 고발자로, 그리고 행동하는 지성인으로 박정희 유신 정권 아래 자행된 반인륜적 인권유린을 폭로하는가 하면 전두환 신군부 정권 아래 저질러진 광주민주화 운동을 무자비하게 억압하고 자행한 학살 만행을 규탄한다.

헨더슨은 일찍이 1957년 「정다산: 한국 지성사 연구(Chong Ta-san: A Study in Korea's Intellectual History)」를 발표해 다산 연구의 선구자 반열에 오른다. 당시 미 국무부 소속 외교훈련원(Foreign Service Institute)의 극동연구실장(Director of Far Eastern Studies)의 지위에서 이 논문을 써냈다. 이는 전쟁으로 척박해진 문화적 풍토에서 다산 정약용이라는 조선왕조 후기 걸출한 사상가를 지적 논의의 장으로 끌어들이기에 부족함이 없었다.

1957년이라면 3년이나 끌던 한국전쟁이 '정전협정'으로 중단되고 전쟁의 상흔이 여기저기 남아 있는 암울한 시절이었다. 지은이도 '중공군'이 참전으로 유엔군이 후퇴한 이른바 '1·4후퇴' 때 어린 나이로 서울을 탈출해 대구로 피난 갔다 그해 되돌아온 기억이 가물거린다.

헨더슨이 「정다산론」에서 본 다산 정약용(丁若鏞, 1762~1836)은 누구인가? 그는 다산을 19세기 말 조선왕조 후기 당대에 보기 힘든 뛰어난 사상가이자 유학자, 경세가이자 철학자라고 보고 있다. 게다가 그는 다산이라는 인물을 개인적으로 흠모했다.

다산은 조선왕조의 망국적 당파싸움에 연루된 남인(南人) 집안에서 태어나 자라고 교육받은 뒤 정조(正祖, 재위 1776~1800) 임금 시절 장원급제로 관료의 세계로 들어간 인물이다. 그는 정조 임금의 총애를 받기도 했지만 결국 남인과 노론과의 갈등 끝에 귀양살이로 생을 마감한, 당쟁의 희생자이기도 하다.

헨더슨이 써낸 「정다산론」은 새로운 차원에서 정다산을 논의 장으로 끌어들인 것이라고 지은이는 생각한다. 이는 김동길 번역으로 ≪사상계≫가 전문을 실은 것에서도 느낄 수 있다. 당시 ≪사상계≫는 전쟁으로 척박한 문화적 풍토에서 지적 샘물과도 같은 존재였고 1960년 4·19학생혁명이 일어날 때까지 이승만 정권의 독재와 무도를 비판하는 재야의 저항 월간지이었다. 지은이는 1958년 서울법대에 들어가 당시 ≪사상계≫ 매월 연재되는 대하소설 『북간도』를 애독했을 뿐만 아니라 신상초, 한태연, 황산덕 같은 당대의 논객들이 전개하는 '한국 민주주의 조종' 같은 글을 읽었던 기억이 떠오른다.

헨더슨은 정다산을 객관적 논문 집필의 주인공으로 삼은 이상으로 그 인물에 심취한 정황이 뚜렷하다. 예컨대 그는 다산의 유배지 강진을 몇 번이고 찾는가 하면 경기도 광주 능내리 다산 묘소를 찾아 방치된 묘소에 대해 정다산 후예들에게 손가락질한 것으로 추정된다. 나는 헨더슨이 먼 유배지 강진을 방문한 것은 알았지만 광주 능내리 다산 묘소를 찾은 것은 몰랐다. 우연한 기회로 다산 직계 5대 종손인 정향진(丁向鎭, 1968년 별세)이 남긴 한문일기를 접해 알게 된 사실이다. 그 일기를 보존하고 있는 손자 정호영(丁浩榮)에 의하면 아버지가 '헨더슨이 우리 집안에 중요 인물'이라고 일깨웠다고 한다.

한국이 낳은 걸출한 사상가 정다산

헨더슨이 정다산을 지적 논의 장으로 끌어들인 동기와 목적은 무엇인가?

나는 그가 국무부의 외교훈련원 극동연구실장의 지위에서 「정다산론」을 펼친 데 주목한다. 물론 중국, 일본, 한국에 파견할 외교관 훈련을 위해 텍스트 사용을 목적으로 했을 것이다. 「한국유교약사(An Outline History of Korean Confucianism)」도 그런 목적에서 썼을 것이다.

그러나 그것이 다였을까? 중국과 일본에 견주어 이렇다 할 문헌연구가 턱없이 모자란 현실에서, 이 한국 전문가는 중국과 일본 사이에 끼어 있는 소국이 너무 무시당하는 현실에 그가 손사래를 친 것이 아닐까? "봐라 한국에도 정다산과 같은 걸출한 사상사가 있는 것을"이라고 외친 것이 그가 「정다산론」을 펼친 동기가 아닐까? 헨더슨은 「정다산론」에 이어 「한국유교약사」, 그리고 「간지명을 가진 후기 고려청자」, 「고려의 도자」(제10장 참조)까지 담론을 이어간다. 이를 차례로 살펴보자.

제1절 「정다산론」

그레고리 헨더슨이 정다산에 천착한 까닭은 그가 집필한 논문 내용과 정다산을 향한 그의 행적에서 엿볼 수 있다. 간단히 말해 그는 조선왕조 말 정다산과 그를 둘러싼 파당 정치에 드리워진 그림자는 조선왕조 그 자체에 이어 해방 뒤 태어난 한국의 어두움을 상징화하고 있다. 그는 「정다산론」에서 다산이 조선왕조 말까지 지배 이데올로기로서 누구나 범치 못할 주자학에 대해 비판적 실용적 사상을 견지했다고 짚고 있다.

그러나 정다산은 파당 정치에 함몰되고 만다. 남인 문중에서 태어나 자란 정다산은 대립하는 파당인 노론이 득세하고 자신을 총애하던 정조가 승하하자 그를 시기하던 노론 세력에 밀려 집안과 함께 몰락하고 만 것이다. 그의 형들은 처형되거나 유배의 길로 들어서고 다산 자신도 강진으로 귀양 가야 하는 신세가 되고 만다. 그러나 헨더슨은 이렇게 말한다. "정다산과 그의 일파의 패배는, 19세기 말엽의 대세를 따르려고 한 조선의 비극적 실패와 중요한 관계를 가지고 있다."

헨더슨이 보인 다산에 대한 관심과 애정은 남다르다. 그는 1957년 다산의 먼 유배지 강진으로 포장 안 된 먼지 길을 지프차로 달려갔다. 그는 다산의 어머니 해남 윤씨 가문 사람들과 함께 '다산초당'에서 하루 밤을 보내면서 다산의 숨결을 온몸으로 체험코자 했다. 다음 해 그는 다시 강진을 찾는다. 아마도 나는 그가 다산의 인물됨에 취한 나머지 그의 영혼을 체험코자 한 것이 아닌지 생각해 본다.

그 뒤 1984년 국회프락치사건 연구차 서울을 방문했을 때 다시 강진을 찾는다. 이번에는 1957년 당시 그를 초청해 준 해남 윤씨 가문의 어른(head clansman)의 묘소를 찾는 길이었다. 그 어른의 부인과 함께 '영감님' 묘소를 찾았는데, 헨더슨은 부인이 죽은 '영감님의 외국인 친구'에 예의를 갖추는 모습과 '영감님' 묘소를 모시는 행동을 감상적으로 적는다(≪The Korea Herald≫ 1984년 10월 24일 자).

헨더슨은 정다산을 빼놓고는 한국의 지성사는 성립하지 않는다고 보는 듯하다. 그는 이렇게 말한다. "… 아마도 조선의 지적 역사에 있어 가장 뚜렷하고 독창적인 사상가로 간주될 수 있을 것이다"라고. 그는 다산의 저작물을 열거하면서 "학술적 저작의 양을 두고 말하면 그만한 위치를 차지한 조선의 어떤 저술가도 다산을 따를 자가 없다"면서 중요 유교 논문으로 230권, 정치에 관한 논문 78권, 음운학(音韻學) 50권, 지리에 관한 논문 42권, 시가 18권, 의학 및 기타에 관한 논문 20권에 이른다고 했다.

헨더슨이 정다산의 사례를 주제로 삼은 동기는 반드시 지성사 측면에서만은 아니다. 그는 "여기에서 문제 삼는 이 사건은 획기적인 것(decisive one)도, 가장 유명하거나 논쟁거리가 되었던 사건도" 아니라며 그는 이렇게 말한다.

정다산과 그의 일파의 패배는 19세기 말엽의 대세에 적응하려는 조선의 비극
적인 실패와 중요한 관계에 있다고 볼 수 있다. 확실히 이조 말엽에 일어난 이
사건은 조선이 서양의 현대적 세력의 조류와 부딪치던 그 당시의 정치적 사정과
지적 태도를 암시해 준다(헨더슨, ≪사상계≫ 1958년 4월호: 138).

헨더슨의 관점으로는 정다산의 사례가 조선의 고질적인 파벌 정치의 실
태를 잘 보여주기도 하고, 게다가 더욱 중요한 것은 조선 후기 위기에 처한
상황을 간취할 수 있다고 본 것이 분명하다. 헨더슨의 「정다산론」이 다산
연구자들 사이에 적지 않은 지적 자극을 준 것은 이을호 교수가 말하듯이
"더욱이 우리 손으로도 아직 개척하지 못한 새로운 분야까지 밝은 지식[炯
識]을 넓혀주신 데 대하여는 경의의 정을 억제할 길이 없습니다"라고 탄복
한 데서 알 수 있다.

1. 주자학과 다산

헨더슨은 다산의 사례를 통해 19세기 말엽 위기에 처한 조선 후기 상황
을 보여주고자 하는 의도를 가진 것 같다. 우선 그는 다산이 조선왕조의 개
국 이래 국가 이념으로 받아들인 명나라의 주자학에 대해 실용적 가치의 입
장에서 비판적 태도를 보인 점에 주목하고 있다. 그는 조선왕조와 주자학
과의 관계를 다음과 같이 말한다.

명나라의 사상은 일반적으로 주희(朱熹)에 의하여 공식화된 중국고전 해석
을 채택하였고 조선은 마치 개종자와도 같이 열심히 그들을 모방하였다. 오히려
명에서보다 조선에서 더 철저하였고 주희의 글은 법률이었으므로 만약 필요하
다면 공자는 비난할 수 있을망정 주희의 결점을 꼬집어 내거나 그를 의심하지
못했다. 조선에서 주희를 비난한다는 것은 협착한 반도에서는 피할 도리 없는

국가권력을 전복시키려는 것과 같았다.

그러나 명나라 몰락과 함께 청조(淸朝)가 들어서자 중국의 가장 중요한 지적 전통은 주희정설(朱熹正說)과 함께 매력을 잃게 되었다. 그 대신 청조의 고증학자들은 보다 객관적인 연구를 추진하고 추상적 제도적인 주희정설을 버렸다. 그러나 조선왕조에서는 주자학에 대한 오히려 충성은 강화되었다. 헨더슨의 말.

> 주희의 사상에 대한 충성은 강했고, 붕괴되지 않고 이어가는 왕조의 전통에
> 의하여 신성화되어 좀처럼 줄어들지 않았다. 이런 까닭에 조선의 중요한 지적
> 사조는 명조 이후에는 중국으로부터 멀어지게 되었다.

조선왕조에서는 오히려 주자학에 대한 충성이 강화되었지만 바로 이 지점에서 회의론이 일어난다. 헨더슨이 말하듯이 "만주인의 승리가 반도강산에 암영을 던졌을 때 이익(李瀷)을 포함한 몇몇 학자들은 조선인이 청을 멸시하며, 패망한 명의 이상에 대해 정신적 충성을 바치는 것은 실제적이거나 건설적인 일일 것인가 하는 의문을 품었다."

다산의 실학운동

그들이 이익[성호], 안정복[순암], 홍대용, 박지원, 유향원[반계], 박제가 등 '실학파'이었다. 다산은 이들과 사상적 공감대를 이루었다. 그는 시기심과 음모가 도사려 있는 서울을 떠나 농촌에 서재를 마련하였다. 헨더슨은 이것이 조선의 지적 전통에서 중요한, "초당의 저항자들(grass-roof protesters)의 연원이 되었다"고 진단했다. 다산의 경우 이는 두 개의 유교적 항의 운동으로 발전되었는데, 즉 하나는 청나라 고증학파의 반대운동, 다른 하나는 그 자신이 속한 남인파의 저항운동이라는 것.

따라서 다산의 저항운동은 그 자신의 실용주의 사상에서 나온 결과이기도 하고 남인파의 싸움이기도 하다. 다산은 1789년 정조 임금 시절 과거 문과에 장원급제해 관료의 세계로 들어간다. 처음엔 말직인 한림직(翰林職)으로 임명된 뒤 빨리 승진해 1792년 성균관 수찬직(修撰職)이 되었으며 그해 겨울 정조 임금의 명으로 수원 화성(華城)을 지어 왕의 총애를 한 몸에 받았다. 그 뒤 다시 승진해 병조참의(兵曹參議)가 되었다.

수원 화성은 1794년 1월 착공해 1796년 9월까지 2년 반 만에 완공했다. 화성은 위급 시 방어 목적의 성곽이기도 하지만 정조가 억울하게 죽은 아버지 사도세자(思悼世子)의 묘를 이장해 '융릉'으로 만들어 호위하려는 성이다. 이 성은 정다산의 실용성이 묻어나는 건축물이자 조선 건축학의 기념비적 축조물로 우뚝 섰다.

이것은 당대의 지배 이데올로기로 굳어진 주희(朱熹) 사상에 저항하고, 실용성을 증언하고 있다. 기중기가 없었던 시절 그는 '거중기'를 이용해 어떻게 성을 치밀하게 설계해 지었는지 '화성성역의궤'에 그대로 남아 있어 한국전쟁 때 파괴된 부분을 완전 복원할 수 있었다. 이런 연고로 1997년 화성은 유네스코 세계문화유산에 등재되었다. 헨더슨은 이렇게 말한다.

> 대체로 수원의 보루(fortifications)만이 기술에 치중한 노력의 증거로 남아 있다. 하지만 우리는 실용성 창작을 향한 자극을 거기서 찾아볼 수 있는 것이다. 다산은 '정기(ether)', '형식(form)', '기(matter)'의 본질에 대한 이조 시대의 끊임없는 철학적 공론과 깨끗이 결별하는 데 성공한 것이다.

다산이 관료 세계에서 노론파의 시기에도 불구하고 성장을 거듭할 수 있었던 데에는 정조 재위 때 1694년 남인을 금기시하는 관행을 버리고 남인파의 영수 채제공(蔡濟恭)을 중신으로 받아들인 배경이 있었다. 정조의 신임을 받은 채제공은 영의정에 올라 남인들이 조정에 들어오게 했던 것이다.

다산 아버지 정재원(丁載遠)도 그중 한 명이었는데 그는 광주 목사(牧使)로 임명되었다.

강진 유배

그러나 1799년 채제공이 죽고 그 다음 해 정조가 승하하자 다산은 갑자기 정치적 후원자들은 잃고 자리를 지탱하기 어렵게 되었다. 그는 사직하고 형들과 함께 고향 서천으로 내려가 준순각(逡巡閣)이라는 서재에서 후학에 고전을 가르치며 연구를 계속했다. 그러나 노론파는 다산을 내버려 두지 않았다. 1801년 조정을 장악한 노론파 치하에 그는 두 번이나 투옥되는가 하면 기독교인으로 지목된 그의 형은 처형되고 다른 형은 작은 섬으로 유배당하였다. 다산 자신도 사형을 받았으나 증거가 불충분하다 하여 강진(康津)으로 유배를 당하는 신세가 되었다.

여기까지가 헨더슨이 「정다산론」에서 기술한 정다산에 관한 주요 서사이다.

그러나 강진 유배로 다산 이야기는 끝나지 않는다. 다산은 앞서 헨더슨이 다산의 저작물을 열거하면서 "학술적 저작의 양을 두고 말하면 그만 위치를 차지한 조선의 어떤 저술가도 다산을 따를 자가 없다"고 짚은 저작을 강진 유배지에서 저술한 것이다. 다산초당을 지어 정원과 연못을 만들고는 다산학의 '르네상스'에 진배없는 학문적 업적을 여기서 이룬 것이다. 헨더슨은 다산의 저술 중 『여전고(閭田考)』와 『목민심서(牧民心書)』에 특히 주목한다.

『여전고』는 농촌의 토지공동소유제를 주장하면서 이는 생산의 질을 향상시키며, 양을 증가시킨다면서 분배의 공평을 기하기 위해 "농부들이 제공한 노동량을 기준으로 생산물을 전부 그들에게 분배하며 일정한 율의 세금을 할당할 것"을 제안했다. 헨더슨은 이는 "이조의 사회적 불공평에 대한 명백한 반항을 찾아볼 수 있다"고 평가한다. 그러나 『여전고』가 "북한 학자

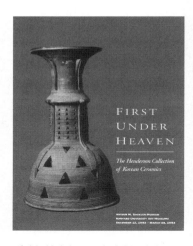

有朋自遠方來
보고싶어라
康津 萬德寺   *Gregory Henderson*

韓大善

FIRST UNDER HEAVEN
The Henderson Collection of Korean Ceramics

ARTHUR M. SACKLER MUSEUM
HARVARD UNIVERSITY ART MUSEUMS
DECEMBER 12, 1992 – MARCH 28, 1993

헌더슨 부인이 1991년 헌더슨 컬렉션을 하버드대학교 새클러미술관에 기증하자 이를 기념하여 미술관이 1992년 12월 12일~1993년 3월 28일 개최한 전시회 소개 브로슈어 표지(제4장 제2절 '헌더슨의 미의식' 중 '문화홍보대사' 137~142쪽 참조)

≪전남대학≫ 1957년 12월 15일자에 기고한 글에서 헌더슨은 강진 만덕사 근처 고려 도요지에 관심을 표한다(왼쪽).

들이 집단농장의 약도라고 쥐고 늘어졌으며 다산의 시를 '일종의 전기 공산주의의 사회개혁자의 시'라고 내세우고 있다"면서, "그런 것과는 거리가 멀다"고 일축한다.

헨더슨은 『목민심서』에 대해서 여기에 "기록된 악정(惡政)에 대한 천 여개의 예는 분명히 이조의 행정을 맡아본 체험을 토대로 그렸으며, 다산이 계통적으로 서술한 악정에 대한 시정책은 이조의 사상에서 찾아보기 어려운 직접성과 객관성을 보여주고 있다"고 풀이했다.

> 그는 세밀한 부분까지 선명하게 묘사하였다. 벼슬을 얻어 서울을 떠날 때 어느 관찰사가 운동을 하였으며, 누구에게 뇌물을 얼마나 먹였으며, 여행을 어떻게 하였으며, 임지에 도착했을 때 누가 와서 만났으며, 어떤 종류의 환영을 받았으며, 대접 받은 요리와 음악은 무엇이었으며, 누구 덕을 보려고 가까이 하였는가를 우리는 알 수 있다.

이 서술에 대해 헨더슨이 프랑스의 소설가 스탕달(Stendhal)과 같은 촘촘한 분석과 영국의 시인 스위프트(Jonathan Swift)의 시정에 견준 비유가 흥미롭다.

> 그것은 소설은 아니다. 하지만 때때로 스탕달과 같이 촘촘히 그리고 냉정히 분석하고 있다. 물론 어떤 의미에서든 경건한 제목에도 불구하고 민주주의적 논문은 아니다. 하지만 우리는 부패를 해부함에 있어 그가 지적한 낱낱의 과오는 더 이상 견딜 수 없는 농민의 등허리를 부러뜨리는 짐이다. 유교국가 시절 감히 말 못할, 그런 신랄함과 예리함(pungency and bite)이 묻어난다. 다산이 주장한 결코 감상적이 아닌 개혁은 스위프트의 본능을 지녔다.

헨더슨은 다산이 주희 사상에 저항한 실용주의자라고 해서 그를 영웅시

하지는 않는다. 그는 다산을 '유럽 시골의 늙은 서생(old squire literati of Europe)'처럼 비유하면서 이조의 미신과 형식주의와 의식에 대한 애착에서 벗어나지 못했다고 다음과 같이 말한다.

그렇다고 유치하고 어리석은 점을 전혀 찾아볼 수 없다는 것은 아니다. 유럽 시골의 늙은 서생처럼 그도 역시 그 시대가 가졌던 미신과 형식주의와 의식에 대한 애착에서 아주 벗어나지 못했던 것이다. 그는 관찰사 문중이 그에게 인사를 하고자 허리를 굽힐 때 그 거리가 몇 발자국이나 떨어져 있어야 할 것이며, 누구는 어디에 서야 하며, 얼굴은 어디를 바라봐야 할 것인가에 대하여 무척 마음을 쓴다. 그는 행차에 따르는 행렬을 퍽 신중히 생각하고 들고 나갈 깃발을 규정하고 있다. 예의 작법과 무엇을 상징하는 물건은 다 중요하였다. 그가 사소한 문제에 극성을 부린 것은 아니다. 그는 아는 대로 인생을 다루었을 뿐이다. 우리는 그가 자기 살던 사회 내의 제도를 인정하고, 그 제도의 기능을 평가하고 있는 것을 깨달을 수 있다.

헨더슨은 다산 역량의 한계를 짚으면서도 다산의 실용주의에 대해 다음과 같이 결론을 내리고 있다.

다산은 통렬히 비판하고 저술을 발간하고, 사회적 병을 처방할 수 있었다. 그러나 그는 이조 체제를 개혁할 수는 없었다. 체제의 방식에 매몰되고, 내재적 사회 계급에 의해 독점이 증가되어 더욱 넓게 깊게 부패되어 앙시앵 레짐(ancient régime = 구체제)은 지속되고 유교적 패턴 속에서 개혁할 수도, 서양의 새 물결의 요점을 읽어낼 수도 없었다. 다산은 또한 서양 사조의 전체상을 알아보지 못하고 죽고 말았다. 만일 다산의 보다 넓고 실제적인 견해가 이조 왕조에 군림했더라면 무슨 일이 벌어졌을까 상상하여 보는 것도 흥미로운 일이다. 분명히 다산 같은 이가 여러 명 있었더라도 이조 정권을 구원할 수 없었을 것이다. 그러나 그 같은 유의 인물이 더 많이 있었더라면 서양에의 조선의 적응 기록에 좀 더 건설적인 몇 장의 이야기를 더했을 것은 틀림없는 사실일 것이다.

마지막으로 헨더슨이 논의를 던진 문제는 다산이 과연 천주교 사상을 수용한 것인가이다. 1783년 다산이 사사한 이가환(李家煥)의 처남 서장관(書壯官) 이동욱(李東郁)이 베이징 조공사신으로 임명되고 그의 아들 이승훈(李承薰)이 사절단 수행원이 되자 이는 조선에 천주교가 전파되는 길이 열리게 되는 계기가 되었다. 이승훈이 북경에 설립된 천주교회를 찾아 신부들과 이야기를 나누고 조선 최초의 열렬한 신자가 되어 성경과 서양 서적을 가지고 귀국하였다.

이 새로운 서적들이 헨더슨에 의하면 "이가환을 중심한 서클에 큰 감명을 주었고 그중에서도 다산에게는 특별히 감명을 주었다"는 것이다. "다산과 그의 동료들은 이 새 서적들을 탐독하였다."

이가환은 천주교 신자가 되어 성경을 조선어로 번역하였다. 헨더슨은 다산이 천주교 신자가 되었는지 여부에 대해 이렇게 말한다.

다산의 형제 중 적어도 한 사람은 천주교 신자가 되었던 것으로 보인다. 다산이 비밀리에 기독교인이 되었는지 여부는 150년 동안 많은 논의가 있었으나 결정적인 증거는 전혀 없다. 그러나 중요한 것은 두 가지를 주목하는 일이다. 첫째 다산은 기독교인이기보다는 좀 더 깊은 의미에서 유학자라는 것, 둘째 그의 생각과 저작물들은 약간 서양과 기독교적 영향을 반영하고 있다는 것이 분명하다는 것이다.

2. 이을호 교수와 교유

헨더슨이 제기한 「정다산론」을 어떻게 평가해야 할까? 헨더슨은 「정다산론」을 학술지에 기고하기 전 초고를 다산 연구가인 이을호 교수에 보내 그의 조언을 구했다. 이는 이 교수가 응답으로 보낸 공개편지에서 알 수 있다. 그는 ≪전남대학≫ 신문(1957.12.15)에 '조교수'의 신분으로 쓴 공개편지를 실어 "얼마 전에 미 국회도서관에 계신 학형(學兄) 양기백(梁基伯) 님을 통하여 보내주신 「Chong Ta-san: A Study in Korea's Intellectual History」를 배독(拜讀)하고 정다산을 사숙(私淑)하는 한 학도로서 감개 자못 없지 않아 이렇게 공개 지면을 열어 한 말씀 소회를 여쭈려고 합니다"라고 적고 있다.

이을호 교수가 쓴 '소회'야말로 「정다산론」에 대한 논평인데, 정중한 치하를 아끼지 않으면서도 그 한계를 짚고 있다. 게다가 이 편지를 매개로 헨더슨은 이을호 교수와 교유를 트게 된다.

이제 이을호 교수의 논평의 요지로 돌아가 보자. 이 교수의 말. "선생의 「정다산론」은 선생의 인물됨을 소개한 정도에 그친 것이 아니라 정다산의 전기(傳記)를 통하여 고질적인 이조 당쟁사의 이면을 부판(剖判)하고 나아가 우리들에게 어떠한 지침까지를 암시하여 주셨으니 더욱 경복할 따름"이라고 치하한 뒤 "진정 선생의 다음과 같은 관찰은 우리들에게 뼈아픈 역사적 회고"가 된다고 헨더슨이 「정다산론」에서 짚은 일구를 인용한다.

거의 신교도적 반항으로서 청나라 학자들은 고전으로 돌아가 비판적이며 객관적인 연구를 요구하고 보다 실제적인 국가이론을 주장하였으며 추상적, 직관적, 극우적인 주희 정설을 비판했다. 조선은 낡은 정설을 재고해 보려는 왕조적 단절도, 그렇다할 극적인 자극도 없었다. 주희에의 충성은 계속되고 긴 왕조의 전통으로 신성화되었다.

이어 이 교수는 헨더슨을 인용하여 "정다산을 중심으로 하는 이조실학파는 청조(淸朝)실학파들과 입장을 같이하고 있거니와 불행히도 이조 오백년은 선생께서도 [명조(明朝)보다도 훨씬 더 조선에서 주희의 세계는 법이며 여하한 다른 철학은 생각할 수 없으며 …]라고 지적한 바와 같이 주자학 일색과 당쟁의 반복으로 종말을 고하고 만 것"이라고 동조한다. "그러므로 정다산의 설화는 곧 이조 당쟁의 설화에서부터 이끌어내지 않을 수 없으며 다산의 전기는 바로 동서 신구 문화 대립의 반조경(反照鏡)이 된다는 사실을 알겠습니다."

어떤 의미에서 이조실학파의 위치는 그들이 정치적으로 불우하였다 하더라도 그들의 존재 의의는 퇴율(退栗 = 이퇴계와 이율곡) 등의 성리학파보다도 더욱 색다른 점이 있다고 보여집니다. 우리 역사의 반성이라는 점에서 더욱 우리는 정다산에 대하여 보다 더한 관심을 갖게 됩니다. 우리 선조들이 서학을 읽고 새 문화에 관심을 갖겠다는 점 하나로 그들에게 그처럼 참혹한 박해를 가한 것은 우리 민족 자신의 자학행위에 지나지 않았습니다. 정다산이 유적생활 이후 수신의 저술을 남겼으나 그의 '자찬묘지명(自撰墓誌銘)' 같은 저술이 후세에 전해지지 못할까(傳不傳)를 걱정하셨을 만큼 당시의 시대상은 너무도 암담하였습니다.

그러나 이 교수는 다산학의 깊이는 헨더슨이 주목한 『목민심서』 등을 뛰어 넘는다고 지적한다. 그는 "다산의 전모를 살피기 위하여서는 목민심서 등 소위 경세제민의 서만을 통할 것이 아니라 시서예악역춘추(詩書禮樂易春秋)의 육경(六經)과 논맹서학(論孟書學)의 사서(四書)에서 살펴야 할 것"이라며, "선생의 다산론은 한국의 길고 복잡한 파벌·철학 역사를 해부하여 다산의 설화를 취급하였기 때문에 다산학의 깊은 밑(奧底 오저)까지는 건드리지 않을 줄로 사료합니다만"이라고 다산학의 깊이를 강조하고 있다.

헨더슨이 제기한 「정다산론」은 다산 연구가 이을호의 치하와 평가를 받지만, 이야기는 이것으로 끝나지 않는다. 그것은 뒤에 살펴보듯이 이을호 교수가 보내준 만덕사(萬德寺) 그림이다. 그 전에 헨더슨이 이을호와 맺은 교유를 살펴보자.

먼 곳에서 온 좋은 벗을 얻었는데 …

헨더슨이 보낸 「정다산론」에 대한 이 교수의 공개편지를 접하고는 앞에서 언급하듯이 '경애하는 이을호 선생님께'라는 응답 글(≪전남대학≫, 1957. 12.15)을 보낸다. 그는 "≪전남대학≫ 10월호에 실린 내게 주신 공개편지에 대한 나의 소감은 논어의 "子日學而時習之不亦悅乎 有朋自遠方來不亦樂乎 [공자가 말하기를 배우고 때때로 익히니 어찌 기쁘지 않으리오, 먼데서 벗이 오니 어찌 즐겁지 않으리오]"의 일절로 대신 하고자 합니다"라고 적는다.

이어 헨더슨은 "나의 부족한 글로 말미암아 한 좋은 벗을 먼 곳에 얻었는데 이는 예나 지금이나 다름없이 학문을 하는 동지에게 무슨 국경이 있겠습니까? 특히 같은 학문의 분야에서 같은 취미를 가진 동지 간은 그 정의(情誼)가 더한가 합니다"라며 다음과 같이 잇는다.

나는 특히 이 선생님에게 감사하지 않을 수 없는 것은 이 선생님이 내게 따뜻한 우의를 표해주신 때문만이 아니라 내가 쓴 「다산론」을 성의 있게 비판해 주신 것에 더욱 두터운 우의와 존경을 느꼈습니다. 물론 비판해 주신 것 중 대개는 수정하여 출판은 되었다 하더라도 이 선생님이 지적해 주신 것들이 모두 내 초안에 실려 있었던 것이요, 또 그것들이 오전되어 있었던 것은 사실이었기 때문에 선생의 비판은 적절한 것이었습니다.

특히 다산의 친척관계에 대한 나의 오해를 지적하여 주셨음은 우리 구미인들의 동양의 친척관계 해명에 더 조심해야 된다는 것을 가르쳐주셨고 조심해야 되겠다고 나 자신 느꼈습니다. 왜냐하면 우리들의 친척관계 구별이 동양과는 많은 차이가 있어 어떤 경우에는 그 척분을 분명히 고시하는가 하면 또 다른 경우에는 매우 애매하게 나타나고 있기 때문입니다. 이를 소홀히 취급하였음이 나의 잘못이었습니다. 이 친척관계뿐만 아니라 관직 역시 분명치 못한 것이 많습니다.

헨더슨이 '정의(情誼)'라고 말하듯 이 응답에는 친구 간의 은근한 구절이

오고 간 표현이 특히 눈에 띈다.

　　나의 미숙한 글이 다산의 고향 친구들의 관심을 사게 된 것을 무한히 영광으로 생각하며 또한 기쁘게 여기고 있습니다. 또한 다산과 반드시 인연이 깊었을 줄로 생각되는 광주에 계신 이 선생님께서 편지와 다산관계 사진을 주신 것을 의의 있는 일로 알고 기뻐마지 않습니다. 보내신 사진으로 말미암아 나의 다산 선생관은 더 넓혀졌으며 더욱 … 그리고 그가 쓰신 말과 그린 그림은 나로 하여금 더욱 그를 흠모하게 하였습니다.

　　… 이 선생님께 배울 기회를 바라마지 않으며 머지않은 장래 방문하여 이 선생님을 친히 만나 뵈옵고 귀 대학과 그리고 전남의 이름난 옛 터[名古地] 나주, 강진, 담양 등의 유명한 곳을 방문하고 싶으며 특별히 이 선생님의 고향인 영광을 이 선생님과 함께 찾아가 보고 싶습니다.

3. 만덕사와 고려청자

헨더슨은 이을호 교수가 응답과 함께 보내준 '만덕사 그림'에 크게 감명한 것 같다. 그는 "보내신 그림으로 말미암아 나의 다산선생관은 더 넓혀졌으며. … 그리고 그가 쓰신 말과 그린 그림은 나로 하여금 더욱 그를 흠모하게 하였습니다"라고 열광하고 있다. 이는 뒤에 살펴보듯이 도자기 미의식과 심미안을 갖춘 헨더슨에게는 각별한 의미가 있기 때문이다. 그는 이 만덕사가 고려자기 생산과 관련이 있다는 가설을 세워 「간지명을 가진 후기 고려청자(Dated Late Koryo Celadons)」라는 주목할 만한 학술논문을 써냈다.

　　나는 다산의 유품이 있는 줄은 정말 몰랐습니다. 이로 미루어 보건대 전라도에는 계시는 옛 남인학파 집안엔 많은 귀중한 유품이 잘 보관되어 있으리라 믿습니다.

보내주신 그림 중 내 흥미를 끈 것은 강진에 있는 만덕사였습니다. 그 이유는 오늘 선생이 보내주신 그림과 공개된 편지 받는 날 공교롭게도 내가 만덕사에 관한 글을 읽었기 때문입니다. 내가 만덕사에 관계된 글을 읽게 된 연유는 다름 아니라 지금 미국에서 열린 한국미술품전시회와 관련하여 이곳 국립박물관 주최인 한국미술사 강연 준비 중에 있는데 특히 저명한 자기 굽는 가마를 이 용문천이 흐르는 지금의 부수사 근방과 사당리에 흩어져 있었다는 것과 또 고려 때에는 만덕사라는 절이 이곳에 있었다는 점입니다. 고려자기를 연구하는 한 학도로서 혹 이 만덕사가 고려도자기 생산과 깊은 인연이나 있었지 않았을까 하는 점입니다.

헨더슨의 경우 상상과 사색을 겸비한 에세이스트이자 철학자이다. 그는 강진 만덕사 옆 조밭에서 무수하게 흩어진 청자 파편에서 '임신(壬申)' 자가 박힌 고려청자 도편과 그 도편이 '버드나무와 물새' 문양을 가진 것을 알고 이를 상상에서 사색으로 비상시켰다. 그 사색 끝에 나온 결과물이 위에서 언급한 「간지명을 가진 후기 고려청자」라는 논문이다. 이는 만덕사와 고려도자기 생산과 깊은 인연에 관한 상상의 이야기이기도, 촘촘하게 구성한 연구논문이기도 하다. 그는 이을호 교수에 보낸 답장에서 이렇게 적고 있다.

내가 이걸 연구하고 싶어도 불행히 한국학도의 손으로 연구된 자료가 거의 없고 또 이곳 구미에 있는 학자들은 대개 『경제면에서 본 불교』는 불원(不遠) 해명되리라고 믿습니다.
내가 믿어지기에는 누구든지 이 점을 유의하고 강진 근방에 있는 사찰들의 보존문헌을 잘 조사하면 아주 귀중한 사료를 학계에 제공할 뿐만 아니라 특히 고려자기 연구에 큰 서광을 주게 될 것이라고 믿습니다,
내가 『경제면에서 본 불교』에 흥미를 갖게 된 동기는 다름이 아니라 연전에 십 세기 때의 일승(日僧) 처연이 송나라에서 가지고 온 목불상 하나를 본 일이

있습니다. 이 불상 복부 내에 천(피륙)으로 된 내장을 만들어 넣어 있는 걸 발견하였는데 이것은 완전에 가까운 정도로 잘 만들어져 있어, 비단 의학 해부학적 견지로만이 가치가 있는 것이 아니라, 또한 한국이나 중국이나 그리고 일본이 불교철학만을 전파한 것이 아니라 기술과 과학도 이에 못지않게 전파에 힘썼다는 증거가 되는 것입니다.

만일 이 선생께서 보내신 이 만덕사 그림이 옛적 자기를 만든 가마자리 부근에 있는 절이라면 이의 해명이 다만 고려자기의 특색인 가열(加熱) 조정으로 누구도 흉낼 수 없이 발달시킨 고려자기의 윤과 모양과 기술에 관한 수수께끼를 풀어주는 단서가 될 뿐만 아니라 한국불교가 고려자기 발달에 끼친 영향을 또한 해명해 주는 좋은 단서가 될 것입니다.

내가 믿기에는 만일 전라도에 계시는 이 선생과 같은 동학들이 이 방면에 연구해 주시면 전라도 지방사에 빛이 날 뿐만 아니라 나아가 한국문화사에 큰 이바지가 될 줄로 생각합니다.

헨더슨에 감명한 동양사상가 기세춘

헨더슨은 이렇게 이을호 교수에 정의에 넘치는 글귀를 보냈을 뿐만 아니라 만덕사라는 불교 사찰과 고려청자 생산과의 상관관계에 대한 연구를 제안하는 글을 보냈다. 다산 연구가 이을호 교수가 헨더슨이 보낸 '정다산론'에서 짚은 조선왕조 시절 주회 사상이 곧 법이었다는 데 크게 공감을 표했는데, 이야기는 여기서 끝나지 않고 함께 보낸 「한국유교약사」로 이어진다. 이는 뒤에서 살필 것이다.

헨더슨에 감동한 재야 민주운동가 있다. 그가 동양사상가로 우뚝 선 묵점 기세춘이다. 이을호 교수가 헨더슨의 「정다산론」에 공감했다면, 묵점 기세춘은 헨더슨의 유교론에 크게 감동했다. 묵점은 1958년 즈음 강진에서 헨더슨의 조선유교 강의를 듣고는 크게 감동했다 한다. 한울엠플러스의 박행웅 고문이 직접 들은 바에 의하면 "나는 조선인인데도 서양인보다 유교의 가르침을 모르고 있었다니"라고 개탄했다는 것이다. 그것이 계기가 되어 조선 성리학을 비롯해 동양고전에 눈을 돌려 동양사상가로 전문가의 반열에 올랐다. 기세춘은 재야 민주화 운동가이기도 했다. 그는 신영복 교수와 함께 통일혁명당 사건에 연루돼 무려 22년간이나 혹독한 옥중생활을 당했다.

결론적으로 헨더슨의 「정다산론」은 한국전쟁으로 척박해진 문화지형에 정다산이라는 걸출한 사상가를 새로운 차원의 논의의 장으로 끌어들여 풍요한 문화의 지평을 넓히고, 게다가 만덕사라는 불교사찰과 고려청자 생산과의 상관관계를 연구주제로 도출해 냈다.

정다산을 흠모한 헨더슨

그런데 헨더슨의 「정다산론」은 여기에서 끝나지 않는다. 그것은 헨더슨이 정다산을 객관적 연구의 주인공으로 삼았을 뿐만 아니라 인간적인 존경과 흠모의 인물로 다가갔기 때문이다. 그는 1957년 「정다산론」을 기고한 다음 해 다산의 먼 유배지 강진을 방문한다. 그는 포장 안 된 먼지 길을 지프차로 달려 강진을 찾아 다산의 어머니 해남 윤 씨 일가들과 만나고 하루 밤을 다산초당에서 보낸다. 그뿐만 아니다. 그는 경기도 광주 능내리에 있는 다산 묘소를 찾아 그때까지 방치되어 있던 묘역을 목격하고 크게 개탄했다고 한다.

지은이는 헨더슨이 다산 유배지 강진을 몇 번 찾아간 것은 알고 있었지만 경기 광주 능내리 다산 묘소를 찾은 것은 몰랐다. 그런데 한 출판인의 중개로 다산의 직계 후손 정호영(丁浩榮)을 만난 것을 계기로 헨더슨의 다산 묘소 방문 사실을 알았다. 정호영 씨는 1986년 즈음 영등포 한옥 주택 수리를 하던 중 집 한구석에 묻혀 있던 할아버지 정향진(丁向鎭) 씨가 남긴 한문 일기 『목석비망(木石備忘)』을 우연히 발견했다.

이 한문 일기에는 1958년 8월 21일[음력 7월 7일]부터 9월 18일까지 모두 일곱 군데에 헨더슨에 관한 서술이 나온다. 8월 21일 자에는 "오후 1시 반 종중 숙부 규열 씨가 내방하여 미국인 중간 통역인 여운홍 선생이 '다산공 묘소 수리'를 하게 되었다고 전했다"고 적은 뒤 끝에 '미국인: 주한 미국 대사관 문정관 그레고리 헨더슨'이라고 밝히고 있다. 이어 8월 23일 자는 "오후 1시 반 경 … 종중 대부 홍교 씨에게 가서 여운홍 선생과 다산공 묘소 건을 상의했다"면서 "5시 경 향후 미국인과 함께 만나 협의키로 약속한 후 다시 의견을 나누고 헤어졌다"고 되어 있다.

여기까지 헨더슨에 관한 서술을 풀이해 보면 '다산공 묘소 수리'라거나 '다선공 묘소 건'을 여운홍[해방정국에 암살당한 여운형 선생의 동생]을 통역으로 해 헨더슨과 상의한 것으로 되어 있다. 8월 27일 자에도 "30일 오후 5시 반에 삼화빌딩에서 미국인과 여 선생과 회의를 할 것이니 … "라고 나온다. 이야기는 여기서 끝나지 않고 8월 30일 자에는 일기를 쓴 정향진 씨가 "6시 반 정각에 여 선생을 만났다"며 "여 선생과 함께 헨더슨 씨 댁으로 가서 다산공 묘소 비석 건립에 대한 자세한 이야기를 들었다"고 기록되어 있다.

왜 '다산공 묘소 수리'라든가 '다산공 묘소 비석 건립 계획'을 미 대사관 문정관 헨더슨과 상의를 했는가? 이는 그리 어렵지 않게 추정할 수 있는데 정다산을 흠모한 헨더슨이 다산의 묘소가 있는 경기도 광주 두릉리를 찾아 묘역에 잡초가 무성하고 묘소가 그대로 방치된 것에 후손들에 손가락질하며 질책하지 않았을까. 이에 후손들이 '다산공 묘소 수리'를 헨더슨과 상의하지 않았을까.

한문일기가 전한 메시지

정향진 씨의 손자 정호영 씨[전 EBS미디어 사장]는 "헨더슨이 능내리[경기도 광주군 조안면] 묘소를 찾은 것은 사실"이라며 할아버지가 남긴 한문일기의 헨더슨 거론 대목을 근거로 추정한다. 그의 할아버지는 1968년 별세한 다산의 직계 5대 종손 정향진(丁向鎭) 씨이다.

정향진 한문일기 『목석비망(木石備志)』其 一 　　　　정향진 한문일기 『목석비망(木石備志)』其 二

정향진 손자 정호영 씨가 지은이에 한문일기 사본을
건넴(2022년 5월 3일)

이 이야기[헨더슨의 묘소 방문를 여운홍에게 전해 듣고[8월 23일 자 일기],
당일 부랴부랴 두릉 묘소를 참배[8월 31일 자]를 결정한 것이 분명합니다. 일기
내용을 보면, 처음에는 '다산공 묘소 수리'였다가 '다산공 묘소 비석 건립'에서
'다산공 기념사업'으로 변하는 것을 볼 수 있습니다.

정호영 씨가 일기의 이 대목에서 간취한 것은 헨더슨이 다산 묘소를 찾은
뒤 '다산공 묘소 수리' → '다산공 묘소 비석 건립' → '다산공 기념사업'으로
점차 사회성이 짙어진다는 것이다. 그는 평소 아버지[정해경]가 '헨더슨이 우
리 가문에 중요한 인물'이라 말했다면서 그것을 할아버지[정향진]에게 들었
던 것이 틀림없다고 말했다.

마지막으로 정향진 씨의 한문일기 9월 18일 자는 "오후 5시 헨더슨 댁으
로 갔다"면서 다음과 같이 적는다.

> 각 대학 교수 6-7인과 여운홍 씨가 함께 다산공 산소 비석 건립에 대해 논의
> 했다. 그 자리에서 이 행사가 문교부 행사로, 즉 문교부와의 합동 추진이 결의되
> 어 아주 다행이었다. 오후 11시 반 귀가했다.
> 참석 교수: 이병도, 홍이섭, 조윤제, 유홍렬, 한우근 외 2인
> 그 외 대부 홍교 씨, 여운홍 선생.

여기서 밝혀진 것은 다산공 묘소 정화사업 논의에 다산의 후손들뿐만 아
니라 당대의 손꼽히는 역사학자들이 헨더슨과 함께 참석했다는 사실이다.
정향진이 남긴 일기는 이렇듯 헨더슨이 정다산을 흠모한 체취를 그대로 느
끼게 해준다. 정향진 씨 일가들은 이후 '다산공 기념사업회'에 참여해 묘역
을 정비하고 묘비를 건립하게 되었다.

정향진 씨 손자 정호영 씨를 필자에게 소개한 출판인은 한울엠플러스의
박행웅 고문이다. 그는 지은이가 헨더슨 평전을 쓰게 되자 정향진 한문일

기의 존재를 필자에 알린 것이다. 그 배후 경위를 보면 한울엠플러스의 김종수 사장이 다산 일족의 출판인 정해렴(丁海濂) 씨가 운영하고 있는 출판사가 경영이 곤란해지자 정해렴 씨의 저작권을 넉넉한 마음으로 인정하면서 인수했다. 그 과정에서 출판사 한울은 출판인 정해렴 씨를 연결고리로 해 정호형 씨를 알게 되고 그가 다산의 5대 직계 종손 정향진의 한문일기를 필자에게 전해준 것이다. 정해렴 씨를 잘 아는 정호영 씨에 의하면 그는 한 때 ≪창작과 비평≫사 사장을 역임한, 50년여 간 출판계에 몸담은 출판계의 산 증인이다.

그는 다산의 저술 번역에 힘을 쏟았다. 창비시절『역주 목민심서』[전 6권],『다산시선』,『유배지에서 온 편지』등 약 20권을 번역해 내는가 하면 [≪한겨레≫, 2022.7.29. '사람' 19면 참조],『홍길동전』,『춘향전』,『흥부전』등 한글 소설 16책의 여러 판본을 면밀히 대조해 정본화 작업을 완성해 내고『편집·교정 반세기』를 쓴 출판계의 원로이다.

결론적으로 나는 이런 과정을 매개로 하여 헨더슨이 다산의 유배지 강진을 찾아 다산의 지적 르네상스의 고향을 체험한 데 이어 그는 경기도 광주 능내리 다산 묘소를 찾았다는 새로운 사실을 알았다. 이를 어떻게 보아야 할까? 나는 헨더슨이 다산을 객관적 연구의 주인공을 넘어 다산이라는 인물 자체를 흠모한 것이라고 생각할 수밖에 없다고 본다. 또한 헨더슨이 전쟁으로 척박해진 한국 문화에 대해 얼마나 깊이 연민과 정의를 가슴에 담았는지 헤아리기 어렵다.

제2절 조선유교론

그레고리 헨더슨은 한국유교사에 관한 두 편의 시리즈 논문「한국유교약사」를 써냈다. 당시 그는 주한 미 대사관 문정관의 신분이었다. 공동 저자는 미국 국회도서관 동양전문사서 양기백 씨. 제1편은 1958년 11월, 제2편은 다음 해 1959년 2월 ≪아시아연구 저널(Journal of Asian Studies)≫에 실렸다.

그런데 시점에 관해 의문이 인다. 헨더슨이 1957년 다산 연구가 이을호 교수에게 「정다산론」을 보내 조언을 구했는데, 이 교수의 응답 말미에 함께 보낸 「한국유교약사」도 읽고 있다고 첨언한 것이다. 이는 헨더슨이 쓴 「정다산론」과 함께 「한국유교약사」도 거의 같은 시점에서 작성한 뒤 그 초고를 이 교수에 보낸 것을 말해준다.

위에서 나는 헨더슨이 「정다산론」을 국무부 소속 외교훈련원(Foreign Service Institute)용 텍스트로 썼다고 보았다. 당시 헨더슨은 외교훈련원 '극동연구실장'이었다. 그렇다면 마찬가지로 「한국유교약사」도 같은 목적으로 만들어졌음이 드러난다. 그 사이 헨더슨이 극동연구실장에서 주한 미 대사관 문정관으로 자리를 옮겨 「한국유교약사」를 학술지에 기고했지만 그 초고가 완성된 것은 '극동연구실장'으로 있을 때였다.

반복하지만 헨더슨이 동아 삼국 중 한국의 연구 자료가 터무니없이 부족한 상태를 타개하기 위해 이 텍스트를 만들었을 것이다. 하지만 그것이 그가 의도한 모두가 아니다. 일본과 중국 사이에 낀 이 소국을 미국 외교가 '패싱'해서는 결코 안 된다는 인식이 자리 잡고 있는 것이다. 게다가 그는 한국과 유교는 오랜 기간 서로 엉겨 붙어 있어 한국역사는 유교를 떼어놓고는 이해할 수 없다고 단언한다.

「한국유교약사」

「한국유교약사」는 무엇을 담았나? 먼저 한국유교 '약사(略史, outline history)'라고 했지만 '전사(全史)'라고 해도 부족함이 없을 정도이다. 분량만 해도 학술지 한 호에 싣기에는 버거울 만큼 장문의 논문 두 편 시리즈이다. 제1편은 ≪아시아연구 저널≫ 1958년 11월호 81~101면에 걸쳐 실렸으며

제2편은 1959년 2월호 259~276면에 걸쳐 실려 모두 37면에 이르는 긴 논문이다.

제1편은 초기 유교의 사정과 조선왕조 시절 파벌주의를 다루고 있으며, 제2편은 한국 유교의 학파를 씨줄 날줄로 세밀하게 분석하고 있다. 초기 유교 발생을 멀리 중국의 한나라 무제가 위만조선을 무찌르고 지금 평양 부근에 세웠다는 한사군의 한 곳인 낙랑시대(BC 108년~AD 313년)까지 아우르고 있다.

그러나 낙랑 시대 초기 유교에 관해서는 결정적인 증거는 없고 희미하다. 다만 1세기 중국 관인의 무덤 유물에서 출토된 '색상상자(painted basket)'에서 유교적 지배의 흔적으로 '충성(filial piety)' 이야기의 모티브를 찾을 수 있다고 한다.

이어 헨더슨은 삼국시대, 신라시대, 고려시대 그리고 조선왕조 탄생과 함께 주자학이 국가지배이념으로 확립되기까지 한국 유교의 흥망성쇠를 추적한다. 여기서는 삼국시대와 신라시대 유교에 관해서는 간단히 다루고 헨더슨이 고려시대와 조선왕조시대 유교에 관해서 설명한 요지를 자세히 살펴보고자 한다.

박사 왕인(王仁)의 논어

일본의 고서 『니혼쇼키』(日本書記, 이하 『일본서기』)는 백제왕이 아직기(阿直岐)라는 학자를 일본에 보내고 이어 다시 왕인(王仁) 박사를 보냈다고 한다. 그때 왕인은 천자문(千字文) 1권과 논어(論語) 10권을 가지고 가 태자를 가르쳤다고 한다. 일본인들은 도쿄 한복판에 우에노 공원에 왕인 박사 비석을 세워 그를 기리고 있다.

백제가 왕인 박사를 일본에 보낸 때가 4세기로 추정되니 삼국시대 백제는 논어를 경세의 지침으로 사용한 것으로 짐작된다. 북방의 강국 고구려도 372년 '유교대학(Confucian College)'를 세워 귀족 자제들에 경전을 가르쳤다고 한다.

그러나 백제나 고구려나 유교보다는 불교가 지배적인 세력이었다. 특히 백제는 불교를 일본에 전해 불교 국가를 세우는 데 결정적으로 이바지했다.

유교를 가르치는 국학

『삼국사기』에 의하면 신라 신무왕 2년, 즉 682년 경주에 국학(國學)을 세웠다고 나와 있다. 국학은 귀족 자제의 교육기관으로 설치되고 유교 경전을 가르쳐 왕의 치세에 이바지한 것으로 볼 수 있다. 다음으로 『삼국사기』가 서술하는 신라 유교의 에이스는 7세기 중반에 나타난 설총(薛聰)이다. 아버지는 신라의 고승 원효(元曉)이지만 그는 국학에서 유학을 가르치고 이두(吏讀)를 정리해서 집대성한 화랑계라는 명문을 지어 유학의 가르침을 전한 대 학자로 추앙받는다.

후기 신라는 9세기 최치원(崔致遠, 858~951)이라는 유학의 거목을 배출한다. 어린 나이에 당나라로 유학한 그는 874년 예부시랑(禮部侍郎) 배찬(裵瓚)이 주관한 과거에 합격하여 당나라 관료가 된다. 그는 28살이 되어 귀국하지만 쇠락해 가는 신라가 혼란해지자 여기저기 사찰로 전전하다 경상도 합천 해인사에 정착한다. 지금 서울 성균관에는 설총과 최치원의 위패가 모셔져 있다.

헨더슨은 그러나 유교는 신라 땅에 뿌리내리지 못하고 따라서 그 영향은 상층 계급에 그친 치세술에 머물렀다고 본다. 결론적으로 유교는 불교에 견주어 뒤떨어진, 형식적이며 지적인 것은 아니었다는 것이다. 고려도 불교가 문화사조의 주류를 이루었고 935~1290년 그 절정에 달했다. 이상에서 초기 유학의 형편을 간단히 살펴보았지만 헨더슨은 한반도의 유교는 고려에 이어 조선왕조에 확고하게 뿌리를 내렸다고 보고 있다. 이제 그 요지를 자세히 살펴보자.

누구보다도 유교적 성향의 고려 관료는 김부식(金富軾, 1075~1151)인데,

그가 펴낸 『삼국사기』는 그의 유교적 관점에서 작성된 역사책이다. 한편 정중부가 반동을 일으켜 1170년 무인 정권을 세우자 부분적으로 유교 세력을 절멸시키기도 했다.

그러나 고려 말기 유교는 부흥기를 만난다. 고려는 몽골에 침입당하자 강화도를 중심으로 고려인들은 불심을 발휘해 『팔만대장경』을 내어 저항하지만 결국 왕권이 친원(元)계로 넘어가자 유교가 득세하게 되었다. 유학자 안향(安珦, 1243~1306)이 1290년 충렬왕을 따라 원나라 수도 북경에 들어가 주희 성리학자들과 만나 교유하고 주자학을 해설한 강목을 가져왔다. 그 뒤 말기 고려는 뛰어난 성리학자를 배출했는데, 그중 유명한 이가 목은(牧隱) 이색(李穡), 포은(圃隱) 정몽주(鄭夢周), 야은(冶隱) 길재(吉再) 이른바 삼은(三隱)이다. 그들은 '사림(士林)학파'의 전통을 세워 삼봉 정도전(鄭道傳)과는 다른 길, 즉 야(野), 즉 경상도로 숨어들어 왕권에 대해 비판하며, 후학을 길렀다는 것이다.

'사림학파'와 대척점에 서 있는 것이 '관학파'로 두 학파가 조선왕조의 파벌주의의 뿌리가 된다. 16세 중반에 이르러 야은 길재의 후학들 중 선산(善山) 김 씨의 종손 김효원이 중심이 되어 동인(東人)파가 등장했다. 반면 '관학파'는 가족적 결합성이 옅고 향토적 뿌리를 내리지 못했다. 새 왕조의 창업과 관련된 정도전과 권근과 관계가 깊지만 집단으로서는 지속성을 유지하지 못했고 간간히 지배 세력으로 등장한다.

조선왕조의 주자학

「한국유교약사」 제1편과 제2편은 그 서술에서 전자가 조선왕조의 파벌주의에 무게를 두고 후자는 학파에 초점을 두고 있다. 조선왕조의 주자학을 살펴보기에 앞서 고려 말에 이어 왕조교체기의 주자학을 살펴보자. 고려 말 유교가 부흥하는데, 여기에는 몇 가지 까닭을 들 수 있다. 무엇보다도 불교의 도덕적 타락이 지대한 영향을 미쳐 유교의 '르네상스'를 가져왔다는 것이다. 이것은 학자 관료들이 강력한 중앙 관료국가의 이념적 지주로 삼을 수 있었다. 이는 왕조교체기에 있어 조선왕조가 정체성을 세우는 데 이바지했다. 반란을 주도한 삼봉 정도전과 권근은 이성계의 책사로서 새 왕조의 이념적 기틀로서 주자학을 받아들인 것이다.

반면 이에 저항한 유학자들도 많았다. 그중 포은 정몽주는 새 왕조의 정체성을 부인한 나머지 이성계의 아들, 뒤에 태종 임금이 된 이방원이 휘두르는 칼에 맞아 죽는다. 하지만 위에서 보듯 포은의 유지는 그대로 이어져 사림학파가 된 것이다.

주자학은 새 왕조의 이념적 지주가 되었지만 마냥 축복만 이어지지는 않았다. 첫 번째 시련은 조선의 영특한 임금 제4대 세종(1418~1450)이 승하하자 야망을 불태운 그 둘째 아들이 1455년 조카 후계자 단종을 죽이고 세조로 등위할 때 일어났다. 이는 유교적 도덕을 어긴 범죄로 세조에 저항한 박팽년, 성삼문 등 여섯 중신을 죽여 '사육신'을 만들었기 때문이다. 세조는 그 뒤 불교에 귀의하여 전국의 사찰이 재건되기에 이르렀다.

불교와 유교는 조선왕조 제10대 연산군[재위 1495~1506] 재위시절 다시 위기를 만난다. 그는 성균관 유생을 쫓아내는가 하면 공자 사당을 헐어냈다. 재위 4년 되는 해 그의 생모 윤 씨의 능묘가 방치되어 있다는 걸 알고 천장(遷葬)하려 하자 이에 반대하는 삼사[사헌부, 사간원, 홍문관]와 대립하였다. 결국 재위 4년 때 무오사화를 일으켜 삼사에 속한 대간 등 신진 사류 수십 명을 학살했다. 서울 근교 사찰과 민가를 허물어 놀이터로 삼기도 했다.

그는 결국 1506년 중종반정으로 폐위되고 말았다. 헨더슨은 연산군 시절 유교 상황에 관해 많은 유학자들이 낙향하여 서원을 세워 유학을 가르쳤다면서 다음과 같이 평가한다.

그들이 뒤에 파벌주의의 산파역이 되었지만 이들 서원은 지역 교육의 중요한 중심이 되어 중앙 조정의 향교에 버금가거나 능가하는 교육기관이 되었으며 교육과 문화의 융합을 가져왔으며 더 나아가 한양에 집중된 교육을 지방으로 분산시켰다. 연산군 시절 이들 유학자들은 관직에서 벗어나 주희 연구에 큰 발전을 이룩하게 되어 주희 성리학을 조선 철학의 주류로 편입시켰다. 이 시기에 시작된 사교육은 지속되었으며 송나라 시대 사교육과 마찬가지로 상이한 철학적 견해의 형성과 교육의 중요한 장소가 되었다.

경상도-전라도 적대

다음으로 헨더슨이 주목한 것은 조선왕조의 망국병인 파벌주의가 유교와 어떤 관계에 있는지 파고든 분석이다. 그는 애당초 주자학이 조선왕조의 정체성을 세워주는 이념적 지주였지만 파벌주의의 도구로 타락하는 과정을 세밀하게 그리고 있다. 이런 조선왕조의 파벌주의 연구는 새로운 것은 아니지만 헨더슨은 이른바 경상도-전라도 적대(rivalry)가 파벌주의 싸움이 반복되는 가운데 패턴(pattern)으로 굳어졌다고 보는 견해를 제시하고 있다.

이 기간[세조의 치세, 1456~1468] 세종 때 동안 관학파와 동조했던 사림학파는 다시 물러나 낙향했기에 관학파 홀로 다스리게 되었다. 사림학파는 성종의 너그러운 치세 기간 조정에 들어갔지만 그러나 연산군 폭정 기간[1495~1506년] 다시 물러났고 많은 사람이 죽었다. 또 다른 '학자' 그룹이 이 중대한 시기에 왕에 동조해 사림학파를 억압한다. 유자광과 그 일파가 그들인데 주로 전라도 출신이었다는 사실은 전라도와 경상도 간의 적대를 우리에게 알려주게 된다. 이것이 다른 지역 적대 현상과 함께 한국 파벌주의의 한 면[one facet]으로 생각된다.

파벌주의가 패턴으로 자리 잡은 뒤 사림학파가 연산군을 내쫓은 중종반정으로 권력을 잡지만 그들 역시 1519년과 1544년 다시 박해를 당했다며 헨더슨은 이렇게 결론을 맺는다.

1498년에서 1544년간 150명의 사림학파가 죽음을 당했다. 이러한 진보적이며 쓰라린 변화 저변에 1575년경 파벌들이 좀 더 조직화된 형태로 형성된 것이다.

헨더슨이 조선왕조의 파벌주의가 주자학을 배경으로 성립되어 망국병의 나락으로 떨어졌는지 서술하고 있는데 간단히 말해 동인과 서인이 갈라서고 다시 동인은 북인과 남인으로 쪼개지고, 서인의 경우 노론과 소론으로 나뉜다. 이렇게 '사색당파'가 등장해 조선왕조가 1910년 멸망할 때까지 망국의 파벌 싸움은 지속된다. 이는 한국의 지식인들이 역사 교과서에서 배운 이야기에 다름 아니다.

파벌 싸움 이야기

그러나 헨더슨의 이야기에는 두세 가지 면에서 다른 점이 두드러진다. 첫째 경상도-전라도 적대가 파벌주의 싸움이 반복되는 가운데 패턴으로 굳어졌다고 보는 견해다. 둘째 파벌주의의 적대 싸움은 정적에 대한 관용은 커녕 서로 죽이고 죽임을 당하는 권력투쟁의 막장으로 치달았다는 점이다. 마지막으로 셋째 조선왕조 말기 이 파벌주의로 말미암아 왕조가 서구의 새 물결을 받아들이는 데 결정적으로 실패하고 말았다.

첫 번째 경상도-전라도 적대에 대해서 먼저 말하자면 나는 경상도 · 전라도 적대가 박정희 시절 '호남 차별'(강준만, 1995)에서 불거져 나온 현상으로 알았지 그 뿌리가 조선왕조 시절 사림학파 · 관학파에 거슬러 올라갈 것이라는 생각지 못했다. 이러한 지역 적대가 중요한 것은 단순한 지역 '정서' 또는 '감정'에 머무는 현상이 아니라 한국 정치에 영향을 주는 중요한 변수로 작용하기 때문이다. 지금도 경상도 · 전라도 적대는 다소 완화되었다 하더라도 우리나라 대선 또는 총선에 영향을 주는 요인으로 작용하고 있는 것이 현실이다.

다음으로 좀 더 심각한 것은 조선왕조 파벌주의 싸움의 유산이다. 파벌

간의 '적대'가 서로 죽이는 권력투쟁의 막장으로 치달았다. 이런 권력투쟁의 막장 극은 해방정국에 이어 이승만 정권 시절, 1960년 반짝 비췄던 민주주의 회복 뒤 들어선 길고 긴 군사독재 시절로 이어져 왔다.

해방정국에서 일어난 암살만 해도 송진우, 여운형, 장덕수, 김구와 같은 민족지도자에 미친다. 이승만 정권 시절 신생 대한민국의 제헌국회 '소장파' 국회의원을 남로당 '프락치'로 조작한 이른바 국회프락치사건으로 이어졌다. 그뿐만 아니다. 이승만의 원시독재 체제 아래 진보당 당수 조봉암은 간첩으로 몰려 '사법 살인' 당한다. 이 나쁜 정치적 유산은 박정희 시절 반대당 지도자 김대중 납치와 살해 시도, 중앙정보부를 동원한 야권 정치인들에 고문 박해, 민청학련 지도자 고문 박해, 인민혁명당 조작 고문과 법살 등 끊임없이 이어졌다.

마지막으로 조선왕조의 파벌주의는 일본 제국주의가 붉은 혀를 날름거리는 중에도 왕조 말기 누가 주자학의 정통인가를 두고 서로 유혈이 낭자한 싸움을 벌였다. 이런 상황에서 서양의 새 문물을 받아들이자는 공론이 조금이라도 있었다면 오히려 이상할 것이다. 이런 조선왕조의 막장극을 일본과 견주어본다면 일본의 경우 1868년 메이지 천황에 '대정봉환'을 넘긴 뒤 이른바 '정한론(征韓論)'을 벌이는가 하면 1871년부터 4년간 이와쿠라 사절단(岩倉使節団)을 구미에 보내 서양 문물을 배워왔다. 뒤돌아보면 이것이 두 나라의 운명을 가르는 분수령이 아닐까.

조선왕조의 유교 학파

헨더슨은 조선왕조의 '파벌(factions)'에서 학파를 구분하여 'schools(학파)'로 명명한다. 위에서 조선왕조의 파벌을 살펴보았지만 이에 못지않게 왕조의 유교 학파도 복잡한 모양새를 띄고 있다. 조선왕조의 학파는 중국의 명나라 또는 청나라에서 생긴 여러 학파와 명칭과 관련을 맺고 있다.

물론 조선 땅에서 생긴 현지 학파가 지역성을 띄거나 학파를 이끈 성현

(聖賢)의 이름과 관련을 맺고 있는 경우가 눈에 띈다. 예컨대 영남학파 또는 기호학파는 학파를 이끈 성현이 후학을 가르친 지역 이름과 관련을 맺고 있다. 전자는 퇴계 이황(1501~1570)의 가르침을 따르는 후학들이 경상북도 안동을 중심으로 발달한 학파이며, 후자는 율곡 이이(1536~1584)의 가르침을 따르는 후학들이 서울과 경기·충청을 중심으로 성장한 학파이다.

조선왕조 유교 학파는 그 강령의 관점에 따라 성리학파 또는 이학파, 예학파, 양명학파, 법을 중시하는 주치주의(朱治主義)학파, 실학파로 나뉜다. 이 중에서 헨더슨이 무게를 두어 설명한 것이 주자학의 성리학파이다. 성리학파는 조선왕조의 상층 양반사회뿐만 아니라 사회 일반에 가장 큰 영향을 끼쳤기 때문이었을 것이다.

조선왕조의 성리학 연구는 16세기부터 논변의 형식으로 시작하여 왕조 말기에 이르기까지 탐구 성과를 이루었다. 또한 성리학계는 주리파·주기파 또는 퇴계학파·율곡학파가 생겨났다. 한 연구자는 성리학의 사단칠정론(四端七情論)에 대해 "이 사단칠정설을 중심으로 한 우리 학계의 심성의 연구가 당시 중국의 성리학 수준을 능가하게 되었음"을 짚고 있다(윤사순, 1977: 6).

그는 또한 일본의 경우 "임진란 이후 강항(姜沆) 같은 포로 학자를 통해 성리학을 배운 처지라 그 수준이 형편없이 낮았으므로 비교조차 할 것이 못된다"면서 "그러므로 조선조 성리학자들의 이 연구는 확실히 우리의 유학 내지 성리학의 한 특색을 이룬 것"이라고 자부하고 있다(윤사순, 1977: 6).

이런 점을 생각할 때 헨더슨이 1957년 미 국무부 소속 외교훈련원 극동연구실자의 지위에서 「한국유교약사」를 텍스트로 마련한 의도를 다시 상기하게 된다. 일본과 중국 사이에 끼어 있는 한국이 지성과 철학에서는 두 강대국을 능가한다고 주장하는 것이다.

헨더슨이 무게를 둔 조선왕조의 성리학파 설명에 돌아가 보자. 그런데 그가 「한국유교약사」 제2편이 다룬 '조선 유교 학파'는 그 내용이 한국의 성리학 연구자들이 내놓은 연구 성과물에 크게 다른 점이 없으므로 여기서는 간단히 그 요지를 소개하고자 한다. 위에서 보듯이 그는 조선 유교학파를 5 개로 나누지만 특히 '성리학파'에 무게를 두어 설명하고 '실학파'에도 주목한다.

이제「한국유교약사」제2편이 서술하는 조선왕조의 유교 학파의 요지를 살펴보자. 헨더슨은 조선의 유교 학파 5개를 나열하지만 성리학파와 실학파에 무게를 두어 설명한다. 성리학파는 조선왕조의 관료의 등용문인 과거시험에 주자학 경전을 출제함으로써 모든 관료 지망생을 주자학을 익히지 않을 수 없게 된다. 왕조의 교육기관은 정상에 성균관을 두고 차례로 사학, 향교, 서당을 두어 피라미드 구조를 띤다.

성리학파는 인성에 내재하는 이(理)와 기(氣)를 두고 이원론과 이원론의 논쟁을 낳는가 하면 또 다른 논쟁으로 사정팔정론을 낳는다. 특히 율곡과 고봉 사이에 8년에 걸친 논쟁은 철학적 논변으로서 손색이 없다. 철학자 김용옥 박사가 이 논쟁을 두고 년 전 EBS 교육방송에 출연해 "이 나라에 탄생된 것이 보람"이라는 취지의 강연을 한 것이 생각에 떠오른다. 헨더슨은 성리학의 철학적 논변을 당시 유럽과 자연철학의 수준에 견주어 뒤 떨어지지 않는다고 짚는다고 이미 설명한 그대로이다.

과거시험 제도

성리(性理, Nature and Law)학 또는 이(理, Moral Law)학이라고도 부른 이 학파가 조선왕조 시절 지배적으로 군림하게 된 요인은 무엇인가? 그 배경에는 조선왕조 시절 양반 계급의 등용문인 과거시험 제도를 들 수 있다. 모든 과거시험 문제가 주자학 해설에서 출제되니 관료 지망생들은 여기에 몰두할 수밖에 없었다. 주자학 이외 다른 생각은 부질없고 위험한 것이었다. 이렇게 주자학은 예컨대 불교라든가 도교 같은 아이디어를 압도하는 사회적 지배력이 담보되어 있었던 것이다.

성리학의 기본적 가르침은 무엇인가? 헨더슨은 이기(理氣)론을 둘러싸고 이와 기의 해석론과 함께 일원론이냐 이원론이냐 논쟁을 소개하는가 하면, '사단칠정론'을 둘러싸고 퇴계 이황과 고봉 기대승(奇大升, 1527~1570년)이 벌인 8년에 걸친 논변을 비교적 간결하게 설명한다.

여기서는 헨더슨의 성리학 설명이 한국의 성리학 연구자들이 내놓은 『사단칠정론』(1992)과 크게 다르지 않기에 그 요지만을 소개하고자 한다. 우선 성리학은 우주의 만물체계를 어떻게 보는가? 그 체계 정점에 있는 태극(the Supreme Ultimate)이 다섯 요소를 통해 음양의 우주를 통할 한다. 다섯 요소란 인(仁), 의(義), 예(禮), 지(智), 신(信)인데 태극의 도덕적 표현이며 또한 사계절과 같은 현상을 낳는다. 헨더슨은 태극을 '아리스토텔레스의 제일 원인 (Aristotle's final cause)'에 견주어 이렇게 설명한다.

이 체계의 배경에 '아리스토텔레스의 제일 원인'과 같은 태극이 우뚝 서서 다섯 요소의 작용을 통해 긍정적 부정적 음양 우주의 힘을 제어한다.

헨더슨은 '다섯 요소'를 사계절 또는 네 가지 덕, 그리고 신(信)으로 수렴된다고 설명한다. 그중 "인(仁, benevolence)이 가장 높은 덕이며 숲과 봄의 특성을 갖는다. 의(義, righteousness)는 쇠와 여름의 특성을, 예(propriety)는 불과 가을의 특성을, 지(wisdom)는 물과 겨울의 특성을 갖는다. 마지막으로 신은 뭐라고 딱 규정하기 아주 힘든 것으로 사람들을 어떤 원칙이나 지배자에 귀의시키는 확신인데 이는 성(性)의 특성을 갖는다"고 설명한다.

성리학은 애초 조선왕조의 정체성을 지키는 이념적 지주로 출발했지만 타락을 거듭해 파벌의 도구로 전락했으며 끝내 왕조의 망국병으로 끝났다고 앞에서 짚었다. 그러나 성리학은 공론(空論)으로 타락하기 이전에 인성을 닦는 수행을 가르치는 법도였다. 헨더슨은 이렇게 설명한다.

조선에서 발달한 이 학파는 인간의 자질은 덕을 갖추는 것으로 형평을 잡아야 하는데 이는 성, 즉 자연을 받아들이고 자연법칙에 따라 행동하는 의지를 받아들인다는 의미이다. 이를 위해 자기수행과 삼가는 마음은 필수적이라고 널리 가르쳤다. '자연'은 마음과 자연계를 포용했으며, 이(理)는 자연법칙과 우주의 도덕적 국면을 포용했다. 기(氣)를 포함한 이런 요소로부터, 아직도 논의가 분분한 이 복잡하고 미묘한 이론이 구축되었다.

헨더슨은 성리학을 확립시킨 학자로서 삼자(三子, three philosophers)로 알려진 화담 서경덕(徐敬德, 1489~1546), 퇴계 이황, 율곡 이이를 들고는 이들 간 논의의 중심축은 일원론인가 이원론인가 여부였다고 일깨웠다. 일원론은 태극 아래 이와 기가 같은 것이라고 주장한 반면 이원론은 이와 기가 독립적이며 다른 것이라는 주장한다. 헨더슨은 서화담은 일원론을 주장한 학자로, 이퇴계는 이원론을 주장한 반면, 이율곡은 양론을 타협한 경향을 보였다고 짚었다.

사단칠정론

성리학의 또 다른 쟁점은 이른바 사단칠정론을 두고서다. 사단칠정론은 우주의 근원에 대한 설명이 아니라 인성에 내재한 감정(passions)의 근원과 동기에 대한 것이다. 감정을 설명하기 위해 네 가지 원칙을 설정하는데 그것은 인(仁, charity), 의(義, duty), 예(禮, propriety), 지(智, wisdom)라고 한다. 칠정은 희(喜, joy), 노(努, anger), 애(哀, sorrow), 구(懼, fear), 애(愛, love), 오(惡, hatred), 욕(欲, desire)이다.

헨더슨은 사단칠정을 두고 이율곡과 이퇴계의 후학인 고봉 기대승(奇大升) 간에 수년간에 걸쳐 논쟁이 일었다면서 두 유학자 간의 의견 차이를 소개한다. 율곡은 칠정이 기와 성질을 함께 나누면서 이(理)에서 나오는 것이라고 주장하면서, 그러므로 애(愛)는 기(氣)와 같은 성질을 나누면서도 인

(仁)에서도 발한다고 하여 결론적으로 사단칠정은 같은 것에서 나온 다른 표징의 표현물(manifestations)일 뿐이라고 보았다. 그러나 고봉(奇大升)은 이에 손사래를 치고는 이와 기는 서로 근원에서 다른 것이지만 서로 의존하며 외양상 상호적일 뿐이라고 주장한다. 헨더슨은 이 논쟁을 두고 다음과 같이 평한다.

> 한국인은 중국인보다 이 이론에 중점을 두고 더 철저하다. 오늘날 사단칠정론은 부질없게 되었지만 당대 유럽 사상보다 논리와 질적 수준에서 뒤떨어지지 않는다. 만일 동양에서 자연에 대한 과학적인 조사가 발전하고 가시적인 목적이 촉진되었더라면 이와 기 학파의 학구적인 논쟁은 유럽의 옛 자연철학자들의 설명으로서 과학적 탐구처럼 유익하고 필요한 선구자였을 것이다.

이렇게 헨더슨은 사단칠정론의 철학적 탐구를 유럽의 자연철학에 견주어 뒤떨어지지 않으며 오히려 '선구자'라고 일깨우고 있다. 위에서 만물체계 정상에 위치한 태극을 아리스토텔레스의 '제일 원인'에 견주듯이 성리학의 사단칠정론, 특히 율곡과 고봉 사이에 8년에 걸쳐 일었던 논변을 유럽의 자연철학과 견주고 있는 데서 나는 헨더슨을 조선 성리학 철학의 홍보대사가 아닐까 생각했다. 즉 우리는 그가 미의식을 갖춘 도자기 수집가라는 점에서 그가 수집한 헨더슨 컬렉션을 두고 하버드대학교 아서 새클러미술관의 마우리 박사가 '문화적·예술적·친화적 홍보대사'(김정기, 2011: 298)라고 말하듯이 이제 그는 조선 성리학 철학의 홍보대사라고 해도 괜찮지 않을까.

헨더슨은 이어 주치주의학파, 예학파, 양명학파에 대해서도 비교적 자세히 소개하지만 그가 무게를 두어 설명한 것은 실학파다. 그런데 실학파 소개는 헨더슨이 같은 시기에 초고를 완성한 「정다산론」과 내용이 거의 겹치고 있다고 사료되어 여기서는 생략한다. 다만 「정다산론」은 다산의 인물에 중심을 둔 프로필적 이야기가 짙은 반면 '실학파' 이야기는 학파성에 무게를 둔 점이 다르다고 짚어두자.

성리학의 기구

조선왕조 시절 성리학의 기구는 교육기관의 특성을 갖는 '성균관 시스템' 과 지역문화와 파벌 색을 지닌 '서원'으로 나뉜다. 피라미드 구조를 갖는 성 균관 시스템의 정상에는 오늘날 종합대학교 격인 '성균관'이 있고 성균관에 는 종교의 도관(道觀)처럼 성현들[18명]의 위패가 모셔져 있다. 성균관은 조 선왕조 관료의 실질적인 교육기구로 젊은 관료들이 관계로 나가는 독점적 인 문호이기도 하다.

처음에는 매년 입학생이 200명이었지만 영조(英祖, 1725~1776) 때 126명 으로 줄고, 고종(高宗, 1864~1906) 때 다시 100명으로 줄었다. 성균관 밑에 단 과대학 격인 사학(私學)을 두었는데 서울에 네 군데, 전국 8도에 각각 한 군 데 있었다. 다시 그 밑에는 고등학교 격인 향교(鄕校)를 두었는데 1918년 통 계에 의하면 전국에 335개가 있었다. 맨 밑에는 마을 단위 마다 서당을 두 었다.

우리나라 속담에 "서당 개 삼 년이면 풍월을 읊는다"는 말이 생겨난 것은 이런 촘촘한 교육시스템에 연유했을 것이다. 전국 방방곡곡 천자문이나 훈 몽자회를 낭랑하게 읽는 소리를 민초들이 어떻게 듣지 않을 수 있으랴. 과 연 위에서 말하듯이 지성과 철학의 나라라고 아니 할 수 있겠는가.

서원

이야기를 또 다른 성리학 기구인 서원으로 돌려보자. 서원은 지방의 이 름난 성현이나 전국적 명성의 성현의 위패를 모신 사당의 성격을 지니지만 그 이상이다. 그 자체 중요한 교육기관이기도 하고, 지방의 학자들이 모이 고 토론하고, 축제의 한마당 역도 하는 마을 공동체 센터이다. 이렇게 서원 의 특성은 다기하지만 한 가지 뚜렷한 것은 그것이 파벌의 중심지라는 것이다. 헨더슨은 서원을 다음과 같이 비평한다.

서원은 학문, 나이, 남자의 역할을 강조하는 사회 체계의 지방적 제도화를 이
룬 것(local institutionalization)이다. 또 다른 중요성은 그것이 파벌주의의 중심
이라는 점이다. … 여기서 파벌들의 음모가 배태되고 실현 방안이 모의되었다.
여기서 젊은 학자가 늙은 학자들의 의견을 경청하고 늙은 학자들은 파벌 싸움을
이어갔다. 많은 면에서 서원은 조선왕조의 중심 기구였다. 서원을 제쳐놓으면
당대의 정치적, 교육적, 사회 시스템을 이해할 수 없다.

서원의 역사를 보면 1541년 풍기 군수 주세붕(周世鵬, 1495~1554년)이 경
상도 북쪽 백운동 땅 풍기에 서원을 처음 차렸는데 백운동은 고려의 이름난
성리학자 안유의 저택이 있었던 곳이었다. 이 사당의 명성이 높아지자
1551년 명종은 '소수서원(紹修書院)'이란 사액(賜額)을 내려 '사액서원'이 되
었다. 이는 조정이 서원에 면세와 함께 땅과 노비를 주는 것을 의미했다. 필
경 소수서원은 안유의 위패를 모셔 서원이자 사당이 되었다. 뒤에 퇴계도
여기에서 은퇴 뒤 오랫동안 후학들과 함께 성리학을 가르쳤다.

이렇게 서원의 명성이 커지자 우수한 생도가 서원으로 몰려 흥하는 반면
왕정의 교육기관 성균관과 사학은 쇠락하기 시작했다. 처음 서원은 사당으
로 출발했지만 교육기관으로 우뚝 서게 되었지만 성균관은 반대의 길을 걸
었다. 즉 교육기관으로 출발했지만 서원에 밀려 사당으로 되고 말았다. 정
조(正祖, 재위 1777~1800년) 때가 되면 서원은 650개에 이르는데 그중 270곳
은 조정이 은전을 베풀었다.

그러나 필경 서원은 파벌주의의 온상이 되어 망국병으로 치닫게 된다.
그 사이 1864년 고종 임금의 부친 흥선 대원군은 서원 병폐를 알고 명성 있
는 47개 서원을 빼고는 모든 서원을 철폐하고 말았다. 대원군은 서원이 300
년간 누린 특권을 빼앗고 가진 땅을 탐냈던 것이다. 민비와 결탁한 노론파

의 저항도 부질없는 일이 되고, 이렇게 서원 시대는 막을 내리게 된다.

조선왕조가 쇠락의 길을 걷던 1820년 뒤 남인파의 성리학 사상도 점차 쇠락의 길로 들어서게 된다. 19세기 초반 남인에 대한 박해와 용서 없는 처단은 성리학의 쇠락을 부추겨 몰락을 재촉했다.

대원군과 민비는 시아비와 며느리 관계지만 서로 권력 싸움에 매몰된 사이 마지막 30년간(1864~1895년) 노론과 남인은 파벌 싸움을 벌인다. 노론은 민비에 결탁해 지배력을 강화하지만 치명적인 내정 실패를 거듭하고 남인은 대원군과 결탁하여 서양 문물에 적대적이며 반외세적인 고립주의에 빠진다. 이렇게 민비와 대원군을 배경으로 노론과 남인은 파벌 싸움을 벌인 것이다. 헨더슨은 조선왕조의 종언을 이렇게 말한다.

서원과 성리학자들이 살아남아 있었더라도 조선왕조의 성리학은 서양의 외세와 현대 권력정치가 제기하는 문제에 대처하는 데 극복할 수 없는 어려움에 처했을 것이다. 고립주의와 조선의 고전적인 파벌 정치의 패턴에 매몰된 나머지 왕조의 성리학은 파벌주의가 치명적이고 고립주의가 더 이상 가능하지 않은 시대에 죽고 말았다.

기세춘을 감동시킨 헨더슨

마지막으로 헨더슨의 조선유교론은 이을호 교수가 크게 공감을 표하는가 하면 재야운동가 이자 동양사상가 기세춘 선생을 감동시켰다. 기세춘은 헨더슨이 강진에 내려와 조선 유교 강연을 들었다며 "나는 조선인인데도 서양인보다 유가의 가르침을 모른다니!"라고 개탄했다는 것이다. 한울엠플러스의 박행웅 고문에 의하면 2012년 가을 서울 종로3가 근처 한 홍어전문 '삼합'식당에서 기세춘이 한 말을 기억한다고 회고했다. 기세춘은 다산 정약용의 주역 해설서를 3000장이 넘는 원고를 마무리해 출간을 준비하던 중 2022년 5월 6일 영면했다(≪한겨레≫ 2022.5.9: 23면 「묵자」 반전 평등 사상 알린 기세춘 선생 별세」참조).

이 말을 들으면 기세춘이 헨더슨의 조선유교 강연을 듣고 지적 충격을 받아 동양사상에 눈을 돌린 이유를 알 수 있다. 그는 1963년 통일혁명당 사건에 연루돼 신영복 교수와 22년을 복역했다. 이렇게 보면 기세춘과 헨더슨은 이심전심으로 한국의 민주화 운동으로 맺어져 행동하는 지성인으로서 진면목을 보인 셈이다. 이들은 이렇게 1987년 6월 항쟁으로 쟁취한 한국의 민주발전을 이룩한 데 밑거름이 된 것이다.

개요와 소결

헨더슨은 일찍이 1957년 「정다산론」을 집필한 뒤 「한국유교약사」 1편 (1958) 및 2편(1959), 「고려의 도자」(1958), 「간지명을 가진 후기 고려청자」 (1959)를 연이어 발표한다. 이들 논문은 모두 헨더슨을 한국학 선구자의 반열로 올려놓는 데 부족함이 없는 글이지만 「정다산론」으로 대표되는 헨더슨의 다산 연구는 남다르다. 그의 지성이 담겼을 뿐만 아니라 그가 다산을 얼마나 흠모했는지 스스로 쓴 글에서도, 행적에서도 알 수 있다.

헨더슨은 다산이 귀양 간 강진을 몇 번이나 찾는가 하면 경기도 광주 능내리 다산의 묘소를 찾아 그대로 방치된 묘소에 대해 다산의 후손들에 손가락질한 것으로 추정된다. 나는 그가 다산의 묘소를 찾은 것은 그가 다산의 영혼을 체험하려 한 것이 아닐까 생각해 본다.

이 미국의 외교관 헨더슨은 왜 「정다산론」을 집필했을까? 물론 한국의 지성세계는 다산을 빼놓고서는 성립되지 않는다는 그의 안목이 자리 잡았을 것이다. 하지만 더 큰 동기는 그가 중국과 일본 사이에 끼어 있는 소국 한국이 사실 무시해도 되는 '작은 나라'가 아니라는 그의 통찰이 작용했을 것이라고 지은이는 생각한다.

그런데 헨더슨이 미 국무부 소속 외교훈련원(Foreign Service Institute)의 극동연구실장의 지위에서 굳이「정다산론」을 비롯한 일련의 논문을 써낸 것이 심상치 않다. 중국이나 일본이나 풍부한 문헌 기록이 있지만 한국에 관한 연구기록이 거의 없는 빈 공간을 그가 직접 메운 것이다.

그뿐만 아니다. 그가 집필한「조선유교론」은 다산 연구가인 이을호 교수를 크게 감동케 했는가 하면 재야운동가이자 동양사상가인 기세춘 선생을 감동시키기도 했다.

결론적으로 헨더슨은「정다산론」을 국제지에 발표해 다산을 지적 논의의 장으로 끌어들이는 데 성공하고「조선유교론」을 발표해 조선왕조가 패망한 파벌주의를 가리키기도 했지만 중요한 것은 조선유교가 학문적으로 뛰어난 성리학자를 배출한 것이라고 짚었다.

앞 장에서 그레고리 헨더슨의 역사·문화 기행이 조선왕조 시절의 주자학을 중심으로 했다면 이 장은 그가 고려왕조 시절로 거슬러 올라간 역사·문화 기행을 살핀다. 그가 여기서 주로 천착코자 한 것은 고려청자의 특징적 면모, 그리고 불교와 상관관계도 주목한 주제이다. 그러나 헨더슨은 이 주제를 단순한 상관관계의 검증으로 수렴되는 차가운 연구 이상 그는 고려인의 불심이 담긴 고려청자를 온몸으로 체험코자 했다. 그것은 그가 상상하고, 사색한 나머지 얻어지는 '학문'과 '예능'을 그 자신의 마음에 체현하고자한 것이 아닐까. 이 장의 제목을 '헨더슨의 상상, 사색, 그리고 학예'라고 표현한 까닭이다.

헨더슨은 1957년 「정다산론」을 기고한 다음 해 1958년 11월, 다시 다음해 4월 다산의 먼 유배지 강진을 방문한다. 그는 초행길의 포장 안 된 먼지길을 지프차로 달려 강진을 찾아 다산의 어머니 해남 윤 씨 일가들과 만나고 하루 밤을 다산초당에서 보낸다. 그런데 그가 다산초당 근처 만덕사(萬德寺)라는 고려의 옛 절터 부근 조밭에 질펀하게 흩어진 청자 조각들을 발견한다. 그가 주은 도편 조각에 놀랍게도 60갑자 연호 '임신(壬申)'이 새겨져 있고 문양은 '버드나무와 물새'가 그려져 있는 것이 아닌가.

여기서 헨더슨은 그의 자유로운 '상상'의 나래를 편다. 그가 쓴「검은 계곡 이야기」라는 수상록이 그 결과물이다. 난폭한 상상은 소설가의 이야깃거리지만 깊은 사색은 철학자의 몫이다. 독일이 낳은 위대한 철학자 임마누엘 칸트(Immanuel Kant, 1724~1804)가 펴낸『순수이성비판』이나『실천이성비판』은 깊은 사색의 결과물이다.

헨더슨의 경우 상상과 사색을 겸비한 에세이스트이자 철학자이다. 이는 만덕사와 고려도자기 생산의 깊은 인연에 관한, 상상의 이야기이다. 다시 수상록에서 비상한 것이 그가 ≪극동도자기회보(Far Eastern Ceramic Bulletin)≫에 1959년 기고한「간지명을 가진 후기 고려청자: 새로운 발견과 새로운 이론(Dated Late Koryo Celadons: New Finds and New Theories)」이라는 논문이다. 이에 앞서 1958년「고려의 도자: 제 문제와 정보의 전거(Koryo Ceramics: Problems and Sources of Information)」를 같은 ≪극동도자기회보≫에 기고했다.

제1절「검은 계곡 이야기」

헨더슨은 한국정치에 뛰어난 안목을 가진 정치학자이지만 한국의 문화와 예술, 특히 옛 도자기에 대한 애착과 정열은 남다르다. 헨더슨은 한국 옛 도자기에 대한 정열은 그가 한국 도자기를 보는 심미안을 길렀을 뿐만 아니라 학술적 연구에도 전문가의 경지에 이르렀다고 생각된다. 그러기에 우리나라 옛 도요지 곳곳에서 발견되는 자기 파편에 눈길을 쏟았다. 그는 미 대사관 문정관으로 부임한 몇 달 뒤, 1958년 11월 그리고 다시 다음 해 4월 전남 강진을 찾았다. 강진(康津)은 다산이 오랜 귀양살이를 지낸 오지이지만 다산이『목민심서』를 비롯해『여유당전서』를 써낸 고장이다.

그때 그가 다산초당을 찾아 하루 밤을 보내는가 하면 만덕사라는 옛 절터

보스턴 교외 웨스트메드퍼드 록힐 스트리트 12번지
헨더슨 사저 정원에 서 있는 한대선(韓大善)이라고 새겨진 명패석

근처 산자락의 조밭에 뿌려져 있는 고려자기 파편들을 발견하고 「검은 계곡 이야기」라는 수상록을 썼다(제4장 1절 112~113쪽 참조).

헨더슨은 만덕사 부근 계곡에서 고려청자 도편을 만져 본 감동을 이렇게 적었다. 그러나 그가 더욱 감격한 것은 "조밭에 보료를 놓은 듯 수천 아니 수만 개의 자기 파편들" '고려 도자기 파편들'이었다. 고려청자를 연구하는 학자의 처지에선 이보다 반가운 일이 없을 것이다. 이어 그는 상상의 나래를 펴 도자 파편들이 왜 그 검은 계곡에 널려 있는 지 소설가다운 이야기를 이어간다. 이 수상록의 한 대목을 상기해 보자.

이 모든 자기 파편들이 계곡에 뿌려진 씨앗처럼 널려 있다. 이 각각 자기 조각에는 거미집처럼 또 다른 시대의 거미줄 같은 알려지지 않은 이야기가 걸려 있다. 아마도 어떤 부주의한 젊은이가 800년 전 마을 막걸리에 취해 지게로 이

도자기를 나르다가 몇 개를 떨어뜨린 게 아닐까. 그렇지 않으면 도요의 십장이 그에게 손찌검을 하고 욕설을 퍼부은 나머지 그릇이 깨져 나가고, 묻히고, 씻겨 나가고, 다시 묻히고, 다시 씻겨나가고 한 것은 아닐까. 그러나 지금 모든 것이 지나갔다. 십장도, 젊은 짐꾼도, 가마도, 그가 말한 언어도, 왕국 자체도 지나갔다. 그러나 여기 내 손 밑에 자기 파편은 남아서 다른 인간의 조직 안으로 짜들어 간다. 별무리처럼 수많은 조각들이 하늘 아래 널리 놓여 있는 조밭에 널려 있구나. 그리고 그것들의 이야기는 기록되지 않고 사라져 버렸구나(Henderson, 1958b: 「검은 계곡 이야기」).

나는 이 수상록을 읽을 때마다 그는 어쩌면 소설가가 더 어울렸을지도 모른다고 생각하곤 한다. 그러나 이 수상록을 찬찬히 읽으면 그가 고려자기의 미학에 심취되었음을 알 수 있다. 게다가 여기에는 고려자기 도자기 파편들의 단순한 수집가 이상 연구자로서 그의 자세가 묻혀 녹아 있음을 알 수 있다. 헨더슨은 도자기 수집가, 수상가·소설가, 연구자를 겸하고 있다. 과연 그는 이 도자 파편을 기반으로 연구 논문 두 편을 써낸다. 그것이 앞에서 언급한 「간지명을 가진 후기 고려청자」와 「고려의 도자」이다.

보고 싶어라, 만덕사

헨더슨이 서울 미 대사관 문정관에 부임한 얼마 뒤 1958년에 이어 다음 해 두 번이나 강진을 찾는다. 그것은 물론 정다산의 먼 유배지에서 그의 체취를 체험하고 싶었던 의도가 작용했을 터이다. 그게 다가 아니다. 그가 문헌으로만 알고 있던 만덕사의 옛 절터를 온몸으로 체험하고 싶었을 것이 분명하다. 앞에서 소개한 「검은 계곡 이야기」에서 만덕사 부근 계곡에서 고려청자의 수많은 파편을 발견하고는 크게 감격하고 있는데서 알 수 있다.
그런데 1957년 헨더슨의 「정다산론」을 두고 다산 연구가 이을호 교수와

주고받은 편지에서 그는 뜻밖에 만덕사 그림을 받는다. 얼마나 기쁘고 설레는 마음으로 감격했겠는가! 그가 이을호 교수에 전한 편지 구절을 상기하면 이렇게 되어 있다.

먼저 헨더슨은 "보내주신 그림 중 내 흥미를 끈 것은 강진에 있는 만덕사였습니다"라고 말문을 연 뒤 만덕사라는 고려의 옛 사찰을 알게 된 경위와 연유를 밝히고 있다.

> 보내주신 그림과 함께 공개편지를 받은 날 공교롭게도 내가 만덕사에 관한 글을 읽었기 때문입니다. 내가 만덕사에 관한 글을 읽게 연유는 다름 아니라 내가 지금 미국에서 열릴 한국미술품전시회와 관련하여 이곳 국립박물관주최인 한국미술사 강연 원고를 준비 중에 있는데 특히 저명한 자기 굽는 가마가 이 용문천이 흐르는 지금의 부수사(浮水寺) 근방과 사당리에 흩어져 있었다는 것과 또 고려 때에는 만덕사라는 절이 있었다는 점입니다.

그는 이어 "고려자기를 연구하는 학도로서 혹 이 만덕사가 고려도자기 생산과 깊은 인연이나 있지나 않았을까 하는 점입니다." 이렇게 헨더슨은 만덕사에 큰 관심을 보인다. 그는 이어 "만일 이 선생께서 보내신 이 만덕사 그림이 옛적 자기를 만든 가마자리 부근에 있는 절이라면 이의 해명이 다만 고려자기의 특색인 가열 조정으로 누구도 흉낼 수 없이 발달시킨 고려자기의 윤과 모양과 기술에 관한 수수께끼를 풀어주는 단서가 될 뿐만 아니라 한국불교가 고려자기 발달에 끼친 영향을 또한 해명해 주는 좋은 단서가 될 것"이라 말하고 있다.

그는 이어 용문천이 흐르는 지금의 부수사 근방과 사당리에 유명한 도자기 가마들이 흩어져 있고, 고려 때 만덕사라는 절이 이곳에 있다는 점"에 학구적 호기심을 보이면서 "고려자기를 연구하는 학도로서 만덕사가 고려도자기 생산과 깊은 인연이 있지 않을까"라는 가설을 제시한다(≪전남대학≫,

1957.12.15, 제45호).

고려청자의 고향

우리는 여기서 그가 1958년 11월에 이어 다음해 4월 다시 강진을 찾은 까닭을 되돌아보게 된다. 강진과 그 부근 만덕사. 정다산이 11년간 기거한 유배지이기도 하지만 고려자기의 고향이자 신앙의 쉼터가 아니었을까. 헨더슨은 상상의 나래를 펴고 앞에서 보듯이 「검은 계곡의 이야기」라는 수상록을 쓰는가 하면 이 에세이를 격상시켜 학술논문을 집필한다. 그것이 이미 언급한 「간지명을 가진 후기 고려청자: 새로운 발견과 새로운 이론」과 「고려의 도자: 제 문제와 정보의 전거」라는 제목으로 도자기 전문 학술지인 ≪극동도자기회보≫(1958년 3/6월호, 제10권 1-2호)에 실린 학술 논문이다. 그는 이 논문에서 불교 승려가 고려자기 생산에 중요한 몫을 맡았을 가능성을 제기하면서, 구체적으로 옛 절[만덕사]이 강진 만덕사 계곡 끝자락에 서 있는데, 그곳에는 가장 이른 때 것으로 추정되는 도자기 가마들이 가장 많이 발견되었다고 적고 있다.

잃어버린 고려청자 화병

헨더슨은 세상 사람들이 잊고 있는 귀중한 한국 도자기 한 점에 관심을 돌리기도 한다. 그는 1985년 4월 15일 자 ≪워싱턴포스트≫에 기고한 서한에서 벌써 39년 전 1946년 5월 21일 한국교육위원단 사절대표로 온 장리욱(張利郁) 박사가 트루먼 대통령에게 선물한 고려청자 화병(花瓶)이 백악관에서 감쪽같이 사라졌다고 일깨웠다.

이 화병은 고려 인종(仁宗, 1123~1146년) 장릉(長陵)에서 출토된 것으로 당시 기사와 함께 게재된 사진을 보면 여덟 쪽으로 금이 간 참외 모양을 하고 있으며, 굽이 높은 목은 양각된 세 줄로 나뉘어져 있고 밑받침은 21개의 주름살로 나뉘어져 있다. 또한 거죽 면은 국화와 흰색 목단 꽃으로 상감되어 있으며, 잎과 줄기는 흑색을 띈 진귀품이라는 것이다. 헨더슨은 이 화병이 한국인이 미군이 그들의 조국을 해방시켜준 데 대한 감사의 표시로 준 것이라면서, 따라서 이 보물은 미 국민 전체에 속한 귀중한 보물이므로 이를 찾는 캠페인을 벌이자고 쓰고 있다. 그는 이 화병이 인종 능에서 함께 출토된 한국국보 제94호 및 114호[청자소문과형병(靑磁素紋瓜形瓶) 및 청자상감모란국화문과형병(靑磁象嵌牡丹菊花文瓜形瓶): 지은이]와 맞먹는 보물이라고 추측한다.

헨더슨은 1980년께 ≪보이스오브코리아(the Voice of Korea)≫라는 잡지철을 뒤지다가 우연히 장리욱 박사가 트루먼 대통령에게 선물로 준 이 접시의 사진과 기사를 발견하고 그동안 백악관, 프리어미술관, 스미소니언박물관, 트루먼도서관, 트루먼 사저에 조회해 보았으며, 죽기 전 트루먼 부인과 그의 딸 대니얼 부인이 기억하고 있는가를 문의해 보았으나 모두 헛된 일이었다고 하면서 이제 공개적으로 수배해야 한다고 쓰고 있다.

헨더슨의 요청에 동조해 ≪워싱턴포스트≫는 그해 5월 10일 자「사라진 화병의 수수께끼(The Mystery of the Missing Vase)」라는 제목의 칼럼 기사를 실었고, 또한 그 자신이 ≪코리아헤럴드≫에 「사라진 화병: 한미관계의 수수께끼(The Missing Vase: A Mistery in U.S.-Korean Relations)」라는 글을 직접 기고했다.

상기해 보면 헨더슨이 휘말린 이른바 '도자기 사건'은 프레이저 청문회를 앞두고 궁지에 몰린 박정희 정권이 헨더슨의 입을 막아보려는 잔꾀로 만들어 낸 흑색선전에 지나지 않는다(제4장 4절 '수집과 반출' 140~141 및 제12장 1절 '프레이저 한국 인권청문회' 426~442 참조). 그러나 앞서 살펴 본 바와 같이 이 흑색선전은 그의 입을 막는 데 전혀 소용이 없었다. 박정희가 유신체제 아래 지식인, 교수, 종교인, 언론인, 학생들에 무차별 탄압을 자행하고 있을 즈음, 헨더슨 등 미국 동부 진보적 자유주의 인사들이 요구한 프레이저 청문회가 열리자 헨더슨은 앞서 살펴본 바와 같이 최종길 교수의 고문 살해 등 한국 중앙정보부의 반인륜적인 고문 실상을 여지없이 폭로했기 때문이다.

그렇더라도 헨더슨은 의도적이든 아니든 이 흑색선전에 놀아난 일부 언론으로부터 인간적 성실성이 훼손당하는 수모를 겪지 않을 수 없었다. 그러나 헨더슨과 그의 부인 마이어가 평생 동안 모은 143점의 헨더슨 컬렉션 [제4장 3절 '헨더슨의 도자 컬렉션' 참조]19)은 이제 더 이상 헨더슨가의 개인 컬렉션이 아니다. 1992년 1월 하버드대학 새클러미술관에 기증되어 인류의 보배로서 한국 도자기 문화의 예술성과 우수성을 전 세계에 알리는 진주가 된 것이다.

지은이는 2006년 10월 헨더슨 문집을 열람차 하버드-엔칭도서관을 찾았을 기간, 새클러미술관에 들러 헨더슨 컬렉션 중 일부를 관람한 적이 있다. 예컨대 그때 전시된 16세기 조선 분청자기로서 분청사기철화삼엽문장군(粉青沙器鐵畵蔘葉文缶)과 18세기 조선 청화백자로서 바위, 국화, 곤충무늬의 입 큰 화병 등은 보물급에 속하는 명품일 것이다. 그 밖에 12세기 말 것으로 추정되는 차형 토기와 상감운학문 매병 등은 보물급으로 볼 수 있을 것이라고 전문가들은 말한다.

---

19) 이 컬렉션은 학술적 가치는 높지만 국보급에 속한다고 할 수 있는 명품은 거의 없다고 알려져 있다. 그러나 보물급에 해당하는 도자기들이 상당수가 들어 있다. 1992년 하버드대학이 헨더슨 컬렉션을 기증받았을 때, ≪코리아헤럴드≫ 이경희 주필이 새클러미술관 관장 마우리(Robert D. Mowry) 박사를 인터뷰한 글에 의하면, 국보급 품목은 없다면서, 만일 헨더슨 컬렉션이 한국국립박물관에 진열된 국보들과 같이 놓였다면 훨씬 덜 중요한 것으로 보였을 것이라고 말했다 한다. 이경희, 1993: 81-85). 헨더슨 도자기 컬렉션의 특징은 구석기 시대 토기, 가야 시대 토기로부터 삼국시대 신라 토기, 고려자기, 조선 자기를 년대별로 체계화하여 수장가의 문화사적인 심미의식을 엿볼 수 있게 한다. 새클러미술관이 1992년 12월 헨더슨 컬렉션의 기증을 기념하여 전시회를 열었을 때, 직접 관람한 김준길(金俊吉)에 의하면 헨더슨 컬렉션의 명품으로 알려진 고려청자와 조선백자는 하나같이 깨진 것을 덧붙인 온전한 물건이 아니었다고 하면서, 그런 연고로 헨더슨이 값싸게 구입할 수 있었다고 추측하고 있다(김준길, 2001.6).

제2절 에세이에서 연구논문으로

앞에서 언급한 고려청자에 관한 두 편의 연구 논문에 눈을 돌려보자. 이것이 앞서 언급한 「간지명을 가진 후기 고려청자」와 「고려의 도자」이다. 「간지명을 가진 후기 고려청자」는 그가 강진 부근 고려 시절 만덕사 옛 절터 옆 계곡에서 발견한, 헤아리기 힘든 청자 파편과 수많은 옛 가마터를 토대로 쓴 논문이며 「고려의 도자」는 좀 더 넓은 틀에서 고려자기 전체상을 그린 글이다. 중요한 것은 두 논문은 모두 그가 상상에서 연구논문으로 격상시킨 것이라는 점이다.

1. 고려의 도자

헨더슨이 1958년 11월 정다산의 유배지 강진을 찾고 그 부근 고려의 옛 절터 만덕사 근방 계곡에서 무수히 흩어져 있는 청자 도편을 발견한 뒤 그 감동을 안은 채 「고려의 도자」라는 장문의 논문을 기고했다. 이에 이어 다음 해 「간지명을 가진 후기 고려청자」라는 논문을 다시 기고한다. 후자는 그가 옛 절터 만덕사 옆 '검은 계곡'에서 손수 습득한 '임신'이라는 간지명이 박히고 '버드나무와 물새' 문양이 새겨진 도편을 발견한 뒤 그 '새로운 발견'을 토대로 '새로운 이론'을 쓴 것이다.

「고려의 도자」 개요

이제 「고려의 도자」의 요지를 살펴보자. 그는 서론에서 "고려 시대(935~1392)와 같이 '역사적 기후(historical climate)'가 엄중한 때에도 한민족은 역사가 허용하면 위대한 예술적 기질로 놀라운 성취를 이룩했다"며 그것이 바로 고려도자라고 짚었다.

고려도자가 만들어진 한반도를 생각할 때 서양 사람들은 구약성경의 예언자 예레미아(Jeremiah)의 대답을 상기한다. 이스라엘이 남쪽으로부터 이집트인에 의해, 북쪽으로부터 시메리아인(Cimmerians)에 의해 침략 당했을 때 그는 무엇을 보았느냐고 물음을 받았다. 그는 꽃이 피어 있는 복숭아 나뭇가지를 보았다고 대답했다. 우리가 만일 13세기 중반 북쪽으로부터 거란, 여진, 몽고가 끊임없이 위협하고 남쪽에서는 왜구가 노략질을 자행하던 한반도에 서 있다면 우리는 도공의 기술이 만발한, 가장 굳센 줄기에서 뻗은 나무 가지를 보았을 것이다.

이렇게 헨더슨은 13세기 중반 고려 도공의 '만발한' 기술을 칭송하면서 「고려의 도자」의 이야기를 시작한다. 이후 이야기는 '고려도자의 연구자료'의 소개에 이어 '고려도자의 주요 연구 문제'를 적시하는 것으로 전개된다. '고려도자의 연구자료'는 송나라에서 고려로 보낸 쉬징(徐兢)의 여행기 『고려도경(高麗圖經)』을 비롯해 『고려사』, 금석문, 시, 도자기명, 요지 등에 적힌 고려청자에 대한 글을 소묘한다. '고려도자의 주요 연구 문제'는 학자들이 앞으로 고려청자를 연구할 때 주요 과제를 제시해 준다.

비색(翡色) 띤 고려청자

1123년 고려 왕국이 번성할 때 송나라 임금 휘종(徽宗)이 쉬징이라는 젊은 학자 겸 관리를 고려 왕정에 보내 조공의 답례로 관의 선물을 선박에 실어 전했다. 그때 쉬징은 왕도 개성에 30일 머물다가 중국으로 돌아간 뒤 『고려도경』(高麗圖經, 『宣和奉仕高麗圖經』의 약칭)이라 부르는 여행기를 썼다. 1167년에야 사후 간행된 이 책에는 여러 군데 고려청자에 대한 소묘가 그려져 있다.

이는 노모리 겐(野守健)이 지은 『고려도자의 연구』(高麗陶磁の研究)에서 인용한 것으로 헨더슨은 이 연구를 "노모리의 이 면밀한 저서는 고려도자 연구에 관한 바이블이라 할 만하다"고 말한다. 모두 여덟 곳에 이르는 고려청자 소묘 중 두드러진 것은 제32장인데 네 곳을 차지한다.

여기에는 "고려인은 도기의 색깔을 비색(翡色)이라 말한다"[陶器色之靑者. 麗人謂翡色]면서, 이어 "이 글자의 뜻은 '물총새(kingfisher) 또는 어구(魚狗)의 청색(靑色)' 또는 다소 시적인 뜻으로 '청호반색(halcyon) 또는 비취색(翡翠, 물총새의 일종)의 빛'을 의미한다." 또 "근년에 더욱 공교(工巧)하게 되고 그 빛은 더욱 아름답다"[近年以來製作工巧. 色澤尤佳]고도 그린다. 이에 더하여 도기의 모양에도 주목한다. "술 주전자는 오이와 같은 모양을 하고, 위에 작은 뚜껑이 있는데 연화 위에 오리가 엎드려 앉은 모양의 것이다"[酒尊之狀 如瓜. 上有小蓋. 而爲蓮花伏鴨之形]. 그리고 향로의 모양도 그리고 있는데 사자 모양을 하고 있다면서, "연화 위에 사자가 쭈그리고 앉은 모양의 것이다"라고 썼다.

마지막으로 제32장에는 고려기의 빛을 '월주(越州)의 옛 비색(古秘色)' 또는 '여주(汝州)의 새 그릇(新容器)'과 비교한다.

쉬징은 '재주 있는' 고려인 도공이 사발, 접시, 잔, 잔받침 및 화병 등을 만드는데, 그것들은 중국의 정기제도(定器制度)를 '몰래' 모방한 것이라고 하였다. 헨더슨의 영문논문을 번역한 ≪亞細亞硏究≫(아세아연구) 측은 원문 중 'furtively' imitate를 '가만히 모방한 것'이라 번역했다. 그러나 '몰래' 또는 '슬쩍'이라 해야 정확한 의미가 전달된다. 마치 고려 공민왕 시절[1360] 원나라 사절을 수행한 서장관 문익점이 원나라에서 돌아올 때 붓대 속에 목화씨를 '슬쩍' 가져왔다고 해야 하는 것과 마찬가지다.

쉬징이 고려 도공이 제 나라의 송자(宋磁)를 '몰래' 모방했다고 한 것은 시샘에서 토한 말인지도 모른다. 설령 고려 도공이 송자에서 영감을 얻었다고 하더라도 불을 지펴 가마에서 비색의 고려청자를 구어낸 것은 단순히 모방으로 만들어지는 것이 아니라는 것은 말할 나위도 없을 것이다.

청자 시가(詩歌)

고려 시대 유명한 시인 이규보(李奎報)가 지은 『동국이상국집(東國李相國集)』에는 고려자기에 관한 세 수의 시가 있다. 이규보는 고종(高宗, 1214~1260) 때 대학자이자 관리였는데, 헨더슨은 "인간적인 이해가 많은 이의 고려청자에 대한 시는 자기의 사용과 특히 그 당시 행해진 감상의 정신에 관하여 빛을 던져주는 것"이라고 말한다.

> 남산의 나무는 베어지고, 가마의 불은 해를 가린다. 거기서 나오는 그릇은 옥과 같은 빛이 있고, 수정과 같이 영롱하고, 산골(山骨)과 같이 굳고, 마치 도공이 그 비밀을 하늘로부터 빌려오고, 그 위에 정묘(精妙)하게 그림을 그렸네(卷 8, 古律詩).

또 하나의 시(卷13)는 '녹자연적자(綠瓷硯滴子, 이하 '청자연적 동자')라 제목을 붙인 것으로, "하루에도 천 장의 종이에 시를 쓰는 저자의 붓을 위하여 물을 담은 동자형으로 만든 청자연적을 칭송하는 시"라며 "그가 발견할 수 있는 어떤 진짜 종[從僕]보다도 더 참을성 있고, 익살스럽고, 정다운 것은 이 청자 동자"라고 하였다. 놀랍게도 헨더슨은 이 묘사에 정확히 부합하는 유물이 간송 전형필(全鎣弼)의 수집품에 소장되어 있는 것을 찾아냈다. 이는 『세계도자전집』 70페이지에 복제된 '청자연적 동자'다.

세 번째 시(卷16)는 청자 베개에 대한 아름다운 시인데 "그 베개 위에서 사람은 영달을 꿈꿀 수 있고, 또 당신이 좋아하는 하천(下賤)의 려인(麗人)과 결혼하는(천하지만 아름다운 고려 여인과 잠자리하는) 꿈도 꿀 수 있다. 당신은 잠자리에 뛰어 들어갔을 때 그 꿈을 깨뜨리지 말라."

분묘의 무차별 도굴

그 밖에 「고려의 도자」는 '도자기명(陶磁器銘)', '고고학적 증거', 그리고

'요지'라는 항목으로 각각 서술하고 있는데 이 중 '도자기명'과 '요지'는 모두 이어 살피는 「간지명을 가진 후기 고려청자」와 중복되는 면이 있어 생략한다. 마지막으로 '고고학적 증거'에서는 고려자기는 예외 없이 분묘에서 나왔는데 도굴에 의한 것이라고 단정한다. 헨더슨은 "고려청자가 발견된 이와 같은 사정은 연대 결정과 유래에 대한 거의 모든 지식을 빼앗았으며, 그리하여 나아가서는 그 자기의 사회적 배경에 관한 개념도 갖지 못하게 되었다"고 개탄한다.

이들 도굴범은 누구인가? 헨더슨은 시사적으로 "통제 없는 분묘의 도굴의 발작은 특히 1908년에서 1913년 사이의 일본 통치와 점령의 초기를 특징지었다"고 말한다. 그러나 많은 개성 주민들이 이 방법으로 몇 해 동안 생계를 도모하였다고 일깨운다. 일본인 도굴범들이 개성 주변의 분묘를 쇠꼬챙이로 찌르는데 개성 주민들이 조상에 대한 수치심도 모르고 안내역을 했음을 지적한다.

「고려의 도자」는 마지막으로 고려도자의 연구 문제를 제시해 준다. 헨더슨은 '고려청자의 기원'을 비롯해 여섯 문제로 정리하는데, 고려청자가 영향을 받은 외국[송나라]이나 영향을 준 외국[일본]을 비중 있게 다룬다. 끝으로 든 '한국 고유 예술과 기술발전상의 여러 문제'가 눈길을 끈다. 도대체 고려 왕국의 도공들은 그 신비로운 '비색'을 어떻게 만들었나? 그들의 후예들은 과연 그 '비색'을 제대로 발전시키려는 의식이나 하고 있는가?

2. 「간지명을 가진 후기 고려청자」

「간지명을 가진 후기 고려청자」를 좀 더 자세히 살펴보자. 이 논문에서 그는 손수 '간지명'이 든 고려청자 파편 한 점을 강진 부근 옛 고려 절터 계곡에서 발견했을 뿐만 아니라 강진 대구면에서만 100여 개의 가마터를 찾아냈다고 밝히고 있다. 그중 약 36개는 용문천 몇 리에 이웃하여 모여 있고 그 밖의 많은 가마터가 인근 지역에 산재해 있다는 것이다.

그가 찾아낸 고려청자 도편에 새겨진 간지명 임신(壬申)과, 수많은 옛 가마터, 만덕사라는 고려의 옛 절터, 그리고 간지명을 가진 화병의 문양, 즉 버드나무와 물새. 이런 것이 바로 이 논문의 부제인 '새로운 발견'이며 이것을 근거로 '새로운 이론'을 제시한 것이다.

새로운 발견, 새로운 이론

'새로운 발견'에 관해 간단히 살펴보고 '새로운 이론'으로 넘어가자. 여기서 말하는 '새로운 발견'은 필경 헨더슨이 제시하고자 하는 새로운 이론의 벽돌이 되어 새 집을 지었다고 비유할 수 있다. 상기하면 헨더슨은 서울 미 대사관 문정관으로 부임한 지 얼마 뒤 1958년 11월과 다음 해 4월 두 차례 강진을 찾아 부근 고려의 만덕사라는 옛 절터 근방 계곡에서 별무리처럼 헤아리기 힘들 만큼이나 수많은 청자 도편을 찾아낸다.

그중에 임신(壬申)과 기사(己巳) 명(銘)이 박힌 도편 두 개를 습득한다. 특히 임신 명이 든 도편에는 버드나무와 물새가 들어가 있는데, 이는 시애틀 미술관(Seattle Art Museum)에 소장된 화병과 같은 것이어서 그를 흥분시키기에 부족함이 없었다. 연구자가 현지를 찾아 그가 가정한 가설을 검증할 수 있는 증거를 찾아낸다면 얼마나 즐거운 일인가. 학문 연구자로서 적지 않은 세월을 보낸 필자로서는 쉽게 공감할 수 있는 일이다.

① 일본인 학자들의 기존 이론

헨더슨이 세우고자 하는 '새로운 이론'이란 무엇인가? 이에 앞서 '새로운 이론'에 대적하는 기존 이론이란 무엇인가? 이것은 일본인 학자들, 특히 나이토 사다이치로(內藤定一郎)와 노모리 겐(野守健) 등이 주장한 '이론'이다. 또 한 명의 일본인 사토 마사히코(佐藤雅彦)는 1955년 열거한 도기 가운데 각종 명(銘)이 들어 있는 것이 96점이 있다면서 그중 33점에 간지명이 있다는 것에 주목한다. 그는 이것은 두 개의 전혀 다른 군으로 나누어지는데 다른 것은 제쳐 두고 간지명만 새겨진 25점의 도기 및 도편만을 문제 삼는다.

헨더슨이 이들 일본인 학자들의 기존 이론을 파악한 전거는 노모리 겐이 지은 『고려도자의 연구(高麗陶磁の研究)』(東京, 1944)와 사토 마사히코(佐藤雅彦)가 쓴 『명기가 있는 고려청자(銘記の ある高麗青磁)』(世界陶磁全集, 제13권, 東京, 1955)이다. 한국인도 일본인도 아닌 미국인 헨더슨이 일본어로 쓴 논문을 읽고 자신이 내세운 '새로운 이론'에 견주는 일을 능히 해낸 것이다.

먼저 헨더슨은 노모리와 사토는 일제강점기 동안 총독부 박물관에 근무하는 동안 수천의 도기와 도편을 여러 해 동안 조사한 끝에 '놀랄 만한 관찰'을 하게 되었다면서 "60개의 간지명 가운데서 불과 일곱 자가 사용되었다"는 것과 "더욱 놀라운 것은 이상의 연대를 훑어볼 때 모두 60년 주기 한 주기의 3분의 1 미만, 즉 18년에 포함된다는 것이며, 대다수[25개 중 21개]가 60년 주기 중 5년 기간에 포함된다는 것이다. 이러한 증거로 미루어 여기에 속하는 도편들은 한 그룹으로서 특성을 갖는다고 추정할 수 있다.

그러나 문제는 이들 일본인 학자들이 이들 도기 및 도편들을 한 그룹적인 특성에 아랑곳하지 않고 그것들이 18년이 아니라 3주기, 즉 180년이나 되는 폭넓은 기간에 제조된 것이라고 본다는 것이다. 그들은 그렇게 추정하는 근거를 유약의 질로 판정하고 있다. 이 점에 맞서 헨더슨은 그렇지 않다고 반론을 제기한다. 그가 만덕사 계곡에서 고려청자 도편을 포함해 자신이 해낸 몇몇 '발견'과 일본인 학자들이 일제강점기 시절 '놀랄 만한 관찰'을 아울러 그 상황을 다음과 같이 정리한다.

이리하여 우리는 지난 수십 년간에 걸쳐서 고려자기의 막대한 본보기가 되는 그릇들과 그 단편들을 감별(鑑別)해 왔고, 60년 한 주기인 간지 중 36개의 연대명이 기록되고 공표되었고 혹은 전시되게 이르는 상황에 직면하게 된 것이다. 이 시기에서 보면 이상의 그릇들은 60개의 가능한 간지명 중에서 겨우 7개만을 사용하고 있으며, 그래서 모두가 한 주기 안에 속하는 것이며, 이 연대명은 지극히 비슷한 종류의 그릇 위에 두드러지게 비슷한 솜씨로 씌어 있는 것이다.

즉, 일본인 학자들이 내린 결론과는 달리 헨더슨은 그가 습득한 도편을 포함한 일본인 학자들이 180년에 걸친 서로 다른 시기라고 분석한 고려도 편들이 사실은 한 그룹으로서 특성을 지녔다는 것이다.

② 헨더슨의 새로운 이론

이를 토대로 헨더슨은 "이와 같은 증거는 이상의 그릇이 한 그룹에 속하며, 아마 같은 주기에 제조되었으리라는 것을 매우 강력히 뒷받침하는 것이며, 이 증거는 공고한 것인 만큼 이보다 훨씬 공고한 증거에 의해서만 물리칠 수 있는 것"라고 결론을 맺는다.

그렇다면 헨더슨이 제시한 '새로운 이론'은 '이보다 훨씬 공고한 증거'에 의해서 물리칠 수 있을까? 여기서 그는 일본인 학자들이 제시한 '반대되는 증거'에 돌아가 무엇이 문제인지 차분히 논의를 전개한다.

헨더슨은 일본인 학자들이 "36개의 주기명이 든 그릇들이 한 그룹의 것이라고 하는 데 반대되는 증거란 원래 품질 판정, 특히 유약의 품질 문제에 의거하는 것"이라며 "간단히 말해서 노모리는 연대명이 있는 그릇을 다루는 데 있어서도 그의 이론의 출발점은 연대에 두지 않고 유약에 두었다"고 짚었다.

연대가 쓰인 그릇들을 한 그룹으로 보기는커녕, 노모리와 그의 후계자 사토 마사히코는 품질 판정에 전적으로 의거하여 그릇들을 3주기, 즉 180년 한주기 동안에 제조된 것으로 보고 있다. 예컨대 노모리 씨는 기사(己巳)라는 공통의 간지가 든 그릇 세 개를 1269년과 1389년의 것으로 보았고, 더 많은 그릇은 1329년의 것이라고 결론내리고 있는 것 같다.

그러나 일본인 학자들이 의존하고 있는 유약만을 판정기준으로 한 방법은 과연 타당한 것인가? 헨더슨은 "이 방법은 성실하며(conscientious), 노모리의 비견할 자가 거의 없는 경험을 받아들인 다면 객관적(objective)"이라고 하면서도 '심각한 위험(serious dangers)'이 있다고 짚는다.

　　그러나 여기에는 심각한 위험이 있다. 첫째 이 방법은 연대를 대략 1345년으로 추정할 수 있는 화병을 같은 시기에 제조된 모든 화병과 그 밖의 다른 형태의 그릇 전체의 전형으로 단정하고, 또 1392년에서 1402년까지 시기의 것으로 추정되는 화병을 전적으로 그 시기의 전형으로 가정하고 있는 것이다. 실상인즉, 이 방법은 어떤 특질이 어떤 시기에 해당되는가 하는 엄격한 규정(rigid definition)을 설정하고 있는 것이지만 그릇의 특질은 연대를 추정할 수 있는 한 둘의 도기만으로 규정할 길밖에 없는 것이다. 또 이 방법은 도기의 질을 어느 시기를 막론하고 한 시기의 것인 경우에 거의 동일하다고 단정할 뿐만 아니고, 유약의 질과 제조 및 상감기술이 13세기 초부터 16세기 초반에 이르기까지 계속해서 합리적으로 쇠퇴했다고 추정하고 있다. 그러니까 여기에 어떤 파편이 연대가 이미 들어 있는 파편 그룹보다 약간이나마 유약의 질이 좋은 경우 연대에 더하여 비유적으로 1347년을 해당시킨다면 남은 문제는 그 파편이 다른 것보다 5년 전의 것인지 또는 65년 전의 것인지 정하는 일뿐이다. 그릇의 질의 양질성 정도에 따라서 연대는 앞서야 한다는 것이다.

　　과연 이들 일본인 학자들의 방법에 의한 판정이 이론 검증을 통과할 수 있을까? 헨더슨은 "이 테스트에 견디지 못 한다"고 단언한다.

　　기계를 사용하지 않은 조그마한 가마에서 일하는 도공이라면 누구나가 경험하는 바이지만 자기가 만드는 그릇들의 질이란 늘 불변하는 것이 아니다. 같은 가마에서 같은 불속에 넣은 경우라도 그렇다. 불 속에 넣을 적마다 새로운 질이 생겨나고 새로운 위험이 생겨나며 대구면(강진군)에 가마가 단 하나밖에 없다고 가정한다 하더라도 거기서 산출되는 그릇의 질이 불변성에 대해 일반화하는 것은 경계해야 한다. 실상인즉 대구면에는 가마가 하나가 밖에 없었던 것이 아니다. 백여 개의 가마터가 그 곳에서 발견되었으며, 한 골짜기 안에서 39개소를 헤아릴 수 있었다. 대구면 이외에도 부안(扶安), 대전(大田) 근교의 진잠(鎭岑), 개성(開城) 북방의 송화군(松華郡), 그리고 도처에 산재한 수많은 가마에서 도기가 생산되었던 것이다.

헨더슨은 이렇게 유약의 질로 판정하는 균등성의 문제를 짚으면서 그 자신이 강진 대구면에서 발견한 수많은 가마와 헤아릴 수 없는 도편에 대해, 특히 그가 발견한 간지명이 들어 있는 도편에 대해 다음과 같이 논의를 계속한다.

특히 대구면에서 그토록 방대한 양의 도편이 산출되었을, 문제의 시기에 그랬음이 분명하다. 고려도기 전체를 보나 대구면 지역 산출 도기만을 보아서 다어느 한 시기에 한결같이 균등한 질의 그릇이 생겨났다거나, 많던 적던 간에 한결같이 우수한 혹은 열악한 유약이 생겨났다고 단정하는 것은 어디까지나 타당한 것이 될 수 없음이 명백한 것으로 필자는 보는 것이다.

그는 이어 자신이 만덕사 계곡에서 습득한 간지명이 들어 있는 두 개의 도편 중 "버드나무와 물새 문양의 도편과 시애틀미술관 소장의 사발과 좀 면밀히 검토해 보면 이 점이 분명히 나타날 것"라며 다음과 같이 계속한다.

양 쪽 문양은 세부에 있어서만 차이가 있을 뿐, 실질적으로 동일하며, 사발은 파편과 같은 종류의 것이고, 분명히 크기도 같은 것이다. 연대명도 똑같고 똑같은 장소에 쓰여 있다. 유약은 분명히 동일한 효과를 기하려고 한 것이지만 결과는 다른 것이 되어버렸다. 시애틀미술관 소장품은 로저스(Millard B. Rogers)[20] 의 말을 빌리자면, 편편하고 광택이 없으며 '밋밋한' 유약 빛이 난다. 반면에 필자의 것은 색과 윤이 훨씬 깊이가 있고, 유약이 이겨진 곳은 조금 더 초록빛을 띄고 있다.

이렇게 차이가 있음을 기술하면서 헨더슨은 "이제 노모리가 내세운 방법에 따라서 그릇의 흡사한 세공, 두께, 기술과 제조의 거칠음 혹은 능숙함으로 보아 이 둘이 동일한 시대의 것이라는 단정을 내린다면 이 도편과 사발을 상이한 시대의 것으로 추정할 때 난점이 생길 것이다. 그러나 이 둘의 유약의 상이함을 들어서 상이한 시대의 것으로 본다면, 이 둘은 서로 분리되어야만 할 것이다. 이와 같이 노모리 씨의 방법에는 모순이 있는 것"이라고 짚고는 다음과 같이 맺는다.

사실상 이 도편과 사발이 같은 해에, 같은 장소인 대구면, 그리고 어쩌면 같은 가마에서 만들어진 것이라는 굳은 증거가 있다. 그리고 이와 같은 결론은 앞서 추정한 바와 같이 유약은 똑같은 해와 똑같은 가마 혹은 지역 안에서도 도리어 여러 변종이 있었음을 보여주었던 것이다. 로저스는 예의 도편과 사발을 음미한 뒤 내게 이렇게 말하기를 "나는 이들이 같은 시기에 그리고 같은 가마에서 구어질 수 있었다고 굳게 믿습니다. 유약에서 보는 바와 같은 차이는 당신이 제시하는 바와 같이 불속에 넣을 때 일어난 것이 분명합니다. 솔직히 말해 한 점의 고려자기만을 말하더라도 여러 곳에 따라서 색채와 표면의 질에 허다한 변종이 있음을 나는 본 적이 있습니다."

---

20) Millard B. Rogers 는 헨더슨의 친지이자 도자기 전문가로 「Korean Ceramics in the Seattle Art Museum(시애틀미술관의 한국 도자)」(*Far Eastern Ceramic Bulletin* vol. nos. 3-4, Sept.-Dec., 1957)를 기고했다.

마지막으로 헨더슨은 일본인 학자들의 '놀랄 만한 관찰' 중 6년 주기의 18년에 속한다는 '18년'에 대하여 어느 기간으로 보는가? 그는 "이 문제에 대해서도 명확한 회답을 아직 제시할 수 없다"면서 이렇게 말한다.

> 필자로서는 1389년에서 1407년까지의 어느 시기가 아닐까. 이렇게 믿는 근거는 이 시기에 청자의 어떤 투명한 색채 혹은 광윤의 유약이 생산됨으로써 삽화에 나온바 투명한 광택을 가진 '壬申[임신]'자가 박힌 도편을 포함한 몇 점의 명기가 있는 도편들이 질적으로 보아서 그 시기의 것에 있을 수 있었든 폭넓은 질적 범위(broad quality tolerance) 밖에 있었다는 명확한 증거가 없기 때문이다. 질에 있어 질의 넓은 범위설에 따르면 '명기가 있는' 고려자기의 주기를 1269년에서 1287년까지의 주기 또는 1329년에서 1347년까지의 두 시기의 어느 편의 것으로 결정하기는 어려울 것이다. 이 두 시기의 어느 한 시기 동안에 운영되던 허다한 가마들이 상이한 질의 도기를 생산하였다는 점을 배제할 만큼 신빙성 있는 이론을 필자는 아직 모른다. 필자로서는 그 시기를 그 후기에 두고자 한다. 이상의 주기 명들은 강화도 시대와 가까스로 부합되는 것이다. 즉 강화도에 조정이 존속하였던 시기의 마지막 2년과 개성으로 천도한 처음 16년간에 해당하는 것이지만 …

이렇게 헨더슨은 문제의 18년에 대해 조심스럽게 1329~1347년이 아닐까 추정한다. 이 추정은 물론 일본인 학자들이 고려자기의 질이 '13세기 초부터 16세기 초반에 이르기까지' 계속 쇠퇴했다는 주장을 물리친 것이다.

소결

헨더슨은 1957년 다산의 유배지 강진을 찾은 이래 1958년 조선의 유교론, 같은 해 「고려의 도자」, 이어 다음해 「간지명을 가진 후기 고려청자」를 연속으로 기고한다. 「고려의 도자」에서는 송나라 사신 쉬징이 여행기 『고려도경』에 소묘한 청자이야기, 이규보의 시가가 읊은 고려청자 이야기를 전하면서 놀랍게도 시가가 칭송한 '청자연적 동자'의 모양의 작품이 서울 보화각의 간송 전형필 컬렉션에 소장되어 있는 것을 발견한다.

「간지명을 가진 후기 고려청자」에서 그는 손수 강진 부근 고려의 옛 절터에서 습득한 청자 도편에 '임신'이 박혔을 뿐만 아니라 '버드나무와 물새' 문양을 가진 것에 감동한다. 이를 토대로 그는 일본인 학자들의 '기존 이론'을 배척하고는 '새 이론'을 펼친다. 그것은 일본인 학자들이 '놀랄 만한' 발견 중 60주기 간지명 중 5개만이 사용되었다는 것, 그런데도 그들은 세 주기 180년간에 제작되었다고 주장하는 설을 부정하고 한 주기 중 한 그룹으로 제작되었음을 검증한다.

한국인들은 간송이 거의 잃어버릴, 귀중한 우리문화재를 전 재력을 기우려 모은, 한민족의 문화재 지킴이라고 입을 모아 기린다. 헨더슨은 또 다른 한국문화재 지킴이가 아닐까. 그는 국제어로 「정다산론」, 「조선유교론」, 「고려의 도자」를 발표해 세계인이 모르고 있었던 한민족의 예술성을 전 세계에 알린 '문화홍보 대사' 역을 훌륭하게 해 낸 것이 아닌가.

미국 언론사에서 1900~1917년간을 '폭로주의 언론(muckraking journalism)'의 시대라 부른다. 이는 미국 자본주의가 폭주하는 과정에서 나오는 각종 비리를 언론이 고발하는 장르의 언론이다. 1960년대 신판 폭로주의 언론이 다시 나와 각광을 받았다. 이른바 닉슨의 워터게이트를 파헤친 ≪워싱턴포스트≫의 두 기자 밥 우드워드(Bob Woodward)와 칼 번스타인(Carl Bernstein)이 탐사저널리즘(investigative journalism)을 개척한 덕분이었다.

그들이 쓴 책 『모두가 대통령의 패거리(All the President's Men)』(Simon and Schuster, 1974)은 탐사저널리즘의 정형을 담고 있는데, 영화로도 나올 만큼 인기를 누렸다. 지은이는 컬럼비아대학 유학 시절 이 책을 태평양 상공 비행기 안에서 읽고 설레던, 그리고 영화를 보고 감동한 기억을 간직하고 있다.

박정희 유신시절에는 고발은커녕 정권이 불러주는 대로 읊는 '앵무새 언론'이 판을 쳤다. 헨더슨은 한국 언론이 재갈을 물고 있던 즈음 그 자신이 군사정권 아래 자행된 만행을 폭로하는 고발자가 된 것이다.

헨더슨이 국무부를 뛰쳐나온 뒤 1964년 1월부터 학문 세계에서 새 생활을 시작한다. 그러나 그의 새 생활은 조용한 서생(書生)의 울타리 안에 안주하기보다는 그 울타리 넘어 전개되는 현실 세계에 대한 치열한 진실 탐구와 행동하는 지식인의 운동으로 점철된다. 먼저 그는 하버드대학 국제문제 연구소 '연구원(faculty research associate)'으로 위촉받은 뒤부터 한국학, 특히 한국 정치 연구에 몰두하게 된다. 그때부터 그가 느닷없이 죽음을 맞은 1988년 10월까지 거의 사반세기 동안 그는 한국학 전문가로서 일가를 이루지만 박정희 군사정권에 이어 전두환 신군부 정권에 대한 치열한 레지스탕스[저항 투쟁]를 멈춘 적이 없었다. 문자 그대로 행동하는 지성인의 삶이다.

그가 전개한 저항 투쟁은 크게 보아 고발자로서 군사정권이 자행한 만행이나 불의를 폭로하는 행위와 창백한 서생으로 남기를 거부하고 행동하는 지성인으로서 치열한 삶이다. 전자의 대표적인 예로서는 전두환 신군부 정권이 광주 만행을 저지르기 위해 특전사를 동원하겠다는 요청을 미국이 승인했다는 폭로이며, 후자의 예는 미국의 3대 전국지를 상대로 한 기고활동이나 프레이저 청문회에 참석해 군사정권이 저지른 반인륜적인 고문 만행을 증언한 것을 들 수 있다. 물론 그밖에도 여러 가지 행태의 투쟁을 열거할 수 있다. 여기서는 먼저 고발자 헨더슨의 면모를 살펴보기로 하자.

고발의 배경: 목격 증인

고발은 불의의 고발이든 만행의 고발이든 고발자가 이를 검증할 수 있어야 한다. 그렇다면 고발자 헨더슨이 그 많은 사건을 고발할 수 있었던 배경은 무엇인가? 사건의 목격 증인이기 때문이다.

먼저 헨더슨이 현장에서 목격한 한국 정치를 살펴보자. 그가 1948년 미국무부 소속 부영사로 신생 대한민국에 부임한 이래 7년 이상 현장을 익히고 체험한 것이 '회오리의 한국정치'다. 이는 그에게는 누구도 얻기 어려운 정치이론의 필수 원료와도 같은 지적 자산이 되었다. 그가 1968년 저술한 유명한 『회오리의 한국정치』에서 제시한 '회오리의 정치'론은 이 지적 자산을 토대로 삼아 정치발전론의 틀에서 구성한 '이론'이라고 볼 수 있다. 물론 그밖에도 그는 여러 저술과 수많은 논문과 헤아리기 힘들 만큼 수많은 글을 남겼다.

하버드대학출판부가 발간한 이 저서는 한국이나 한반도 문제를 다룬 모든 중요한 저서, 논문, 글에서 광범하게 그리고 반복적으로 인용되는 한국 정치의 고전으로서 명성을 얻었다. 그는 이 책을 쓴 뒤 미국 학계에서도 주목받는 한반도 문제 전문가의 반열에 서게 되었다.

이는 그가 1973년 9월 4~8일간 루이지애나 뉴올리언스에서 열린 미국정치학회 연차 총회에 기조연설자로 초청받아 강연을 한 데서 잘 드러난다. 그는 「미국의 대외정책에서 한국: 효과와 전망」이라는 제목으로 연설하면서 미국의 대한 정책은 한국에 관한 부정적 고정관념의 산물이라며 그것은 중요한 문제에 있어 '우유부단'으로 일관하고 있다고 비판했다.

헨더슨이 학계에 들어선 이래 그의 활동은 학술활동에만 머물지 않고 행동하는 지식인으로서 면모를 보였다. 부연하면 그는 한국 정치를 비롯해 한반도 문제, 남북문제, 미국의 대한 정책, 주한 미군 문제, 박정희의 군사독재와 유신체제, 전두환의 신군부독재, 그리고 군사독재 아래 자행된 반인륜적인 고문 실태를 비롯한 인권 문제 등 폭넓은 분야에서 저술활동, 신문기고와 독자 편지, 논문발표와 토론, 청문회 증언을 통해 '레지스탕스' 운동을 전개한 것이다. 곧 그는 한가한 서생으로서가 아니라 1960년대 개발독재, 1970년대 유신독재, 1980년대 신군부독재에 대해 저항하고 행동하는 투사로서 면모를 보인 것이다.

이와 함께 놓칠 수 없는 것은 헨더슨이 1972년 초부터 이승만 독재체재 아래 저질러진 국회프락치사건을 연구하기 시작했다는 점이다. 그의 연구는 그가 서울대사관 3등 서기관으로 재직 때 직접 써서 보낸 프락치사건 재판기록에 관한 발송문과 동봉 문서를 챙기는 일로부터 시작했다. 헨더슨은 당시 국회연락관으로서 국회프락치사건에 비상한 관심을 기울여 1949년

11월 17일 열린 첫 공판부터 다음해 2월 10~13일 결심공판에 이르기까지 법정에서 이루어진 심리의 한 마디 한 마디를 모두 기록해 국무부에 보냈다.

그가 국회프락치사건을 본격적으로 연구하기 시작한 것은 1972년 사회과학연구협의회(Social Science Research Council)로부터 연구자금을 받고서부터이다. 그는 그해 8월 서울을 방문하여, 서울에 남아 있던 유일한 프락치사건 피고인 서용길을 비롯해 그때까지 살아 있던 프락치사건 관련자를 인터뷰하는 등 연구에 치열성을 보였다. 그러나 어떤 이유에서인지 연구는 결실을 보지 못한 채 중단된다.

헨더슨이 다시 프락치사건 연구에 의욕을 보이기 시작한 것은 1984년 5월부터인데 그는 몇몇 기관과 접촉해 국회프락치사건 연구 결과를 출판하고자 했으나 여의치 않았다. 그러나 그는 임종하기 전 하버드 법대에서 출간한 『한국의 인권(Human Rights in Korea)』(William Shaw, 1991)에 「남한의 인권(Human Rights in South Korea)」이라는 제목의 논문을 기고하는데, 이 논문은 바로 프락치사건을 인권의 각도에서 재조명한 글이다.

이 장에서는 헨더슨이 학계에 들어선 뒤 치열한 연구와 행동하는 지식인으로 싸운 그의 삶을 조명하고자 한다. 구체적으로 그가 ① 박정희 유신체제에 맞서 싸운 이야기, ② 미국 의회가 개최한 프레이저 한국인권청문회에 증인으로 참여해 인권유린을 규탄한 증언, ③ 박정희 정권이 꾸민 도자기 사건에 휘말린 이야기, ④ 1980년 전두환 신군부 세력이 저지른 광주만행에 대해 미국의 책임을 따진 이야기를 다루고자 한다.

헨더슨이 미국의 대한 정책의 책임을 따진 사건 중 국회프락치사건을 묵인한 것도 포함하지만 이에 대해서는 제6장 2절 미국의 대한 정책: '다리 없는 괴물(legless monster)'을 참조.

제1절 군사정권이 자행한 만행

1973년 8월 8일 오후 3시경 당시 도쿄에서 발간되던 ≪민족시보≫의 주 필 정경모(鄭敬謨)는 김대중이 호텔방에서 괴한들에게 납치당했다는 급보 를 받는다. 이 시각은 괴한들이 마취시킨 김대중을 승용차에 태워 도주한 지 한 시간 반 뒤였다. 그는 단숨에 이다바시(飯田橋) 그랜드팰리스호텔로 달려가 사건 발생을 확인하고는 신주쿠(新宿) 케이오플라자호텔로 급히 차 를 몰았다. 그곳에 머물고 있는 전 한국유엔대사 임창영(林昌榮)을 만나 대 책을 의논하기 위해서였다. 당시 김대중과 임창영은 해외에서 박정희 정권 반대운동을 확대하고자 8월 15일 도쿄에서 개최키로 되어 있는 한국민주회 복통일촉진국민회의(한민통)의 일본본부 결성대회에 참가하기 위해 미국으 로부터 도쿄에 와 있었다. 정경모는 당시 한민통 의장직을 맡고 있었다.

임창영은 도쿄 주재 미국대사관의 한 친구에게 전화로 사건경위를 말하 고 하네다(羽田)공항과 요코다(橫田) 미군기지에 경계태세를 부탁했다. 이 와 함께 그는 당시 미국 태프트대학 교수인 헨더슨에게 국제전화를 걸어 이 사실을 알렸다. 이때가 도쿄 시각으로 오후 3시 반경이지만 헨더슨 자택이 있는 미국 보스턴의 경우 새벽 3시 반이었다. 헨더슨은 잠에서 깨어 깜짝 놀라 잠시 생각하다가 하버드 법대의 제롬 코언 교수에 이를 알린다. 코언 은 김대중의 생명이 위험하다는 것을 직감하고, 그 즉시 키신저 보좌관에게 연락해 구출 조치를 강력하게 요청했다는 것. 이 시점이 도쿄 시간으로 오 후 5시로 미국 동부는 새벽 미명이었다.

김대중 목숨 살려

이는 뒤에 정경모가 임창영과 함께 코언으로부터 들은 이야기다.[1] 코언 에 의하면 당시 키신저는 "즉시 조치를 취하겠다"고 약속했다는 것이다. 뒤

에 알려진 이야기지만 납치범들은 김대중을
배로 옮긴 뒤 다음날 오전 8시 45분 오사카
부두를 출발했다. 김대중에 의하면 "범인들
이 내려와 오른손에 추를 달고 두 다리도 묶
은 후에 50kg쯤의 추를 달았다. 그는 '살려
주십시오'라고 기도했다. 배가 출렁이며 움
직이기 시작했을 때 갑자기 '비행기'라는 소
리가 들렸다. 일본해상자위대나 미군기라
는 생각이 들었다. '쿵'소리와 함께 하늘에
빨간 불이 반짝 반짝 보이는 것 같았다."

김대중이 써 준 서예 족자 '경천애인'이
헨더슨 사저 거실에 걸려 있다.

김대중이 납치 중 그가 겪은 체험을 말한
이런 일련의 과정에서 볼 때 납치범들은 처음 김대중을 수장(水葬)할 계획
이었으나 비행기의 출동을 계기로 그 계획을 바꾸었다고 보인다. 말을 바
꾸면 미국 측 인사들의 신속한 조치가 없었다면 미래 한국 대통령 김대중은
그때 현해탄 바다 깊은 곳에서 물고기 밥으로 사라졌을 것이다. 정경모는
그때 만약 전화연락이 15분만 늦었다면 김대중의 생명이 어떻게 되었을까
하고 아찔한 순간을 회상한다. 그는 담담하게 말한다. "김대중 대통령의 목
숨은 헨더슨이 살린 겁니다." 그의 말은 아주 구체적이고 사실적이다.

이 이야기가 사실이라면 적어도 헨더슨은 태평양을 건너 이루어진 이 급
박한 조난신호의 중요한 연결고리의 몫을 한 셈이다. 실제 우리는 헨더슨
이 김대중 납치사건 뒤 그가 서울에 연금된 채 풀려나오지 못하자 이 문제
에 대해 국제 여론에 호소해 박정희 정권에 압박을 가하는 등 김대중 미국
귀환운동에 동참하고 있음을 볼 수 있다. 그는 1974년 5월 당시 하버드 법

---

1) 이는 지은이가 2006년 7월 19일 정경모 선생을 도쿄 그랜드팰리스호텔에서 만나 프락치사건에 관
     해 장시간 인터뷰했는데, 그때 나온 이야기이다. 그는 33년 전 김대중 대통령이 바로 이 호텔에서
     납치되었다며, 당시를 회고했다. 그가 한 이야기는 도쿄의 한 신문이 자세히 보도한 바 있다.

대 교수인 제롬 코언 교수와의 공동명의로 《뉴욕타임스》에 다음과 같은
편지를 싣는다.

> … 우리의 영향력은 사라져 버렸다. 우리는 박정희 정권이 국제법을 노골적
> 으로 어겨 가면서 납치한 중도적인 야당 지도자 김대중조차 하버드대학 초청에
> 도 불구하고 석방시킬 수 없었다. 우리는 서울 정권이 29개월 동안 전체주의로
> 추락했는데도 뚜렷하게 막을 수 없었다. 그런데도 행정부는 서울 정권을 위한
> 군사원조 요청을 2억 5000만 달러로 증가시키고 있다. 우리는 세계에서 가장 위
> 험한 8만 5000제곱마일의 지역이 굉장한 소리를 내면서 폭발하기 전에 호각을
> 불어야 할 때가 왔다고 본다(《뉴욕타임스》, '독자 편지' 1974년 5월 24일).

헨더슨은 1968년 주저 『회오리의 한국정치』를 발표한 뒤 다음해 9월부
터 미국 동부지역 명문 터프트대학 플레처 법·외교대학원 교수가 되면서
본격적으로 학문의 세계에 발을 들여놓지만, 동시에 그는 현실세계에 참여
활동을 활발하게 전개한다. 곧 그에게는 한국에 관한 한, 학문과 현실 간에
구별이 없었다. 그의 지성세계는 말하자면 학문적 실천이자 실천적 학문이
었다. 그것은 한마디로 군사화된 한국을 문민화하고 민주화하기 위한 그의
끈질긴 '레지스탕스'라고 묘사할 수 있다. 이 레지스탕스는 무게 있는 저술
로, 논문으로, 신문 기고문이나 독자의 편지로, 공개토론으로, 청문회 증언
으로 나타난다.

이런 맥락에서 박정희 군사정권과 그 뒤를 이은 전두환 신군부 정권이 그
의 표적이 된 것은 당연하다 할 것이다. 헨더슨은 1963년 3월 박정희-김종
필 그룹에 대한 적대적 언행 때문에 '기피 인물'로 찍혀 서울로부터 추방당
했지만, 그 뒤에도 금기인물로 여겨지는가 하면 이른바 관제 '도자기 사건'
에 휘말리기도 했다. 그럼에도 그의 군사정권과의 투쟁과 문민화운동은 박
정희 시대를 지나 전두환 시대가 종막을 고할 때까지, 다시 말하면 그가

1988년 불의에 죽음을 맞을 때까지 끈질기게 계속되었다.

헨더슨의 투쟁은 박정희가 1972년 10월 자행한 유신쿠데타를 시점으로 가열되기 시작한다. 그가 유신체제에 대해 공개적으로 규탄한 글은 1973년 5월 23일 라이샤워 교수와 함께 《뉴욕타임스 매거진》에 기고한 것으로 이 책 모두에서 말한 대로 지은이에게 큰 인상을 남겼다. 헨더슨은 「한국은 아직 위험하다」라는 이 장문의 잡지기사에서 그는 박정희 정권이 남북회담을 위해 유신체제가 필요하다고 하는 주장은 허구라면서 다음과 같은 반대 논리를 전개하고 있다.

한국은 그러나 태국도 아니요, 파라과이도 아니다. 한국인들은 몇 세기 동안 고도로 정치화된 유교적 분위기에서 자치적 통치를 실행해 온 민족으로서 규모가 상당한 지식층이 통치에 참여할 권리를 가졌다고 생각하며, 군은 규모가 작을 뿐만 아니라 보통 무력하고, 전통적으로 중요하다고 여겨지지 않고 있다. 정부는 문민 색채가 강한 관료들이 지배해 온 전통을 갖고 있다. 이 전통은 짧은, 그러나 지독한 일본식민통치기간(1910~1945)에 의해서만 중단되었을 뿐이다.

한국인들은 90%가 문맹을 깨쳤다. 그들이 갖고 있는 언론과 대중매체는 고도로 발달하여, 검열 아래서도 맹렬히 싸우는 법을 알고 있다. 정치의식도 높다. 최근 압제가 가해지기 전까지만 해도 학생들과 택시운전기사들은 만일 그들이 대통령이라면 무엇을 할 것인가를 이야기할 정도이다. 선거는 부분적으로 조작되긴 했어도 국민의 선택권을 상당히 반영해 온 편이다. 야당 후보들은 정부의 감시와 재정적 행정적 탄압 등으로 대단히 불리했지만 대통령선거에서 상당한 국민의 지지를 획득했고, 국회에서도 상당한 세력의 소수당 지위에 올라서 있다. 정당들은 만성적으로 잘 깨지기 쉬운 약점이 있으나 양당 제도를 지향하고 있다.

그러한 국민들에게 독재적 멍에가 쉽게 정착되지는 않을 것이다. 박정희 정권이 어떤 분야에서 어느 정도 성공을 거둬들였다 해도 다른 분야에서 실망과 분노가 치솟을 것이다. 모든 약점에도 불구하고 한국인들은 25년간 거치는 동안 민주주의에 익숙해 있고, 교과서에서 그것을 숭상하도록 훈련을 받아왔다. 그들에게 민주주의란 토착적 독재를 극복하는 국제적 신망과도 같은 것이다.

… 끓는 주전자에 뚜껑을 닫으려는 시도는 어떤 후진 농촌사회에서는 성공할 수도 있겠으나, 국민의 90%가 문맹을 깨쳤으며 50%가 도시화된 한국에서는 어림도 없다. 압력이 가중됨에 따라 압제도 가중될 것이다. 경찰의 체포는 더욱 자의적이며 은밀해질 것이다. 고문은 새 헌법 상황 아래서 너무 쉬워져 더욱 흔해질 것이며, 실상 고문이 더욱 많이 자행된다는 소문이 쏟아지고 있는 형편이다. 그 결과 반대 세력은 결집되고 국내적으로 불안은 가중될 것이다.

1973년 8월 김대중 납치사건 뒤 유신독재의 수레바퀴가 요란한 소리를 내며 굴러갈수록 헨더슨의 목소리도 커져갔다. 그해 12월 10일 자 한 편지는 서울대학교 법과대학 최종길 교수가 정보부 건물 7층 욕조실 창문에서 뛰어 내려 '자살'했다는 중앙정보부 발표는 가증스러운 거짓말이며, 실제로는 박정희 정권이 그에게 반인륜적인 고문을 자행해 살해한 것이라고 쓰고 있다. "처음에 함구령을 내리더니 다음번에는 그가 죽었다(Erstens war es verboten und zweitens ist er tot)"라고 했다면서 정보부의 황당한 발표의 모순을 꼬집었다. 그는 이 '함구령'은 유신 시대의 언론통제가 히틀러 말년의 그것과 유사하다고 지적한다.

1974년 4월 3일 박정희 정권이 이른바 대통령 긴급조치를 발동하여 학생, 지식인, 기독교인 등 240여 명을 무더기 투옥시키자 헨더슨은 ≪뉴욕타임스≫, ≪크리스천 사이언스 모니터≫ 등에 독자 편지를 보내 이를 규탄한다. 그는 하버드 법대 코언 교수와 함께 1974년 5월 28일 자 ≪뉴욕타임스≫에 편지를 보내 박정희 정권이 내린 긴급조치를 규탄하면서 상원외교위원회와 하원외교문제위원회에 공개 청문회를 열어 미국인들이 너무 오랫동안 무시해 온 한국의 복잡한 문제를 '철저히' 토론할 것을 요구한다. 결국 미국의회는 이런 요구에 응해 1974년 7월 말부터 1978년까지 매년 수많은 한국인권청문회를 열었다. 헨더슨은 특히 1974년 8월 5일과 1976년 3월 17일 직접 청문회에 참석하여 박정희 정권의 인권유린 행태에 관해 생생한 증언을 했다. 이 청문회 증언에 관해서는 뒤에 다시 다룰 것이다.

다시 헨더슨의 신문기고 활동에 되돌아와 보자. 그가 유명 신문에 기고한 글 중 1975년 6월 1일 자 ≪로스앤젤레스타임스≫에 실린 글이 눈길을 끈다. 그는 「한국 군국주의의 위기」라는 제목의 글에서 박정희 유신 정권이 자행한 인권유린과 군사적 위기를 다음과 같이 설명한다.

펜실베니아주보다도 작은 면적을 가진 한 나라인 한국에서 조지 워싱턴이 가졌던 상비 병력의 60배가 넘는 병력을 보유한 군사정권이 고유한 가치관을 포함하여 국민을 잔학하게 탄압하고, 대학들을 폐쇄시키며, 신문을 비롯한 각종 언론 매체들을 검열, 정간, 폐쇄, 폐업시키는가 하면, 공정한 재판이 불가능하도록 사법권의 독립을 조직적으로 박탈하며, 야만적인 고문을 백주에 자행하는 것은 그리 놀라운 의외의 현상이 아니라고 받아들여진다.

남한의 대통령 박정희는 사이공 정부가 몰락하자 절호의 기회를 놓칠세라 이는 야당 정치인들의 반대와 이에 따른 국민 총화의 결여 때문이었다는 궤변을 내세우고는 탄압 정치를 강화하고 있다. 그는 자신의 정권과 정책의 실패를 비판이나 반대하는 모든 세력을 발본색원할 의도로 가장 극렬한 긴급 조치를 제멋대로 선포하여 민주시민의 기본 인권을 잔혹하게 유린하고 박탈할 뿐만 아니라 공산 침략에 가장 유효하게 대처할 수 있는 모든 이념과 조직을 말살하고 있다.

김일성은 이렇듯 불안정한 한국의 상황에서 이 독재정권 전복의 기회를 엿보고는 1972년 시작한 남북협상을 1973년 실질적으로 중단했다. 김일성은 그가 군사적으로 공격을 가하지 않고서도 박정희가 한국 안에 조성하고 있는 부조리의 소용돌이에서 그가 기대하는 결과를 쉽게 얻으리라고 믿게 된 것이다.

헨더슨이 펼친 박정희 정권 반대 캠페인은 한국의 생존이나 안보의 현실을 무시한 것은 아니다. 그는 당시 미국의 대한 군사원조가 박정희 정권의 군국주의화를 조장한다는 측면에서 남북한 군사원조를 점진적 삭감해야 한다고 주장하지만, 그렇다고 카터 행정부가 추진한 주한 미 지상 전투군의 철군은 바람직하지 않다고 보았다. 이는 헨더슨이 한국전 발발 1년 전인 1949년 6월 미군 철수가 조급했다고 진단한 대목을 연상시킨다. 그는 여기서도 미국이 가능한 모든 압력을 박정희 정권에 가하여 국민들이 받아들일 수 있는 의회정치제도를 채택하도록 해야 한다고 역설한다.

헨더슨의 신문기고 캠페인 중 또 다른 면에서 눈길을 끈 것이 ≪크리스천 사이언스 모니터≫ 특파원 엘리자베스 폰드(Elizabeth Pond)의 추방 사건이다. 폰드 기자는 1974년 5월 22일 박정희의 공산주의 전력에 관한 기사를 쓰고 나서 비자가 취소당해 서울을 떠나게 되었다. 부연하면 그는 박정희가 1948년 남로당 음모[여순사건]에 가담한 죄로 사형선고를 받았으며 그의 친형인 박상희도 1946년 10월 대구 폭동을 주동한 뒤 사형당했다면서, 박정희 정권의 현 정책이 공산주의자들을 도와주는 것이라고 주장하는 몇몇 크리스천 신도의 말을 인용한 것이 문제가 된 것이다.

헨더슨은 당시 자신이 미국 정부의 관리여서 그 사건을 잘 안다고 전제한 뒤(제1장 3절 군사정권이 찍은 기피 인물'의 '박정희 공산주의 전력 보고서' 참조), 폰드 특파원이 쓴 기사를 적극 옹호하고 나선 것이다. 그는 "폰드 씨의 기사는 객관적이며, 정확하고, 용기 있고, 적절하다는 점에서 최상의 기준을 지켰다"면서 박정희가 비밀 공산주의자라고 믿지 않지만, 그는 조국을 위한 충성을 몇 번 배반한 기록을 보유한다고 주장하면서 이렇게 쓰고 있다.

그의 충성은 그러나 기록으로 검토할 문제다. 그는 1946~1948 미군정 국방 경비대 장교로서 맹세한 선서를 공산당 음모[군내 남로당 비밀조직 ― 지은이]에 가담함으로써 깼으며, 1950년부터는 대한민국 육군 장교로서 국가에 충성한다는 선서를 1961년 쿠데타를 일으켜 입헌정부를 전복시킴으로써 깼으며, 1963년 대통령으로 취임하면서 1962년 헌법을 수호한다는 선서의 경우, 1972년 유신헌법을 선포함으로써 깼다. … 그가 일본 천황에게 한 선서는 일본군 장교로서 싸우다 연합국이 1945년 강제로 일본군 임무를 떼어놓을 때까지 충실히 지켰다. 폰드 특파원이 박 대통령을 공격한 것이 아니라 그의 기록이 덧붙일 필요 없이 박 대통령을 공격한 것이다(≪크리스천 사이언스 모니터≫, 1974.6.20, 「남한으로부터 보도」).

민주주의의 강간

헨더슨은 박정희 유신독재시절 신문 기고뿐만 아니라 흔히 독자 편지 형식으로 여론투쟁을 전개했다. 예컨대 그는 박정희 정권이 1972년 10월 이른바 '10월 유신'을 선포하자 그는 곧 ≪뉴욕타임스≫ 1972년 11월 8일 자 '독자 편지'난에 「남한, 민주주의의 강간을 목격하다」를 싣고는 유신이라는 이름으로 민주적 절차를 파괴한 행위를 '민주주의의 강간(the rape of democracy)'이라고 규탄했다. 그는 이렇게 반문한다. "마치 헌법을 손수건을 세탁기에 넣듯 버린 정부, 언론의 입에 재갈을 물리고, 지적 활동을 질식시킨 정부, 시민을 고문하고 국회를 폐쇄한 정부, 미국 무기로 다스리는 정부, 이런 한국정부를 한국인들이 굳건히 지지하고 지킬 것인가?"

그 이후 미국 3대 전국지 ≪뉴욕타임스≫, ≪워싱턴포스트≫, ≪로스앤젤레스타임스≫ 독자편지난에 실리는 그의 서한은 단골 메뉴가 되었다. 1977년 7월 27일 ≪워싱턴포스트≫에 실린 독자편지에서 박동선 사건은 미국의 대한 정책에 중요한 문제를 제기한다면서, ① 미 지상 전투군을 철군하는 대신 한국에 80억 달러 어치의 무기를 박정희에 제공한다는 미국의 현재 정책은 전쟁의 위험을 줄이는 것인가? ② 미국과 북한의 커뮤니케이션 채널은 극대 이해와 극소 오해를 낳을 만큼 충분한 것인가라고 의문을 제기한다.

그는 이 질문에 대한 그의 답은 부정적이라며, 더 많은 무기, 더 적은 국제 통제, 그리고 상대방의 힘과 위협에 대한 남북한의 상호 오해는 한국의 '평화주(平和酒, a peaceful Korean brew)'에 필요한 원료가 전혀 아니며, 현재 판문점에서 행해지는 의례화(儀式化)한 북미 간의 적대적인 대화는 이해와 절제에도 전혀 도움을 주지 못한다고 주장한다. 오히려 북한은 80억 달러의 새로운 미국 무기를 압도적인 위협으로 인식할 가능성이 크다면서, 따라서 북한은 모스크바로부터 미그 24와 25기를 받을 수 있다고 경고한다.

도대체 이것이 우리가 원하는 것인가? 헨더슨은 이렇게 의문을 표시하며 결론을 맺는다. "긴장의 완화, 그리고 종국적인 평화의 비전이 우리의 대한 정책의 기준이 되어야 하며, 그렇게 판단하면, 그러한 기준은 아직도 결여되어 있다."

명동사건 규탄

헨더슨이 기고한 독자편지 가운데, 1976년 9월 18일 자 ≪뉴욕타임스≫에 실린 글은 가히 압권이라고 말할 수 있다. 이 글은 이른바 1976년 3월 1일 '3·1 민주구국선언사건'(세칭 '명동사건')으로 체포된 한국의 저명한 민주인사들이 대통령 긴급조치 위반으로 전원 유죄판결을 받자 이에 대해 항의하는 글이다. 여기에 서명한 인사들은 헨더슨을 비롯해, 하버드대학의 라이샤워 교수와 코언 교수, 뉴턴 터버 목사, 그리고 한국 측 인사로는 김재준(金在俊) 목사[캐나다 지역 한국민주통일연합회 의장], 폴 유[유기천(劉基天) 전 서울법대 형법학 교수 및 서울대 총장] 등이다. 헨더슨이 기초한 이 편지는 다음과 같이 쓰고 있다.

한국 독립에 반하여 일본에 가담한 박 장군, 그의 정부는 몇 십 년전 한국독립을 위해 싸운 죄로 일본이 징역을 선고한 지도자 함석헌에 징역 8년을 선고한다. 사법의 정의를 무시한 법원, 27명의 한국 최고의 법률가들이 변호사로서 사법절차에 항의해 집단 퇴장당한 법원, 그 법원이 사법 정의와 역사상 여성 권리에 어느 한국 여성보다도 더 가까이 서 있는 한국 최초의 여성법률가 이태영에 징역 5년을 선고한다. 종교적 예배를 감시하고 위협 아래 둘 만큼 편집광적인 정부, 그 정부가 8명의 서품목사와 5명의 가톨릭 신부에 추기경의 항의에도 불구하고 징역형을 내린다. 1961년 박정희 쿠데타를 진압하기 위해 무력 사용을 거절함으로써 쿠데타에 도움을 받은 정부, 그 정부가 이 두려움 없는 보수주의자 윤보선에 8년 징역형으로 빚을 갚는다. 꼭두각시 국회의원들의 짜깁기 모포에 의존한 정부, 그 정부가 1950년 이래 서울의 반공 보루지역에서 계속 선출된 국회의원 정일형에 5년 징역을 선고한다. 1948년 공산주의 음모에 연루된 죄로 사형을 선고받은 장교 박정희, 그의 정부가 공산주의로부터 안보를 지킨다는 이름으로 가장 확고하고 용감하고 일관된 반공주의자들에 징역형을 내린다. 그리하여 용감한 18명, 지난 3월 명동성당에서 민주주의 회복을 위해 절제와 인내로 웅변한 18명, 이들에 대한 서울지방법원의 재판은 이렇게 끝난다.

이 한 편의 비속한 코미디 재판이여, 이 폭력과 비극이여. 그렇지만 우리의 군사적, 외교적, 경제적 대표들은 아무 동요 없이 무기력하게 마치 테니스 경기를 보고 있는 듯하다. 우리의 의회의원들도 아무 동요 없이 서울의 연회에 만족하여, 마치 결백하고 핍박받는 자유세계 투사들이 저지른 경범죄인 양 폭력과 잔혹을 용인하며 더욱 많은 군사원조를 위해 투표한다.

우리는 얼마나 오랫동안 이런 희극을 참아야 하는가? 우리는 1943~1949년의 중국, 또는 베트남, 캄보디아로부터 아무것도 배우지 못했단 말인가? 우리는 이 파렴치한 사법 정의의 파괴를 지지함으로써 아시아 공산주의에 힘과 무력을 더욱 보태려고 아직도 결의를 다지고 있단 말인가?

헨더슨은 왜 특히 명동사건에 주목한 것일까? 그것은 한국 민주주의를 지켜나갈 최고 명망가들이 관련된 사건일 뿐만 아니라 당시 한국 언론이 제 구실을 할 수 있는 여건이 아니었기에 그들이 엉터리 재판 끝에 받은 유죄 판결의 의미를 전 세계에 알리려는 의도가 작용했을 것으로 추측할 수 있다.

여기서 명동사건에 잠시 눈을 돌려 보자. 1976년 3월 1일 저녁. 서울 명 동성당에 신도 700여 명이 모여 3·1운동 57주년 기념 미사를 올렸다. 그런 데 맨 마지막 순서로 키가 작고 당찬 여성 이우정(李愚貞)이 다소 긴 성명서 를 낭독했는데, 이것이 전 세계 언론의 이목을 집중시킨 3·1 민주구국선언 이다. 이 구국선언은: "① 민주주의는 대한민국의 국시이다. 국민의 자유를 억압하는 긴급조치를 철폐하고 의회정치의 회복과 사법권의 독립을 이루 어야 한다. ② 경제입국의 구상과 자세는 근본적으로 재검토되어야 한다. ③ 민족통일은 오늘 이 겨레가 짊어질 지상의 과업이다. 민족통일의 첩경 은 국민의 민주 역량을 기르는 일이며 겨레를 위한 최선의 제도와 정책은 국민으로부터 나와야 한다."

박정희 정권이 이 민주구국선언을 그냥 놔둘 리가 없었다. 기념미사 열 흘 후 3월 11일 서울지검 검사장 서정각이 '일부 재야인사들의 정부 전복 선 동 사건'으로 규정하고 관련자 20여 명을 긴급조치 9호 위반으로 입건하면 서 대형 사건으로 커지고 말았다. 이 사건은 3·1 민주구국선언사건 또는 명 동사건으로 불린다.

그날 저녁부터 관련자들은 모두 중앙정보부가 '한성무역'이라는 위장 옥 호를 내건 안가로 연행되었다. 전 대통령 윤보선을 제외하고 모두 조사를 받았다. 함석헌·정일형은 70세 이상 고령이라 하여, 김승훈·장덕필·안충 석 등 신부들은 직접 가담자가 아니라 하여, 이우정은 여자라 하여 불구속 처리되었다. 결국 검찰은 김대중·문익환·서남동·이문영·안병무·윤반웅· 신현봉·문정현·문동환·함세웅·이해동 등 11명은 구속기소하였으며, 서울 지법은 8월 28일 이 18명 모두에게 유죄를 선고했다.

변호인단은 그들의 증거를 인정하지 않으려는 재판부에 항의해 퇴장한 가운데 재판부는 문익환·김대중 등에게 유신헌법을 비방하고 그 폐지를 선동한 죄로 8년 징역을 선고한다. 한 번의 서명으로 5선 의원 정일형은 의원직을 잃는 데까지 이르렀다.

그러나 이 명동사건의 재판은 의외의 효과를 거두었는데, 그것은 '민주주의 강의실'의 몫을 톡톡히 해낸 것이다. 대통령 후보였던 김대중의 달변과 정연한 논리를 비롯해 해직 교수와 목사, 신부들의 유신통치를 향한 항변은 법정을 '민주주의 강의실'로 만든 셈이 되었다. 특히 종교인들, 곧 신부와 목사들은 국민의 입에 재갈을 물린 암흑기에 사회정의 실현을 위한 종교의 역할이 무엇인지 설파함으로써 그들이 재판을 받는 것이 아니라 오히려 유신독재를 재판하는 모습이었다(실록민주화운동, 블로그. 2004.9.28. http://blog. naver.com/one2only/8000-6109685). 당시 재갈이 물린 국내언론은 이 재판에서 일어난 일을 제대로 보도하지 못했으나 미국의 진보적 자유언론이 명동사건을 표적으로 삼은 것은 자유언론의 당연한 몫이었다. 이 명동사건은 한국의 최고 명망가들이 관련된 사건이라는 점에서 세계적인 주목을 끌면서 서방세계의 주요 언론 매체들이 자세히 보도한 것이다. 그러나 국내 언론은 3월 10일까지 한 줄도 보도하지 못한 가운데 정부의 공식발표만을 전할 뿐이었다. 헨더슨 등이 낸 1976년 9월 18일 자≪뉴욕타임스≫ 독자 편지는 이런 '발표 언론'만이 판치는 언론 상황에서 1976년 8월 28일 서울지법이 전원 유죄를 선고하자 이에 대한 항변으로 나온 것이다.

제2절 광주만행에 눈감은 미국

헨더슨이 그렇게 증오하던 박정희의 유신체제는 박정희가 1979년 10월 26일 밤 중앙정보부장 김재규가 쏜 총탄에 쓰러짐으로써 간단히 무너졌다. 그러나 김재규가 그날 밤 권력자 개인 박정희를 극적으로 쏘아 죽이든 말든 유신체제가 만들어놓은 정치커뮤니케이션의 심각한 체제 내적 제한으로 인하여 붕괴는 예고되어 있었다(김정기, 1993: 125). 김재규는 "나는 야수와 같은 심정으로 유신의 심장을 향하여 박 대통령을 쏘았다"고 법정에서 말했지만 그것은 유신체제의 붕괴를 앞당겼을 뿐이다.

그렇다고 하더라도 역설적으로 김재규는 박 대통령과 그의 경호실장 차지철을 죽임으로써 1979년 10월 15일 부마사태 때 '광주학살'과 같은 군인들의 총칼 진압을 막았다는 설이 그럴듯하게 들린다. 부연하면 10월 26일 밤 박 대통령이 죽기 전 부마사태에 대한 대처 방법을 두고 박정희와 차지철 간에 오간 대화를 보면 '부산학살'이 영 헛된 말이었을까, 의구심이 든다. 김재규의 증언에 의하면, 먼저 박 대통령이 "부산 같은 사태가 생기면 이제는 내가 직접 발포명령을 내리겠다. 자유당 때는 최인규나 곽주영이 발포명령을 하여 사형을 당하였지만 내가 직접 발포명령을 하면 대통령인 나를 사형하겠느냐"고 역정을 내셨고, 같은 자리에 있던 차지철이 이 말 끝에 "캄보디아에서는 300만 명을 죽이고도 까딱없었는데 우리도 대모대원 100만, 200만 명 정도 죽인다고 까딱 있겠습니까"라고 하더라는 것이다.[2]

그러나 그 뒤 박정희 군사정권의 충실한 후계자인 신군부 세력은 광주학살을 자행하여 정권을 탈취했다. 그런 의미에서 1970년대 중반 차지철 밑에서 청와대 경호실 작전 차장보를 지낸 전두환과 노태우 등 신군부 세력의 핵심은 부마사태 때 차지철의 '오싹한' 총칼 진압 의지를 5·18 광주민주항쟁에 적용한 셈이 되었다.

---

[2] 조갑제, 「김재규 최후의 날」, ≪월간조선≫ 1985년 6월호. 물론 이 말은 김재규가 '항소이유서'에서 쓴 대목이기에 검증이 필요할 것이다. 그러나 과연 유신 정권 말기 박정희가 차지철과 같은 외골수 경호실장에 둘러 싸여 부마사태가 전국적인 민중봉기로 확산될 때 그가 4·19학생혁명의 재판, 또는 광주만행의 막장극을 저지르려는 유혹을 뿌리칠 수 있었을까?

광주민주항쟁

광주민주항쟁은 도대체 왜 일어났는가? 전두환과 그의 신군부 세력이 1979년 12월 이른바 12·12 쿠데타를 통해 실권을 장악한 뒤 계엄령 아래 학생들의 저항은 잠재해 있었다. 그러나 '불만의 겨울'이 지나 봄이 되자 다시 대학캠퍼스는 저항의 봇물이 터지기 시작했다. 학생들은 정보요원들의 캠퍼스 주둔에 항의하는가 하면 이른바 박정희 정권에 협력한 어용 교수의 퇴진을 요구했다. 이에 대해 4월 16일 전두환은 직접 자신이 중앙정보부 부장이 되어 사태를 통제하려 하였다.

그러나 이는 학생들을 더욱 자극해 5월 시작되면서 학생시위는 걷잡을 수 없이 늘어났다. 그들은 계엄령을 철폐하라고 요구하면서, 최규하 대통령의 하야, 전두환의 퇴진, 신현확 국무총리의 사퇴를 외쳤다. 그들은 5월 15일까지 계엄령이 철폐되지 않으면 거리로 뛰쳐나올 것이라고 선언했다. 그러나 계엄령이 철폐되지 않자 서울에서만 5월 15일 거의 10만 명 이상의 학생들이 운집해 거리에 뛰쳐나왔다. 폭동진압경찰과의 충돌은 피할 수 없었고, 많은 학생들이 다치고 체포당했다.

신현확 총리는 5월 15일 학생들의 요구를 고려하겠다는 담화와 함께 자제를 촉구하는 특별 담화를 발표하여 사태가 진정되는 듯 했다. 그러나 5월 17일 전두환은 계엄령을 전국적으로 확대하는 조치를 취하면서 국회를 해산하고 정치활동을 금지하는 한편, 언론 검열과 함께 대학 캠퍼스를 폐쇄하는 등 강경조치로 나왔다. 이와 함께 학생 지도자들과 김대중과 그 추종자들을 모두 체포했다. 이는 박정희는 사라졌어도 유신의 망령이 되살아나고 있음을 의미했다. 곧 박정희가 발동한 대통령 긴급조치 시절로의 회기였다.

그것이 광주만행의 시작이었다. 5월 18일 광주에서 대규모 학생시위가 발생하자 전두환은 공수부대를 투입하여 무차별 살인극을 자행한다. 이에 격분한 광주의 시민들이 들고 일어나 공수부대를 내 몰고, 이른바 '시민군'

이 시 전체를 장악한다. 그러나 전두환은 다시 정규부대를 투입하여 유혈 진압 작전으로 광주시를 재탈환한다. 이 유혈 진압 과정에서 정부의 공식 발표로는 191명 사망(군인 23명 경찰 4명 포함), 122명 중상, 730명 경상이라고 했지만 입소문 등에 하면 민간인 사망은 1200명 이상, 그보다 훨씬 더 많은 사람들이 부상당하고 실종된 것으로 알려졌다.

서독 TV스크린에 비친 광주학살

헨더슨은 1980년 5월 18~27일 간 광주만행과 특수부대 군인들의 총칼 진압을 서독의 텔레비전 스크린을 통해 보았다. 그는 당시 보훔대학에서 한국현대사를 가르치고 있었다. 당시 서독 전역으로 비쳐진 한국 군인들의 총칼 진압은 무장군인이 방비 없는 시민들에 자행한 잔인한 학살 장면 그대로였다. 그는 1980년 6월 3일 쓴 서한에서 그가 서독 텔레비전 스크린에 비친 막 군인들의 총칼 진압 장면을 이렇게 묘사한다. "광주학생들의 살아 있는, 반쯤 살아 있는 몸뚱이들이 마치 도살된 돼지처럼 끌려간다. 한 군인이 축 늘어진 젊은이의 머리를 길바닥으로부터 쳐들더니, 목을 가죽 끈으로 감는다. 텔레비전은 그 학생이 민주주의를 달라고 외쳤다고 설명한다. 그 학생의 머리는 말없이 유럽 전 대륙에 걸쳐 수백만 명의 친구들과 적들의 얼굴들을 마주 본다." 그런데 이 텔레비전의 내레이션 이렇게 말하지 않는가! "미국의 위컴 장군이 그 휘하 남한부대를 풀어 이 작전에 부대투입을 허가한 것입니다" [헨더슨 프락치사건 자료, 1980년 6월 3일 서한, 서독 보훔]. 헨더슨은 기가 막혔다. 아니 목조르기 특수 훈련을 받은 한국 군인들이 적군이 아니라 제나라 시민들의 목을 조르다니, 그 출동을 위컴 장군이 허가하다니. 그는 자신의 감정을 이렇게 토로한다.

나는 미국인이라는 것이 자랑스럽던 때를 기억하려고 노력했습니다. 곧 나는

1945년 초 이오지마에서 미국 국기를 올리던 일, 내가 해병 소위로서 일본의 사이판과 티니안에 상륙한 일 등. 그보다 훨씬 예전에 우리 조상들은 광주의 학생들과 마찬가지로 1775년 전후 보스턴 시가에 모여들어 영국인들의 눈에는 보스턴의 안전을 위협하는 것이지만, 오늘 한국보다는 5% 정도밖에 안 되는 압제적인 권력으로부터 해방을 부르짖었습니다. 그 뒤 우리는 여기까지 온 것입니다. 히틀러와 싸운 미국의 장교로서 나는 독일친구들의 침묵이 오히려 나를 이토록 꾸짖는 때에 살리라고는 꿈도 꾸지 못했습니다.

이것만이 아닙니다. 우리 대통령은 민중의 지지는 조금도 못 받는 정권을 위해 지원을 늘리겠다고 텔레비전에서 선언해야만 합니다. 제 나라 국민을 잔인무도하게 다루는 정권을 말입니다. 이야기는 여기서 끝나지 않습니다. 괴팅겐에서 한 학술대회가 열렸는데 ≪코리아헤럴드≫ 5월 17일 자가 광주학살이 자행되는 중에 배달된 일이 있습니다. 공식적인 서울은 온화하게 춤을 추는 듯합니다. 광주의 피비린 내나는 사건에 관해 전혀 언급조차 없으니까 말입니다. 제3면은 위에서부터 밑까지 온통 글레이스틴 대사부인이 돋보이는 최신 패션 가든파티를 보여주고 있었습니다. 충격적인 침묵이 회의장을 휩쌉니다. 모든 사람의 마음은 성난 군중들이 빵을 달라고 외치지만 이를 아랑곳 않는 프티 트리아농의 마리 앙투아네트[3]의 모습을 기억했을 것입니다[헨더슨 프락치사건 자료, 1980년 6월 3일 서한, 서독 보훔].

독일어를 유창하게 할 줄 아는 헨더슨은 서독 텔레비전이 전하는 말을 들

---

3) 마리 앙투아네트(Marie Antoinette)는 루이 16세(Louis 16)의 왕비로 1779년 대관식 때 파리의 빵 부족으로 파리 시민들이 아우성 쳤을 때, "빵이 없다면 케이크를 먹으라 하지"라고 말했다고 알려지고 있다. 역사가들은 실제 그녀가 이 말을 했다는 증거가 없다고 인정하고 있으나 이는 그녀가 파리 시민들로 얼마나 증오의 대상이되었는지 반증하는 말이다. 당시 화려한 대관식은 루이 16세의 새 왕관을 위해 7000루블이 사용되었으며, 왕비의 화려한 가운은 파리의 일급 디자이너 로즈 바르탱이 만들어 화제가 되기도 했다. 그녀는 지루함을 달래기 위해 도박을 일삼아 돈을 물 쓰듯 했다고 하며, 당대 가장 비싼 목걸이를 밀거래 했다는 의혹을 사기도 했다. 1789년 프랑스 혁명 뒤 루이 16세와 함께 그녀는 1790년 국가반역 죄로 단두대의 이슬로 사라졌다.

고 충격을 받은 듯 했다. 주한미군 사령관이 특전사부대의 출동을 허가했다니! 그는 아마도 독일학생 또는 독일학자들 보기가 부끄럽고 민망했을 것이다. 미군 사령관이 '살인부대' 출동을 승인하다니! 그는 그 시점부터 주한미군 사령관의 역할에 관심을 돌린다. 그리고 그는 5.18 광주만행에 대한 책임이 전두환 정권과 야합한 주한미군 사령관에게 있다는 주장을 굽히지 않는다. 아마도 서독 텔레비전이 비친 학살 장면을 보고 충격을 받은 것이 계기가 되었을 것이다. 그는 1983년 10월 5일 자 《크리스천 사이언스 모니터》 의견 칼럼에 기고하여 "한 미군 장성은 1980년 5월 광주에서 민주주의를 외치는 학생들과 시민들의 시위를 진압하기 위해 한국부대를 풀어내어, 2000여 명으로 추산되는 사람을 죽였다"고 폭로한다.

그러나 헨더슨의 폭로는 그 자극적인 어조 못지않게 사뭇 이론적이고 실증적으로 들린다. 그는 주한미군 사령관 윌리엄 리브시(William Livsey) 장군에게 보낸 장문의 서한[4]에서 한국전쟁 때 이승만 대통령이 작전통제권을 맥아더 사령관 휘하로 넘겼기 때문에 미군 사령부가 한국군을 지휘하고 있으나, 이는 실제 '통제'(control)없는 '지휘권'(command)이라는 것이다. 따라서 미군 사령관은 광주학살과 같은 쿠데타에 군 동원을 막지 못하는데도 여전히 미군 사령관의 이름, 그에 따른 미국의 이름이 피비린내 나는 진압에 따라다닌다는 것이다. 1979년 12·12사태(헨더슨은 '전두환 쿠데타'라고 이름) 때에도 미군 사령관은 이를 막을 힘이 없었으며, 1960년 5·16 쿠데타가 발생했을 때 맥그루더 장군도 이 같은 지휘권 문제에 부딪쳤다.

---

[4] 헨더슨이 서한을 쓰게 된 데에는 리브시 주한미군 사령관 쪽에서 헨더슨을 만나자고 했으나 사정상 여의치 않게 되자 편지 형식으로 그가 주장하는 주한미군 사령부의 '정치적 위험'을 지적한 것이다. 리브시 쪽에서 만나자고 한 것은 헨더슨이 《크리스천 사이언스 모니터》 1985년 5월 11일 및 8월 3일 자 독자 편지에서 주한미군 사령부의 정치적 위험의 문제를 제기했기 때문이었다. 헨더슨의 리브시 서한은 한 칸 공간의 글 8쪽 분에 이른다(헨더슨 문집 상자 6호, 「리브시 장군께」, 1985년 8월 28일 치, 하버드-옌칭도서관 소장.

지난 24년간 우리는 네 번 쿠데타를 허용했습니다(이는 1961년 5월 16일 박정희 쿠데타, 1972년 유신쿠데타, 1979년 12·12 전두환 쿠데타, 1980년 5월 17-27일 간 광주학살 쿠데타. 한국인들은 정상적인 정의를 무시하고 쿠데타가 2회라고 한다). 이 모든 쿠데타는 미국과 유엔 사령부에 의해 인정되지는 않았습니다. 이들 쿠데타 가운데 둘은 유엔사령부(또는 연합사령부)의 지휘권을 무시한 것이었습니다. 마지막 쿠데타의 경우, 미국은 한국정부에 광주사태에 대해 사과하라고 요구했는데, 이는 글레이스틴 대사의 말로 하면 '특전단 군의 폭력적인 행위(the outrageous behavior of the Special Forces)'로 촉발되었다는 것입니다. 그러나 한국정부는 이 요구를 무시하고 그 대신 오히려 법률공작으로 '캥거루 재판(엉터리 재판)'에 김대중을 세워 책임을 씌우려 했으며, 이는 이 나라를 지속적인 정통성의 정치 위기로 몰아넣고 말았습니다.

　　미군 사령관은 이러한 쿠데타 어느 것에도 책임을 질 수는 없습니다. 게다가 그는 이러한 사태에 대해 유감을 표했습니다. 그러나 사령관은 가장 피비린내 나는 광주학살에는 알려진 것보다 약간 더 관련되어 있다는 것을 알아야 합니다. 위컴 장군이 부대 출동을 허가하여 광주를 재탈환케 했다는 것은 항상 인정되고 있는 사실입니다. 그런데 알려지지 않은 사실은 **가장 책임 있고 정통한 국방부 소식통들이 인정한 바에 의하면, 광주봉기를 촉발시킨 공수부대가 연합사령부 휘하에 있어 위컴 장군이 그 출동을 허가했다는 것입니다**(강조 - 지은이).

　　이것은 놀라운 폭로이다. 또한 미국 입장에 아주 민감한 사항이다. 헨더슨은 '가장 책임 있고 정통한 국방부 소식통'을 인용하여 광주시민 봉기를 유발한 공수부대도 역시 위컴 장군 휘하에 있으며 그 출동을 허가했다는 것이다. 만일 애초 광주 학생 시위를 진압하기 위해 공수부대의 출동을 위컴 장군이 허가했다면 그것은 공수부대원들의 무차별 살상 행위도 미국이 묵인했다는 것으로 들린다. 광주민주항쟁의 경우 처음 학생데모가 광주시민 봉기로 발전한 것은 처음 학생데모를 진압하기 위해 출동한 공수부대원들이 무차별적인 잔혹한 유혈 진압 행위로 분개한 시민들이 가세했기 때문이었다는 것은 일반적으로 잘 알려진 사실이다.

그런데 이 공수부대는 주한미군 사령관 휘하에 있지 않기 때문에 이 부대의 출동은 위컴 장군의 허가사항이 아니라고 알려져 있었다. 예컨대 앞서 소개한 코언과 베이커의 논문에 의하면 "특히 미국 입장에 치명적인 것은 전 장군이 한국 미디어를 조작해 광주에서 발생한 모든 것을 미국이 지지한다고 많은 한국인들의 눈에 비춰지게 한다는 것이다. 한국 정부의 진실호도 캠페인은 광주의 최초 학살을 자행한 공수부대가 연합사령부 휘하에 있지 않다는 것과 이 공수부대의 철수를 감시하고 광주를 재탈환한 정규군만이 사령부 산하에 있다는 것, 이 두 부대를 구별하고자 하는 미 대사관의 노력을 압도했다"고 쓰고 있다(Cohen and Baker, 1991: 216). 곧 위컴 장군은 광주 '시민군'이 장악한 광주시의 재탈환을 위해 정규군 부대의 출동을 허가했으나 첫 번째로 출동한 공수부대는 그의 휘하에 있지 않으므로 허가사항이 아닌데도 한국 학생들이 이를 혼동하고 있다는 것이다. 그러나 헨더슨은 "그렇지 않다"고 미 국방부 소식통을 인용하여 반박한 것이다. 그는 다음과 같이 계속하고 있다.

이 사령부의 입장은 1980년 5월 광주학살의 출몰로 전 세계에 걸쳐 명백하게 되었습니다. 당시 나는 독일에서 강의를 하고 있었는데, 나는 텔레비전에 비춰진 유럽 필름에서 학살 장면을 목격했습니다. 한 한국군 상사가 목조르기 장치 (양쪽에 손잡이가 달린 약 30인치 줄)를 꺼내더니 살아 있는 한국학생의 목을 감는 것입니다(강조 - 지은이). 그 학생은 죽었거나 죽어가는 주검들의 무덤 안에서 꿈틀거립니다. 그 배경 내레이션 "위컴 장군이 휘하 한국군을 풀어 광주를 재탈환했습니다 …" 순간 온 서유럽인들의 피가 얼어붙었습니다.

우리들은 이 말이 현실을 오도한다고 오랫동안 생각했습니다. 적어도 스크린에 비친 학살은 위컴 장군이 통제하는 부대와는 무관하며, 그가 풀어 놓은 부대는 잔학한 행위는 하지 않았다고 믿으면서 말입니다. 우리들은 미디어가 불친절하고 무책임하게 두 부대를 혼동하고 있다고 믿었습니다. 그러나 아, 이를 어찌할꼬! 우리는 위컴이 두 부대를 모두 풀어 놓았다는 것을 듣고 있는 것입니다(강조 ― 지은이). 게다가 최근 미국과 유럽 필름 기사들이 힘들여 조사한 바에 의하면 공수부대가 진입했을 때 부분에는 사진기자들이 현장에 없었다는 것입니다. 곧 필름에 찍힌 광주학살 장면은 후에 출동한 부대와 관련된 것입니다. 첫번째 부대가 어떤 끔찍한 도살을 자행했기에 전 광주시와 외곽시외 사람들이 들고 일어났을까 흥밋거리의 상상에만 맡겨야 할 것입니다.

이런 민감한 사항을 폭로한 것에 대해 당시 주한미국 대사직에 있었던 글레이스틴(William H. Gleysteen, Jr.)은 발끈했다. 그는 헨더슨이 ≪크리스천 사이언스 모니터≫에 기고한 글에 대해 1983년 10월 6일 자 서한을 헨더슨에게 보내 "그런 주장은 진실이 아닐뿐더러 당시 위컴 장군의 역할을 왜곡했다"고 반박하고 나섰다. 그는 다음과 같이 계속한다.

내가 공개적으로 거듭 말했지만, 미국 관리들은 '광주 봉기'를 일으킨 '그 더러운 사건'에 관련되지 않았으며, 오히려 충돌을 막고 살상을 최소화하기 위해 모든 실용적 조치를 취했다는 것입니다. 애초 광주 시위자들을 대단히 고압적으로 다룬 특전사 부대는 위컴 장군 휘하에 있지 않으며 그는 그들의 행동을 결코 용서하지 않았을 것이라는 점을 강조합니다. 소요와 살상이 일어난 지 여러 날이 지난 뒤 위컴은 20사단을 풀기로 동의했는데, 이 부대는 서울의 계엄령 임무를 맡고 있어 광주에 배치해 최소한의 인명 손실로 정부 권한을 회복하는 데 도움을 준 것입니다. 위컴은 사태를 평화적으로 끝내려는 미국의 큰 노력의 틀 안에서 이 조치를 허락했으며, 나도 여기 동의한 것입니다. 나는 이를 워싱턴에 알려놓고 있었습니다(헨더슨 문집 상자 6호, 「글레이스틴 서한」, 1983년 10월 6일 자).

헨더슨도 자신의 주장을 굽히지 않고 그해 11월 11일 자 서한을 내고 반박한다. 이에 다시 글레이스틴 대사가 11월 30일 자 서한을 보내 재반박한다. 누구의 말이 옳은가? 또 진실은 무엇인가? 헨더슨은 당시 아직 자유베를린대학 초빙교수로 있었을 때이며 정보 접근이 제한되어 있다는 점과 글레이스틴은 '광주 봉기' 당시 미국 대사로서 모든 최고급 기밀정보에의 접근을 완벽히 누린 공인이라는 점을 비교해 볼 때 우리는 객관적으로 후자의 말이 더 믿을 만하다고 느낀다. 헨더슨도 처음 동원된 특전사 부대가 위컴 사령관 휘하에 있지 않다는 것을 인정한 듯하다. 곧 글레이스틴이 11월 30일 자 서한에서 "당신이 10월 6일 자 내 편지의 요점을 받아들인 것을 알고 안심 된다"고 말 한데서 이를 추정할 수 있다.[5]

그러나 글레이스틴이 한 말은 공인의 성실성이 담보되어 있어야 함은 물론이다. 그런데 그로부터 13년 뒤 미국의 한 탐사기자가 그 당시 글레이스틴 대사가 국무부에 보내고 훈령을 받은 최고급 기밀 전문을 분석한 결과 글레이스틴이 한 말은 그 성실성에서 심각한 의문이 일었다. 곧 글레이스틴은 당시 특전사 부대를 사용을 포함한 전두환의 비상계획을 사전에 알고 있었을 뿐만 아니라 특전사 부대의 사용 승인을 보장해 주었다는 사실이 밝혀진 것이다.

특전사 부대 출동을 승인한 미국

이를 밝혀낸 사람은 탐사기자 팀 셔록(Tim Sherrock)이다. 그가 1979~1980년 광주만행 때 미국이 수행한 몫을 폭로한 글에 의하면, 글레이스틴

---

[5]　글레이스틴은 헨더슨이 11월 11일 자 서한에 대한 답장에서 당신이 '10월 6일 자 내 편지의 요점(the main point of my letter of October 6)을 받아들여 안심한다'라고 쓰는데, 여기서 말한 내 편지의 요점이란 한국의 특전사부대가 위컴 사령부 휘하에 있지 않다는 것을 말하는 듯하다. 헨더슨의 11월 11일 자 서한은 지은이가 갖고 있는 헨더슨 문집에는 없는데, 이는 하버드-엔칭도서관 헨더슨 문집을 열람했을 때 미처 챙기지 못하지 않았나 생각한다.

이 헨더슨에게 반박한 위의 서한은 그 신뢰성과 성실성에 심각한 의문을 던지고 있다. 글레이스틴은 헨더슨에게 보낸 서한에서 미국 관리들은 '그 더러운 사건'에 관련되지 않았다고 장담했지만, 글레이스틴 자신은 물론 국무부 고위관리들이 전두환의 신군부 세력이 학생시위에 대비해 특전사 부대를 동원하는 '비상계획(contingency plans)'에 깊숙이 관련되었다는 것이 밝혀진 것이다.

서록 기자는 전두환과 노태우가 1996년 2월 재판에 회부된 것을 계기로 정보자유법에 의해 약 150쪽에 이르는 기밀 전문을 얻어냈다. 그것은 국무부와 '국방정보원(Defense Intelligence Agency)'의 전문으로 기밀이 해제된 2000건의 전문 중 일부인데, 당시 국무부의 최고 대한 정책 결정자들 특히 한국 현지의 글레이스틴 대사를 비롯해 국무부 차관인 워런 크리스토퍼(Warren Christopher)와 리처드 홀브룩(Richard C. Holbrooke) 아태문제담당 차관보 간에 오고 간 기밀문건이었다.

서록 기자가 폭로한 이 탐사보도[6]에 의하면 서울과 워싱턴의 미국 관리들은 특전사 부대의 사용계획을 사전에 알고 이를 승인한 것으로 나와 있다. 부연하면 미국이 특전사부대 동원에 대해 전두환에게 미리 승인을 보장해 주었는데, 이는 크리스토퍼가 승인하고 글레이스틴이 1980년 5월 9일 전두환에게 전달되었다는 것이다. 글레이스틴 대사가 5월 9일 전두환과 면담을 앞둔 5월 7일 국무부에 보낸 전문에서 "우리가 벌일 토론 중 미국이 한국 정부가 절대 필요하다면 경찰력을 군으로 보강함으로써 법과 질서를 유지하고자 하는 비상계획에 결코 반대해서는 안 될 것입니다"라고 강력한 제안을 한다. 크리스토퍼는 그 다음날 보낸 답신 전문에서 "법과 질서를 유

---

6) 이 탐사보도 기사는 미국의 *The Journal of Commerce* 1996년 2월 27일 치 「전 지도자들 서울에서 재판을 받다(Ex-leaders go on trials in Seoul)」라는 제목으로 실렸다. 이 기사와 함께 서록 기자는 한국의 ≪시사저널≫에 3회(첫 회 1996년 2월 28일 332호)에 걸쳐 광주만행 때 미국의 역할뿐만 아니라 박정희 암살 이후 미국의 한국 정치 개입을 폭로하는 기사를 싣는다.

지하려는 한국정부의 비상계획에 반대하지 말아야 한다는 데 동의한다"고 하면서 단 "법질서를 집행하는 책임이 '주의와 자제(with care and restraint)'로 이행되지 않으면 위험은 증폭할 것이라고 경고하라"고 덧붙인다.

글레이스틴 대사가 전두환을 만나서 특전사부대 동원을 포함한 비상계획에 대해 승인을 보장한다는 미국의 입장을 물론 전달했겠지만 과연 잔인한 행동으로 명성을 떨치는 '검은베레특전사(Black Beret Special Forces)'에 행동을 자제하도록 경고하는 것이 무슨 소용이 있을까? 검은베레특전사부대는 적의 후방에 침투해 작전하도록 특수훈련을 받은 특수부대로 미국의 '녹색베레'(Green Berets)를 본 따 만들었으며, 이들 부대들은 베트남전 때 나란히 참전해 무자비한 작전으로 오명을 얻었다고 서록 기자는 말한다.

그런데 이 전문들은 놓칠 수 없는 대단히 중요한 메시지를 담고 있다. 그것은 한국의 특전사부대가 미군 사령부 휘하에 있든 말든 부대 사용에 대해 미국이 사전에 승인을 보장해 주었다는 점이다. 이 대목의 전문 문구는 특전사 부대를 동원하는 "비상계획에 대해 우리는 결코 반대하지 않을 것"을 '전 씨에 보장(assurances to Mr. Chun)'해 준다는 것이었다. 게다가 이 문서는 부시 행정부가 광주봉기에 대해 대외적으로 발표한 백서의 내용과 정면으로 배치된다. 부시 행정부는 1988년 한국국회가 개최한 5·18 청문회에 글레이스틴 대사와 위컴 장군이 증인으로 참석해 달라는 요청을 거부하고 1979~1980년 12·12 쿠데타와 광주만행 때 미국의 역할에 관한 내용이 담긴 백서를 발표했던 것이다. 그 백서에서 미 국무부는 "미국 관리들은 1980년 학생시위에 대처해 경찰을 지원하기 위해 군부대를 사용할 계획에 관한 보도에 경악"했으며, 특전사 부대가 광주로 "이동한 것에 대해 사전에 알지 못했다(did not have prior knowledge of the movement)"고 천명하고 있다. 그러나 이는 글레이스틴 대사가 5월 9일 전두환을 만나고 나서 보낸 후속 전문에서도 거짓임이 드러난다. 대사는 그 날 전두환과의 면담에서 학생시위에 관해서 토의했다면서, "전 씨는 아마도 내 태도에 공감하는 듯했다. 우리는 한국의 군사비상계획의 실시를 방해하지 않을 것이다"라고 밝힌다.

미국의 대한 정책 결정자들 간에 오간 전문 중 가장 높은 기밀 전문들은 암호명 '체로키(Cherokee)'로 분류되어 '승인된 채널 외 배포금지(NODIS: no distribution outside of approved channels)'라는 딱지가 붙어 있다고 한다. 따라서 이 전문들은 카터 대통령, 반스(Cyrus Vance) 국무장관, 크리스토퍼 국무차관, 홀브룩 아태문제담당 차관보와 국가안전보장회의 최고위 정보관들, 그리고 한국 현지의 경우 글레이스틴 대사에게만 배포가 제한되어 있었다는 것이다.

이들 전문들에 의하면 미국이 특전사 부대가 일으킨 광주 만행을 미리 짐작하고 있었다는 정황이 포착된다. 먼저 글레이스틴 대사의 경우 특전사부대의 이동을 꿰뚫고 있었다. 5월 9일 전두환과 면담 직전 국무부로 보낸 전문에서 글레이스틴은 '앞으로 다가올 학생시위에 대비해(to cope with possible student demonstrations)' 특전사령부 2개 여단이 서울과 근처 김포공항에 이동 중이라고 보고하면서 분명히 군은 계엄령이 5월 15일까지 폐지되지 않으면 거리로 뛰쳐나올 것이라고 경고한 학생 성명을 심각하게 받아들이고 있다고 보고한다.

미국이 과연 광주 유혈 사태를 미리 예상하면서도 특전사부대의 사용에 대해 '승인을 보장'해 주었는가? 확언할 수은 없지만 이를 짐작할 수 있는 문건이 '체로키' 전문에 나온다. 1980년 5월 8일 자 국방정보원이 국방부 합동참모회의에 보낸 전문은 광주 유혈 참극에 책임이 있는 제7 특전사여단을 지목하면서, 이 여단이 "아마도 전주와 광주대학 학생소요를 표적으로 삼은 듯하다"고 적고 있다. 이어 이 전문은 이 특전사부대는 많은 나라가 사용금지한 최루독가스인 CS가스를 사용하도록 훈련받았으며, 이전에 학생들과 부딪쳤을 때 '머리를 깨부수려'(break heads) 했다고 구체적으로 적고 있다.

그러나 글레이스틴 대사는 셔록 기자와의 인터뷰에서 이 전문을 본 기억이 없다고 하면서도 다음과 같이 덧붙인다.

> 특전사 부대가 미군 사령부 휘하에 있지 않더라도 우리는 보통 그 부대가 어디 있는지 알고 있어요. 그렇다고 해도 그 부대가 살인명령을 띄고 보내질 것을 미국 관리들이 어떻게 알았겠어요. 광주학살과 같은 일이 벌어지리라고는, 그리고 그런 명령을 받은 부대원이 있으리라고는 결코 믿지 않았다는 것을 전제로 할 때 그런 전문은 놀라운 정보는 아닐 것입니다. 미국은 특전사부대가 평화적 시위자들에 발포하거나 총검으로 찌르리라고는 군과 민간 채널로부터 결코 들은 일이 없습니다(Sherrock, 1996. 2. 27).

그러나 글레이스틴 대사가 광주만행이 일어나기 10일 전 국방정보원이 보낸 체로키 전문을 본 기억이 없다는 것은 납득하기 어렵다. 이는 당시 대한 정책이 워싱턴의 중앙집중체제 아래 마련되고 통일된 정책과 방향을 잡고 있었으며, 이를 위해 "우리들은 상시적인 상호 커뮤니케이션을 하고 있었다"고 크리스토퍼와 홀브룩이 다른 체로키 전문에서 설명한 말에 어긋나기 때문이다.

그런데 여기서 한 가지 의문이 생긴다. 만일 헨더슨이 위에서 살펴 본대로 글레이스틴이 1983년 11월 30일 자 서한에서 말하듯, 헨더슨이 광주만행에 투입된 특전사 부대가 위컴 장군 휘하에 있지 않다는 것을 인정했다면, 그는 주한미군 사령관 리브시 장군에게 보낸 1985년 8월 28일 자 서한에서 도대체 왜 위컴 장군이 특전사 부대를 풀었다고 주장했을까? 그는 앞서 살펴보았듯이 '가장 책임 있고 정통한 국방부 소식통'을 인용하면서 위컴이 두 부대 모두를 풀었다고 주장한 것이다. 그가 불과 1, 2년 사이에 기억상실증에 걸렸다면 모를까, 어떻게 이런 모순된 주장을 할 수 있을까?

여기서 지은이가 다소 대범한 추리를 한번 해보자. 헨더슨은 글레이스틴에게 사실상 한국의 특전사부대가 위컴 장군 휘하에 있지 않음을 인정했다.

그러나 그 뒤 사정이 이렇게 바뀐 것이리라. 헨더슨은 리브시 주한미군 사령관에게 1985년 8월 28일 자 서한을 쓰기에 앞서 8월 12~13일 한미안보학술대회에 토론자로서 참석한다.[7] 거기서 그는 광주 봉기의 수습을 위해 한국의 정규군 파견을 허가한 위컴 장군의 조치를 두고 스틸웰 장군과 논전을 벌였다고 말한다.

> 스틸웰 장군은 안보학술대회에서 약간 수사학적으로 내게 물었습니다. 위컴 장군이 광주 '평정(pacification)'을 위해 부대를 풀어 달라는 요청을 거부했어야 했는가? 만일 선택이 자유를 달라고 외치는 시민들에 의한 광주 장악이 좀 더 길어진다는 것과 그러한 절제 없는 야만 행동에 우리가 끌려간다는 관련을 맺어 세계 미디어에 미국 이름에 먹칠을 한다는 것, 이 두 가지 선택 중 하나라면 …, 샘 애덤스의 후예는 어떻게 적절한 대답을 할 수 있습니까? 스틸웰 장군은 반공이라는 이름으로 내가 이해하는 것과 다른 유감스러운 대답을 주겠지요. 야만 행동에 대해 위컴이 동의한다는 것은 정치적으로 잘못된 대답인 것 같습니다. 그리고 만일 이 동의가 한국 안의 반미주의가 일어나고 번지는 데 공헌한다면 우리는 안보와 군사적 방위가 그것으로 보탬이 될 수 있는가 따져봐야 할 것입니다(헨더슨 문집 상자 6호, 1985년 8월 28일 자 서한, 「리브시 장군께」).

그때 학술회의 장에서 이 논전을 들은 '가장 책임 있고 정통한 국방부 소식통'은 헨더슨을 사석에서 만난다. 그 소식통은 누구인가? 아마도 광주 만행 당시 글레이스틴 대사를 비롯해 국무부 고위 대한 정책 결정자들 간의 오고 간 체로키 전문에 접근이 가능한 국가안전보장회의의 최고위급 정보

---

7) 한미학술대회는 1985년 주한미군 사령관을 지낸 스틸웰(Stillwell) 장군과 한국의 백선엽 장군 주선으로 만들어진 모임으로 연례 학술회의로 열린다. 이 최초 학술대회가 1985년 8월 12~13일 개최되었는데, 헨더슨이 토론자로 참석했다(헨더슨 문집 상자 6호 1985년 8월 28일 자 서한 「리브시 장군께」).

관일 것이다. 학자 출신인 이 정보관은 헨더슨과의 학구적 정감이 통하는 사적 토론에서 "우리가 특전사 부대 출동도 승인했다"고 말했을 것이다.

헨더슨은 이 말을 듣고 곧 바로 위컴 장군이 특전사 부대를 풀어놓았다고 믿었을 것이다. 그는 설마 민간인 고위 관리인 글레이스틴이나 국무부의 크리스토퍼 차관 또는 홀브룩 차관보가 특전사 부대의 출동을 승인했으리라고는 꿈에도 생각지 못했으리라. 따라서 그는 리브시 주한미군 사령관에게 이제 아주 자신 있게 그리고 당당하게 위컴 장군이 자기 휘하에 있는 특전사 부대의 출동을 허가한 것이라고 주장한 것이리라. 그러나 사실은 위에서 살펴보듯 국무부 대한 정책 고위 결정자들이 특전사 부대 사용을 포함한 비상계획을 전두환에게 사전에 승인해 주었던 것이다.

지은이가 위에서 추리한 이야기는 추론의 범주에서는 일탈한 것이다. 그러나 거듭 말하지만 헨더슨이 글레이스틴에게 답장을 쓴 1983년 10월 6일부터 리브시 장군에게 서한을 쓴 1985년 8월 25일까지 사이에, 곧 2년도 못된 사이에 기억상실증에 걸리지 않는 한 한국의 특전사 부대에 대한 지휘권을 둘러싸고 모순된 주장을 할 리가 없다고 볼 때 위의 추리는 그 수수께끼를 푸는 한 가지 실마리를 준다고 말할 수 있지 않을까?

만일 헨더슨이 서록 기자의 탐사보도를 보았다면 어떤 반응을 보였을까? 그는 광주 유혈 진압을 둘러싸고 글레이스틴과 벌인 1983년 10월~11월 논전을 재개했을 것이다. 그리고 훨씬 격한 논전으로 확전되었을 것이다. 그러나 그는 1988년 느닷없이 찾아온 죽음의 사신을 만난 뒤 말이 없다. 그런데 논전은 여기서 끝나지 않는다. 이번에는 브루스 커밍스 교수가 그를 대신한다. 그는 글레이스틴 대사가 5월 8일 보낸 전문과 특전사부대 이동에 관한 국방정보원의 전문을 읽어본 뒤 서록 기자에게 다음과 같이 말한다.

이것은 확실한 증거에 상당히 가깝습니다(This is pretty close to a smoking gun). 우리가 여기서 하나의 논리가 발전하는 것을 발견하는데, 그것은 전두환에게 아무 일도 하지 않겠다는 것이지요. 한국적인 문맥에서 이 문서는 폭발적일 수 있습니다. … 다시 한번 정보원들은 권력을 가진 자들에 가깝다는 것을 보여줍니다. 홀브룩과 브레젠스키와 같은 사람들에게는 항상 안보가 첫째, 둘째, 셋째입니다. 그런데 그들이 말하는 것은 항상 미국의 안보를 의미합니다(≪시사저널≫ 1996.2.28).

커밍스 교수가 내린 평가에 데리언(Pat Derian)도 동조했다. 그녀는 카터 행정부 시절 인권 및 인도적 문제 담당 국무차관보였다. 체로키 전문을 보고 그녀는 충격을 표하고는 "내가 잘못 보지 않았다면 이는 '청신호(green light)'가 분명하다"라고 말했다(Sherrock, 1996.2.27). 그러나 도널드 그레그(Donald J. Gregg) 미 대사는 말이 달랐다. 그는 1996년 2월 전두환과 노태우가 광주학살의 책임자로 재판에 회부되었을 때 "우리는 재판에서 두려울 것이 없다고 생각한다. 확실한 증거가 전혀 없다(no smoking guns)"고 서록 기자에게 말했다(Sherrock, 1996.2.27). 그는 1973~1975년간 미 중앙정보부 한국 책임자였으며, 부시 행정부 시절 한국 대사였는데, 광주 만행 때 고위 대한 정책 결정 회의에 참석한 인사 중 한 사람이다. 그런데 문제는 미국이 광주 만행에 대해 책임을 진다는 문제에서 법적으로 '확실한 증거'가 있든 말든 상관없이, 광주의 사례는 미국이 정통성이 있건 없건 권력을 가진 자 편에 선다는 대한 정책의 속성을 잘 보여주고 있다는 점이다.

결론적으로 헨더슨이 특전사 공수부대가 주한미군 사령관 휘하에 있으며, 그가 초기 광주학생시위를 진압하기 위해 그 부대의 투입을 허가했다는 주장은 어조적인 뉘앙스가 다를 수는 있어도 본질적으로 올바른 것이었다. 체로키 전문을 보면 주한미군 사령관과 미국 대사를 포함한 국무부의 최고위 미국 대한 정책 결정자들이 종합된 정책 훈령으로 특전사 부대의 사용에 대해 사전에 전두환에게 승인을 보장해 주었다는 점에서 헨더슨의 주장은 미국의 책임이라는 맥락에서 옳았다는 것이 증명된 셈이다. 게다가 미국의 정책 훈령은 여기서 끝나지 않는다. 그것은 뒤에서 살펴보듯 미국이 전두환의 신군부 정권이 들어서는 데 결정적인 뒷받침을 한다.

전두환 쿠데타를 지지한 미국

헨더슨은 이런 맥락에서 광주민주항쟁에 뒤이어 학생들이 반미주의를 들고 나온 것에는 미국의 책임, 특히 주한미군 사령관과 미국 대사가 책임을 면할 수 없다고 주장한다. 먼저 1979년 12·12 전두환 쿠데타를 미국이 공개적으로는 반대하면서도 뒤에서는 묵인 방조했다는 징조가 보인다. 위컴 장군은 전두환이 1979년 12월 12일 밤 연합사령부 휘하의 부대를 허가 없이 출동한 것에 격노했다고 알려져 있지만 이를 공개적으로 공분을 표하거나 항의하는 성명을 내지 않았다. 이는 한국인들이 보기에는 '미국의 묵시적인 쿠데타 승인(tacit U.S. approval for the coup)'이었던 것이다(Cohen, and Baker, 1991: 216).

그 뒤 10년이 지나서 미 국무부는 1989년 6월 민주 항쟁 때 성명을 발표하여 전두환의 1979년 12·12 쿠데타에 대한 위컴 장군의 입장을 밝힌 일이 있다. 곧 1989년 6월 19일 국부부가 발표한 성명에 의하면, 그 날 밤 [1979년 12월 12일 밤] "위컴 장군은 한국 군사 지도자들에 항의했으며," "한국군 안의 투쟁이 갖는 위험한 의미에 관해 전두환에게 경고하는 메시지를 보냈다"는 것이다. 또한 "그 다음날 서울 대사관은 강경한 성명을 기초했으나 한국이 아닌 워싱턴에서 발표했는데, 그 까닭은 대사관이 정부가 통제하는 언론매체에 접근할 수 없어 한국인에게 배포할 수가 없었기 때문"이라고 하였다 (Cohen, and Baker, 1991: 134, 315).

그러나 앞서 든 체로키 전문에 의하면 신군부 세력이 1979년 12·12쿠데타로 실권을 장악하자 홀브룩 차관보는 그들이 위컴 사령관 휘하의 명령계통을 어겼다는 문제를 따지기보다는 신군부 세력이 정권을 차질 없이 잡도록 뒷받침을 해주었음을 보여준다. 그는 그해 12월 몇몇 상원의원들과 회합한 뒤 글레이스틴 대사에게 "워싱턴의 태도는 이란 위기로 압도되었다. 아무도 제2의 이란이 되는 것을 원치 않는다는 것은 말할 필요도 없다. 그 뜻은 미국 행동이 사태를 악화시켜 핵심 맹방이 혼돈이나 불안으로 가서는 안 된다는 것이다"라고 전문을 보냈다. 홀브룩은 며칠 뒤 글레이스틴 대사에게 훈령을 내려 최규하 대통령이 정권을 전두환에게 넘기는 일정을 마련하도록 했다. 그 전문의 문구가 재미있다.

> 그것(일정)이 비록 모호하고 확실한 언질이 없더라도 괜찮소. 당신이 대단히 냉소적인 사람이라면 이런 말도 할 수 있을 거요. 날짜를 정하는 것이 반드시 그날을 지킨다는 뜻은 아니라고 말이요(Sherrock, 1996.2.28).

다음 날 주한대사는 정치 일정이 차질 없이 계속될 것이라고 홀브룩에게 확인한다. 그 4개월 뒤 1980년 8월 27일 전두환은 유신헌법이 정한 대로 체육관 대통령으로 취임한다. 미국은 이 과정에서 광주민주항쟁보다는 오히려 광주 유혈 진압을 저지른 전두환 세력을 지지하는 것이 한국의 안정에 필요하다고 보았다는 점을 분명히 한 것이다.

이것은 미국이 전두환 신군부 세력의 지지를 광주 유혈 진압 뒤 보다 명시적으로 보낸 데서 나타난다. 곧 1980년 8월 8일 자 ≪로스앤젤레스타임스≫는 미국이 전두환을 한국의 다음 대통령으로 지지한다는 취지로 발언한 '신원을 밝히지 않은 고위 군 장성(an unnamed high-ranking U.S. military officer)'을 다음과 같이 인용한다.

> 비록 전두환 정책이 정치 탄압과 광범한 정치 참여의 결여에 두고 계속되더라도, 미국은 전(全)을 다음 대통령으로 지지할 것인가라는 질문을 받은 그는 "그렇습니다. 그가 권력을 합법적으로 잡고, 긴 기간에 걸쳐 한국인의 광범한 지

지 기반을 보여 주고, 그리고 안보 상황을 위험하게 하지 않는다면 말입니다. … 그렇다면 우리는 그를 지지할 것입니다. 그 까닭은 그것이 물론 우리 생각에는 한국인들이 원하는 것이라고 보기 때문입니다." 전이 "합법적으로" 권력을 잡는다는 의미에 관해 이 미군 관리에 의하면, 미국이 요구하는 것은 헌법적 요건을 실질적이 아닌 형식적으로 지키는 것이라고 명백히 말했다.

이 인터뷰 기사의 문맥에서 볼 때 우리는 전두환이 다음 한국 통치자가 되는 것을 이 '고위 미군 장성'으로부터 내락을 받았다는 인상을 받게 된다. 부연하면 전두환이 유신헌법의 형식적인 요건에 따라 체육관에서 선출되는 대통령이 된다면, 이 고위 미군관리는 이를 문제 삼지 않겠다는 것이다. 이는 그가 이어 "이 미군 장성은 전두환이 곧 최규하 대통령을 이름뿐만 아니라 사실상 대체하게 될 것"이라고 말하는 데서 잘 드러난다. 이 고위 미군 장성은 다음과 같이 계속한다.

평화와 안정은 이곳 미국에게는 중요하며, 국가안보와 정치 안정은 확실히 정치적 자유보다 우선되는 것입니다. … 나는 우리가 알고 있는 식의 민주주의가 과연 한국을 위해 준비가 되었는지, 한국인들이 준비가 되었는지 확신하지 못하고 있습니다. … 한국은 강력한 지도자가 필요한 것 같습니다. 여러 가지 이유로 부자연스럽기는 하지만 전(全)은 지도자로서 부상한 듯합니다. 그리고 '들쥐처럼(lemming-like)', 온갖 사람들이 그의 뒤에 줄을 서고 있지 않습니까.

이 미군 고위 장성은 누구인가? 바로 그 다음날 밝혀진다. 그 다음날, 곧 1980년 8월 9일 자 ≪뉴욕타임스≫에 의하면, 전두환은 그를 회견한 ≪뉴욕타임스≫ 기자에게 위의 미군 고위 장성은 바로 존 위컴 장군이라고 밝혔다고 이 신문의 기사는 적고 있다. 위컴이 한국인들이 민주주의에 준비가 덜 됐다느니 '들쥐'라느니 폄훼한 것은 위컴 장군만의 고유한 어법이 아니다. 헨더슨이 보기에는 이는 미국의 정책 결정자들이 대개 공통적으로 갖고 있는 편견이다.

헨더슨은 한국인들은 전통적으로 고도의 자치를 누려온 전통을 갖추고 있다고 그는 믿고 있지만(이는 그가 1972년 라이샤워 교수와 함께 쓴 「한국은 아직 위험하다」(≪뉴욕타임스매거진≫, 1973.5.23)에 잘 나타나 있다) 국무부 또는 국방부에 대한 정책수립 책임자들은 점잖게 말해 한국인들은 민주주의에 준비가 덜 됐다고 생각한다는 것이다.

그런데 이런 편견은 좀 더 심각한 정책 의미를 내포하는데, 그것은 한국은 강력한 독재자가 필요하다는 논리로 연결된다는 점이다. 이는 1945년 점령군 사령관으로 온 하지 장군이 한국인들이 "왜놈들과 마찬가지 부류의 고양이들(the same breed of cats as the Japanese)"이라고 했다는 말로 거슬러 올라간다. 그가 강력한 반공 독재자 이승만을 처음 선택한 논리가 같은 맥락이다.

학생들의 반미주의

광주학살 뒤 반미주의를 주도하는 한국 학생들을 향해 리처드 워커(Richard Walker) 대사는 '버릇없는 새끼들(spoiled brats)'이라는 말을 내뱉은 것이 알려져 더욱 반미감정을 악화시킨 일이 있다.[8] 대사는 잘못 인용되고 문맥을 떠나서 인용되었다고 길게 변명을 늘어놓았으나 이를 주워 담을 수는 없는 일이었다. 한국 학생들의 반미감정은 단순한 말을 넘어 행동으로 번지고 있었다. 1981년 가을 강원대학의 학생들은 성조기를 불태웠으며, 그해 9월에는 광주 미국문화원 방화미수 사건이 터졌다. 이어 1982년 3월

---

8)   워커 대사가 했다는 이 말은 1982년 2월 14일 자 ≪스테이트≫에 실렸으나 이 기사가 미군 신문인 ≪스타스 앤드 스트라입스(Stars & Stripes)≫에 다시 실림으로써 알려지게 되었다.

18일 부산 미문화원 방화사건이 일어났다. 이 방화사건으로 도서관을 이용하던 한 학생이 불타 죽었고, 2명이 부상을 입었으며, 도서관 자체도 소실되었다. 현장에서 발견된 전단은 전두환 정권을 지지한 데 대해 미국 정부를 비난하면서 미군 철수를 주장하고 있었다.

헨더슨은 학생들이 불붙인 반미주의를 어떻게 생각하나? 이에 앞서 한국의 언론매체들은 당시 거의 한 목소리로 미 문화원 방화사건을 매도하는 데여념이 없어 보였다. 학생들은 반미주의 시위를 왜 감행하는지, 무엇이 동기인지, 그리고 어떤 배경적 맥락이 있는지 전혀 설명이 없고 부산 미문화원 방화사건으로 무고한 인명이 죽었다는 데만 초점을 둔 기사가 일색이었다. 물론 방화사건이 사람을 죽인 방화라는 점은 마땅히 규탄받아야 할 사건임은 말할 나위도 없을 것이다. 그러나 그것이 이야기의 전부는 아니다. 학생들이 광주 만행을 묵시적 또는 명시적으로 지지한 미국 정책을 따지는 시위를 어떻게 잘못으로만 볼 수 있겠는가? 한국의 언론매체들은 앞서 본 위컴 장군이 전두환을 통치자로 인정했다고 알려진 뒤 연일 전두환에 대한 '신판 용비어천가'를 불러대는 것을 보면, 역설적으로 위컴이 발언한 '들쥐들처럼' 줄을 서는 행태가 맞는 면이 있다고 보인다. 이 언론 행태가 꼴불견인 듯 ≪로스앤젤레스타임스≫는 한국 언론에 대해 이례적으로 폄훼하는 기사를 싣는다.

금요일 저녁부터 시작해 일요일 아침까지 걸쳐, 서울의 신문들은 세계 저널리즘의 기록이 될 수 있는 업적을 세웠다. 2일 동안 모든 신문은 똑같은 기사를 그날의 톱기사로 실었는데, 그것은 두 인터뷰 기사앞의 ≪로스앤젤레스타임스≫와 ≪뉴욕타임스≫의 인터뷰 기사 중 이것 아니면 저것이었다. 공산국가 신문들조차도 그런 짓은 하지 않는다. 뉴스가 무엇을 강조해야 하는가를 구체적으로 지시하는 군 검열과 지령 아래 운영되지만, 이런 현상은 저널리즘을 뛰어넘는 심각한 의미를 갖는 것이다(≪로스앤젤레스타임스≫, 1980.8.11: 10).

헨더슨은 한국 학생들이 표출한 반미주의를 진지하게 성찰한다. 그는 1986년 5월 24일 기고한 ≪워싱턴포스트≫ 칼럼에서 "1950년 6월 25일 터진 한국전쟁으로부터 1980년 5월 광주민중봉기까지 30년 동안 한국에서 반미주의란 나무에서 물고기를 낚는 일과 같은 것이었다"고 하면서 "우리는 한 친구가 아니라 전적인 친구였다"고 쓴다. 그런데 왜 갑자기 격렬한 반미주의가 나왔는가? 그는 이 반미주의가 터진 것은 바로 미국 정부, 또는 이를 대표한 주한미군 사령부나 미 대사관이 전두환 신군부 세력이 1979~1980년 정권 탈취의 쿠데타를 낳은 '산파'로 비쳐지기 때문이라고 주장했다. 그는 한국 학생들을 반미주의로 들어서게 한 것은 오히려 미국 정책이라며 다음과 같이 학생들을 편들고 있다.

이런 위기는 유감스럽습니다. 우리나라는 혁명으로 탄생된 나라입니다. 영국 총독이 지배했던 시절을 오늘의 한국과 비교해 봅시다. 1770년대에는 통제를 조금 강화한 규제와 비교적 하찮은 조세 등으로 보스턴 시가에서 돌 세례, 시민의 불복종, 재산 파괴가 일어났던 것입니다. 그 사태와 오늘 남한 학생들에 대해 강제한 조치와 제한을 비교한다면, 탄압의 상대적 정도에 관해 어떤 결론을 이를 것입니까? 이렇게 보면 USIS를 점령한 한국 학생들은 보스턴 티 파티[9]를 결행한 존경받는 범법자들에 비해 자제한 것 같습니다. 샘 애덤스[10]의 정치적 후

---

9)   보스턴 티 파티(Boston Tea Party)란 1771년 동인도 회사가 빚더미로 파산 직전에 이르자 영국의 회가 이 회사가 수출하는 차(茶)에 대해서 면세해 주는 한편 전매권도 부여하는 법을 통과시키는 조치를 취했다. 그 결과 동인도 회사는 다 가격 덤핑을 할 수 있게 되고 미국 상인들은 큰 손해를 입게 되었다. 이에 대해 보스턴 시민들은 영국 차 수입을 반대키로 했지만 이에 아랑곳하지 않고 차를 실은 영국 선박들이 입항해 차를 하역하려 했다. 1773년 12월 6일 밤 샘 애덤스가 선동적인 연설을 하자 '자유의 아들(Sons of Liberty)'들이 '인디언'으로 위장하고 배에 올라 1만 5000톤의 차를 바다에 던져 버린 사건이다.

10) 새뮤얼 애덤스(Samuel Adams)는 1770년대 미국독립혁명을 주도한 독립투사의 한 사람이다. 그는 보스턴 티 파티를 통해 반영 여론을 결집하고 결국 독립전쟁을 이끌어 가는 기폭제를 일으킨 여러 사건을 연출한 것으로 유명하다. 예컨대 '보스턴 대학살(Boston Massacre)'은 좋은 본보기이다. 1770년 3월 5일 보스턴 세관 근처에서 영국의 초병이 불량배들에 공격을 받자 일단의 영국 정규병

예들인 우리 미국인들이 우리들의 자유와 독립, 그리고 나라의 탄생을 유도했던 그 행동, 그 행동을 향한 정치적 본능과 충동을 한국 학생들에게 부정하는 것으로 비쳐질 수 있겠습니까?(헨더슨 문집 상자 6호 1985년 8월 28일 자 서한 「리브시 장군께」).

마지막으로 헨더슨은 전두환 신군부 세력이 자행한 광주학살에 대해 미국의 책임을 거론함으로써 무슨 말을 하려 했을까? 그는 1987년 6월 항쟁으로 그가 그렇게 바랐던 한국의 민주화가 성큼 다가온 변화를 충분히 음미하기 전 1988년 10월 느닷없이 찾아온 죽음의 사신을 만나 말이 없다. 그러나 이번에도 브루스 커밍스가 대역을 한다. "그 문서(체로키 비밀전문)가 보여주는 것은 미국 정책의 한 패턴인데, 그것은 전두환이 광주의 수많은 사람을 베어 죽이는 만행을 포함해 무슨 짓을 해도 미국은 심각한 일을 하지 않을 것이라는 것입니다. 곧 안보가 인권을 압도한 것이죠"(Sherrock, 1996.2.27). 곧 헨더슨은 미국이 광주학살을 저지른 전두환 정권을 지지한다는 것을 보여줌으로써 그는 대한 정책의 속성을 말 하고자 했을 것이다.

소결

제11장은 고발자로서 헨더슨의 행적을 살핀 이야기이다. 그가 그 많은 사건을 고발할 수 있었던 데에는 1948년 미 대표부 부영사로 부임한 이래 그 많은 '회오리 정치'의 사건들을 주의 깊게 지켜본, 즉 목격 증인이기 때문

이 발포하여 5명이 죽고 여럿이 부상을 입는 사건이 발생했다. 애덤스는 이 사건을 '보스턴 대학살'이라고 이름을 붙이고는 이들 부두 불량배를 '순교자'들이라고 추켜올리면서 이들이 '용병(hireling troops)'들에 의해 처참하게 학살당했다고 선동적으로 연설했다. 헨더슨은 리브시 장군에 서한을 쓰면서 아마도 '보스턴 대학살'과 천여 명 이상이 억울하게 죽은 광주 학살을 비교하여 생각하지 않았을까?

이다.

1972년 박정희 군사정권이 이른바 '10월 유신'을 선포하자 헨더슨은 이 것은 '민주주의의 강간'이라고 지탄하는가 하면 1976년 양식 있는 지식인과 종교인 등이 '3·1 민주구국선언' 또는 '명동선언'을 감행하자 그는 온몸으로 동참한다. 그는 박정희가 중앙정보부를 동원한 반인륜적인 고문 만행을 폭로하는가 하면 미국 정부가 베트남 참전의 대가로 막대한 외원을 지불하며 파시스트 국가를 지원한다고 규탄한다.

박정희 군사정권이 1979년 10월 29일 중앙정보부장 김재규가 쏜 총탄으로 간단히 무너진 뒤 그 후계로 들어선 전두환 신군부 정권이 저지른 만행도 헨더슨의 표적이었다. 헨더슨은 주한 미국사령관이 전두환 12·12 쿠데타를 승인했을 뿐만 아니라 학생시위였던 광주봉기 진압에 학살을 주동한 특전사 동원을 승인했다고 폭로한다. 이것은 놀라운 폭로이다. 물론 주한 미국 대사나 사령관은 이를 부인했지만 한 탐사 저널리스트에 의해 이것이 사실로 드러난다.

결론적으로 헨더슨은 박정희에 이은 전두환 군사정권에 의해 저질러진 '민주주의 강간', 반인륜적인 고문 만행, 광주학살에 대한 미국 책임 등 고발자로서 역사적 역할을 다한 행동하는 지성인의 면모를 보여주었다. 이에 그 진면모를 좀 더 자세히 보자.

제12장

군사정권에 대한 레지스탕스 II
행동하는 지성인 헨더슨

이 장에서는 '행동하는 지성인 헨더슨'의 진면모를 살피고자 한다. 앞 장에서 살펴본 '고발자 헨더슨'도 사실 넓은 의미에서 '행동하는 지성인 헨더슨'의 한 부문이다. 다만 미국이 감추고자 하는 치부, 국회프락치사건을 묵인하거나 광주만행에 특전사 동원을 승인한 행위를 폭로한 것에 방점을 두었을 뿐이다.

먼저 헨더슨이 한국의 군사정권에 대한 저항 투쟁을 벌이게 된 정치적 환경을 짚어보자. 박정희는 1971년 대선에서 김대중 후보를 간신히 이긴 뒤 그 다음해 1972년 10월 17일 이른바 '10월 유신'을 선포했다. 남북대화에 필요한 체제로 전환한다는 명분 아래, 비상계엄령을 선포하고 헌법의 일부 정지, 국회 해산, 정당 및 정치활동을 중지시키면서 그해 11월 26일 계엄령 아래 형식적인 국민투표를 거쳐 유신헌법을 채택한 것이다.

박정희 정권이 선포한 유신헌법 아래 들어선 유신체제는 반의회주의적 '반정당제(anti-party system)'와 언론의 자유와 독자성을 전면 부정한 것으로 특징지을 수 있다.[1] 그런데 한편 유신헌법이 신체의 자유를 박탈하고 있을 뿐만 아니라 특히 제53조는 개인의 기본권을 박탈할 수 있는 대통령 긴급조치를 광범하게 인정하고 있어 국내외적인 논란의 불씨를 안고 있었다. 그 불씨가 큰 불을 지핀 것은 1974년 1월 8일 대통령 긴급조치 1호발동과 4월 3일 4호의 발동이었다. 긴급조치 1호는 유신헌법 개정을 원천적으로 봉쇄하기 위한 장치였는데, 그 개정을 시도하거나 지지만 해도 그것은 15년 형을 내릴 수 범죄라는 것이다. 긴급조치 4호는 민청학련과 그 배후 조직으로 지목된 '인민혁명당'을 겨냥한 것으로 학생들의 모든 정치활동 금지는 물론, 심지어는 학생들이 수업과 시험을 거부한 것에 대해서도 최고 사형, 무기, 5년 이상의 징역형으로 벌할 수 있게 한 것이다.

돌이켜 보면 당시 인권 탄압에 항의하다가 박정희 정권으로부터 추방당한 오글 목사(Rev. George E. Ogle)가 말한 대로 "1974년은 정부가 국민에 대해 폭력을 휘두른 해"였다. 박정희 정권은 유신체제가 필요하다는 명분을 내세웠는데, 그것은 두 가지로 요약할 수 있다. 곧, 하나는 경제와 산업발전을 위해 유신은 필수적이라는 것이며, 다른 하나는 북으로부터의 침공 위협에 대처하기 위해서는 국민의 기본권을 희생하지 않으면 안 된다는 것이다.

그러나 당시 학생, 교수, 지식인, 노동자, 신부·목사 등 종교인[미국인 선교사 포함] 등은 항의 집회, 데모, 농성 등으로 맞섰다. 박정희 정권이 이를 막기 위해 동원한 무기가 이른바 대통령 긴급조치였다. 박정희 정권은 긴급조치를 시행하기 위해 무소불위의 중앙정보부를 동원해 폭행과 고문을 자행하는가 하면, 비상 군법회의를 설치해 시민들에게 장기형을 때리는 것으로 대처했다.

이런 와중에서 미국 동부의 진보적 지한파를 중심으로 한 지식인 세력이 한국의 인권청문회를 요구한 것이다. 이들의 중심에는 헨더슨을 비롯해,

---

1) 유신체제의 특징에 관해서는 김정기(1993), 「정치체제의 변동과 정치커뮤니케이션의 다이나믹스」를 참조. 여기서 이르는 반정당제란 1972년까지 남한의 정당제는 '지배정당제(hegemonic party system)'였으나 유신체제 도입과 함께 체제가 정당정치에 대해 적대적 태도를 강화하면서 이른바 '반정당국가'(Sartori, 1976: 40)로 후퇴해 간 것을 의미한다(김정기 1993: 125~126).

라이샤워와 코언 교수 같은 무게 있는 명문 대학의 교수들이 서 있었다. 어떻든 미국의회는 1974년부터 1978년까지 매년 한국인권청문회를 개최하여 한국의 인권 상황을 도마에 올려놓은 것이다. 라이샤워, 코언, 헨더슨은 직접 청문회에 참석하여 증언을 했다.

먼저 미국의회는 1973년 외국원조법(Foreign Assistance Act, 이하 '외원법')을 개정해 군사원조를 인권 상황에 연계했다. 이는 박정희가 유신체제 아래 반대자들에게 가혹한 인권유린을 자행하는 행태를 겨냥한 것이었다. 부연하면 1973년 외원법은 제32장을 새로이 설정해 "대통령은 정치적 목적으로 시민을 구속하거나 투옥하는 모든 외국에 모든 경제적 또는 군사적 원조를 거부해야 한다"고 규정한 것이다. 딱히 정의하기는 힘들지만 '정치범(political prisoners)'들이 있는 나라에는 원조를 거부해야 한다는 것이다.

제1절 프레이저 한국인권청문회

이러한 맥락에서 하원 아태문제소위원회와 국제기구운동소위원회가 공동으로 한국인권청문회를 개최했다. 이들 한국인권청문회는 국제기구운동소위원회 위원장 도널드 프레이저(Donald Fraser 미네소타 출신) 의원이 주도했기에 보통 '프레이저 청문회'라고 불린다. 그중에서 처음 개최된 1974년 한국인권청문회는 박정희 정권으로서는 아픈 곳이었다. 바로 이 청문회에 헨더슨과 라이샤워가 참석해 외원법 제32장을 들어 미국이 '파시스트 국가'에 군사 원조를 삭감해야 한다고 주장한 것이다.

1970년 이래 박정희 정권이 당면한 최대의 현안은 주한미군의 철군 문제였다. 1969년 닉슨 대통령이 이른바 '괌 독트린(Guam Doctrine)'을 비공식 기자회견에서 밝힌 뒤, 미국은 1970년 이 괌 독트린을 한국에 적용해 미군 2만 명을 철군시킬 예정이었다.[2] 한국으로서는 미군 2만 명의 철군, 곧

DMZ로부터 미군 2사단 철수는 북한 침공의 경우 미군을 자동적으로 개입시키는 '인계철선(trip wire)'을 잃어버리는 것을 의미했기에 안보를 중시하는 박정희 정권에는 커다란 타격이 아닐 수 없었다. 게다가 1971년 대통령 선거를 앞두고 있는 박정희와 그의 측근들은 미국의 철군 결정을 "선거에서 그를 약세로 몰고 갈 문제로 보았다"는 것이다.[3]

박정희는 1971년 마지막 대선에서 대통령이 된 뒤에도 미국의 철군은 그에게 큰 관심사였다. 그러나 결국 미국의 뜻대로 1971년 3월 27일 2만 명의 미군이 감축되고 미 제7사단의 깃발을 내리게 되었다. 한편 미국 닉슨 행정부는 박정희 정권이 베트남에 군대를 파견한 대가로 한국군 현대화계획을 보상으로 주었다. 곧 향후 5년간 15억 달러에 이르는 군사원조를 주어 한국군을 현대화하겠다는 것이다.

그러나 이것은 미 행정부의 생각이지 의회가 전적으로 행정부의 생각을 따른 것은 아니었다. 미 의회는 1973년 외원법에 따라 한국 인권 상황을 대한 군사원조와 연계시키는 움직임을 보인 것이다. 따라서 이 한국 인권청문회는 박정희 정권으로서는 눈엣가시가 아닐 수 없었다. 의회가 매년 안보원조를 입법으로 처리하는 것으로 되어 있기 때문에 의회의 목소리가 국군현대화계획에 영향을 주기 때문이었다. 게다가 1976년 카터 대통령 후보는 인권 외교 문제를 들고 나온 것이다. 이런 상황에서 박정희 정권은 프레이저 청문회를 맞이한 것이다.

그러나 박정희 정권의 정책 수뇌들의 이에 대한 대처는 허술할 뿐만 아니

---

2) 미국 국가안전보장회의(NSC)가 마련한 군대감축계획은 1970년 3월 20일 국가안보연구 비망록(NSDM)48로 명명된 공식적인 문서가 되었는데, 이는 주한미군 2만 명 감축, 곧 DMZ부터 미군 2사단을 철수하는 것을 골자로 하며 이와 연계하여 한국군 현대화계획을 제안한다는 것이다. 『프레이저 보고서』(실천문학사, 1986), 99~103쪽 참조.

3) 도널드 레너드(Donald Ranard)가 1970년 국무부 한국과장으로 재임했는데, 그가 "박 대통령과 그 측근들은 미군의 감군 문제를 선거에서 그를 약세로 몰고 갈 문제로 보았으며, 박(정희)은 한 가지 생각만 하고 있었는데, 그것은 1971년 선거에서 이겨야 한다는 것이었다"고 1977년 프레이저 청문회에서 증언했다. 위 책, 102쪽 참조.

라 오히려 역효과를 가져오기도 했다. 예컨대 박정희 정권이 일으킨 1975년 '코리아게이트'라고 알려진 박동선 사건은 좋은 본보기이다.[4] 당시 박정희 정권은 주한미군의 철군을 막고자 미국 쌀 수입 브로커 박동선(朴東宣)을 동원해 미국 의원들을 매수코자 했으나 이는 더 큰 문제를 야기할 뿐이었다. 미국, 영국, 일본, 서독 등 서방 제국의 주요 신문 방송을 비롯해 전 세계의 언론매체들이 그때처럼 '한국 때리기'에 열중한 적은 일찍이 없었다.

이러한 얄팍한 대처 방법은 국내 인권유린 같은 심각한 문제를 제쳐두고 그때그때 터지는 문제를 대증요법(對症療法)으로 해결하려는 방식이다. 말하자면 중병의 암소(癌素)를 제쳐두고 겉으로 들어난 종기에 고약을 바르는 식이었다.

바로 이런 식의 대처방법으로 꾸며진 것이 헨더슨이 휘말린 '도자기 사건'이었다. 부연하면 당시 헨더슨 등이 요구한 의회청문회가 열리게 될 즈음 박정희 정권의 수뇌들은 그의 증언의 신빙성을 떨어뜨리기 위해, 또는 그의 입을 막아보려고 잔꾀로 생각해 낸 것이 이 도자기 사건이다. 그런데 이 사건은 헨더슨의 입을 막는 데에는 실패했지만, 헨더슨에게 헛소문으로 적지 않은 마음의 상처를 안겨준 것이 사실이었다.

---

4) 이 사건은 1976년 10월 15일 미국의 일간지 《워싱턴포스트》가 폭로했다. 이 신문에 의하면 한국 정부가 박동선을 내세워 의원들에게 거액의 자금을 제공하였다고 보도한 것이다. 미국 의회와 국무부는 박동선의 송환을 요구하였으나 한국 정부는 미국 측이 청와대를 도청한 사실을 문제로 삼아 송환을 거부하였다. 그 후 여러 차례의 회담을 거쳐 1977년 12월 31일 한·미 양국은 박동선이 미국 정부로부터 전면사면권을 받는 조건으로 증언에 응할 것이라는 공동성명을 발표하였다. 1978년 2월 23일 미국으로 건너간 박동선은 미국 상·하원 윤리위원회 증언에서 한국에 대한 쌀 판매로 약 920만 달러를 벌어 이 중 800만 달러를 로비활동 등에 지출하였다고 밝혔다. 그리고 4월 3일 공개청문회에서 그는 전 하원의원 R. 해너 등 32명의 전·현직 의원들에게 약 85만 달러의 선거자금을 주었으며, 1972년 대통령선거에서 공화당 후보 리처드 M. 닉슨에게도 2만 5000 달러를 주었다고 밝혔다. 그러나 미국 의회와 법무성은 박동선 사건에 대한 뚜렷한 결론을 내리지 못하고, 해너와 3명의 민주당 의원만 징계하였다. 그 후 미국 의회가 미국 주재 한국대사를 지낸 김동조(金東祚)의 증언을 요구함으로써 한·미 간에 새로운 갈등이 유발되었으나, 막후 절충을 벌여 1978년 9월 19일 김동조가 미국 하원 윤리위원회의 서면질문에 답변서를 보내고, 10월 16일 미국 하원 윤리위원회가 조사보고서를 발표함으로써 사건이 일단락되었다.

미국의회는 1974년부터 1978년까지 매년 한국인권청문회를 열었다. 이 중에서 라이샤워, 코언, 헨더슨이 직접 참석해 증언한 청문회는 1974년 청 문회(라이샤워와 헨더슨 참석), 1975년 청문회(코언 참석), 1976년 청문회(헨더 슨 참석)이다. 여기서는 이들 청문회 중 헨더슨이 증인으로 참석한 1974년과 1976년 청문회를 조명하고자 한다.

스타 증인 헨더슨

헨더슨은 프레이저 청문회에 1974년 8월 5일과 1976년 3월 17일 두 차례 참석해 생생한 증언을 했다.[5] 전자는 유신체제 아래 자행되는 인권유린에 관한 것이며, 후자는 미국 안에서 행해지는 한국 중앙정보부의 불법 활동에 관한 것이다. 1974년 프레이저 청문회는 7월 30일, 8월 5일, 12월 2일 세 차 례 열렸다.

먼저 헨더슨의 증언을 듣기에 앞서 1974년 청문회에서 팽팽히 맞선 쟁점 은 무엇인가? 이와 함께 그와 관계자들이 말한 증언을 듣는 순서로 프레이 저 청문회에 눈을 돌려보자.

1974년 프레이저 청문회는 박정희의 유신체제 아래 자행된 인권유린을 표적으로 삼았다. 청문회는 미 행정부가 한국군현대화 사업을 위해 제출한 당해 연도 군사원조계획을 둘러싸고 박정희 정권이 자행한 인권유린과 연 계하여 논의가 전개되었다. 국무부 관리들은 북한으로부터 위협이 심각하 다는 입장에서 군사원조를 그대로 주어야 한다는 주장을 펴는 반면 헨더슨 을 비롯한 주요 증인들은 인권 개선을 위해, 민주주의의 회복을 위해 군사

---

5) 프레이저 청문회에서 헨더슨의 증언과 기타 관계자들의 증언, 그리고 기타 관계 자료는 『남한의 인권: 미국정책에 대한 함의』(Human Rights in South Korea: Implications for U.S. Policy, 1974, 이하 '프레이저 청문회 기록')에 나와 있다. 이 청문회는 93차 의회 제2회의, 미하원 외교위원회 아 태문제소위 및 국제기구운동소위가 공동주최로 1974년, 7월 30일, 8월 5일, 12월 20일 개최했다.

원조에는 민주 회복의 틀 안에서 인권 회복 조치를 조건으로 삼아야 한다는 논의가 초점이었다. 이런 과정에서 뚜렷한 쟁점으로 등장한 것이 주권국가 국내 문제에 대한 '간섭' 문제였다. 또한 광범한 인권 탄압 그중에서도 중앙정보부가 자백을 받기 위해 반인륜적인 고문을 자행한다는 문제가 제기되었다. 또한 박정희 정권이 유신헌법과 긴급조치를 선포한 이유가 무엇인가? 곧 박정희의 개인적인 권력욕인가, 또는 북한의 위협에 대처하기 위한 조치인가도 쟁점이 되었다. 그 밖에도 종교 탄압과 같은 문제가 불거져 나왔다.

먼저 인권 문제 개선을 위해 미국이 타국 정부인 박정희 정권에 '간섭'을 할 수 있는가 하는 정당화 문제가 제기되었다. 이는 헨더슨이 20대 후반의 젊은 외교관으로서 1950년 11월 쓴 한국 정치에 관해 쓴 비망록에서 '간섭의 정치'를 주장한 사실을 생각게 한다. 당시 헨더슨은 경제적 및 군사적 문제에 대폭적으로 간섭하는 미국이 정치 문제는 아랑곳하지 않는 것은 위선이라고 비판하면서, 민주주의 정부의 확립을 위해 미국 대사가 적극적으로 이승만 독재 행태에 간섭을 해야 한다고 주장했다. 곧 미국은 국회를 중심으로 한 민주정부를 수립하는 데 결정적으로 기여할 책임을 회피해서는 안된다는 것이다.

1974년 프레이저 청문회에서도 한국 국내 문제에 대한 미국의 간섭 문제가 제기되었지만 이 문제는 『국회프락치사건의 재발견』I 188~193쪽에 자세히 다루고 있으므로 여기서는 생략한다.

제2절 중앙정보부의 만행

다음으로 한국의 인권 상황 중 두드러지게 드러난 문제가 중앙정보부가 자행하는 고문 실태였다. 이는 국제사면기구(Amnesty International)의 의뢰

로 한국의 인권과 사법 상황을 현지조사한 버틀러(William Butler) 변호사의
증언을 통해 드러났다.

헨더슨은 그가 1963년 3월 서울로부터 추방당하기 얼마 전, 박정희-김종
필의 공산주의 전력 보고서에서 김종필이 만든 중앙정보부가 무소불위의
권력을 휘둘러 민주제도를 말살한다고 지적한 바 있다. 이제 프레이저 청
문회에서 인권유린과 관련해 여지없이 드러난 것이 중앙정보부('중정')라는
악마의 얼굴이었다. 곧 중정이 자행한 반인류적인 고문 실태가 여지없이
드러난 것이다. 먼저 버틀러 변호사의 증언을 들어보자.

> 최근 군법회의 재판에 회부된 32명의 학생들을 변호하는 6명의 변호사 모두
> 는 내게 알렸는데, 그것은 그들의 의뢰인들이 전한 바에 의하면 그들은 중앙정
> 보부에 의해 '자백'을 받기 위해 여러 가지 방법으로 고문당했다는 것입니다. 이
> 변호사들은 이 보고서에 언급된 고문의 구체적 방법을 말하고 있는데, 그것은
> 콧구멍 속으로 냉수 붓기, 극도로 지치게 만들기, 취조실 옆방에서 비명소리 들
> 리기, 수감자 신체에 대한 구타 등이라고 합니다.
>
> 국민적 시인 김지하는 고문당했다는 증거를 제시했습니다. 저명한 지식인이
> 며 발행인이자 전직 국회의원인 장준하가 증언한 바에 의하면, 그를 거꾸로
> 매달아 놓고는 동시에 신체 부분에 불로 지졌다는 것이었습니다. 서승은 일본
> 태생의 서울대 학생이었는데, 감옥에 들어 갈 때는 잘생긴 청년이었지만 법정에
> 섰을 때 흉하게 탄 몸과 얼굴을 보였습니다. 그의 귀와 눈썹은 사라졌으며, 그의
> 손가락들은 붙들어 맨 채였습니다. 취조기록에 서명하기 위해 그의 족문(足紋)
> 을 사용하지 않을 수 없었습니다. 정부의 설명에 따르면 그가 이런 외모를 갖게
> 된 것은 그가 스스로 스토브의 끓는 기름에 뛰어 들었기 때문이라는 것입니다.
> 내게 들어온 보고에 따르면 다른 고문 방법도 사용하는데, 그것은 사람들의 음
> 부에 전기충격을 가한다는 것입니다[앞의 미하원 한국인권청문회(이하 '프레이
> 저 인권청문회') 헨더슨 증언, 35쪽].

중앙정보부가 자행한 인권유린과 고문에 대해서 헨더슨은 좀 더 구체적이고 생생하게 진술한다. 그는 「남한의 정치 탄압(Political Repression in South Korea)」이라는 성명을 공식기록에 첨부했는데, 여기에서 그는 남한의 긴급조치가 파시스트와 공산전체주의 아래 히틀러와 스탈린이 자행한 정치 탄압과 진배없다고 주장한다. 곧 히틀러와 스탈린과 같이 박정희는 대내적 탄압이 필요하다는 변명으로 대외적 위협과 음모이론을 사용한다고 지적한다. 그는 먼저 중정이 자행한 반인륜적인 고문 사례로서 최종길 교수의 경우를 다음과 같이 말한다.6)

몇몇 사람은 살아서 이야기를 전하지 못합니다. 최종길 교수는 서울대학교의 저명한 형법학 전문가이며 노골적인 공산주의 비판가인데, 1972년 10월 중순 교수회의에서 캠퍼스 군대 주둔에 관해 비판했다고 하여 중앙정보부가 감쪽같이 연행해 갔습니다. 10월 25일 중앙정보부는 '간첩단 일망타진'을 발표하면서 최 교수가 중앙정보부 건물 7층 욕조실로부터 뛰어내려 자살했다고 발표했습니다. 그의 아내는 시신을 보는 것이 허용되지 않았습니다. 그날 저녁 같은 건물에 구금된 학생이 보고한 바에 의하면, 그의 감방 밖의 한 사람이 "누군가를 즉시 병원에 데려가야 한다"고 말했다는 것입니다. 그런데 이상한 일은 간첩단 사건

---

6) 최종길(崔鍾吉) 교수의 의문사 사건은 중앙정보부가 10월 25일 최 교수가 "스스로 간첩혐의를 자백하고 중앙정보부 건물 7층에서 투신자살했다"고 발표한 뒤, 계속 의문이 제기되었지만 국내 언론은 거의 이를 다루지 않았다. 그러나 1973년 12월 24일 자 *Far Eastern Economic Review*가 최 교수의 자살에 대해 심각하게 의문을 제기했다. 그 다음 해 7월 30일과 8월 5일 열린 프레이저 청문회에서 버틀러 변호사와 헨더슨이 최 교수가 고문에 의해 타살 당했다고 주장함으로써 세상에 널리 알려졌다. 그해 12월 천주교 정의구현사제단이 전기고문에 의한 타살로 규정한 뒤 진상규명을 요구하는 사회적 여론이 확산되었다. 그러나 최 교수의 고문 타살에 대해 정부기관의 책임이 인정된 것은 김대중 정부가 들어선 뒤였다. 2000년 10월 의문사진상규명위원회가 발족되어 2002년 5월 27일 "민주화운동과 관련하며 위법한 공권력의 행사로 인하며 사망하였으므로 의문사진상규명에 관한 특별법에 따라 구제조치를 취한다"고 결정했다. 2006년 들어 2월 14일 서울고등법원은 유족들이 낸 국가를 상대로 한 소송에서 18억 4000만 원의 배상판결을 내렸는데, 유족들은 이를 인권 연구에 써달라며 사회에 환원했다.

발표 뒤 이 사건에 관해 더 이상 듣지 못했다는 것입니다(프레이저 인권청문회 헨더슨 증언, 88쪽).

징기스칸 통닭구이

헨더슨은 「남한의 정치 탄압」에서 '고문'(프레이저 인권청문회 헨더슨 증언, 89~90쪽)이라는 항목을 따로 두어 자세하게 진술한다. 그는 처형은 드물지만 고문은 '도처에서(ubiquitous)' 자행 된다면서 고문 회생자의 사진을 제시하는가 하면 구체적 고문 방법을 고발한다. 막사이사이상 수상자이며 ≪사상계≫ 발행인인 장준하(張俊河, 1918~1975)의 경우 중정 서빙고 분실에서 '징기스칸 통닭구이(Genghis Khan cooking)'라는 고문을 당했는데, 발가벗긴 알몸을 거꾸로 매달고 불로 지져 댔다는 것이다.

다른 고문방법 중에는 '전화걸기(telephone)'가 있는데, 이는 가해자가 피해자의 성기(性器)에 연결된 전선을 통해 말을 하면 그 목소리의 높낮이에 따라 충격이 가해진다는 것이며, '비행기태우기(aeroplane)'의 경우 몸을 매달아 물로 숨을 막고는 매질을 가하거나 한없이 빙빙 돌린 다는 것이다.

재일교포 출신 서울대 학생인 서승의 경우, 그의 끔찍한 모습의 사진을 제시하면서 1971년 8월 27일 제3회 공판에서 서승의 모습을 본 일본인 친구들의 목격담을 싣고 있다. "우리들은 서의 모습을 보고 커다란 충격을 받았습니다. 우리들은 그의 온몸이 중화상을 입어 그 처참한 모습으로부터 눈을 돌리지 않을 수 없었습니다. 그의 몸으로부터 얼굴에 이르기까지 피부에 끔찍한 화상 흉터가 남았습니다. 그 화상으로 인해 귀와 눈썹은 없어지고, 그의 손가락들이 매달려 있었어요. 입술도 마찬가지. 당국은 중한 화상으로 무의식 상태에서 강제로 망가진 손가락 대신 발가락으로 서명케 했다는 것입니다."

헨더슨은 반인륜적인 고문 이외에, 사법절차의 문제점을 이 청문회 증언에서 심도 있게 따진다. 정부는 공산주의 음모를 내세워 야당 인사들을 때려잡는 것이 유형이 되었는데, 이 과정에 법원이 동원된다는 것이다. 그는 1949~1950년 13명의 국회의원의 프락치사건 재판을 전형적인 예라고 하면서, 그것이 한국의 공산당 음모 재판의 원형을 이루었다고 설명한다. 그 뒤 1952년 부산 정치파동 때 7명의 국회의원에 대한 음모 재판, 1959년 조봉암의 음모 재판, 1962년 박정희 쿠데타 후 빈번한 정치 재판 등을 예시적으로 열거한다.

박정희 정권이 채택한 유신체제에 대하여 헨더슨은 특히 그것이 북한 공산주의자들의 위협에 대처하기 위해 불가피한 선택이라는 주장을 일축한다. 그는 구체적인 숫자를 예시하면서 북한의 DMZ와 배후지역에서의 정전협정 위반사건이 1969년 이래 현격하게 줄었다고 지적한다.[7] 부연하면 현재 북한의 위반은 6, 7년 전보다 1% 또는 그 이하라는 것이다. 게다가 한국은 북한과는 달리 베트남전에서 전투 경험을 쌓은 군대를 지니고 있다는 것이다.

따라서 대한 군사원조를 취소하더라도 남한의 안보를 무너뜨리거나 약화시키지 않을 것이라고 장담하면서 오히려 군원을 증가하는 것은 소련을 자극하여 북한에 더 많은 군원을 주게 되어 군비 경쟁을 초래하여 전쟁의 위험을 높일 것이라고 주장한다. 따라서 이는 남북 간의 접촉을 촉진하기보다는 장애를 줄 것이라고 내다본다.

마지막으로 그렇다면 박정희 정권이 유신체제를 채택한 진짜 이유는 무엇일가? 오글 목사는 간단히 증언한다. "그저 박정희가 정권의 포기를 거부한 것이 진짜 이유지요." 헨더슨은 이를 부연해 다음과 같이 설명한다.

---

7) 그가 제시한 군사정위원회 자료에 의하면, 정전협정 위반이 1967년 829건, 1968년 761건, 1969년 134건, 1970년 106건, 1972년 1건, 1973년 7건, 1974년 현재까지 4건이다(미 하원 프레이저 인권청문회 소책자, 1974, 93쪽).

그는 국민에게 단지 두 번 대통령을 하겠다고 약속했는데 1969년 약속을 깨고 세 번 연임을 허용하는 헌법 개정을 밀어 붙인 것입니다. 그는 김대중이라는 사람에게 1971년 선거에서 거의 패배당할 뻔했습니다. 이제 세 번 연임 뒤 퇴임한다는 약속을 지킬 필요 없이 헌법을 모두 폐지하고 유신체제를 세운 것입니다 (프레이저 인권청문회 헨더슨 증언, 134쪽).

그런데 박정희가 유신체제를 앞세워 종신 대통령의 권력욕을 채운 것이 사실이라면, 그것은 미국의 대한 정책 요인을 빼놓고서는 설명하기 어렵다. 1961년 박정희 쿠데타 뒤 그가 민정 이양의 약속을 어겼을 때만 하더라도, 미국은 자유세계 앞에 한국 민주주의가 무너진다는 외양을 용인하여 체면을 구길 필요가 없었다. 따라서 케네디 행정부는 외원을 당근으로 하여 박정희에 압력을 행사한 것이 사실이었다. 그것이 박정희로 하여금 군복을 벗고 대통령이 되는 길을 열어 주었다 하더라도 민선이라는 외양을 갖추도록 압력을 행사했다는 것은 이미 살펴보았다(제1장 1절 '삶의 궤적' 중 '버거 대사 만찬장에서 벌어진 일' 참조). 되풀이 말하지만 그 과정에서 박정희 그룹의 눈엣가시가 된 헨더슨이 서울로부터 추방당했다.

그러나 미국의 베트남전 개입은 그 뒤 한미 관계의 사정을 크게 바꾸어놓았다. 미국은 베트남전의 수렁에 점점 더 깊이 빠져들고 있었다. 미국은 수렁에서 탈출하기 위한 지푸라기라도 잡는 심정으로 1965년 말 박정희에 전투병의 베트남 파병을 요청한 것이다. 미국의 이 베트남 파병 요청이야말로 박정희에게는 코언과 베이커가 말하듯 '정말 하늘이 준 기회(a veritable heaven-sent opportunity)'였다(Cohen and Baker, 1991: 174).

한국의 베트남 파병은 미국이 그때까지 박정희의 공산주의 전력 때문에 가졌던 의구심을 없애 주었을 뿐만 아니라 베트남 수렁에 빠진 미국에 커다란 구원의 손길이었다. 박정희는 이 기회를 놓치지 않고 잡았다. 더 나아가 미국이 원하는 일본과의 국교정상화도 이뤄냈다. 미국의 대아시아 정책은 일본을 반공의 축으로 삼는다는 점에서 이 반공의 축에 한국을 끌어들이는 것은 미국으로서는 중요한 정책 목표가 아닐 리 없었다.

따라서 미국으로서는 이 여순사건 가담자이며 일본군 장교 출신의 박정희라는 군사 독재자에 신임과 당근을 주는 대신, 베트남 파병과 대아시아 정책의 목표인 한일국교 정상화를 얻어낸 것이다. 사실 그때 이래 미국이 박정희에게 준 당근은 어마어마한 것이었다. 1964년 1억 2400만 달러에 불과했던 군원이 1969년 거의 네 배나 뛴 4억 8000만 달러로, 다시 1971년에는 5억 5600만 달러로 치달았다(Cohen and Baker, 1991: 174).

그러나 미국이 박정희에게 준 엄청난 군원은 대가도 치러야 했다. 북한이 날카롭게 대응한 것이다. 북한은 일련의 군사도발을 일으켰는데, 그 절정은 1968년 1월 21일 북한특수부대의 청와대 습격사건이었다. 또한 북한은 미국에 대해서도 강경하게 대응했다. 푸에블로호를 나포하는가 하면, EC-121정찰기를 격추하는 등 강경 일변도로 대응해 한반도의 긴장을 일촉즉발 사태에까지 몰고 가는 모험을 감행한 것이다. 북한의 이러한 모험주의는 박정희 독재의 손을 들어주는 몫을 한 것도 사실이었다. 곧 박정희에 독재에 대한 변명거리를 준 것이다.

닉슨 행정부와 그 뒤를 이은 포드 행정부 시절 한국의 인권 상황은 더욱 악화되었다. 이들 공화당 행정부는 박정희 군사 통치의 처음 10년간 그나마 최악의 인권유린을 막기 위해 행사하던 영향력을 포기해 버린 것이다. 부연하면 미국 정부는 "다른 나라의 국내 문제에 대한 불간섭"이라는 '구태의연한 말(shibboleth)'(Cohen and Baker, 1991: 175)을 들먹이면서 박정희의 독재의 손을 들어주었던 것이다.

이렇게 볼 때 박정희가 선포한 유신체제는 헨더슨이 시종일관 규탄해 온 미국의 대한 정책의 맹점, 곧 불간섭이라는 위선 아래, 박정희가 선도하고 미국이 악어의 눈물로 받아들인 한미 합작품인 셈이다.

그런데 유신체제가 한미 합작으로 이루어졌다고 하더라도 한국의 인권

침해 문제를 둘러싸고 의회가 전적으로 행정부의 입장에 동조한 것은 아니었다. 미 의회는 1973년 외원법에 따라 한국 인권상황을 대한 군사원조와 연계시켜 청문을 통해 박정희 정권에 압박을 가하고 있었기 때문이었다. 이 청문의 결과는 의회가 국군현대화계획에 영향을 주는 지렛대 몫을 했다. 게다가 1976년 카터 대통령 후보는 인권 외교와 철군 문제를 들고 나온 것이다.

박정희는 이 청문에 대응해 대통령 긴급조치를 풀기도 하고 강화된 새로운 긴급조치를 선포하기도 하는 등 외양으로는 신축성 있게 대처해 나갔다. 부연하면 1974년 8월 23일 긴급조치 제1호와 제4호를 해제하는가 하면 1975년 2월 15일 긴급조치 1호 및 4호 위반자 중 민청학련 관련자를 포함해 전원을 석방했다. 단 인혁당 사건 관련자 및 반공법 위반자를 제외한 석방이었다. 그러나 그것도 잠간, 5월 13일 더욱 강력한 긴급조치 제9호를 발동하여 박정희 정권이 강행하는 인권 탄압의 방향이 어디로 가는지 어리둥절하게 만들기도 한다. 1976년 프레이저 청문회는 이러한 상황에서 열렸다.

한국 중앙정보부[CIA]는 '국가 안의 국가'

헨더슨이 1976년 3월 17일 또다시 프레이저 청문회에 참석해 증언을 했다. 이 때 그의 증언은 미국 내 한국CIA 요원들의 불법 활동에 관한 것이다.[8] 그는 이미 5·16쿠데타 핵심 인물인 박정희-김종필 공산주의 전력 보고서에서 김종필이 주도한 중앙정보부가 무소불위의 '국가 안의 국가'라고 규정하고 그것이 정치 불안을 증폭시키는 주요 요인이 되고 있음을 경고한 바 있다. 그는 이 증언에서 다음과 같이 말한다.

---

[8] 이 증언은 헨더슨 프락치사건 자료 중, 「미국 내 한국 중앙정보부 활동(The Activities of the Korean Central Intelligence Agency in the United States)」이란 제목으로 수록, 하원 국제관계위원회 국제기구 소위원회 증언, 1976년 3월 17일

의장님, 1961년 5월 16일 쿠데타가 일어나고 한국 CIA가 한국 정치의 드라마에서 유령같이 나타났을 때 나는 미국 대사관에 경고한 일이 있는데, 만일 그런 기관이 한국에서 출범된다면 그 활동을 감당할 수 없으며, 혁명을 하지 않는 한 어느 집단도 그 성장을 막을 수 없다고 했습니다. 나는 이러한 예측이 너무 잘 맞았다고 생각합니다. 대부분 미국인들은 상상할 수 없지만, 이 거대한 국가 안의 국가가 거의 무한정 인간과 인간을 맞싸우게 만들고, 나라 전체에 의구심을 심으며, 건설적인 정치 노력을 파편화하며, 세계에서 가장 활동적이며 오랜 전통을 가진 정치적 유산을 변형하여, 단절되고, 의심하며, 공포에 떠는 인간들의 자조와 무관심으로 만들고 있다는 사실입니다.

헨더슨은 한국 중앙정보부가 '국가 안의 국가'로서 10만으로부터 30만 명으로 추정되는 관료, 지식인, 기관원, 깡패로 구성되는 '거대하고 음험한 세계(a vast, shadowy world)'인데, 실질적으로 나라를 통치하며, 각급 정부부서는 경제 부서를 제외하면 대외적 얼굴에 불과하다는 것이다. 한국 정부의 해외주재 대표인 대사 및 총영사들도 어떤 면에서 '얼굴마담 격(semi-respectable facade)'이며 실질적인 대표는 외교관이나 영사 직위를 달고 있는 이들 정보부 요원들이라는 것이다. 현재[1976년] 미국에는 적어도 17명의 정보 요원들이 워싱턴 대사관 및 몇 개 총영사관에 외교관 직위를 달고 움직이고 있으며, 그 밖에 미국 주재 한국회사 지점과 교포들에 묻혀 있는 수많은 비밀 요원, '가장요원(sleepers)', 전문 제보자, 접촉자들이 한국인 교포 사회를 통제하고 있다고 폭로한다. 그는 한국중앙정보부가 한국 사회를 통제하던 역할이 한국에서 14년간 자리 잡아 정착했는데, 이 통제가 지금 미국 안의 소수민족인 한국인에 미치고 있다고 지적했다.

그는 중앙정보부 부서의 8개국을 차례대로 그 기능과 행태를 설명하면서 특히 방첩업무를 맡고 있는 제3국, 대내 정치와 치안을 맡고 있는 제5국, '더러운 수법(dirty tricks)', 파괴활동, 암살 등을 도맡아 하는 제6국을 문제 삼았다. 제3국이 방첩이라는 이름으로 벌이는 활동은 흔히 범죄적 활동에 해당한다면서, 이른바 '동백림 간첩단 사건'(1967~1968)과 서울 법대 최종길 교수의 고문살해 사건이 이 제3국과 제6국이 관련된 소행이라고 말한다. 동베를린 간첩단 사건에서 요원들이 외국에 들어가 합법적으로 살고 있는 한국인들을 몰래 잡아들여, 몇 사람은 북한에 살고 있는 가족의 운명에 관련해 북한 당국과 접촉했다는 박약한 증거로 사형을 선고했는데, 이는 서방 세계의 법원의 최소한 기준에도 못 미치는 엉터리 재판이라고 지적한다.

중정 제6국의 활동과 관련해 헨더슨은 1973년 8월 김대중 납치사건이 이 국의 소행이라며, 그 근거로 특히 흥미를 끄는 점은 워싱턴 주재 최고정보 책임자인 이상호, 참사관 최홍태, 이등서기관 박정일이 김대중이 도쿄에 갔었던 같은 시점에 그곳에 갔고, 납치사건 뒤 워싱턴에 귀임했다는 점이라고 ≪뉴욕타임스≫ 1973년 8월 17일 자 기사를 인용한다.

헨더슨이 이 증언에서 가장 강조한 것은 제5국의 활동이다. 이 5국의 활동이 국내정치를 옥죄고 있으며, 1975년 발동한 대통령 긴급조치 제9호를 시행하는 책임을 지고 있다는 것이다. 특히 제5국의 활동이 외국에 미치고 있다고 설명하면서 미국과 한국 사이 오가는 모든 우편물이 검열받고 있다는 것이다. 그는 이어 자신이 겪은 사례를 제시한다.

내가 고위 미국 관리로부터 들은 바에 의하면, 내가 학자로서 연구하고 있는 사건을 위해 한 한국시민이 사건에 관련된 비밀 해제된 몇 문건을 수집하고 번역하는 일을 자원했는데, 그가 그 일을 그만두라는 말을 한국 CIA요원들로부터 들었다는 것입니다. 그 사건은 박정희 정부가 들어서기 12년 젠[1950] 일어난 것인데도 말입니다. 이 요원들은 분명히 이 사건에 관련된 편지를 가로채 읽은 결과입니다. 정말로 이 한국인은 어처구니없는 행패를 당했는데, 분명히 한국CIA가 고용한 깡패들이 욕설을 퍼붓고는 다른 직원들이 보는 앞에서 그를 구타했다는 것입니다. 그의 동료 직원들은 똑같이 당하지 않을까 두려워 아무 도움도 주지 못했다고 합니다. 현대 한국에 관한 미국학계의 연구 지원이 필요한 만큼 이루어지지는 않지만 우리가 5만 명을 희생하고 1600억 달러를 쏟아 부은 나라를 이해하기 위해 반드시 필요한 것입니다. 그런데도 이 연구가 CIA 행패로 인해 이렇게 방해받고 있는 것입니다.[9]

헨더슨은 이어 대통령 긴급조치 제9호와 더불어 1973년 3월 19일 개정된 형법이 한국인이 외국인이나 외국특파원과의 대화에서 정부를 비방할 경우 7년형을 규정하고 있다면서 이는 미국의 언론과 학문의 자유를 위협하고 있다고 지적한다. 만일 한국 학생들이 지난 14년간 한국현대사에 관해 쓴 박사논문이나 학술논문이 비판적이라고 간주된 경우 '배신자(traitors)'로 낙인이 찍혀 대학 취업이 불가능해진다고 하면서 그 자신이 몇 가지 사례를 알고 있다고 말한다. 그러나 몇 가지 사례는 당사자들의 개인 보호 차원에서 밝히지 않았다. 그로부터 20년 뒤 커밍스는 적어도 한 가지 사례 다음과 같이 밝히고 있다.

지금 서울의 최고 대학 중 한 대학의 교수인 또 다른 내 친구는 미군정 기간 한국 정치에 관한 박사논문을 외국 대학에서 썼다. 그가 1970년대 중반 서울에 돌아갔을 때 그는 중앙정보부 남산본부에 데려가 취조관이 그를 전기고문 장치에 메고는 박사논문으로부터 관련 부분을 읽기 시작하면서 왜 이걸 썼느냐 왜 저걸 썼느냐 하며 고통을 주었다. 고문 가해자들은 예술가인 그의 아내를 불러들이고는 전화기를 떼어 남편이 지르는 비명소리를 듣게 했다. 약 5년 뒤 이 사람은 미국에 교환교수로 와서는 내게 식료품 상점에, 다음 주류 판매점에 태워

---

9) 헨더슨은 이 증언을 하면서 자신이 연구하는 사건이 무엇인지 밝히지 않고 있으나, 그가 박정희 정권이 들어서기 12년 전이라고 말하고 있는 점으로 보아 국회프락치사건(1949-1950)이 분명하다. 이는 아마도 그의 연구를 도와준 한국인을 보호하기 위한 배려라고 추정할 수 있다. 그는 당시 프락치사건에 관련된 자료를 1973년부터 사회과학연구협의회(Social Science Research Council)의 지원금으로 연구를 진행하고 있었으나 무슨 영문인지 연구를 완료하지 못한다.

달라고 했다. 곧 그는 아직도 위스키를 약간 들이키지 않고는 잠을 잘 수가 없었다. 그의 부인은 극도의 신경병에 시달려 자기 경력직을 계속할 수 없었다. 다행히 그녀는 회복되어 1980년대 직업에 복귀할 수 있었다. 이 가족은 힘깨나 쓰는 개인적 연줄을 통해 구제를 받았지만 다른 사람들은 그렇게 운이 좋지 않았다 (Cumings, 2005: 371).

커밍스는 1974년 '남산 여행(the trip to Namsan)'을 경험한 오글 목사[10]가 겪은 체험도 전하고 있다. 오글은 1974년 '고문 같은 심문(third degree)'을 17시간 동안 줄곧 받았는데, 중정 제6국장 이용택은 기독교 목사가 어떻게 사회주의자로서 반역죄로 처형당할 8명[인민혁명당 재건사건 사형수 — 지은이]을 변호할 수 있느냐고 캐묻는 것이었다. 그는 그들 중 "하재원이 북한 방송을 듣고 김일성의 연설을 복사한 것을 알았는가?"라고 힐난했다. 이것이 하재원이 공산주의자라고 이용택을 확신시킨 주요 사실 인듯하다. 그리고는 이용택은 다음과 같은 감정에 복받친 독백을 하는 것이었다.

"이놈들은 우리의 적이다"라고 그는 외쳤다. "우리는 그놈들을 죽여야 한다. 이것은 전쟁이다. 전쟁 중에는 크리스천도 방아쇠를 당기고 적들을 죽인다. 우리가 그들을 죽이지 않으면 그들이 우리를 죽인다. 우리는 그들을 죽일 것이다!"(Cumings, 2005: 371).

결론적으로 헨더슨은 미국은 자국 안의 한국 CIA에 의한 모든 불법적이

---

10) 조지 오글 목사는 개신교[감리교] 소속으로 한국에서 목회활동을 하다 1974년 12월 추방당했다. 그는 제임스 시노트(James P. Sinnott) 신부와 함께 이른바 인혁당 재건위 사건이 조작되었음을 알고 이를 세상에 폭로했다. 이들은 이 사건의 연루자 8명을 1975년 4월 8일 대법원에서 사형을 확정하고 그 다음날 집행해 버리자 격렬한 항의를 벌이다 그해 4월 말 추방당했다. 지은이는 오글 목사 일행이 미 대사관 앞에서 목에 밧줄을 옭는 모습으로 시위하고 있는 모습을 아직 기억하고 있다. 바로 인혁당 관련자 8명을 처형한 다음 날 ≪코리아타임스≫1면에 개재된 사진이다. 오글 목사는 프레이저 청문회에 나와 한국 인권 상황에 관해 증언했다.

며 탄압적인 활동을 반대해야 하며, 이 중 가장 나쁘고 또한 도처에 일어나고 있는 활동이 '우리'[미국] 사회의 자유와 안전을 약속해 준 한국인 또는 한국계 미국인들을 우리나라[미국] 안에서 통제하려는 짓이라고 지적한다. 미국은 사람들이 도망쳐 나오고 싶은 바로 그 독제체재를 미국 영토 안으로 끌어들인다면 압제받는 사람들의 피난처로서 전통을 도대체 어떻게 유지할 수 있겠는가?

개요와 소결

앞서 고발자로서 헨더슨의 면모를 보았다면 이 장에서는 '행동하는 지성인'으로서 그의 '행동'을 살펴보았다. 우선 눈길을 끄는 그의 행동은 미 하원이 개최한 한국 인권청문회에 증인으로 참석해 박정희 정권 아래 중앙정보부가 저지른 갖가지 인권 유린 만행을 폭로하는 것이었다. 박정희는 이른바 도자기 사건을 터뜨려 헨더슨의 입을 막으려 했지만 무위로 끝나고 말았다.

그는 창백한 서생으로 남은 것을 거부하고 행동하는 지성인으로 싸웠다. 물론 그는 문필적으로 싸워 큰 족적을 남겼다. 최대의 족적은 국회프락치 사건의 재판기록을 남긴 역사적 기록이다. 그가 행동으로 군사정권이 저지른 반인륜적 인권 유린 만행을 고발한 것은 프레이저 인권청문회 기록으로 남아 있다.

결론적으로 우리의 주인공 헨더슨은 행동하는 지성인으로 한국의 군사정권에 맞서 치열하게 싸우는가 하면 미국의 대한 정책 실패는 한국의 민주주의 실패로 귀인 한다고 진단한다. 그러나 행동하는 지성인으로서 헨더슨의 싸움은 오래 가지 못했다. 1988년 10월 느닷없이 찾아온 사신을 만나 영면한다.

제3부를 마치며

헨더슨이 영면하기 약 한 달 전 1988년 9월 23일 그의 저작 『회오리의 한국정치』(하버드대학
출판부, 1968)를 전면적으로 수정한 '수정판 원고 추고'를 지은이에 보냈다. 그것으로 한울엠플
러스는 '한국어 완역판'을 펴냈다. 이 수정판 원고 추고를 보면 헨더슨은 1987년 6월 항쟁으로
한국의 민주화가 성큼 다가온 현실에서도 '제왕과 촌락' 사이에 중간 매개체는 여전히 황무지로
남아 있다고 보는 것을 알 수 있다. 특히 제10장 '정당'의 추고에서 튼실한 응집력을 모으지 못
하고 있다고 본다. 그는 이어 1987년 6월 항쟁 이후에 신군부의 잔재 노태우가 대통령으로 당
선케 된 배경에 김영삼-김대중 양 김이 각각 대선 후보를 출마함으로서 '정치적 자살 행위'를 한
것이라고 단언한다. 과연 한국은 정당과 같은 중간 매개제가 정치적 응집력을 모으는 과제를 이
룰 수 있을까.

에필로그

　이 책을 마감하면서 문득 100세 시대 헨더슨이 살아남아 오늘날 한국의 정치사회를 관찰했다면 어떤 평가를 내릴까 궁금해진다. '촌락과 제왕'으로 상징화한 한국사회가 달라졌다고 보았을까? 헨더슨이 고개를 저었을 것이리라. 왜냐하면 한국은 남북 간에는 물론 정치, 경제, 사회 모든 분야에서 양극화 현상이 더욱 두드러지기 때문이다. 그가 내린 처방, 즉 중간 매개체라든가 정치의 응집력은 만병통치약은 아니더라도 유효한 약재가 아닐까 생각해 본다.

　이 책이 엮은 서사의 주인공들이 하나 둘 사라져 간다. 5·16 박정희 군사쿠데타에 반대해 막후 활동을 벌인 강원용 목사는 2006년 8월 17일 영면했다. 나는 서울법대 재학시절 경동교회에 가 그가 쩌렁쩌렁한 목소리로, 큰 울림을 주던 설교를 듣곤 했다. 그는 단순한 목회자를 넘어 민주화 사회운동가였다. 민세 안재홍을 젊은 시절부터 존경하던 강 목사는 방송위원장시절(1988년) 지은이를 광고심의위원장으로 위촉하기도 했다. 강 목사는 방송에 큰 관심을 보여 김대중 정부가 들어선 뒤 방송개혁위원회 위원장으로 방송민주화의 밑그림이 된 방송개혁보고서라는 초석을 놓아 방송개혁의 선구자가 되었다.

　김대중 대통령은 남달리 방송개혁에 관심을 두었다. 정부가 들어선 후 2000년 1월 12일 통합방송법을 포함한 민주 3법 서명식을 개최해 방송계 인사들을 청와대로 초청했다. 그만큼 김대중 대통령은 방송민주화를 '국민의 정부'의 상징으로 삼은 것이다. 민주 3법을 서명한 뒤 김 대통령은 뜻밖

김대중 대통령은 당시 방송계를 대표하는 인사들을 청와대로 초청해 통합방송법 등 민주 3법 서명식을 개최했다. 그 만큼 방송의 독립과 민주화를 김대중 정부의 상징으로 삼은 것이다. 왼쪽으로부터 강원용 방송개혁위원회 위원장, 김정기 (구)방송위원회 위원장, 박권상 KBS 사장 등

에도 서명한 만년필을 지은이에 넘겨주었다.

　한국의 선구적 언론인 리영희(1929~2010) 선생은 2010년 12월 5일 별세했다. 그는 헨더슨이 박정희 군사정권의 기피인물로 찍혀 추방된 사건과 사이에 에피소드와 같은 이야기의 주인공이다. 문득 1989년 12월 2일 화갑연에서 리 선생이 지은이를 맞이한 환한 얼굴이 떠오른다.

　헨더슨과 다산 정약용 연구를 매개로 교유를 튼 이을호(1910~1998년) 선생은 오래 전 세상을 떠났고, 헨더슨의 유교 강연을 듣고 지적 충격을 받은 기세춘(1937~2022년) 선생도 작년 저세상으로 떠났다. 지은이가 2008년 『국회프락치사건의 재발견』(한울엠플러스)을 낼 때 응원을 아끼지 않았던 베이커(Edward Baker) 교수도 말이 없다. 벌써 노환으로 일손을 뗀 것인가, 고향으로 돌아간 것인가, 알 길이 없다. 헨더슨에게 하버드 대학에서 한국

사 역사 강의를 들었던 베이커 교수가 헨더슨 평전을 보면 얼마나 기뻐할까? 그는 헨더슨과 함께 한국 군사정권의 반인륜적인 인권유린을 기록으로 공유했다.

정경모 선생도 재작년 2021년 2월 영면했다. 40여 년간 일본에서 망명생활을 이어가는 선생을 2006년 7월 19일 도쿄에서 만나 국회프락치사건에 관해 장시간 인터뷰한 적이 있다. 죽어서야 고국에 돌아온 선생은 그를 추모하는 이들(자유언론실천재단 이부영 이사장)이 세운 비석 아래 지금 마석 모란공원에 잠들어 있다.

또 다른 의미에서 망명생활을 하던 김우식 선생도 지금 영면하셨으리라. 미 대사관에서 헨더슨과 함께 일했던 그는 국회프락치사건 재판기록을 재판 현장에서 챙긴 분이다. 2006년 11월 14일 도쿄의 뉴오타니호텔에서 내가 만났을 당시 연세가 85세셨으니(제1장 삶의 궤적, 20쪽 참조) 김 선생이 지금 100세 시대에 살아남아 이 책을 들고 기뻐하는 모습을 보고 싶다.

이들 가신이들은 모두 나름 조국에 이바지하신 면을 놓칠 수 없다. 어떤 이는 조국의 민주화에, 다른 이는 군사정권의 반인륜적인 인권유린을 폭로하는가 하면 또 다른 이는 남북관계 적대 해소를 위해 헌신한 것이다.

이 책이 가신이들에게 조금이라도 위안이 되었으면 하고 바란다. 물론 가장 큰 위안을 받은 이는 헨더슨의 영혼일 것이라고 생각해 본다. 게다가 금년 4월 헨더슨 영면 35주년을 맞아 반민특위·국회프락치사건 기억연대는 헨더슨 추모 대회를 연다고 한다. 헨더슨이 역사적 기록을 남긴 국회프락치사건, 여기에 연루되어 '남로당 프락치'로 낙인찍힌 '소장파' 제헌의원의 해원을 푸는 뜻도 겸할 터이다.

이들 '소장파' 제헌의원들은 조작된 수사와 재판으로 유죄를 선고 받고 서대문형무소에 옥살이하다가 북한군이 6·25 남침으로 서울을 석권한 뒤에 풀려난다. 하지만 다시 9·28 서울 수복 후 북행한 이들도 북녘 땅에서 모두 영면했다. 이들은 평양 북쪽 근교 룡성구 '재북인사의 묘'에 잠들어 있다. 박갑동·노일환 이야기의 주인공 노일환 의원도 물론 여기에 묻혀 있다.

박갑동은 해방정국에서 ≪해방일보≫라는 남로당 기관지 기자로 노일환과 친일문제 등에 대해 치열한 논쟁을 벌인 사이로 평양에서 우연히 만난 노일환에 대해 회고했다. "한 때는 이승만의 미움을 사고 이제는 김일성의 포로가 되어 있는 그의 불운한 운명 앞에 나는 망연한 표정을 짓지 않을 수 없었다"라고. '불운한 운명'을 맞고 덧없는 삶을 살다가 북녘 땅에서 눈을 감은 노일환은 헨더슨이 표현한 대로 '역사적 무명 인간'으로 사라진 '남로당 프락치'로 낙인이 찍힌 13명 '소장파' 제헌의원의 상징이다.

헨더슨이 이승만 정권의 대안으로 제시한 '김규식-안재홍' 그룹의 김규식은 1950년 9·28 서울 수복 직전 북녘으로 끌려갔지만 병약한 몸으로 그해 평양의 병원에서 숨을 거두었으며 안재홍의 경우 1965년까지 살다가 그해 3월 1일 북녘의 땅에서 덧없이 별세했다. 북녘에서 재북평화통일촉진협의회를 이끌던 조소앙이나 안재홍도 '재북인사의 묘'에 잠들어 있다. 지은이는 이들 모두에게 이 책을 헌정한다.

덧붙여

지은이는 2019년 6월 19일 위암 장지연선생기념사업회 이종석 회장에게 민세 안재홍 선생이 쓴 한문서예 한 점을 건네받았다. 여기에는 김영삼 정부시절 국가안전기획부 부장을 지낸 김덕 선생이 이 회장에 지은이를 소개한 인연이 있다. 한국외대에서 함께 지낸 김 선생이 민세와 지은이와의 관계를 잘 알고 있어 이 회장

위암 장지연선생기념회 이종석 회장이 지은이에게 민세의 서예글씨를 건네주다.

민세가 단기 4282년, 즉 1949년 한 노동운동단체에 써준 것으로 보이는 서예 글씨. 해방 정국에서 좌우합작운동을 한 민세의 정치통합 정신을 엿 볼 수 있다.

에 지은이가 민세의 손서(孫壻)라고 알려 준 것이 계기가 된 것이다.

지은이가 이 서예를 보니 서체가 민세의 반듯한 인품을 보는 것 같고, 서예의 내용, 즉 '勤勞立國(근로입국)'의 경우 해방정국에서 좌우합작운동에 참여한 민세가 내세운 정치합작의 정신을 보여준다고 생각한다. 이는 헨더슨이 민세를 온건파 지도자로 기린 것과 맥을 같이한다고 여겨도 크게 벗어나지 않지 않을까.

2023년 헨더슨 영면 35주기를 맞으며
2023년 2월 6일 김정기 합장

| 헨더슨 부처 연보 |

1922년 6월 13일   보스턴 철도회사 부사장인 아버지 헨더슨과 어머니 사이에서 출생.

1938~1940년   필립스 엑시터 아카데미(Phillips Exeter Academy)에서 교육받고 최우수 학생 2명 중 1명으로 졸업.

1940~1943년   하버드대학교 수학. 고전학(classics) 전공 최고우등생(magna cum laude)으로 졸업.

1943~1946년   미 해병대 소위로 태평양전쟁 참전. 일본어 통역관으로 사이판·티니안·이오지마 전투에 참가.

1946년 2~6월   하버드대 문리과대학원 수학.1946~1947년 하버드대 경영대학원 수학. M.B.A. 학위 취득.

1947~1948년   미 국무부 외교직 취업, 캘리포니아대학교에서 위탁교육 받음. 조지 매큔 교수의 지도로 한국어와 한국 역사를 익힘.

1948~1950년   1948년 7월 중순부터 1950년 10월, 주한 미국 대표부에 3등 서기관으로 근무.

1948년 8월 15일   구 중앙청 광장에서 거행된 대한민국 정부 수립 기념식 참석. 대표부 정치과 소속 국회연락관으로 정치 보고와 분석을 담당.

1949년 5~8월   국회프락치사건, 6·6 반민특위 습격 사건, 김구 암살 사건을 국무부에 보고.

1949년 11월 17일~1950년 3월 9일   국회프락치사건 재판 제1~15회 공판 기록을 국무부에 보고.

1950년 6월 11일   부산 영사관으로 전속돼 한국전쟁을 만남. 유엔군과의 연락 업무 담당.

    10월 17~20일   서울 방문.

    10월 26일   「서울의 비극」을 기록.

    11월 30일   고향 매사추세츠 케임브리지에서 한국 정치에 관한 장문의 비망록 「A Memorandum Concerning United States Political Objectives in Korea」를 작성해 주한 미 대사관에 제출.

1951~1953년	1951년 1월 초부터 미국고등위원회(U.S. High Commission) 베를린 분국에 근무(program and policy officer).
1953~1955년	일본 교토 미국문화원 원장.
1954년	베를린 근무 중 만난 베를린 태생의 조각가 마이어 헨더슨(Maia Henderson)과 결혼.
1955~1957년	국무부 소속 외교 연구원(Foreign Service Institute), 극동 연구 실장(Director of Far Eastern Studies). 한국어 강의와 일본 및 중국 지역 강의를 맡음. 극동지역 프로그램을 일본, 한국, 타이완에 마련하여 운영함.
1957년 5월	「정다산: 한국 지성사 연구(Chong Ta-san: A Study in Korea's Intellectual History)」를 *Journal of Asian Studies*에 발표.
1957~1958년	국무부 한국 담당관(Korea Desk Officer)으로서 정치 분석과 정책 담당.
1957년 12월 15일	「정다산론」 초고를 전남대학 이을호 교수에 보냄, 이를 계기로 이 교수와 교유를 틈.
1958년	5월부터 주한 미 대사관 문정관(Cultural Attache).
1958년 어느 시점	강진에서 한국유교 강연, 이 강연을 듣고 동양고전 연구가 기세춘에 지적 충격을 줌[이를 계기로 기세춘은 동양고전을 연구하기 시작함]
3~4월	「고려의 도자: 제 문제와 정보의 전거(Koryo Ceramics: Problems and Sources of information)」를 *Far Eastern Ceramic Bulletin*, Vol.X, No.1~2(1958.5~6)에 기고.
9월	「한국 문화의 기대」. ≪사상계≫, 1959년 9월 호에 기고.
1958년 8월 21일~9월 18일	정다산 직계손 정향진(丁向鎭) 한문일기 중 일곱 군데에 걸쳐 '헨더슨' 언급. 여기서 헨더슨이 경기도 조안면 다산 묘소를 방문한 일, 묘소가 그대로 방치된 것에 정 씨에 질책한 것을 알 수 있음.
11월	전남 강진의 다산초당 방문. 만덕사 근처 산자락의 한 둔덕에서 고려청자 조각들이 흩어져 있는 것을 보고 그 감상문 「검은 계곡 이야기(A Tale of the Black Valley)」를 씀.
11월~1959년 5월	외교연구원 극동연구실장 시절부터 구상한 한국 문화 관계 연구논문을 미국 국회도서관의 양기백과 함께 학술지에 기고(Key P. Yang and Gregory Henderson, 「한국유교약사(An Outline of History of Korean Confucianism)」 2편: 제1편 「초기 유교와 이 왕조의 파당(The Early Period and Yi Factionalism)」, *The Journal of Asian Studies*, Vol.

XVIII, No.1(1958); 제2편, 「이 왕조의 유교 학파(The Schools of Yi Confucianism)」, Vol. XVIII, No.2 (1959). 1959년 5월, 「한미 간의 문화 관계」, ≪국제평론≫, 2호, 1959년 5월 호 기고.

1959년 6~9월	「식민지 낙랑의 멸망을 통해 본 한국(Korea through the Fall of Lolang Colony)」을 *Koreana Quarterly*, Vol.1, No.1(1959)에 기고.
9월	「정동 지역 역사와 미국 대사관 구역(A History of the Chongdong Area and the American Embassy Compound)」를 *Transactions, the Korea Branch of the Royal Asiatic Society*, Vol.XXXV에 기고.
12월	「간지명을 가진 후기 고려청자(Dated late Koryo Celadons)」를 *Far Eastern Ceramic Bulletin* (1959)에 기고.
1962~1963년	1962년 2월 6일부터 서울 미 대사관 정치국 소속 및 대사 특별보좌관.
1962년 2월 6일	주한 미공보원(USIA) 문정관으로부터 대사관 정치과에 배속.
1963년 연초	새뮤얼 버거 대사의 특별정치보좌관으로 임명.
3월 18~25일	이른바 '이영희 사건'에 휘말려 기피 인물이 되어 서울에서 추방됨. 헨더슨은 이 추방 사건에 관해 전후 사정을 기록한 「경력의 종말(End of a Career)」이라는 글을 남김.
12월	국무부를 떠남. 헨더슨이 국무부를 떠난 배경에 관해 케네디 대통령 시절 백악관 보조관을 지낸 슐레진저(Arthur M. Schlesinger, Jr)가, 『케네디 백안관의 일천일(A Thousand Days: John F. Kennedy in the White House)』에서 국무부의 관료주의가 한국 전문가를 키우지 못했다고 짚음.
1964~1969년	하버드대 국제문제연구소(Center for International Affairs) 연구 요원(Faculty Research Associate) 및 기타 연구원으로 한국을 비롯한 발전도상국 정치 발전 문제를 집중 연구함.
1964~1965년	하버드-MIT 공동 정치 발전 세미나에 정기적으로 참여.
1966년 2월~1969년 9월	유엔훈련연구소(United Nations Institute for Training and Research)의 선임연구원(Senior Research Officer).
1968년 6월 28일	주저 『회오리의 한국 정치(Korea: The Politics of the Vortex)』(Harvard University Press, 1968)를 출간.
11월	「한국의 분단: 전망과 위협(Korea's Division: Prospects and Dangers)」(1968)을 발표. 이 논문은 그가 학문적인 관심을 집중하여 한국 분단 문제를 본격적으로 다룬 최초의 논문임.

1969~1978년	1969년 9월부터 터프트대학교 플레처 법외교대학원 교수(Project Director and Associate Professor of Diplomacy, Fletcher School of law and Diplomacy, Tufts University)로 임명되어 학계에 발을 들여놓음. 한국문제에 관한 연구논문을 활발하게 발표하고 행동하는 지식인으로 활동.
1970년 3월 24일	한 세미나에서 「역사적 증인: 커뮤니케이션, 국방, 그리고 통일, 40대의 친구가 한국의 70년대를 만나다(Historic Witness: Communication. Defense and Unification. A Friend of the Forties Faces Korea's Seventie)」를 발표.
1970년 8-9월	「한국의 냉전 지대 녹일 수 있을까?(Korea: Can Cold War Ground Thaw?)」를 *War/Peace Report*, Vol.10, No.7에 기고.
1970년	「발전도상국가로부터의 고기술인력 수출(Emigration of Highly Skilled Manpower from the Developing Countries)」 *UNITAR Monograph Series*, No.3 발표.
1971년	Stephen Spiegel·Kenneth Waltz(eds.), *Conflict in World Politics* (Winthrop Publishers, 1971)에 「남북한 갈등 상황(The North-South Korea Conflict Situation)」을 기고.
1972년 2월 14일	뉴욕의 사회과학연구위원회(Social Science Research Council)로부터 국회프락치사건 연구 지원 승인받고, 미화 2550달러 지원 받음.
2월 26일	해롤드 노블, 『전쟁 중의 대사관(Embassy at War)』(1975)에 「그레고리 헨더슨[전쟁 중] 부산을 말하다」를 서한 형식으로 기고.
4월 21일	컬럼비아대학 동아연구소에서 열린 한국 세미나에서 「1949년의 프락치사건: 법의 발전과 의회 민주주의(Legal Development and Parliamen-tary Democracy: The 'Fraktsia' Incident of 1949)」를 발표. 이 발표는 국회프락치사건의 예비 논문으로 작성한 보고서에 근거함.
7월 22일~8월 하순	국회프락치사건 연구 자료 수집 및 관계자들과의 인터뷰 차 한국 방문. 오제도 변호사, 사광욱 대법관을 비롯해 김태선(프락치사건 당시 시경국장), 선우종원(프락치사건 재판 관여 검사), 신순원(프락치사건 재판 변호인), 서용길·설국환(언론인: 소장파 의원들의 외국 철수 결의안 영문 번역) 등 여러 사람을 인터뷰 함.
1973년	「터무니없는 한국 분단(Korea: The Preposterous Division)」(1973)을 *Journal of International Affairs*, Vol.27, No.2(1973)에 기고. 「일본의 조선: 이민, 잔인성, 발전의 충격(Japan's Chosen: Immi-

grants, Ruthlessness and Developmental Shock)」을 Andrew Nahm(ed.), *Korea Under Japanese Rule*(1973)에 기고.

5월 「한국이 아직 위험하다(There's Danger in Korea Still)」를 라이샤워 교수와 함께 *New York Times Magazine*(1973.5.23)에 기고.

9월 미국정치학회(American Political Science Association) 1973연차 총회 (9월 4~8일, 뉴올리언스 루이지애나 정호텔에서 개최)에서 「미국 대외 정책에서 한국: 효과와 전망(Korea in United States Foreign Policy: The Effects and Prospects of Present Policies)」이라는 논제로 기조연설.

1974년 Richard N. Lebow and John G. Stoessinger의 저술 『분단 세계의 분단 국가(Divided Nations in a Divided World)』에 분단국가로서 「한국 (Korea)」 편을 기고.

5월 28일 하버드대 제롬 코언 법학교수와 함께 ≪뉴욕타임스≫에 미국 의회가 한국 인권청문회를 열 것을 공개적으로 요청하는 서한 발표. 그 한 달 뒤 박정희 유신 정권은 이른바 '도자기 사건'으로 핸더슨을 음해함.

6월 18일 문공부 산하 기관인 문화재보호협회 회장 이선근은 국내외 기자회견을 열어, 헨더슨이 소장한 한국 전통 도자기 등 143점의 문화재는 그가 외교적 특권을 이용해 불법으로 반출한 것이니 한국에 되돌려 주어야 한다고 주장.

8월 5일 미국 의회 남한 인권청문회[7월 30일, 8월 5일, 12월 20일 세 번 열린 일명 프레이저 청문회(Fraser Hearings)]에 출석해 증언. 이 청문회에서 「남한의 정치 탄압(Political Repression in South Korea)」이라는 논제 성명을 발표하고 의원들의 질문에 응해 증언함. 그의 성명과 증언은 미국 하원 외교위원회가 발간한 『남한의 인권: 미국 정책에 함유된 의미(Human Rights in South Korea: Implications for U. S. Policy, Hearings Before the Subcommittees on Asian and Pacific Affairs and on International Organizations and Movements)』에 수록되어 있다. 여기서 헨더슨은 미국의 모든 대한 원조는 기본적 자유를 보장하는 헌정으로 즉시 복귀할 것을 조건으로 해야 한다고 역설.

1976년 프레이저 청문회에서 미국 내 한국 중앙정보부 요원들이 교포들의 인권을 유린하고 있다는 증언을 위해 준비한 「미국 내 한국 중앙정보부의 활동 (The Activities of the Korean Central Intelligence Agency in the United States)」이라는 문서가 청문회에서 발간한 책자에 수록·발표됨(3월 17일).

「한국: 군사적 정책인가 통일정책인가?(Korea: Militarist or Unification

Policies?)」를 William J. Brands(ed.), *The Two Koreas in East Asian Affairs* (Council for Foreign Relations, 1976)에 기고.

「남한의 방위와 평화: 미국의 딜레마와 정책 우선순위(South Korea's Defense and Northeast Asia's Peace: American Dilemmas and Priorities)」를 컬럼비아대학교 한국 세미나에서 발표(같은 논문을 1977년 하버드 포럼 세미나에서도 발표).

9월 18일	≪뉴욕타임스≫ 9월 18일 자에 게재된 편집자 서한에서 1976년 3월 1일 '3·1 민주구국선언 사건'(세칭 명동사건)으로 체포된 한국의 저명한 민주 인사들이 대통령 긴급조치 위반으로 전원 유죄판결을 받자, 이에 대해 박정희 정권이 인권 유린을 자행하고 한국의 사법이 이에 놀아났다고 규탄. 여기에 헨더슨을 비롯해 하버드대의 라이샤워 교수와 코언 교수, 뉴턴 터버 목사, 그리고 한국 측 인사로는 김재준(金在俊) 목사(캐나다 지역 한국민주통일연합회 의장), 폴 유(劉基天) 형법학 교수(전 서울법대 학장 및 서울대 총장) 등이 서명함.
1977년	「새로운 한국 정책의 우선순위(New Korean Policy Priorities)」를 미국 대한정책 신방향위원회(Committee for a New Direction for US Korean Policy)에 제출 발표.
1978년 4월 1일	아시아연구학회(Association for Asian Studies) 제30년차 총회(1978년 일리노이주 시카고 팔마하우스에서 개최)에서 토론 논문 「한반도의 무력, 정보 그리고 안보 불안의 가중(Arms, Information and the Rise of Insecurity in the Korean Peninsula)」을 발표.
1980~1984년	독일의 루르(Ruhr)대학, 보훔(Bochum)대학, 자유베를린(Free Berlin)대학에서 한국학 담당 객원교수로 강의 및 연구.
1980년 6월 3일	서독 보훔에서 보낸 서한에서 전두환 신군부 세력이 광주 만행을 저질렀는데, 이는 미군 사령관 위컴이 승인한 것이라고 주장.
1980년대 초	헨더슨은 광범위한 신문 기고 활동. 특히 ≪보스턴 글로브≫에 정기 기고. 미국의 3대 전국지 ≪뉴욕타임스≫, ≪워싱턴포스트≫, ≪LA타임스≫에 그의 칼럼 기사가 단골로 실림. 그 밖에 ≪크리스천 사이언스 모니터≫, 홍콩에서 발간되는 ≪파 이스턴 이코노믹 리뷰≫, 한국의 ≪코리아헤럴드≫에도 자주 기고.
1981년 9월 8일~22일	마이어 여사와 함께 북한 방문. 「북한을 생각하다: 어떤 조우에 관한 수상(The North Considered: Ruminations on a Certain Encounter)」, 「조선민주주의인민공화국의 예술, 고고학, 옛 건축물(Art, Archaeology, Classical

Architecture in the Democratic People's Republic of Korea)」이라는 제목으로 장문의 방문기를 남김.

1982년	「한미 관계에서의 제도적 왜곡(The Institutional Distortion in American Korean Relations)」을 *Korea Scope*, Vol.III, No.5(1982)에 기고.
1983년 10월 6일	이날 자 편지 글에서 1980년 5월 특전사 군인들이 자행한 광주학살 당시 미국 사령관 위컴이 특전사 투입을 승인했다고 주장. 그러나 광주 만행 당시 주한 미국 대사직이었던 글레이스틴(William H. Gleysteen, Jr.)은 헨더슨에게 10월 6일 자로 서한을 보내 "그런 주장은 진실이 아닐뿐더러 당시 위컴 장군의 역할을 왜곡했다"라고 반박함. 그 뒤 두 사람 사이에 반박과 재반박이 이어지지만(헨더슨 11월 11일 반박, 글레이스틴 11월 30일 재반박), 결국 그로부터 13년 뒤 한 탐사보도에 의해 사실로 밝혀짐. 탐사 저널리스트 팀 셔록(Tim Sherrock)은 1996년 2월 전두환과 노태우가 재판에 회부된 것을 계기로 '정보자유법'에 의거해 국무부로부터 약 150쪽에 이르는 기밀 전문을 얻어냄. 이 기밀 전문은 광주학살 즈음 미국의 글레이스틴 대사를 비롯해 국무부 차관 워런 크리스토퍼(Warren Christopher)와 리처드 홀브룩(Richard Holbrooke) 아태 문제 담당 차관 간에 오고 간 기밀 문건이다. 이에 의하면 서울과 워싱턴의 미국 관리들은 특전사 부대 사용 계획을 사전에 알고 이를 승인한 것으로 나와 있음[김정기, 제5장 「4. 광주학살의 책임을 따지다」, 『특전사 부대 사용을 승인한 미국』, 232~248쪽(2008a) 참조].
10월	「미국과 한국의 군사화: 정치발전에 끼친 영향(The United States and the Militarization of Korea: The Effects on Political Development)」를 *Korea Scope*, Vol.III, No.2(1983.10)에 기고.
1985~1991년	다시 미국에 귀환해 하버드대 페어뱅크 동아연구소(Fairbank Center for East Asian Research) 연구원으로 한국 정치 분야 연구에 주력. 헨더슨은 1988년 10월 16일 세상을 떠나지만 그가 별세하기 직전까지 왕성하게 쓴 논문들이 1991년까지 출간.
1985년 8월 12~13일	한미 안보학술대회의 토론자로 참석해 문제의 위컴 장군의 특전사 투입 승인에 관해 스틸웰 장군과 논쟁을 벌임. 이어 그는 리브시 주한미군 사령관 앞으로 편지를 보내 확실한 정보원을 근거로 다시 위컴 장군 승인 주장.
1986년	「한국의 전통적 군: 오랜 영역과 새로운 가설(Korea's Traditional Military: Old Territory, New Hypotheses)」을 *The Korean Journal of International Studies*, Vol.XVII, No.3에 기고.

1987년	한국정치학회 제7차 공동 학술회의에 제출한 논문 「주한 미군사령부: 정치적 위험(American Command in Korea: The Political Dangers)」이 이 회의의 회의록 『전환기의 한국 정치(Korean Politics in the Period of Transition)』에 수록. 같은 제목의 글이 *Far Eastern Economic Review* (1987.9.24) a Fifth column에 게재됨. 「한국 정치(The Politics of Korea)」를 John Sullivan·Roberta Foss(eds.), *Two Koreas: One Future?* (1987)에 기고.
1987~1988년	1987년 3월~1988년 6월, 『회오리의 한국정치』 제2판 원고를 작성해 김정기 한국외국어대학교 교수에게 넘기는 등 저술 활동에 전념.
1988년 8월	「한국 학생의 운동(Student Activism in Korea)」을 Ilpyong Kim· Young Whan Kihl(eds.), *Political Change in South Korea*(A Professors World Peace Academy Book, 1988.10)에 기고.
10월 16일	집 지붕에 올라가 가지치기를 하다가 떨어지는 바람에 부상을 입어 향년 66세로 돌연 세상을 떠남.
1989년(사후)	「1950년의 한국(Korea, 1950)」을 James Cotton·Ian Neary(eds.), *The Korean War in History* (맨체스터대학출판부, 1989)에 기고. *Encyclopedia Americana* (1989년판)에 「Korea–History and Government of the Republic of Korea」를 기고.
1991년	「남한의 인권: 1945~1953(Human Rights in Korea)」을 William Shaw (ed.), *Human Rights in Korea: Historical and Policy Perspectives* (하버드 법대 동아시아 법 연구 사업 출판, 1991)에 실음. 이 논문은 국회프락치사건을 중요한 소재로 다룸.1988년 헨더슨은 두 권의 저서를 집필 중이었는데, 하나는 *The United States and Korea*로 하버드대학출판부 미국 대외정책도서관과의 출판 계약 아래 연구에 몰두하고 있었으며, 다른 하나는 *Korean Civilization, Past and Present*로 디킨슨출판사(Dickenson Publishing Co.)에서 출판할 예정이었음.
2007년 12월 14일	마이어 헨더슨 여사 영면.

| 참고문헌 |

1) 그레고리 헨더슨(Henderson, Gregory) 문헌

1944. 해병소위 헨더슨이 제출한 조선인 포로를 위한 진정서(10월 5일). 헨더슨 문집 상자 1호. 「조선인 포로에 관한 해병대 문서」. 하버드-엔칭도서관 소장.

1950a. 「서울의 미극(Tragey of Seoul)」. 헨더슨 프락치사건 자료. 1950년 10월 26일.

1950b. 「한국에서 미국의 정치목적에 관한 비망록(A Memorandum Concerning United States Political Objectives in Korea)」(이하 「정치비망록」). 헨더슨 문집 상자 1호. '전쟁 중 공식서한과 비망록.' 58 쪽, 1950년 11월 30일, 하버드-엔칭도서관 소장.

1957. 「정다산: 한국 지성사 연구(Chong Ta-san: A Study of Korea's Intellectual History)」. *The Journal of Asian Studies*, 1957년 5월호(제16권 3호).

1958a. 「고려의 도자: 제 문제와 정보의 전거(Koryo Ceramics: Problems and Sources of Information)」. *Far Eastern Ceramic Bulletin*, vol. X, no. 1~2. March~June 1958.

1958b. 「검은 계곡 이야기(A Tale of the Black Valley)」. 미발표 수상록. 1958년 11월 헨더슨 프락치사건 자료. 지은이 소장.

1958-1959a. Yang Key Paek and G. Henderson. 「한국유교약사(An Outline History of Korean Confucianism)」 I · II. *Journal of Asian Studies*, 1958년 11월 제18권 1호 및 1959년 2월 제18권 2호.

1959b. 「한미 간의 문화관계」. ≪국제평론≫, 1959년 5월호.

1959c. 「식민지 낙랑의 멸망을 통해 본 한국(Korea through the Fall of the Lolang Colony)」. *Koreana Quarterly*, vol.1. no.1. June and September 1959.

1959d. 「정동 지역 역사와 미국대사관 구역(A History of the Chongdong Area and the American Embassy Compound)」. *Transactions*, the Korea Branch of the Royal Asiatic Society. vol. xxxv. September 1959.

1959e. 「간지명을 가진 후기 고려청자(Dated Late Koryo Celadons: New Finds and New Theory)」. *Far Eastern Ceramic Bulletin*, December 1959.

1962. 「조선 초기의 도자기 생산(Pottery Production in the Earliest Years of the Yi Period)」. *Transations*. Korea Branch of The Royal Asiatic Society. December 1962.

1963. 「경력의 종말(End of a Career)」. 헨더슨 문집 상자 7호. '대사관과의 편지' 중 「End of a Career」, 도쿄, 1963년 4월 18일. 하버드-엔칭도서관.

1967. 「Thoughts of the Times(이인수 처형 이야기)」. *The Korea Times*. 1967년 4월 28일.

1968a. 『회오리의 한국정치(*Korea: The Politics of the Vortex*)』. Harvard University Press

1968b. 「한국의 분단: 전망과 위험(Korea's Division: Prospects and Dangers)」. 한 학술세미나에서 발표. 1969년 11월.

1969. 「조선의 도자기: 특이한 예술(Korean Ceramics: An Art's Variety)」. catalogue for the Hendersons collection. Ohio State University.

1970a. 「역사적 증인: 커뮤니케이션, 국방, 그리고 통일, 40대의 친구가 한국의 70년대를 만나다(Historic Witness: Communication. Defense and Unification. A Friend of the Forties Faces Korea's Seventie)」. 한 세미나에서 발표, March 24, 1970.

1970b. 「한국의 냉전지대 녹일 수 있을까?(Korea: Can Cold War Ground Thaw)」. *War/Peace Report*, vol. 10, no. 3 기고.

1970c. 「발전도상국가로부터의 고기술인력 수출(Emigration of Highly Skilled Manpower from the Developing Countries)」. *UNITAR Monograph Series*, no.3.

1971. 「남북한 갈등 상황(The North-South Korea Conflict Situation)」. in Stephen Spiegel and Kenneth(eds.). *Conflict in World Politics* 에 기고. Winthrop Publishers.

1972. 「1949년의 프락치사건: 법의 발전과 의회 민주주의(The 'Fraktsiya' Incident of 1949: Legal Development and Parliamentary Democracy)」(Korea Seminar). 1972년 4월 헨더슨 프락치사건 자료. 지은이 소장.

1973. Reishauer, Edwin and Gregory Henderson. 「한국은 아직 위험하다(There's Danger in Korea Still)」. ≪*The New York Times Magazine*≫, 1973년 5월 23일.

1973a. 「터무니없는 한국 분단(Korea: the Preposterous Division)」. *Journal of International Affairs*, vol.27, no.2

1973b. 「미국의 대외정책에서 한국: 효과와 전망(Korea in United States Foreign Policy: The Effects and Prospects of Present Policies)」. 1973년 미국정치학회 연차총회 주제발표 연설문[루이지애나 뉴올리언스 Jung 호텔, 9월 4~8일]. 지은이 소장.

1973c. 「일제강점 아래 조선: 이민, 잔인성, 발전의 충격(Japan's Chosen: Immigrants, Ruthlessness and Developmental Shock)」. in Andrew Nahm(ed.). *Korea under Japanese Rule*.

1974. 「남한의 정치 탄압(Political Repression in South Korea)」. 프레이저 한국인권청문회 헨더슨 증언 (Hearings before the Subcommittee on Asian and Pacific Affairs and on International Organizations and Movements of the Committee on Foreign Affairs, House of Representatives, ninety-third Congress, second session, *Human Rights in South Korea: Implications for U.S. Policy*. U.S. Government Printing Office, Washington, July 30, 1974.

1975. 「그레고리 헨더슨, 전쟁 발발에서 노블의 도착까지 부산에서 그의 인상과 체험을 기술하다 (Gregory Henderson Describes His Experiences and Impressions in Pusan from war's start until Nobles arrival as follows: letter)」. February 26, 1975. in Noble, Harold Joyce. *Embassy at War*. Seattle and London: University of Washington Press.

1976a. 「미국 내 한국중앙정보부의 활동(The Activities of the Korean Central Intelligence Agency in the United States)」. 프레이저 한국인권청문회 발간 소책자에 수록. 1976년 3월 17일.

1976b. 「한국: 군사적 정책인가 통일정책인가?(Korea: Militarist or Unification Policies?)」. in William J. Brands(ed.). *The Two Koreas in East Asian Affairs*. Council for Foreign Relations.

1976c. 「남한의 방위와 동북아의 평화: 미국의 딜레마와 정책 우선순위(South Korea's Defense and Northeast Asia's Peace: American Dilemma and Priorities)」. 미발표 논문.

1976d. 「한국: 군사주의 정책인가 통일정책인가?(Korea: Militarist or Unification Policies?)」. 미발표 논문.

1977. 「새로운 한국 정책의 우선순위(New Korean Policy Priorities)」. Committee for a New Direction for US Korean Policy 제출 논문.

1978. 「한반도의 무력, 정보 그리고 안보 불안의 가중(Arms, Information and the Rise of Insecurity in the Korean Peninsula)」. Association for Asian Studies(아시아연구학회) 제30차 연차총회(일리노이주 시카고 팔마하우스) 기조연설.

1980a. 「서울의 또 다른 군화(The 'Other Boot' in Seoul)」. *The New York Times.* January 16.

1980b. 헨더슨 프락치사건 자료. 1980년 6월 3일 서한. 서독 보훔.

1981a. 「…그리고 우리가 받은 성대한 환영」(… and a red carpet we come?). *The Boston Globe.* February 2. 1981.

1981b. Gregory and Maia Henderson. 「북한을 생각하다: 어떤 조우에 관한 묵상(The North Considered: Ruminations on an Encounter: Visit to the Democratic People's Republic of Korea)」. September 9~22), 1981.

1982. 「한미관계에서 제도적 왜곡(The Institutional Distortion in American-Korean Relations)」. *Korea Scope*, vol.III, no.5.

1983a. 「미국과 한국의 군사화: 정치발전에 끼친 영향(The United States and the Militarization of Korea: The Effects on Political Development)」. *Korea Scope*, vol.III, no.2.

1983b. 헨더슨 문집 상자 6호. 윌리엄 글라이스틴(Gleysteen, William H. Jr). 서한. 1983년 10월 6일 자. 하버드-엔칭 도서관 소장.

1984a. 「서울 한 때 한강변의 소도시(Seoul: the once-small city on the Han)」. *The Korea Herald.* October 24. 1984

1984b. 「한국의 과거에서 한 마을 되찾아가다(Revisiting a village from Korea's past)」. *The Korea Herald.* October 28.

1985a. 「잃어버린 화병의 미스테리(The Mystery of the Missing Vase)」. *The Washington Post.* May 10.

1985b. 「잃어버린 화병: 한미관계의 미스터리(The Missing Vase: a mystery in U.S.-Korea relations)」. *The Korea Herald.* May 16, 1985.

1985c. 「평화 없는 정전(The armistice with no peace)」. *The Christian Science Monitor.* July 30,1985.

1985d. 「소원한 미국-북한관계의 종식(Ending the US-North Korean estrangement)」. *The Boston Globe.* August 21, 1985.

1985e. 「리브시 장군께(Dear General Livesy)」 헨더슨 문집 상자 6호. 1985년 8월 28일 자. 하버드-엔칭 도서관 소장.

1986a. 「한국인은 왜 미국에 등을 돌리는가(Why Koreans Turn Against Us)」. *The Washington Post.* July 1, 1986.

1986b. 「한국의 전통적 군: 오랜 영역과 새로운 가설(Old Territory and New Hypotheses)」. *The Korean Journal of International Affairs*, vol. XVII, no.3에 기고.

1986c. 「그레고리 헨더슨과 한국학 연구(Gregory Henderson and Korean Studies)」. *Korean and American Studies Bulletin.* vol.2, no.3. fall/winter 1986. East Rock Institute, Inc.

1987a. 「소용돌이의 한국정치 수정판(Revisions of 1987 to G. Henderson, *Korea: The Politics of the Vortex*)」 1968년 수정판['1987 수정판 원고 추고', 지은이 소장].

1987b. 「주한 미군사령부: 정치적 위험(American Command in Korea: The Political Dangers)」. 한국정치

학회 제7차 공동학술회의 제출 논문. 이 회의의 회의록 『전환기의 한국 정치』(Korean Politics in the Period of Transition)에 게재. 같은 제목의 글 *Far Eastern Economic Review.* 'A Fifth column'에 게재. 1987년 9월 24일.

1987c. 「한국의 정치(The Politics of Korea)」. in John Sullivan·Roberta Foss(eds.). *Two Koreas: One Future.*

1988. 「한국의 학생운동(Student Activism in Korea)」. in Ilpyong Kim·Young Whan Kim(eds.). *Political Change in South Korea.* A Professors World Peace Academy.

1989(사후). 「1950년의 한국(Korea, 1950)」. in James Cotton and Ian Neary(eds.). *The Korean War in History.* Manchester University Press.

1991. 「남한의 인권 1945~1953(Human Rights in South Korea 1945~1953)」. in William Shaw(ed.). *Human Rights in Korea.* The East Asian Legal Studies Program of the Harvard Law School and the Council on East Asian/Harvard University.

1992. 「First under Heaven(천하제일)」. 헨더슨 도자 컬렉션 전시회 브로슈어(하버드대 아서 M. 새클러미술관 개최. 1992년 12월 12일~1993년 3월 28일).

2) 한국어 문헌

강성재. 1986. 「박정희와 민정이양전야」. ≪신동아≫, 1986년 10월호.

_____. 1987. 「박정희에게 언성 높인 버거 미 대사」. ≪신동아≫, 1987년 1월호.

강원용. 2003. 『역사의 언덕에서: 젊은이에게 들려주는 나의 현대사 체험』(전 5권). 한길사.

강준만. 1995. 『전라도 죽이기』. 개마고원

_____. 2004. 『한국 현대사 산책: 1960년대 편 2』. 인물과 사상사.

고원섭 편. 1949. 『반민자죄상기』. 백엽문화사.

고은. 2006. 「이인수, 근현대사」. 『만인보』, 제43권. 창작과 비평사.

국사편찬위원회. 2001. 『자료한국사』 12~17. 1949~1950.

국회사무처. 1948. 『국회속기록』. 1948.5.~1961.5.

_____. 1971. 『국회사』. 제헌국회, 제2대 국회, 제3대 국회.

_____. 1987. 『제헌국회 국회 속기록』(전 10권). 대한민국 국회 발행. 여강출판사 영인.

김갑수. 1965. 「진보당 판결에 의혹은 없다」. ≪신동아≫, 1965년 10월호.

_____. 1966. 「진보당 사건과 나」. ≪신동아≫, 1966년 3월호.

김교익. 1970. 「반민특위와 국회푸락치사건」. 『광복 20년 7. 동양방송 편』. 계몽사.

김남식. 1984. 『남로당 연구』. 돌베개.

김부례. 1992. 「나의 한, 김부례」. 『민세안재홍선집』 4. 안재홍선집간행위원회 편. 지식산업사.

김삼웅. 2009. 「국회프락치사건과 서대문형무소」. ≪말≫, 2009년 1월호.

김삼웅 등 편. 1995. 『반민특위: 발족에서 와해까지』. 가람기획.

김세배 편. 1964. 「국회 내 남로당푸락치 사건」. 『좌익사건실록 상권(1945. 8. 15~1950.6. 24)』, 623~816쪽.

김인식. 2005. 『안재홍의 신국가건설운동: 1944~1948』. 선인.

김정기. 1987. 「케네디, 5·16 진압건의 묵살」. ≪신동아≫, 1987년 5월호.

_____. 1993a. 「한국언론윤리강령의 비역사적 공리주의: 그 혈통의 내력과 족보에 관한 이야기」. ≪언론문화연구≫, 제10집. 서강대학교 언론문화연구소.

_____. 1993b. 「정치체제의 변동과 정치 커뮤니케이션의 다이나믹스」. 『언론사상과 언론사』. 최정호교수회갑기념논문간행위원회.

_____. 1995. 「전후 분단국가의 언론정책: 독일의 동방정책과 한국의 북방정책 비교 연구」. 한국언론연구원.

_____. 1996. 「전후 분단국가의 정치커뮤니케이션 하부구조의 특성」. 한국언론연구원.

_____. 1998.9.18. 「한국인의 영원한 친구 그레고리 헨더슨」. ≪문화일보≫.

_____. 2000. 「한국어판 추천사: 그레고리 헨더슨의 인간과 학문」. 그레고리 헨더슨. 『소용돌이의 한국정치』. 이종삼·박행웅 옮김. 한울엠플러스.

_____. 2006. 『전후 일본정치와 매스미디어』. 한울엠플러스.

_____. 2008a. 『국회프락치사건의 재발견 I』. 한울엠플러스.

_____. 2008b. 『국회프락치사건의 재발견 II』. 한울엠플러스.

_____. 2008c. 『국회프락치사건 재판기록』. 한울엠플러스.

_____. 2011. 『미의 나라 조선』. 한울엠플러스.

_____. 2021a. 『국회프락치사건의 증언』. 한울엠플러스.

_____. 2021b. 「민세 안재홍의 중도정치 담론」. 『안재홍의 민족운동 연구 1』. 선인.

김준길. 2001. 「그레고리 헨더슨······ 빛과 그림자」(김준길의 글로벌 문화기행 15). ≪월간조선≫, 2001년 6월호.

김진배. 2017. 「국회프락치사건」. 『헌법의 두 얼굴』. 폴리티쿠스.

김태호. 1982. 『끝나지 않은 심판』. 삼민사.

김학준. 1996. 「민세 안재홍: 신국가건설론 제창한 좌우합작 지지자」. 『해방공간의 주역들』. 동아일보사.

김호익. 1949. 『한국에서 최초로 발생한 국제간첩사건: 일명 김호익 수사일기』. 삼팔사.

남재희. 1994. 「그레고리 헨더슨의 '한국: 소용돌이의 정치'」. 『책을 어떻게 읽을 것인가』. 민음사.

노시선. 2010.12.20. 「이승만의 친일경찰 비호와 반민특위요인 암살 음모사건」. ≪옥천춘추≫, 제5집. 옥천향토문화사회연구소.

≪다리≫. 1972년 4~8월호. 미발표 자료 「국회푸락치사건 판결문」 전문 5회 연재.

대한민국건국10년지 간행회. 1956. 『대한민국건국10년지』.

도진순. 1997. 『한국 민족주의와 남북관계: 이승만 김구 시대의 정치사』. 서울대학교출판부.

동아일보사. 1975. 『비화 — 제1공화국』. 제2권 「국회푸락치사건」 편. 홍자출판사.

라종일. 1988. 「1952년의 정치파동」. ≪한국정치학회보≫, 22집 2호.

리영희. 2003. 「인간적인 죄책감을 안겨준 그레고리 헨더슨」. ≪월간중앙≫, 2003년 4월호.

리영희선생화갑문집간행위원회. 1989. 「리영희선생년보」. 『리영희선생화갑문집』. 두레.

매트레이, 제임스 I. 1989. 『한반도 분단과 미국: 미국의 대한 정책 1941~1950』. 구대열 옮김. 을유문화사.

민족과 사상 연구회 편. 1992. 『사단칠정론』. 서광사.

박권상. 1997. 「21세기 한국 권력구조 개편방향」. ≪시사월간 WIN≫, 1997년 9월호.

_____. 1986~1987. 「미군정하의 한국 언론」. 미발표 논문.

박명림. 1996. 『한국전쟁의 발발과 기원』 I · II. 나남.

박용구. 2001. 「제8부 박용구」. 『내가 겪은 해방과 분단』. 한국정신문화연구원 한국민족연구소.

박원순. 1989a. 「국회프락치사건 사실인가」. ≪역사비평≫. 1989년 가을호. 역사비평사.

_____. 1989b. 『국가보안법연구 1: 국가보안법 변천사』. 역사비평사.

_____. 1992. 『국가보안법연구 2: 국가보안법 적용사』. 역사비평사.

박태균. 1995. 『조봉암 연구』. 창작과 비평.

백운선. 1992. 「제헌국회 내 소장파에 관한 연구」. 서울대학교 사학과 박사학위 논문.

_____. 1998.6. 「그레고리 헨더슨의 한국현대사 이해」. ≪한국현대사연구≫, 제1권 1호.

부산일보사. 1983. 『비화 ─ 임시 수도 천일: 부산 피난 시절 진상을 파헤친 다큐멘터리 대하실록』 상·하.

서용길. 1989. 「제헌국회 푸락치사건의 진상」. ≪민족통일≫, 1989년 12월호.

서중석. 1991. 『한국 현대민족주의운동: 해방 후 민족주의 건설 운동과 통일 전선』. 역사비평사.

_____. 1996. 『한국현대민족운동연구 2』. 역사비평사.

_____. 1999. 『조봉암과 1950년대: 조봉암의 사회민주주의와 평화통일론』 상·하권. 역사비평사.

선우종원. 1965. 『망명의 계절』. 신구문화사.

_____. 1989. 「국회푸락치사건과 서경원」. ≪북한≫, 1989년 9월호.

_____. 1992. 『사상검사』. 계명사.

셔록, 팀. 1996.2.28. 「미국, 광주 학살 '방조·승인' 했다」. ≪시사저널≫, 3회 연재 중 첫 회.

송남헌. 1982. 「정치암살」. 『전환기의 내막』. 조선일보사.

실록민주화운동. 블로그. 2004. 9. 28. http://blog.naver.com/one2only/8000-6109685.

실천문학사. 1986. 『프레이저 보고서』.

심지연. 2001. 『역사는 남북을 묻지 않는다: 격랑의 현대사를 살아온 노촌 이구영 선생의 팔십 년 이야기』. 소나무.

안경환. 2013. 『황용주: 그와 박정희의 시대』. 까치.

안기석. 2004. 블로그. http://blog.naver.com/les130/80003903615.

안두희. 1955. 『시역의 고민』. 학예사.

안재홍. 2014. 『조선상고사감(朝鮮上古史鑑)』. 김인희 역주. 우리역사재단.

안정용. 1992. 「아버지와 나」. 민세안재홍선집위원회 편. 『민세안재홍선집 4』. 지식산업사.

양한모. 1982. 「남로당」. 『전환기의 내막』. 조선일보사.

_____. 1990. 『조국은 하나였다』. 일선기획.

엄형섭. 1992. 「민세 안재홍사장의 납북비화: 6.25당시 현장을 지켜본 기자실화」. 미발표. 민세선집간행위위원회. 『민제안재홍선집』 4. 지식산업사.

오익환. 1979. 「반민특위의 활동과 와해」. 『해방전후사의 인식』. 한길사.

오재호. 1972. 『특별수사본부』(전 21권). 제3권 「붉게 물든 그림자. 국회푸락치사건」. 제4권 「푸로파공작원1. 살인집단 K대」. 청담문학사.

오제도. 1957. 『사상검사의 수기』. 창신문화사.

_____. 1968. 「8·15 해방과 '남조선노동당'」. 『현대사와 공산주의』. 공보부.

_____. 1969. 『추격자의 증언』. 희망출판사.

_____. 1970. 「남로당국회프락치사건」. ≪세대≫. 1970년 9월호.

_____. 1982. 「국회프락치사건」. 『전환기의 내막』. 조선일보사출판국.

유영구. 1992. 「거물간첩 성시백 비화」 상·하. ≪월간중앙≫, 1992년 6월~7월호.

_____. 1993. 『남북을 오간 사람들』. 도서출판 글.

윤민재. 2004.『중도파의 민족주의운도와 분단국가』. 서울대학교출판부.

이경식. 2009.「북이 시인한 국회프락치사건도 조작이란 말인가?」. ≪한국논단≫, 2009년 4월호.

이경재. 1988.『코리아게이트: 김한조의 대미로비공작』. 동아일보사.

이경희. 1993.『한국 문화: 유산과 이야기(Korean Culture: Legacies and Lore)』. *The Korea Herald*. pp.81~85.

이상우. 1984.「박정희와 미국, 그 갈등의 전말」. ≪신동아≫, 1984년 4월호.

이영석. 1983.『죽산 조봉암: 그 슬픈 삶과 죽음의 이야기』. 원음출판사.

이영신. 1993.『비밀결사 백의사』 상 · 중 · 하. 도서출판 알림문.

이을호(전남대학문리대 조교수). 1957.「경애하는 Gregory Henderson 님께: '보내주신「丁茶山論」을 읽고'」. ≪전남대학≫, 1957년 10월호 3면.

이정복. 1996.「제1공화국: 성격, 정치제도 및 주요 정책」. ≪한국정치연구≫, 제5호.

이정식. 2007.「몽양 여운형과 평화통일」. ≪몽양추모심포지엄 논문자료집≫, 2007년 7월 19일. 서울 역사박물관 강당 발표.

이태호. 1991.『압록강변의 겨울: 남북요인들의 삶과 통일의 한』. 다섯수레.

임대식. 1995.「친일·친미경찰의 형성과 분단활동」.『분단 50년과 통일시대의 과제』. 역사비평사.

임홍빈. 1965a.「죽산 조봉암의 죽음」. ≪신동아≫, 1965년 8월호.

_____. 1965b.「죽산 조봉암의 죽음과 사법권」. ≪신동아≫, 1965년 12월호.

_____. 1983.「죽산 조봉암은 왜 죽어야 했나」. ≪신동아≫, 1983년 8월호.

전상인. 1998.「브루스 커밍스의 한국현대사 이해」. ≪한국현대사연구≫, 창간호. 한림대 아시아문제연구소.

정경모. 2002.『찢겨진 산하: 김구. 여운형. 장준하가 말하는 한국 현대사: 雲上鼎談』. 한겨레신문사.

정용욱. 2003.『해방 전후의 미국의 대한정책』. 서울대학교출판부.

정윤재. 2000.「집권 전기 이승만 대통령의 정치리더십 연구: '카리스마적' 권위의 정치적 성격과 전개과정」. ≪한국정치외교사논총≫, 제22권 1호.

_____. 2002.『민세 안재홍: 다사리 공동체를 향하여』(민세 안재홍 평전). 한울엠플러스.

_____. 2003.『정치 리더십과 한국 민주주의』. 나남.

정일준 블로그.「버거 대사 보고서: '한국의 변혁: 1961~1965' 통해서 본 미국의 한국 통치」. 2005. 7.16. http:// blog.naver.com/kitc_1st/80015079306..

정향진(紹山)[다산 직계 5대 종손, 1968년 별세]. 1957.『목석비망(木石備忘)』기1, 기2 하피집[한문일기, 손자 정호영(丁浩榮) 씨가 보존, 사본 1부를 지은이에 건넴].

조갑제. 1985.「김재규 최후의 날」. ≪월간조선≫, 1985년 6월호.

_____. 1987.『고문과 조작의 기술자들』. 한길사.

_____. 1988.「이승만 대통령 제거 계획: 육본심야회의」. ≪월간조선≫, 1988년 6월호.

조국. 1988.「한국 근현대사에서의 사상통제법」. ≪역사비평≫, 1988년 3월호.

조병옥. 1959.『나의 회고록』. 민교사.

≪조선일보≫. 1963.3.29.「군정연장 제의에 사전 흥정 없었다: 추원은 의문, 미 태도 곧 밝힐 터」. 합동통신 제공.

≪중앙일보≫. 1982.5.10~7.1.「반민특위」. ≪중앙일보≫ 연재기획기사 "중앙청" 중 '반민특위'「국회푸락치사건 터져 시련」.

_____. 1989.12.20. 「환상의 터널－그 시작과 끝: 전 남로당 지하총책 박갑동 씨 사상 편력기 회상기」.

중앙정보부. 1972. 『북한대남공작사』.

천관우. 1978. 「민세 안재홍 연보」. ≪창작과 비평≫, 1978년 겨울.

프랑켈, 어니스트. 1988. 「주한 미군정의 구조」. ≪한국현대사연구≫. 이성과 실천사.

≪프레시안≫. 2001.11.15. 「그레고리 헨더슨의 현대사의 뒷모습」. 1. 박정희의 좌익 전력.

_____. 2001.11.16. 「그레고리 헨더슨의 현대사의 뒷모습」. 2. 김종필의 좌익 활동.

_____. 2001.11.19. 「그레고리 헨더슨의 현대사의 뒷모습」. 3. 이 문서는 어떻게 작성됐나(박태균).

한대선[그레고리 헨더슨]. 1962. 「간지명을 가진 고려청자」. ≪역사학보≫, 17/18집 역사학회.

한배호. 1984. 『한국의 정치』. 박영사.

한옥신. 1975. 『사상범죄론』. 최신출판사.

해방20년사편찬위원회. 1965. 『해방 20년사』. 희망출판사.

허종. 2003. 『반민특위의 조직과 활동』. 선인.

헨더슨, 그레고리. 1957.12.15. 「경애하는 이을호 선생님께」. ≪전남대학≫.

_____. 1958. 「정다산론」. ≪사상계≫, 1958년 4월호.

_____. 1987.2.12. 「고문은 한국의 대명사」. ≪신한민보≫[재미교포신문].

_____. 2000. 『소용돌이의 한국정치』. 이종삼·박행웅 옮김. 한울엠플러스.

_____. 2013. 『소용돌이의 한국정치』 완역판(제2수정판). 이종삼·박행웅 옮김. 한울엠플러스.

홍만춘. 1989. 「남로당 '국회푸락치사건'의 진상」. ≪북한≫, 1989년 9월호.

『환단고기』. 2005. 계연수 편저. 안경전 역주. 상생출판.

3) 영어 문헌

Alexander, Bevin. 1986. *Korea: The First War We Lost.* New York: Hippocrenne Books.

Allen, Richard C. 1960. *Korea's Syngman Rhee: An Unauthorized Portrait.* Tokyo: Charles E. Tuttle Co.

Amond, A. Gabriel, and G. Powell. Bingham. 1978. *Comparative Politics: System, Process, and Policy*, 2nd ed. Boston: Little, Brown.

Armstrong, Charles K. 2002. *Korean Society: Civil Society, Democracy and the State.* London and New York: Routelege.

Bailey, Sydney D. 1950. *The Korean Crisis: Some Background Information.* London: National Peace Council.

Baldwin, Frank(ed.). 1973. *Without Parallel: The American-Korean Relationship Since 1945.* New York: Pantheon Books.

Carr, E. H. 1961. *What Is History? The George MaCaulay Revelyan Lectures Delivered in the University of Cambridge*(January-March. 1961). London: Collier Macmillian Publishers.

Clark, Mark W. 1954. *From the Danube to the Yalu.* New York: Harper

Clifford, Mark. 1992. 「Traveller's Tales」. *Far Eastern Economic Review*, February 27. 1992.

Cohen, Alan Jerome and J. Edward Baker. 1991. 「U.S. Foreign Policy and HumanRights in South Korea」. William Shaw(ed.). *Human Rights in Korea.* The East Asian Legal Studies Program of the Harvard

Law School and the Council on East Asian/Harvard University.

Cumings, Bruce. 1974. 「Is Korea a Mass Society?」 James Palais(ed.). *Occasional Papers on Korea*. The Joint Committee on Korean Studies of the American Council of Learned Societies and Social Science Research Council. April 1974

_____. 1981. *The Origins of the Korean War. vol. I: Liberation and the Emergence of Separate Regimes 1945~1947*. Princeton University Press.

_____. 1990. *The Origins of the Korean War* vol. II(한국전쟁의 기원 제2권) Princeton University Press.

_____. 1983. *Child of Conflict: The Korean-American Relationship 1943~1953*. Seattle and London: University of Washington Press.

_____. 1990. *The Origins of the Korean War vol. II: The Roaring of the Cataract 1947~1950*. Princeton University Press.

_____. 2005. *Korea's Place in the Sun: A Modern History*. updated edition. W.W. Norton & Company.

Dobbs, Charles M. 1981. *The Unwanted Symbol: American Foreign Policy, the Cold War, and Korea, 1945~1950*. Kent, Ohio: Kent University Press.

Gaddis, John Lewis. 1972. *The United States and the Origins of the Cold War 1941~1947*. New York: Columbia University Press.

Gayn, Mark. 1981. *Japan Diary*. Charles E. Tuttle Co. Inc. of Rutland. Vermont & Tokyo.

Hartz, Louis. 1955. *The Liberal Tradition in America*.[미국의 정치학자이자 하버드대학 교수. 미국정치학회는 1956년 하르츠(1919~1986) 교수에 우드로 윌슨 상을 수여해 그의 저작을 표창함].

House of Representatives. 1974. ninety-third Congress. second session. *Human Rights in South Korea: Implications for U.S. Policy*. U.S. Government Printing Office, Washington. July 30, 1974.

Huntington, Samuel P. 1968. *Political Order in Changing Societies*. New Haven and London:Yale University Press.

Huntington, Samuel P. and Joan M. Nelson. 1976. *No Easy Choice: Political Participation in Developing Countries*. Cambridge, Mass.: Harvard University Press.

Horowitz, Donald L. 1990. 「Comparing Democratic Systems」. *Journal of Democracy*, fall 1990.

Im, Hyug Baek. 1987. 「남한의 관료적 독재주의 고조(The Rise of Bureaucratic Authoritarianism in South Korea)」. *World Politics*. vol. 39, no.2.

Keeper, Edward. 1991. 「The Truman Administration and the South Korean Political Crisis of 1952: Democracy's Failure?」. *Pacific Historical Review*, 60: 2. May.

Kennan, George. 1905. 「Korea: A Degenerate State」. *Outlook*, October 7.

Kennan, George F. 1967. *Memoirs: 1925-1950*. Boston and Toronto: Little. Brown and Company.

Kim Han-Kyo. 1970. 「Problems of Political Development in Korea」. *Comparative Politics*, October 1970.

Kim Jong-ki. 1986.12.4. 「자유언론의 멸종위기에 처한 한국언론(Korean Journalism: An Endangered Species of the Free Press)」. Columbia University Seminar, Gannet Center for Media Studies.

_____. 1988.10.30. 「한국학 연구자의 죽음(The Death of a Koreanologist)」. *The Korea Herald*.

_____. 1992. 「전후 일본 정치발전에 끼친 미 점령당국의 언론정책(The Consequences of the Occupation's Press Policy for Japan's Postwar Political Development)」. Ph.D. dissertation. Columbia University.

Kim, Woo-sik. 「The Case of Communist Fraction in the National Assembly」. *The Autobiography of Kim Woo-sik*.[지은이 소장].

Kornhauser, William. 1975. *The Politics of the Mass Society*. Glencoe, Ill.: The Free Press.

Lee, Kyong-hee. 1993. *Korean Culture: Legacies and Lore*. The Korea Herald.

Lightner, E. Allan Jr. 1973. 「Oral History Interview with E. Allan Lightner」. by Richard D. McKinzie. October 26. 1973. Harry S. Truman Library. http://www.trumanlibrary.org/oralhist/lightner.htm.

Linz, Juan. 1990a. 「The Perils of Presidentialism」. *Journal of Democracy*. autumn. 1990.

_____. 1990b. 「The Virtues of Parliamentarism」. *Journal of Democracy*. winter. 1990.

_____. 1994. 「Presidential or Parliamentary Democracy: Does It Makes Any Difference?」. in Juan J. Linz and Arturo(eds.). *The Crisis of Presidential Democracy: The Latin American Evidence*. Baltimore: John Hopkins University Press. 1994

_____. 1997. 「Presidentialism, and Democracy: A Critical Appraisal」. *Comparative Politics*. vol.19. no. 4. July.

MacDonald, S. Donald. 1991. 「Human Rights Objectives and Korean Realities」. in William Shaw(ed.). *Human Rights in Korea*. The East Asian Legal Studies Program of the Harvard Law School and the Council on East Asian/Harvard University.

Mainwaring, Scott and Mathew S. Shugart. 1997. 「Juan Linz, Presidentialism, and Democracy: A Critical Appraisal」. *Comparative Politics*. vol. 19, no. 4.

Matray. James Irving. 1985. *The Reluctant Crusade: American Foreign Policy in Korea, 1941~1950*. Honolulu: University of Hawaii Press.

McCune. George. 1941. 「Korean Relations with China and Japan」. University of California, Berkeley[캘리포니아대학 학위논문].

_____. 1946.2.13. 「Occupation Politics in Korea」. *The Far Eastern Survey*, vol. XV, no. 3.

_____. 1946.5. 「The Exchange of Envoys between Korea and Japan」. *The Far Eastern Quarterly*, vol.5, no.3.

_____. 1947.3.4. 「Korea: The First Year of Liberation」. *The Pacific Affairs*, 20. 1.

_____. 1947.8. 「Post-War Government and Politics of Korea」. *The Journal of Politics*, Vol. 9.

_____. 1948.9. 「Korean Situation」. *The Far Eastern Survey*, vol. XVII, no.17.

McCune, George and Arthur L. Grey Jr. 1950. *Korea Today*. Cambridge: Harvard University Press.

McCune, George Shannon. 1956. 『한국의 유산: 지역적 및 사회적 지형(*Korea's Heritage: A Regional and Social Geography*)』. Tokyo: Charles E. Turtle Company.

_____. 1966. 『깨어진 고요의 나라 한국(*Korea: Land of Broken Calm*)』. Tokyo: Charles E. Turtle Company.

Merrill, John. 1989. *Korea: The Peninsular Origins of the War*. Newark: the University of Delaware Press.

Muccio. John. 1971 and 1973. 「Oral History Interview with John Muccio」. by Jerry Hess. February 10 and 18, 1971; December 27, 1973. Harry S. Truman Library. http://www.trumanlibrary.org/oralhist/muccio.hmt.

Noble, Harold Joyce. 1975/2003. *Embassy at War*. Seattle and London: University of Washington Press.

Oliver, T. Robert. 1978. *Syngman Rhee and American Involvement in Korea, 1942~1960: A Personal*

Narrative. Seoul: Panmun Book Company.

Passin, Herbert, 1963. 「과도 사회에서 작가와 기자(Writer and Journalist in the Transitional Society)」. Lucian W. Pye(ed.). *The Communications and Political Development.* Princeton, N.J.: Princeton University Press.

Reishauer, Edwin and Gregory Henderson. 1973.5.20. 「There's Danger in Korea Still」. *The New York Times Magazine.*

Rogers, Millard B. 1957. 「Korean Ceramics in the Seattle Art Museum」. *Eastern Ceramic Bulletin.* vol. nos.3~4, Sept.~Dec.

Sartori, Giovanni. 1976. *Parties and Party Systems: A Framework for Analysis.* vol. New York: Cambridge, Cambridge University Press

Schlesinger, Arthur M. Jr. 1965. *A Thousand Days: John F. Kennedy in the White House.* Boston, Houghton Mifflin Company.

Seidensticker, Edward. 서한 「친애하는 그레고리 헨더슨(Dear Gregory)」. 1979년 3월 14일 자. 헨더슨 문집.

Sherrock, Tim. 1996.2.27. 「서울에서 전 지도자들 재판에 서다(Ex-leaders go on trials in Seoul)」. *The Journal of Commerce.*

State Department of the United States. *Foreign Relations of the United States (FRUS) United States Policy Regarding Korea 1834~1950.* Division of Historical Policy Research.

_____. *Foreign Relations of the United States (FRUS) United States Policy Regarding Korea 1947~1952.* May 1947~December 1951.

Stengers, Isabelle. 2008. 「Experimenting with Refrains: Subjectivity and the Challenge of Escaping Modern Dualism」. *Subjectivity,* 22, 2008.

The Korea Times. 1982.4.10. 「Ex-Diplomat in Seoul Offers Collection for Sale」.

_____. 1992.1.19. 「150 Korean Ceramic Potteries Donated to Harvard Museum」.

Time. 1963.4.19. 「조용한 샘 압력의 사나이(Silent Sam, the Pressure Man)」.

Woodward, Gary. 2002. 「The Politics of Intervention: James Plimsoll in the South Korean constitutional crisis of 1952」. *Australian Journal of International Affairs,* vol. 56, no. 3.

Woodward, Bob and Carl Bernstein. 1974. *All the President's Men.* Simon and Schuster.

United Nations. 1949. *Report of the United Nations Commission on Korea.* UNGA Official Records: Fourth Session. Supplement No. 9(A/936) vol. I and (A/936/Add. 1) vol. II.

_____. 1950. *Report of the United Nations Commission on Korea.* UNGA Official Records: Fifth Session Supplement No. 16(A/1350) 1950.

USFIK(주한미군정보일지) 11071 파일... 하지의 독백, 1947.10.4일. 브루스 커밍스(Bruce Cumings), 『한국 전쟁의 기원』 제2권(*The Origins of the Korean War,* vol. II), 하버드대 출판부, 1990. 192쪽.

미 하원 프레이저 한국인권청문회[프레이저 인권청문회]. 「남한의 인권: 미국정책에 대한 함의(Human Rights in South Korea: Implications for U.S. Policy)」. 1974.

3) 일어 문헌

蒲島郁夫. 1988.『政治参加』. 東京: 東京大学出版会.

川島武宜. 1967.『日本人の法意識』. 東京: 岩波書店.

高峻石. 1972.『朝鮮 1945~1950: 戦後革命史への証言』. 三一書房.

グレゴリーヘンダーソン. 1964.「浅川伯教の死を悼む」. ≪陶説≫, No.133, 4月号. 日本陶磁協会.

_____. 1973.『朝鮮の政治社会: 渦巻型構造分析』. 鈴木沙緒・大塚嵩重 訳. 東京: サイマル出版会.

高崎宗司. 2002.『朝鮮の土となった日本人 浅川巧の生涯』(増補三版). 草風館.

_____. 2005.『回想の浅川兄弟』. 深沢恵子・李尚珍. 草風館.

野守 健. 1944.『高麗陶磁の研究』. 東京.

佐藤雅彦. 1955.「銘記の ある高麗青磁」.『世界陶磁全集』. 第13巻. 東京.

清水英夫. 1961.『思想・良心および言論の自由』. 東京: 一粒社.

山田浩 外 共著. 1990.『戦後政治のあゆみ』. 東京: 法律文化社.

李鐘元. 1994.「米韓関係における介入の原型: エバーレヂイ計画再考」. 仙台. ≪法学≫. 東北大学. 1994. 4.

柳宗悦. 1959.「李朝陶磁の七不思議」. ≪民藝≫, 第80号. 1959.11.

_____. 1972.『朝鮮とその藝術』. 日本民芸協会 編. 春秋社.

鄭敬謨. 1986.『断ち裂かれた山河: 雲上鼎談: 韓国現代史』. 影書房.

_____. 1981.「秘話 反民特委 始末記」. ≪シアレヒム≫[한국문제 전문지], 1981年7月 第2号.

林建彦. 1991.『朴正熙の時代: 韓国. 上からの革命』. 東京: 悠思社.

≪世界≫ 座談会. 1955.3.「自白とは?: 裁判と自白の信憑性 (一)」. 99戸.

≪世界≫ 座談会. 1955.5.「自白とは?"(二)」. 101戸.

| 찾아보기 |

주제

지은이

김정기

현재 한국외국어대학교 미디어커뮤니케이션 학부 명예교수이다. 서울대학교 법과대학
(1963)을 졸업하고, 동 대학 행정대학원에서 행정학 석사학위(1966)를, 미국 컬럼비아
대학에서 정치학 박사학위를 취득(1992)했다. 한국언론학회 회장(1996~1997), 한국외
국어대학교 서울캠퍼스 부총장(1998.9~1999.9), 방송위원회 위원장(1999.9~2002.1),
한국 정치커뮤니케이션학회 회장(2003~2005)을 지냈다.

- 주요 저서: 『국회프락치사건의 증언』(2021), 『미의 나라 조선: 야나기, 아사카와 형
  제, 헨더슨의 도자 이야기』(2010), 『국회프락치사건의 재발견』 I·II (2008), 『전후
  일본정치와 매스미디어』(2006), 『전환기의 방송정책』(2003), 『우리 언론의 숨겨진
  신화 깨기』(1999), 『분단국가의 언론정책』(1995) 외 다수.

- 이메일: jkkim63@hotmail.com

그레고리 헨더슨 평전

지은이 **김정기**
펴낸이 **김종수**
펴낸곳 **한울엠플러스(주)**
편집 **조수임**

초판 1쇄 인쇄 **2023년 3월 15일**
초판 1쇄 발행 **2023년 4월 10일**

주소 **10881 경기도 파주시 광인사길 153 한울시소빌딩 3층**
전화 **031-955-0655** ㅣ 팩스 **031-955-0656**
홈페이지 **www.hanulmplus.kr**
등록번호 **제406-2015-000143호**

Printed in Korea.
ISBN   978-89-460-8238-0 03990
       978-89-460-8239-7 03990

* 책값은 겉표지에 표시되어 있습니다.